二人の近代

―諭吉と襄―

坂井誠　著

大学教育出版

二人の近代

――諭吉と襄――

目次

二人の近代

――諭吉と襄――

序章

一

本書は、二十年ほど前から書きため、発表した論文を加筆修正したものである。表題を『二人の近代―諭吉と襄―』としたのは一九九九年、『新島研究』九〇号に発表した同名論文に依っている。

ほぼ同時代に活躍した福沢諭吉と新島襄の比較研究は寡聞にして見聞きすることがなかった。殊にここに扱う西洋体験の意味、教育思想、文明論についての比較がなされなかったことが不思議でさえある。

今、浅学な筆者が敢えて蛮勇をふりしぼってこの大きな森に踏みこもうと思う。一つの開拓路となりえたらと思うが故である。

ここに「二人の近代」との表題を付したが、筆者のいうところの「近代」とは何かという課題についてその見解を提示する必要があると考える。

二〇一五年は、太平洋戦争に敗北して七十年目にあたる。終戦直後、不戦を誓い平和主義を謳う「日本国憲法」を制定した（一九四七年）。朝鮮戦争を契機に、この「平和主義」が風浪に曝されることとなり、サンフランシスコ講和条約の締結と同時に日米安全保障条約を結び（一九五一年）、日本はアメリカの傘下（軍事的・経済的）に組み込まれることとなった。現在にあってはより一層、日米関係は強化され日本の自主外交獲得への灯りは見えてこないのみならず、よりアメリカに対し従属的になっている。

米ソ冷戦時代の終焉、中国の台頭と軍事的覇権主義の鮮明化、アラブ諸国の政情不穏は国際政治のバランスを崩しつつある。このような中で日本がどのような針路をとるのかが問われている。二〇一五年九月一八日、所謂、「安保法案」が国会を通過して、集団的自衛権行使への途を拓くこととなった。より一層、日本のアメリカへの従属を強化する方向に踏み込んだといえる。この法案の国会審議の在りようは、「六十年安保」の国会通過を思い起こさせるシーンでもあった。安倍晋三と岸信介、怒声に掻き消されるなかでの審議抜きの委員会の姿、与党による数の暴力、議会制民主主義の原則を無視する国会の姿などなどである。また安倍晋三は、「安保法案」成立後、掌を返すように経済政策に力点を置くべく、方策転換を謀り、国民の批判を躱《かわ》そうとする。五十五年前の姿が再現されている。

一九六〇年代半ば頃から九〇年代にかけての高度成長期は、日本に未曾有の経済発展を齎し、アメリカにつぐ世界第二位の経済大国を実現させた。その意味では、「モノの近代」を実現させたものといえる。

別の見方をすると、自民党政権にしてみれば、六十年安保に顕れた国民の反政府的エネルギー（反安保闘争）を何等かの形で転換する必要があった。その転換が、「所得倍増」（池田勇人）のスローガンとなり、「列島改造」（田中角栄）の掛け声となって、「政治の時代」（安保の時代）から「経済優先の時代」に転換されることとなった。

国民のなかの反政府的人間の政治意識をいかに転換するか？　ゆっくりと時間をかけながらその意識を変えていくには教育を改変する必要があった。さらに報道領域における社会矛盾を抉るような番組から、スポーツ・歌謡番組に切り替え、「一億総痴呆化」を企図し体制的国民を形成する方途を探りはじめる。六十年代後半から七十年代初めの過激な反体制運動が鎮静化されるなかでより一層その傾向が顕著になった。

結果、時間の経過とともにそこには企業、組織（国家と置き換えてもよい）に従順な人格が産みだされていくようになる。財界の要請は教育をも変質させていった。「民主主義的人格」の形成を謳った教育現場から、権力のサジ加減ひとつで「期待される人間像」が造られ、「企業人間」「モーレッ社員」の育成へと変容する。

そしていまや教育現場は、受験教育の場となり下がり、教育行政は教員の自由な言論、思想、行動を根底から否定しており、窒息状況にある。教員たちは血の池に浮沈する「犍陀多《かんだた》」同然である。


学校教育の現場から、元気な声、新生な意識が生まれなかったならば、そこに育った個性（人格）は死に体あるいは擬態でしかあるまい。自己の環境内に生じる問題を課題化しえないままに終わる。

かかる状況が支配的になると、この国で作られる（「創」の文字を使用したいのだがどうも違うように思える）文化（学問、教育、芸術、政治、司法、ジャーナリズム・マスコミ等々）が劣化し、エネルギーに富むものが産みだされてこないことを危惧する。


今の日本の政治・外交状況は危機にあるといっても過言ではない。圧倒的多数をほこる政党による独断政治、憲法の否定（ことに第九条の否定）、集団的自衛権行使への動き（実質的軍事行動化）、新自由主義の蔓延と経済格差の増大と、その問題の大きさと、解決すべき課題が山積されている。

ともすれば、民主主義の擁護、護憲・平和主義は「旧体制」そのものであり、現実を「改革」し、これを推進することが「新体制」に向かうものとの錯覚や過ちがもてはやされている。

すでにその錯誤は七十年前（敗戦時）に明らかになっていたにもかかわらずである。「その錯誤」が再生されるこの日本の土壌（精神風土）そのものが問い直される必要があろう。

日本の歴史を通観すると、日本の人民は自らの意思により、自主・自立たりえたことがあったかと問い直さざるをえない。遠い昔、中世期の加賀・南山城、近江辺りの自治村落、あるいは畿内近国、博多辺りにみられる自治都市にその片鱗を見せる程度である。

二

時代が下って、幕末維新の混乱期にあって人民の成長は困難であったといえる。その間隙をぬって、薩摩・長州を核とした明治政権は、古代的伝統と権威（太政官制度と天皇）を利用して権力樹立をはかることとなった。結果、薩長を中核とした政府は大日本帝国憲法の制定、帝国議会の開設、教育勅語の渙発など、国家形成にかかわるシステム作りや国民への倫理思想の骨格を設定した。これらのシステム作りや倫理思想の提示は、「天皇制国家」形成に大きな役割を果たし、国家膨張策としての侵略戦争突入を許容するものであった。

近代の指標の一つに「精神の自由」（言論、表現、出版、信仰、良心の自由など）の保障があるが、おおよそ、我が国はかかる「精神の自由」についてこれを保障する側には立たなかった。

「大日本帝国憲法」の国民（臣民といった）の権利規定には「法的留保」（法律ノ範囲内ニ於テ……、安寧秩序ヲ妨ケス及臣民タルノ義務ニ背カサル限ニ於テ……などの制約の網をかける）を設け、全き保障を約束するものでは無かったし、「教育勅語」は、万世一系の天皇制と忠孝を基本とする臣民の精神涵養を説き、儒教の徳目を列挙する一方で、国憲・国法の遵守を強調し、国家有事には、天皇のために己が身命を捧げること（滅私奉公）を強いるもので、これを学校教育の根幹に据えつけ、国民統合の手段として用いるようになった。

日本の教育による個人の秩序化は、幼少期にあっては「教育勅語」、青年期にあっては「軍隊教育」、壮年期には「地域」による馴化（戊申詔書、地方改良運動）が用意される。結果、天皇制に疑問を呈し、これに批判的なイデオロギーや宗教に大きな圧力をかけ、異端視し排除するのである。日本の歴史はそのようなサイクルでできあがっていた。内心の自由侵犯は常態化し、個人の権利は一顧されることはない。まさに日本の近代は歪な姿を呈していた。

現在もその状況は変わってはいない。一例を紹介しよう。筆者の教員生活の始期と終期に（この間四十年足らずの時間ではあったが）、教員の権力依存体質が何ら変わっていない事象を体験した。始期の経験は、六十年代末期の全共闘運動とそれに呼応した形での被差別民の解放運動が火を噴いていた。差別糾弾が教育現場を襲ったさい、その力に多くの教員たちは叩頭した。昨日まで「天皇陛下万歳」を声高に叫んでいた教員が、その舌の根も乾かぬ間に言葉が右から左へと動く。「差別をしてはならない」が声高に叫ばれる。「天皇陛下万歳」の大合唱と同じに聞こえていた。終期のそれは、いわゆる、「日の丸・君が代」問題であった。今や学校の公式行事には日の丸掲揚、君が代斉唱は常態となっているが、当初はこれへの拒否反応は大きかった（現在もごく少数の教員たちはこの問題と闘っている）。何度も何度もこの問題が、卒業式・入学式毎に持ち出されることによる教員の厭戦気分が思考停止を齎し、状況承認に繋がっていった。また、権力側からの組合潰し、報復人事、差別人事、勤務評定、成果主義などが矢継ぎ早に教員の足元を急襲していく。「物言わぬ（物言えぬ）教師」たちが増えていくと同時にその責任は大きいと言わねばならない。

このように一つの仕事場の状況を例に採っただけであるけれども、多くのジャンルにおいて、「力の論理」の前に（ときには、暴力的糾弾という力に屈し、ときには利己的利害の故に頭を垂れる行為として現れる）、良心・思想・言論等、内心の自由は蔑ろにされ、思考停止の状況に追い込まれているのではないか。思想、意識の真空状況が作りだされているともいえよう。

ここに扱う福沢諭吉と新島襄は、教育、言論、宗教界に足跡をのこした人物であった。この「二人の近代」は、はたして自からそれぞれの引いた設計図通りに描き得たのであろうか。

福沢諭吉は、基本的には体制的人物であったことから、政府の施策と真っ向から対立することはなかったと言いうる。彼自身、日本近代化のプロパガンダとして自認していたがゆえに、時には政府をリードし、あるいは政府と並走して言論活動や政治的行為をとりえた人物でもあった。また彼の遺産である慶應義塾の存在は、体制（この場合は資本主義）に与する人物を送り込んだことはその歴史が証明する（現在においても、経済界における慶應義塾大学卒業生の占める比重は増すことはあっても減ることはない）。慶應義塾の現実主義的、実学的原則は現代においても貫徹している。

『学問のすゝめ』の冒頭に語られる言葉に市民一般は福沢の思想が啓蒙的かつ平等な意識の持ち主との印象をもっているがそれは本当なのであろうか？　との疑問に曳かれて福沢にアプローチした。福沢の西洋体験の意味、教育思想、文明論などへの接近である。これらのジャンルにおいて福沢の本質を探るのが一つの目的であった。

そこから浮かび上がってきたものは、福沢の意識には一般民衆への関心や思いやりといったものはあまり大きなものでは無かったということである。福沢の最大の関心事は、いかに日本の独立を堅持し得るかにあったのであり、そのために日本の文明化（殖産興業・文明開化・軍事化）が位置づけられていたのである。いわば、手段としての文明化であった。福沢が一般民衆への関心が薄かった旨を本文において指摘したが、日本の文明化成就のためには大衆の成長を待つゆとりがないこと、その故に、「ミッヅル・カラッス」（middle class）の台頭に期待したことは夙に知られている。福沢の関心事が日本の独立維持にあるとすれば、国家認識は自ずと国権主義的側面が内包されていると言えないだろうか。列強と伍していかねばならないとする福沢の焦慮の故なのであろう。福沢を検討するさいの大きな課題となってくる。

他方、新島襄はそのパッション（passion には受難の意味もあり、その後の彼の生涯は受難に充ちた路を歩むことにもなった）から脱国・渡米し、米国においてキリスト教を修め、宣教師として帰国する。帰国直後に京都において、キリスト教主義の学校（同志社英学校）を建営するが、京都の土地柄（仏教勢力、神道勢力の中心地）はキリスト教勢力の扶植をよしとせず、新島とその学校に圧力がかかる。学校設立時の早い時期に、外国人宣教師雇用問題、聖書教授問題がおこり、新島は、京都府や中央政府との交渉などに苦慮しなければならなかった。さらに学校の質をめぐるアメリカン・ボードとの確執、教会合同問題をめぐる新神学（ユニテリアン）と会衆派（カルヴァン主義）の対立と、新島の周辺には難題が山積していた。新島の周辺には、キリスト教、同志社を根底から揺さぶる不安定要因がつねに存在するのである。

新島は、胸奥では秘めるところがあっただろうけれども、国家構想、憲法制定、議会制度などには積極的な提言はない。憲法制定には肯定的に捉えてはいたが、教育勅語渙発についてはその影響力は知らないでいる。というのも、新島は明治二十三年一月に亡くなっており、教育勅語が発布されるのはこの年の十月のことであったからである。その意味で、彼の魂は試されることはなかった。新島の死後、その衣鉢を継ぐ人たちの課題となっていく（例えば柏木義円）。

新島の（教会）政治上の思想的立場は「平民主義」にあったことから、日本の現実政治についても、「平民主義」（民主主義）を肯定するものであったと考えられる。ほぼ十年に及ぶアメリカ生活は、その政治制度（共和政体）、民主主義の在り方、キリスト教受容を前提としていた。というより彼の意識はアメリカの国家体制的なものに血肉化されていたと言っても過言ではあるまい。

新島はしばしば一国を形成するのは二、三の指導者（英雄）だけでなるものでないとの認識を語るが、その意味で、日本が天皇を中心とした国家として成立している姿をどのように見ていたのだろうか。彼の天皇観という命題は興味深いテーマではあるが、現在のところ確たることを指摘できないでいる。キリストか天皇かの二者択一の形態を採るか、天皇制を前提としたシステムを採用するかの大きな問題となる。今後の研究課題となろう。まさに、新島の一生は「キリスト教」と「国家権力」の間で振り子のように翻弄されるものであった。

制度の近代化と個人の近代獲得（内心の自由）の闘いを設定するとき、新島のそれは、つねに権力との闘いである。福沢、新島の国家との対立は明治十六年末の「改正徴兵令」発布に伴うそれぞれの学塾建営が岐路に立った時であろう。明治十六年十二月二十八日の改正徴兵令は全国の私立学校の存在そのものを追い込んだ。福沢は、慶應義塾を官学化するも可であるとの腹を持っており、あるいは廃塾するも可とも考えていた。他方、新島はアメリカン・ボードの先兵として派遣されていることから、同志社英学校を何としても死守することに腐心する。もちろん、彼の理念にキリスト教主義に基づく学校設立とそこから生みだされる人格をして国家形成の中核としたことは論を俟たない。新島は愚直なまでにキリスト教主義にもとづく「平民主義」的人物の育成をその目標としており、そこを発光源として国家権力と対峙することとなる。

三

本書所収論文の概要と初出掲載誌を記しておきたい。『新島研究』に掲載した論文である。いずれも誤字、表現、論旨など修正・加筆して改稿したものである。個々の論文の集成であることから、しばしば重複する箇所が見受けられる。読者諸氏のご海容をいただければ幸甚である。

第1章　二人の近代

『新島研究』第九十号　一九九九年

この「二人の近代――諭吉と襄――」では、諭吉、襄の二人の青年期を対象に、殊に、学問受容の仕方と社会に巣立っていく際に、培った学問がどのような役割を担ったかを考察したものである。

福沢は、適塾で学んだことから獲得したものは実力主義と一種の選民意識であったと言っても過言ではなかった。このエリート主義が福沢の意識の中核を為していることは知られたことであり、幕吏となって政策提言を施そうとの意図も考慮していた形跡のあることを指摘した。

新島はどうか。彼の学問修行は異常な手段を以て実現する。国禁を犯しての脱国・米国行であった。ボストンの実業家A・ハーディーの庇護のもと、フィリップス・アカデミー、アーモスト大学、アンドヴァー神学校を卒業し、宣教師として帰国する。帰国後、キリスト教主義に基づく同志社英学校を設立することとなる。

第2章　慶應義塾と同志社英学校――福沢諭吉と新島襄の教育思想――

『新島研究』第九十二号　二〇〇一年

福沢諭吉、新島襄の共通した事業に学校建営があった。慶應義塾と同志社英学校の建営である。この二人の人物は、教育を通して、国家に有用なる人物の育成を図るのだが、いかなる人物の育成を必要とし、国家形成を図ろうとしたか。福沢は「ミッヅル・カラッス」をその基底に設定し、新島は「智徳兼備」の人物の涵養に比重を置いた。福沢の課題は、日本の独立の堅持であり、そのために何としても必要なことは日本の文明開化・富国強兵を実現することにあったならば、いかにそのような人物を養成するかにその課題があった。新島も「文明の人」の形成に尽力するが、彼の人格形成は「智」と「徳」を兼備した人物が国家形成の基本である、との理念から「徳性涵養」に意を傾注することとなった。「徳性涵養」の基礎にキリスト教を置いたことは当然のことであった。この二人の教育者はそれぞれ「良心」を以て対応しようとするがその「良心性」はどのように発現されるのか。それを学校生徒の出自、授業料、貧窮生への対応などにスポットをあて、統計的アプローチを試みた。

第3章　福沢諭吉と新島襄の文明論

『新島研究』第九十四号　二〇〇三年、『新島研究』第九十五号　二〇〇四年

「第1節 福沢諭吉の文明論」の部分は今回の出版に際して、オリジナルなものとして書き下ろした。『文明論之概略』をものした彼が文明をいかに捉えていたか、『文明論之概略』に描かれていることをその定義として位置づけ、さらに実際の歴史事象をどのように読み解くのか、それが福沢の定義付けと乖離するのか否かを検討したものである。「第2節 新島襄の文明論」については上記『新島研究』（九十四、九十五号）に掲載したものの再録である。なお、「新島襄の文明論」にあっては、儒教とキリスト教の相違を彼の弟双六宛書簡をひいて検討してみた。また、キリスト教がいかに文明に大きな関係を持つものであるかを拾ってみた。

第4章　草創期の同志社と槇村正直

『新島研究』第八十八号　一九九七年

京都府知事槇村正直の京都近代化策、とくに、産業復興策と教育振興策を取り上げた。人材育成策を大きな課題として位置づけた槇村はその系として、同志社英学校の設立を了承したが、同志社が外国人宣教師の雇用、聖書教授を学内で実施する意図を知ることにより問題が明確化し、かつ深刻化する。この確執の中で、槇村と新島の関係は冷え切っていく。京都府（槇村正直）は何かと同志社に干渉し圧力をかけることとなる。新しい理念（キリスト教主義）に基づく私立学校建設が旧意識（例えば、儒教主義）の蔓延《はびこ》る共同体（国家社会）にあっていかに困難であったかを紹介したものである。

第5章　新島襄の平民主義と人民観

『新島研究』第九十七号　二〇〇六年

新島はアメリカ留学中に“God has no respect of persons.”（神は分け隔てなさいません）との平等観念をすでに獲得していた。彼の（教会）政治思想として「平民主義」を基礎に置く一方、「貴族主義」「寡人政府主義」を排除する。「教会合同問題」に対する彼の意識は状況主義、機能主義を断乎として排除していることは象徴的である。この平等観を日本の状況に置き換えると何が課題かがみえてくる。最終的には「キリスト」と「天皇」の対決ということになるだろうことを予測させる。新島の平民主義者としての根拠を具体的な事例（ブリッジマン「連邦志略」、飯田逸之助宛書簡、教会合同問題）に即して検討したものである。

第Ⅰ部

二人の近代

——諭吉と襄——

第1章　二人の近代

はじめに

福沢諭吉（一八三五～一九〇一年）と新島襄（一八四三～一八九〇年）。この二人はほぼ同時代に活躍した人物である。高校日本史の教科書中「文明開化」や「教育の普及」などの項には必ずといってよいほどこの二人の人物や事績が紹介されている。

福沢諭吉は、近代日本黎明期にあって、日本のあり方、ことに独立心の必要性を説き種々の処方を執拗に提示し、思想界・教育界をリードした。新島襄はほぼ十年のアメリカ体験を基礎に、文明世界の根幹にあるキリスト教を布教すべく宗教界・教育界にその足跡を残すこととなる。

福沢諭吉に関する研究は汗牛充棟の形容そのものである。新島研究も『新島襄全集』刊行後、同志社関係者を中心に大きな成果がもたらされ、その裾野も広がりはじめている。

徳富蘇峰は、福沢を「西洋の物質文明」の紹介者、新島を「西洋の精神文明」の紹介者として二人を評した。福沢と新島は、幕末期に蘭学、英学を通して西洋文明に接近するが、二人の西洋文明摂取の仕方は決定的に違ったかたちをもって為される。福沢は三度の欧米体験があるが、いずれも幕府要人の従者となるか、「幕府に雇われて」「一人前の役人のやうな者になって」その機会を得たのに対し、新島のそれは国禁を犯しての脱国という異常な手段によって成就された。

福沢・新島の二人はそれぞれの西洋体験のなかで何を見据え、日本の近代化成就に何を必要と考えたのであろうか。本章では二人の西洋体験の意味について探るのが目的である。

第1節　福沢諭吉の西洋体験

1　三度の欧米渡航

福沢諭吉は幕末期に機会を得て三度欧米に渡った。万延元（一八六〇）年、文久元〜二（一八六一〜六二）年、慶応三（一八六七）年の三度、都合一年十ヶ月の欧米体験であった。

ほぼ十年間のアメリカ体験をもつ新島と比較した場合、短いものであったけれども、持ち前の好奇心の塊をもったこの男はその短時間にもかかわらず、西欧文明の本質を見極めようとした。国力の違いを厭というほど経験し、後年、日本のあるべき方向性を模索する契機を獲得することになる。

福沢諭吉の三度の欧米行を年表的に記すと以下のようになる。

1．一八六〇年一月十九日、咸臨丸に乗船してアメリカにむかい、同年五月五日浦賀に帰ってきている。この経験は『福翁自伝』[1]中「初めて亜米利加に渡る」の項に見ることができる。この間の福沢の西洋文明の受容について、理学上の原理的なことは理解できるが、「社会上政治上経済上の事は」理解できないと告白する。

2．一八六一年十二月二十三日、イギリス軍艦オージン号に乗船し品川を出帆。香港—シンガポール—インド洋を経由して、スエズ―カイロを経てマルセイユについた。仏英蘭普露葡の六カ国を巡り、翌年の十二月十日、品川に帰港した。このヨーロッパ行では、制度や事柄の成り立ち等を知りえたところにその収穫があったとしている。この間の体験を基礎に『西洋事情』が著される。

3．一八六七年一月二十三日、コロラド号に乗船、横浜から出航して翌月十六日にサンフランシスコに着している。この間の記録は「慶応三年日記」として残された。原書購入にまつわるトラブルにより上司の小野友五郎と対立したのはこの時のことで、帰朝後暫時、謹慎処分を仰せつかる（その理由は、①外国人の使用人に大金を持ち逃げされたこと、②身分不相応の大量の買い物をして、その輸送費を公金から支出したこと、③幕府のための洋書購入に手数料を請求したことなどが挙げられている。『福沢諭吉事典』八二頁）。またこの滞在中、同僚の尺振八との間に「倒幕」は時間の問題であるとの会話が交わされていた。この年の六月二十六日、横浜に帰港している。

以上、三度の欧米渡航目的は、一度は日米修好通商条約批准のため、一度は通商条約締結後の混乱を防ぐべく江戸大坂、兵庫新潟の二市二港の開市開港延期承認を得るためであり、さらに一度はアメリカに発注していた軍艦受け渡しのためであった。

福沢の立場は、いずれも幕府要人の従者、通辞の役であった。はじめは好奇心にかられた見聞であったろうけれども、再三の洋行は福沢をして当面する日本の課題の発見と日本への提言に連動する視点を獲得したものと言える。なぜなら、福沢の意図とは関わりなく、当時の政治課題のなかで最も機密性の高い、しかも難渋する課題に関与していたところにその要因があったと考えられるからである。日本国家のあるべき姿を探ることに最大の関心がはらわれていくことになったといっても過言ではない。

2　諭吉の眼

自伝はしばしば功なり名遂げた人物が晩年近くになり、自らの生涯をふりかえり回想や記録として残すものである。そのゆえに、自らの不都合な事柄については割り引いて記す場合がある。美化や過大な自己評価が巣くう可能性もある。したがって、自伝を読む場合、このことに留意して読まなくてはならない。『福翁自伝』もその例外ではあるまい。『福翁自伝』（以下『自伝』と略称）をみるかぎり、福沢諭吉のものの見方は子供の頃から事柄を等身大で見る習慣がついていたのではないかと思わせる箇所がある。

例示すると、『自伝』の冒頭部に「幼少の時」と題する一章がそれである。そのなかに諭吉の中津体験が語られているが、彼にとって最初の生活の舞台となる中津はあまりよい印象の土地ではなかったらしく、違和感と孤独感を強めるだけの空間であった。彼の心の支えとなっていたのが、「大坂から来た」（諭吉は中津藩大坂蔵屋敷内で産まれている）という意識。孤独と優越感とが混在する。これは都市生活経験者と田舎の文化（生活）ギャップが大きすぎ、それに戸惑う一面と、ある意味で田舎の文化（生活）を見下す意識が彼の心的支えとなったと考えられる。また、亡父の遺風と母親の感化があった。父百助は糊口を凌ぐために中津藩の会計係を務めていたが、実はれっきとした漢学者であり、中津藩・野本雪巌、日出藩《ひじはん》・帆足万里門下の逸材として知られていた。さらに京都堀川学派に傾倒していたという。百助の私淑していた伊藤東涯の研究著作をみると「後漢官制」「三韓紀略」「朝鮮官職考」「制度通」など、和漢の文物制度史、法制史関係のものの多いことに気付く。また父百助の親友が中村栗園、野田笛浦であった。両者とも水口藩・田辺藩の政治に携わった実践家であり、単なる文章家ではなかった[2]。このようなことからも、福沢百助の学風もおのずから法制・経済研究に傾斜していったことと考えられる。百助が手沢した書物が『易経集注』『上諭条例』（ことにこの『上諭条例』は清朝の詔令集で、詔勅・勅令・政令などを年度順に配列し、かつ、それを項目別に編集したものであった。また、「諭吉」の名前の由来にもなった書物でもある）であったことからするとその学風は、現今の社会科学に傾倒していたと言え、過度の文学性や観念性が捨象されていたと考えられる。

諭吉は、父百助の学者としての姿を母親から折にふれ聞かされたであろうことは想像に難くない。それが証拠に、少年期の諭吉が好んで読破した書物が『春秋左氏伝』をはじめとした歴史書であったことからも、おのずと父の遺風が影響していたといえそうである。

さらにもう一点見逃すことのできない事柄に、彼の少年期の生活のなかに儒教観念に縛られないものがあったように思えることである。

諭吉は子供のころから「手端《てさき》」が器用で、障子を張り替えたり、下駄の鼻緒や雪駄の修理、雨漏りの修繕から刀剣細工まで、じつに職人顔負けのことを簡単にやってのける[3]。貧乏士族の内職といった側面もないことはないだろうけれども、このことは実際的なことを重んぜざるをえなかったとともにその意識が彼のなかに徐々に育まれていたことをうかがわせる。「青天白日に徳利」を持って酒・油・醤油を買いに行くことと同じことで、諭吉のなかにあっては、普通人のやっていることを普通にするという意識が、武士の体裁や面子《めんつ》などといった事柄を凌いでいたのではなかろうか。

諭吉の漢学塾での修業は当時の常識では遅いくらいで、十四、五歳で漸く通うこととなる。いくつかの漢学塾に通うことになるなかで白石照山を師とすることとなった。白石の学風は、「亀井風で、……余り詩を作ることなどは教へずに寧ろ冷笑して居た」ようで、広瀬淡窓や頼山陽などにたいしては批判的であったという。『自伝』中に「筑前の亀井先生なども朱子学を取らずに経義に一説を立てた」人であったとある。この「亀井先生」とは、亀井南冥・昭陽父子をさしており、亀井南冥らは古文辞学派に属した学者であった。どちらかといえば、道徳を重んずるよりは経世済民の学に比重をおいた学風であった。

父親百助の学風といい白石照山の学風といい、いずれも経世学（政治・経済学）に重点をおいたものでそのような学問環境のもとに諭吉の意識が形成されていったと思われる。すなわち、過度の観念的傾向を排除する要因が育まれていったのであろう。

3　適塾時代

中津での窒息しそうな世界から、喜び勇んで長崎に遊学に出たのは諭吉の十九歳の時であった。『自伝』には、中津にウンザリしている様子を記した後「こんな所に誰が居るものか、一度出たならば鉄砲玉で、再び帰って来はしないぞ、今日こそ宜い心地だと独り心で喜び、後向て唾して颯々《さっさ》と足早にかけ出した」[4]と書き残している。

このような思いは、ひとり福沢だけのものではなく、封建的身分社会に息苦しくなってきていた当時の若者のなかにみることのできる意識であった。後述する新島襄にとって封建社会は「四角い囲い」に囲まれた世界でしかなかったし、そのなかで縛られていくことへの疑問と葛藤を続ける日々であった。坂本龍馬にあっては、脱藩行為を以て抜け出ようとする世界でしかなかった。いずれにしても、この時代の若者にとっての身分秩序社会は自らを押し潰してしまう「怪物」以外のなにものでもなかったのである。

諭吉の長崎遊学目的は蘭学修行であった。長崎滞在は、わずか一年にしかすぎない。その間、砲術家山本物次郎の食客となり、オランダ通辞に蘭学の手ほどきをうけた程度にとどまった。長崎滞在が短期間であったのは、同地にいた奥平壱岐（中津藩家老の息子）との間が不和となったことからである。

長崎を出た諭吉は江戸を目指したが、兄三之助のいる大坂に留まることになった。本格的な蘭学修行は、適塾入塾を契機としてからのことで、「始めて規則正しく書物を教えて貰」うことになる。

幕末から明治期にかけて俊才を輩出させた「適塾」とはどのような学塾であったのであろうか。伴忠康の著作[5]によると、その開塾は、天保七（一八三六）年、長崎のオランダ商館長ニーマンのもとで二年間、蘭方医学の実際をマスターして来坂した緒方洪庵が、その二年後、瓦町（北御堂の北側）で適々斎塾を開いたことにはじまる。天保十四（一八四三）年には手狭になったことから、この冬に過書町（現、大阪市中央区北浜三丁目）に移転している。洪庵は幕府の招聘によって、文久二（一八六二）年八月、江戸に下向する。

それまでに適塾で学んだ蘭学生は、適々斎塾『姓名録』（弘化元年―文久二年）によると六一二名の署名があったという。その後、元治元（一八六四）年七月までに二十五名加入しているので総計六三七名の署名があった。したがって『姓名録』に署名されていない門下生を含めると千人以上にはなるだろうとのことである。

門下生のなかから名の知られた人物を拾うと、緒方郁蔵、有馬摂蔵、緒方拙斎、織田貫斎、坪井信友、島村鼎甫、長与専斎、二宮逸二、柏原学介、高松凌雲、緒方惟準らの医者はもちろんのこと、大村益次郎、武田斐三郎、佐野常民、杉亨二、伊藤慎蔵、箕作秋坪、橋本左内、大鳥圭介、福沢諭吉、花房義質らの経世家や思想家を生み出したのであり、大変にバラエティーに富んだ人物が育まれたのである。ちなみに福沢は安政二（一八五五）年三月、適塾に入門している。時に数えの二十二歳であった。

さて、このように多士済々の人物を生みだした「適塾」ではどのような教育が施されていたのであろうか、そしてそこで諭吉は何を獲得していったのであろうか。『自伝』を道標に検討しよう。

『自伝』では適塾での生活の様子がいきいきと描かれている[6]。

諭吉の適塾での在籍期間は安政二年三月から安政五年十月初旬までであった。しかもその間に兄三之助のリュウマチ看病（安政二年）、諭吉の腸チフス罹病、さらに翌年九月兄三之助の病死と家督相続問題と、身辺は慌しく落ち着いて勉学に打ち込める状態ではなかった。適塾在籍は実質二年ほどである。

適塾にいる間の諭吉は、それまで味わったことのない自由で闊達な時空を満喫している。悪戯《いたずら》やそれにともなう失敗談、化学実験や動物解剖、寝食を忘れるほどの猛烈な勉強振りと、弊衣破帽的書生生活を謳歌している。

適塾体験のなかでの挿話を紹介しよう。まず、よく知られているものにその猛烈な勉強ぶりがある。『自伝』には、諭吉は枕をして眠ったことがないとのエピソードが語られている。「……時は何時でも構はぬ、殆ど昼夜の区別はない、日が暮れたからと云ふて寝やうとも思はず頻りに書を読んで居る。読書に草臥れ眠くなって来れば、机の上に突臥して眠るか、或は床の間の床側を枕にして眠るか、遂ぞ本当に布団を敷いて夜具を掛けて枕をして寝るなどと云ふことは只の一度もしたことがな」[7]かったという。このような姿は諭吉だけにとどまるものではなく「同窓生は大抵皆そんなもので、凡そ勉強と云ふことに就いては実に此上に為やうはないと云ふ程に勉強して居ました」[8]と語っている。塾生の様子が彷彿として浮かんでくるようである。

塾内部での蘭学修行の要領はどうか。初心者には「ガランマチカ」を修了すると「セインタキス」（文章論・文章構成法）を教え、どうにかこれらがこなせるようになれば「会読」をおこなう。「会読」は、「生徒が十人なら十人、十五人なら十五人に会頭が一人あって、其会読するのを聞いて居て、出来不出来に依って白玉を附けたり黒玉を付けたりすると云ふ趣向で」[9]実施されていた。以上の文典二冊をマスターし、講釈も済み、会読もできるようになれば「自身自力の研究」に任せるといった仕方であった。塾の書物も物理書と医学書の二種類十冊あるかなしかといった状態なので、つぎつぎと生徒が写本をして、それをテキストに用いていたし、辞書も「和蘭のドクトル・ヅーフと云ふ人が、ハルマと云ふ独逸和蘭対訳の原書の字引」とウェーランドの「オランダ語辞典」しかなかったから、会読の前夜など塾生たちは眠ることなく、ヅーフ部屋とよばれる辞書のある部屋に五人も十人も群れをなして勉強するといった有様であったという。

このような塾内での勉強ぶりは、オランダ語の実力向上は勿論のこと蘭書を通して西洋文明への接近がはかられていったのは想像に難くない。このことについては後述する。

塾生を支えていた意識は、

西洋日進の書を読むことは日本国中の人に出来ない事だ、自分達の仲間に限って斯様な事が出来る、貧乏をしても難渋をしても、粗衣粗食、一見看る影もない貧書生でありながら、智力思想の活発高尚なることは王侯貴人も眼下に見下すと云ふ気位で唯六かしければ面白い、苦中有楽、苦即楽と云ふ境遇であった……[10]

とあるように、誰も知らないことを学んでいることの苦楽、自信、自負心にあったのである。一種の選民意識を基底に塾生の若いエネルギーが爆発していた。中津のように何から何まで「チャント物を箱の中に詰めた」秩序立った世界から、実力主義、「自身自力の研究」態度を第一義とする世界を知ったことは諭吉の意識形成に大きな影響をもたらす。第二に蘭学を通して西洋文明の一端に触れ得たことである。諭吉は、蘭学を学ぶからといって進んで医者になるとか、自然科学者になろうとする意図はなかった。蘭学研究が進むにつれ、西洋の力（この場合、軍事力の格差としてもよいかもしれない）の大きさと日本のおかれている状況のギャップを知ったとき、その危機意識はおのずと大きくならざるを得なかった。ここに福沢の背負うべき課題が内包されていたといえる。彼は後年適塾にあって自然科学に親しんだことの意義を次のように語る。

物理学は自然の真理原則に基づき、天地と共に永くして万物を包羅し、至大至広、最貴最重、人生の須臾も離る可らざる所にして、豈に工芸殖産の区域を支配するのみならず、人文の漸く進歩して条理の漸く明かなるに従ひ、政治経済等、今日無形の人事と称するものをも、遂には物理の中に摂取して洩らさざるに至る其趣は、医学の日に進歩して有形の方便を利用し、其用法漸く発達して、遂には内部百般の病をも外科の門に統御すると同一様の成跡を見るの日ある可し[11]

ここでは、自然科学（物理学）の進歩はひとり科学技術の進歩にとどまるのではなく、政治経済等の制度やその制度をつくる精神（無形の人事と称するもの）にも影響を及ぼしていくことを指摘する。後に諭吉が経済学を学んだ際、経済法則と自然科学の法則との共通性を認識したのであろう。ただし、まだこの段階では政治経済的な事柄や「社会上の事に就いては」十分な智識がなかったことや研究がなされなかったことから、西洋のそれらに関しては「全く方角が付かない」状況にある。

4　米欧使節団の随員として

安政五（一八五八）年十月、中津藩が蘭学塾を開く目的で諭吉を江戸に呼び寄せることとなり、彼は江戸に下向することとなった。

ここで中津藩と蘭学のかかわりを一瞥しておこう。

十八世紀後半には中津藩は、前野良沢を藩医として召し抱えており、良沢が杉田玄白、中川淳庵らと蘭書『ターヘルアナトミア』の翻訳解読を始めたのが中津藩邸内でのことである。昌高―昌暢―昌猷―昌服と続く歴代藩主たちは進歩的な人物が多く、自藩をゆっくりではあるが開明化させていこうとしていた。一例をあげると、兵制の改革がそれで、藩士らを佐久間象山のもとに入門させて西洋砲術導入に意を払っている。また藩主昌高は、いわゆる、「蘭癖《らんぺき》」といわれるほどのオランダ贔屓であった。「鉄砲洲の中屋敷にオランダ部屋をつくり、ガラス障子をめぐらし、居ながらにして江戸湾の風景を鑑賞した」り、藩主自らオランダ名を名乗り夫人や子供にまでオランダ名をつけるほどであったという。多少趣味的にはしりすぎるきらいもないことはないが、進取の気性に富んだ藩主たちのもと、中津藩は開明的な藩として位置していた[12]。

十九世紀も半ばになると、西洋列強が開国要求を重ねるなかで、まさに安政五年は日米修好通商条約調印の年でもあった。このような風雲急を告げる時代を背景に藩主より諭吉に招聘の命がくだり、藩内の子弟教育にあたることとなったのである。諭吉にしてみれば当時、「江戸に学ぶに非ず教るなり」の気概で乗り込んでいる。実際、大坂の蘭学レヴェルは高く、「仕事は江戸で学問は大坂で」といった空気が蘭学生のなかにはあったのである[13]。

この鉄砲洲中津藩邸での蘭学塾が後の慶應義塾のはじまりであった。ここに福沢自身も一蘭学書生とは違い、青少年を教える側に立つこととなり、彼の終生の仕事のひとつがここにスタートをきることとなる。

蘭学教師福沢諭吉は自らの語学力を試すべく横浜に出かけたところ、外国人の出している店に行ってみたが「一寸も言葉が通じない。此方の云ふことも分からなければ、彼方の云ふことも勿論分からない。店の看板も読めなければ、ビンの貼紙も分からぬ。何を見ても私の知て居る文字と云ふものはない。英語だか仏語だか一向分からない」[14]ままに江戸に帰ってきた。その落胆とショックは諭吉の目の前を暗澹たるものにしたにちがいない（なお、筆者は諭吉の横浜でのこの体験を以後「横浜体験」とよぶことにする）。

理解できなかった「看板」「貼紙」の文字は英語であった。諭吉は気をとりなおして英語を学ぶことにした。それには、「今我国は条約を結んで開けかかって居る、左すれば此後は英語が必要になるに違ひない、洋学者として英語を知らなければ迚も何にも通ずることが出来ない」[15]と考えたためであった。たしかに、鎖国状況下でのオランダは絶対的な位置を占めていたが、開国後にそれ以外の西洋列強をみたときにオランダの国力が如何ばかりであったかを捉えることができたのである。開国がなったときから、西洋列強のリーダーがイギリスにあったことを知ったことによる。福地源一郎も税関での言葉のやりとりのなかに英語の必要性を強調する[16]。諭吉においては「横浜体験」を通して、福地は貿易実務にかかわって英語時代の到来を感知していく。

ところが諭吉の英語修行はそう容易くはなく、幕府の通辞森山多吉郎や蕃書調所の門を叩くが、諸々の事情から継続できずにいた。そこで原田敬策とともに、長崎からやってきた子供や外国の漂流者からスペリングを学ぶといった努力を重ねている。最初は、蘭学修業時のような死に物狂いの勉強に再挑戦しなければならないのかといった思いのなかで、蘭英語の共通した部分を見いだしたとき「水を泳ぐと木に登ると全く別のやうに考へたのは一時の迷であった」ことを発見する。諭吉は弛《たゆ》まぬ努力と工夫によって、自ら意思したことや近い将来必要であろうとしたことにたいして着実に自己のものにしていった。実際に必要とした事柄（この場合は英語習得、延いては実学の大事さの確認）の獲得とその姿勢がこのことからも窺うことができる。

かかる英語修業の最中、幕府が日米修好通商条約批准のためにアメリカに渡航することを聞きつけた。桂川甫周の仲介により、時の軍艦奉行木村攝津守の従僕名義でアメリカ行のチャンスを掴むこととなった。

万延元（一八六〇）年正月十九日、浦賀を出帆した咸臨丸は三十七日間の航海を経てサンフランシスコに投錨した。諭吉が咸臨丸でアメリカ渡航した際の記録は、「萬延元年アメリカハワイ見聞報告書」[17]に見ることができる。この報告書では、比較的ヴィジブルな事柄の記述が目立つ。その記録のなかで諭吉が関心を以てみたのはサンフランシスコが大変な物価高の都市であることである。このことは『自伝』中にも記されているところをみると余程強い印象として残っていたのであろう。

このアメリカ体験は、アメリカ社会の風習、例えば、女尊男卑のことや経済政治上の事柄（物価高騰のこと、さらにワシントンの末裔についても市民は無関心であることなど）が皆目見当のつかないこととして白状している。

アメリカから帰って二年も経たない間に諭吉に今度はヨーロッパに行かないかとの話がもちあがった。今回は幕府の通辞としての派遣である。

正使竹内下野守、副使松平石見守、目付京極能登守を使節として都合三十八名の使節団が文久元（一八六一）年十二月、イギリス軍艦オージン号に乗船して、品川—長崎—シンガポール—チリンコメール—ピント・デ・ゴール—アデン—スエズ—カイロ—アレクサンドリア—マルタの経路を辿って文久二年三月五日、マルセイユに到着している。ヨーロッパに行くのにこの経路を辿ることは、R・オールコックが「地球をとりまくイギリスの一連の植民地の鎖の環」[18]と呼んだ港々を見せつけられることとなる。そこでは当然のように植民地下にある諸民族の悲惨を目の当たりにすることになるし、その状況は即日本の置かれている状況に対応することであった。

諭吉は、このヨーロッパ行でいかなる事象に注意を払って観察しようとしたのであろうか。残されている記録としては「西航記」[19]と「西航手帳」[20]がある。これらを手がかりにして考えてみたい。

諭吉は文久二（一八六二）年四月、ロンドン滞在中に故郷中津にいる重臣島津祐太郎《すけたろう》に宛てた書簡中（四月十一日付）に、今回のヨーロッパ行については「不可再得の好機会」ととらえ、以下の視点にたって見聞することを語っている。

> 旅行中学術研究は勿論、其他欧羅巴諸州の事情風習も探索可致心得にて、已に仏英両国にても諸方に知己を求め、国の制度、陸海軍の規則、貢税の取立方等聞糺し、一目瞭然と申には参りがたく候得共、此まで書物上にて取調候とは百聞不若一見の訳にて、大に益を得候事も多く御座候[21]

このような視点の獲得はアメリカでの体験が下地となっていることは明らかである。ここでは、欧州諸国の国家機構・制度、陸海軍規則、徴税法などの探索におもむく旨を明らかにしている。また、同書簡中に、肥前藩がこの遣欧使節団中に三人の人物（川崎道民・石黒寛次・岡鹿之助）を送り込んでいることに注目し、いま日本国にあって最も急務とするところは富国強兵化であり、それを成就するためには何事においても実務を為し遂げうる能力ある人物の育成をはかることにあるとみていることは鋭い。

さて、「イギリスの一連の植民地」としての港々に立ち寄った一行、就中《なかんずく》、福沢にはそれらの国や街区がどのように映ったのであろうか。

文久二年元旦に長崎を出帆したオージン号は、六日午前、香港に着岸した。港にはイギリス船が多数停泊していることに注目している。英国番船三隻、蒸気艦二隻、ガンボート二十隻、商船三十隻。これに比してフランス軍艦は一隻も停泊しておらず、わずかにフランス商船四隻の停泊があるのみを記録する。アジアにおけるイギリスの軍事前進基地の一端を目の当たりにしたであろうし、軍事的警備の堅固さに驚嘆したに違いない。軍港香港・商都香港を見た使節団は、香港のもう一つの貌をみることになる。中国人の有様は植民地のもとでの悲哀を否応なくみせつける。「西航記」は次のように記す。

香港の土人は風俗極めて卑陋《ひろう》、全く英人に使役せらるゝのみ。或は英人と共に店を開き商売するものあれども、此輩は多くは上海広東より来れるものにて、元と本港の土人にあらず。又港内に小舟数千あり。英人之を「チャイナ・ボート」と唱ふ。長さ大抵二十尺余、巾之に称ふ。其製甚だ粗なり。土人此舟に乗り、或は釣魚し、或は網を以て水底に落ちたるものを拾ひ、或は食物雑貨を売て生産を為す。而して陸上別に住家なく、家族共に此舟に住して家となせり。猶本邦瀬戸内の漁者の如し[22]

イギリスという列強のもとに使役されているだけの中国人の生活様態を記した。

一月十九日、オージン号はシンガポールに着いた。ここでは日本人漂流者音吉なる人物に会って中国の情報を得ているが、時あたかも太平天国の乱（一八五三〜一八六四年）の最中であった。この騒乱に対する英仏の姿勢と反乱軍のことが認《したた》められている。

英仏の兵は上海に屯して両端を持し、敢て賊兵を撃たず、亦た北京をも救はず。蓋し他の勝敗を見て事を謀るなり。長髪族は進て上海に至り、兵一万を以て之を囲めり。土人皆恐怖して家を捨て英仏の軍艦に遁れり。然れども賊兵亦英仏の宿兵には敢て害を加へず[23]

虎視眈々と獲物を狙う禽獣と、それを畏怖する弱小動物の動きが見て取れる。福沢は、ここでも一国一民族の生殺与奪の権を握っているのは列強そのものにあることを実見した。

セイロンについても、本来オランダ領であったものが英蘭戦争の結果イギリス領となったことを記すとともに、チリンコメールではイギリス政府の海軍局が設置されていることを記している。

二月に入り、アデンからスエズに到着する。カイロについても福沢の筆は植民地下（当時カイロはトルコの植民地であった）のカイロ市民の疲弊状況と支配の苛烈さを写しだす。

　人口五十萬、貧人多く市街繁盛ならず。人物頑陋怠惰、生業を勉めず。法律も亦極て厳酷なり、此府の常備兵十萬員あり、土人皆兵卒たるを悪み、百方之を避け、或は自ら眼を傷り、指を断て官責を遁るるものありと云[24]。

以上みてきたように、香港からカイロまでの行程では、列強と後進国との格差を嫌というほど見せつけられる結果となった。これらの惨状を視た福沢には、後進国の近代化の立ち遅れとその克服のためには西洋近代文明導入の必要性を痛感したことは容易に想像しうるところである。しかもその近代も「富国」と「強兵」に裏付けられた国家建設が必要条件として観念され、以後の福沢の意識上の基底部を形成したといえる。

強大な西洋文明の力を見せつけられた福沢は、弱小国を食い物にしている側の態度に疑問を呈することなく、欧米列強の強国を求める側にまわる。弱小国の悲哀を目の当たりにした衝撃は大きかったはずである。福沢は後年次のようにいう。

　去て船に搭じて印度海に来り、英国の士人が海岸所轄の地に上陸し、又は支那其他の地方に於ても権勢を専らにして、土人を御する其情況は傍若無人、殆ど同等の人類に接するものと思われず。当時我輩は此有様を見て独り心に謂らく、印度支那の人民が斯く英人に窘《いじ》めらるるは苦しきことならんが、英人が権威を擅《ほしいまま》にするは又甚だ愉快なることならんとて、一方を憐れむの傍らに又一方を羨み、吾も日本人なり、何れの時か一度は日本の国威を耀かして、印度支那の土人を御することを英人に倣うのみならず、其英人をも窘めて東洋の権柄を我一手に握らんことを、（中略）窃に心に約して今尚忘るること能わず[25]。

遣欧使節団一行は、文久二（一八六二）年三月五日、マルセイユからリヨンを経由して、十日、パリ到着。本格的にヨーロッパ文明に出会うこととなる。

島津祐太郎宛書簡に紹介したように、「学術研究は勿論」のこと「欧羅巴諸州の事情風習の探索」に心掛けた福沢は何を観察したのであろうか。

使節団一行は、仏英蘭普露葡の六ヵ国を巡ることになるが、これら六ヵ国は安政五（一八五八）年から万延元（一八六〇）年にかけて日本と通商条約を締結した国々であった。そもそも使節団の訪欧目的は、江戸・大坂の開市、新潟・兵庫の開港延期要請にあったことは先述したところであるが、それ以外にも「西欧諸国の近代的諸制度の調査」と「カラフトの日露境界の治定」という難問解決にあった。カラフトは日露和親条約・通商条約締結以来、日露両国民雑居地とされていたが、日本を取り巻く国際情勢の変化は、かかる取り決めでは通用しなくなってきていたのである。

文久二年三月十五日（太陽暦では一八六二年四月十三日）に三人の使節がフランス皇帝ナポレオン三世に謁見したことが福沢の『西航記』に記されており、その二日後から積極的な視察が始まりだした。

ヨーロッパ探索を始める福沢は精力的に種々の施設を見学している。電信器、鉄道、病院、議会、天文台、海軍学校、聾学校、盲学校、大学、図書館、博物館など枚挙に遑がない。

たとえば、議会制度について要領を得た記述を残している。一例を挙げると「ハウス・ヲフ・コムモン」を以下のように説明する。

国政の大に関する所なり。其法総国民を分て各二万五千人となし、此内より入札を以て一人を選挙し、推てデピュト（衆民名代の義）となし、ハウス・ヲフ・コムモンに行て国政を参り議す。デピュトは貴賤貧富を論ぜず、唯人望の属する所を以て其任に当るが故に、此人の議する所は即ち国民の意にして、全く政府の吏人と異なり。仏蘭西国中にデピュト三百四、五十名あり。毎年第一月より第五月に至までは巴里に会し、ハウス・ヲフ・コムモンに於て国政を議す。凡政府にて事を施行するときは必ず先づハウス・ヲフ・コムモンと商議せざるを得ず。デピュトを選ぶには貴賤貧富を論ぜずと雖共、唯だ年三十歳以下の者と嘗て法を犯せる者は此撰に当ることを得ず[26]。

国民の利益代表が選挙によって選出される様子を見聞した。日本の政治様相と比較したとき、あまりの違いに驚かざるをえなかった。人口二万五千人に一人の割合で代議員を選び、政治参加する。デピュットは貴賤貧富にかかわらず参政しうる。まさに国民の意見を代表しうる形態が整っている。このような政治制度の在り方が国力の源泉であるとの認識をもつにいたったかもしれない。

鉄道についての関心も高い。とくに、その資金調達の方法や運用について印象深いものがあったものとみえる。鉄道敷設の資金は、政府から出資されているのではなく、鉄道会社なるものを組織して、その会社が運営していることに注目している。

鉄路を造るには巨萬の金を費すと雖共、政府より其費を出さず。所謂鉄路商社の建造《つく》る所なり。商社と名くる者は、二、三の富商相謀て一商事を起し、其事を巨大にせんと欲するときは、世上に布告して何人を論ぜず金を出して其社中に加はることを許し、若干の金を集め大に事を施行し、歳末に至りて一歳中の出入りを計り、得る所の利を平均して総社中に分つ。故に此社中に加はるときは、僅に百フランクの金を出せる者と雖共、商事大なるが故に利を収ることも亦多し[27]。

株式会社の組織に注目し、これらが鉄道のみならず、他の業種にも敷衍されている状況を知ったとき、商工業の発展や一国の経済力の大きさ、繁栄の要因がこのような組織にあることを見いだしたのである。

ロンドンでは、聾学校、盲学校をも見学している。身体に障害のある生徒にたいしても健常生徒と同様の教育を施している様子とともにその教授方法を記している。聾学校では、とある少女との問答の様子を記しているが、その少女が返答しうるのは、唇や歯・咽喉の動きを見、声音を発する練習をしたがためであることを明らかにしている[28]。いきとどいた教授法や施設を見学したとき、福祉教育制度の充実に驚嘆したに違いない。実はそれを実現させている国民や政府の在り方への驚きであったとみてよいであろう。

ここに福沢は、先のアメリカ行では全く見当のつかなかった「社会上の事に就いて」、注意を払って観察していた様子が窺える。

このようにヨーロッパ各地での訪問に際して、近代的諸制度の「探索」については一定の見聞を拡げることができた。しかしながら、肝心の外交交渉は進捗しないもどかしさを記している。

日本からの使節団派遣はフランスでは、日本全土を最終的に開国するためにやってきたものとの錯覚で迎えられる。ところが、使節団は「開市開港の延期要請」という正反対の話題を持ち込んだ。フランス政府は、日本側の要請（今後七年間の延期要求）を全面的に受け入れる用意はもたなかったが、条件次第によっては期間短縮しての延期を了承しようとしていた。その条件とは、

1．駐日公使に対する条約規定通りの自由の容認、2．貿易上の種々の条約違反の是正、3．対馬および朝鮮における日本領港の開港などであった[29]が、これらの要求に、竹内下野守、松平石見守、京極能登守の三使節の答えは明確さを欠くものであった。結局この時の交渉は不調に終わっている。パリ覚書が調印されるのは文久三年九月のパリ再訪の時まで待たなければならなかった。イギリスとの交渉も、R・オールコックの登場まで全く進展しなかった（彼は五月三十一日、賜暇のためロンドンに帰ってきた）。六月六日、漸く「倫敦覚書」が調印される運びとなって、江戸・大坂、新潟・兵庫の開市開港が一八六三年一月一日から向こう五年間の延期が決定されたのである。もちろん、イギリスは、その「延期」には多くの条件をつけ、種々の代替要件を出すことを忘れはしなかった[30]。この「倫敦覚書」が以後の仏蘭普露葡との交渉の基礎となったのは当然のことである。

樺太国境画定交渉においても思うような成果はあげられない。福地源一郎は、ロシアの巧妙な駆け引きの前に日本側使節団が分裂状態に陥った様子をつぶさに記録した[31]。この時、樺太国境画定はなされないままに終わっている。

以上見てきたような外交交渉の有様について福沢の『西航記』には記載がない。「開市開港延期交渉」については何も記していない。『自伝』にもこれに関する記述はない。「樺太国境画定交渉」についても『自伝』には、交渉の様子を傍らで聴いていて落胆した旨の話が記されているだけである[32]。福沢にとっては、眼を覆いたくなる状況であったのであろう。外交交渉についてその姿勢の違いはそれぞれの国力の差に由来していることは誰の眼にも明らかなことであった。

使節団一行は、閏八月十二日、パリを辞して帰途についた。リスボンを経由して、往路とほぼ同じ航路を辿って十二月十日、乗船エコー号は品川沖に停泊した。翌日、長い旅装を解くことになった。『西航記』には、十一日条に「上陸」と一語あるのみである[33]。

5　洋行後の諭吉

文久二年四、五月、ロンドンにあった福沢は、日本のこれからの課題を富国強兵と人材育成にあることと見做し、島津祐太郎と今泉郡司宛の書簡中にその方法を次のように訴えている。「帰府の上建白も可仕候得共、先づ当今の急務は富国強兵に御座候。富国強兵の本は人物を養育すること専務に存候」[34]とか、「何れ帰府の上は御屋敷へ建白仕候積に御座候」[35]というように「建白」という語をしばしば用いている。このことから福沢は帰国後、幕府や中津藩へ改革提言を手土産に持ち帰ろうとしていたことがわかる。その背景にはたとえば、中津藩では軍制改革や洋学導入を打ち出してはいるが遅々として捗らず、「多年姑息の風習、俄に難改、徒に空論に属し申候」ゆえ「本邦も此までの御制度は無拠も、御変革無之ては相済間敷」[36]き状況に立ち至っていたからである。この改革は中津藩一藩にとどまる問題ではなく、幕府改革をも同様、俎上に乗せなければならない質の問題であった。

たしかに、帰国後の福沢の活躍は目覚ましく、福沢の『年譜』[37]をみると、帰国後数年間（文久三年頃から慶應二年頃まで）は外交文書の翻訳に追われていたことがわかる。慶応元年八月外国奉行等から、福沢および箕作秋坪の勤務が出格の扱いとして、特別手当の支給（年間五十両）を幕府当局に出願されていることはその間の働きがいかに多忙を極め、精励していたかを示す一事である[38]。

幕府翻訳方の仕事繁多のなかで、興味深い提言がなされていく。時系列的にその提言を記すと、「唐人往来」（慶応元年五月）、「御時務の儀に付申上候書付」（慶応元年十月）、「或云《わくうん》随筆」（慶応二年二月）、「長州再征に関する建白書」（慶応二年七月）などである。

「唐人往来」は、出版されずに筐底にしまわれたものではあったが、写本で広く読まれていたらしい。福沢諭吉の署名もなく「江戸 鉄砲洲 某稿」とのみある。攘夷主義者の跳梁跋扈する時代に、洋学者たちは息をひそめていなければならなかった時期のものである。この「唐人往来」は、攘夷を捨てて文明開化を推進しようとの主張をもつものである。「御時務の儀に付申上候書付」は、中津藩の開化および富国強兵策の提言といった性格をもつ文書である。「或云随筆」は、中津藩の重役であり、福沢のよき理解者であった島津祐太郎に差し出された開化提言の文書であった。「長州再征に関する建白書」は慶応二年幕府の長州再征に際し、幕府当路者に提出した建白書。「唐人往来」以外は中津藩（あるいはその重役）、幕府への建白というかたちをとって、福沢のアイデアを売り込んだものである。これら一連の文書を通して帰国直後の福沢の考え方を検討してこの項を終えることにしたい。

「唐人往来」は、短い文章ではあるがまとまったものである。ここに青年福沢の初期の思想をうかがうことができる。その主張を聴いてみよう。

アジア、東南アジア、印度、中近東を経てヨーロッパあるいは太平洋を越えてアメリカを廻った福沢は、世界の五大州を通観するとき、最上の国はアメリカ合衆国およびヨーロッパ諸国であるという。いまその例をヨーロッパにとると、「学問も武術も格別に世話行届き、砲術調練の盛んなるは勿論、其外蒸気船、蒸気車等、便利よき道具を造り、人手を費さずして、師《いくさ》の備も為し平日の用も達し、安楽にして国の強きは欧羅巴洲に限るなり」[39]と賛美をおくる。その根拠は、欧米諸国は文明開化された国、産業革命を経た国、富国強兵を実現した国にあったことはこの一文からもうかがい知ることができる。これに対してアジアはどうか。この場合、中国について語られるのだが、辛口の評価が並ぶ。「兎角改革の下手な国」[40]「少しも臨機応変を知らず、むやみに己惚れの強き風なり」[41]「西洋諸国の事を指して夷狄夷匪など唱へ、犬猫を取扱ふ様に心得、我儘ばかり働きし處」[42]と手厳しい。

中華思想にもとづく排外主義の弊風は我が日本にも及んでおり、その自己陶酔がかえって自国を賤しめることとなっていることを憂慮する。とりわけ攘夷主義者の独善性を嘲弄している。

扨今何れの国にもせよ、百人の人あり、其内九十七人は睦しく附合ひ往来する處へ、三人は天から降りたる者のやう気高く構へ、別に仲間を結で三人の外は一切交を断ち分らぬ理屈を言ひながら、自分たちの風に合わぬとて九十七人の者を畜生同様に取扱はんとせば、夫れにて済むべきや、先づ世の中の笑はれものなるべし[43]

欧米列強諸国が虎視眈眈とアジアを餌食として狙っているこの時期に、日本は旧来の慣習に馴染んでいてよいのか、いち早い開化の必要性が叫ばれてよいのではないか、という福沢の焦慮に似た内声が聞こえてこないだろうか。何としても欧米をモデルとした文明開化を目指すべきことを強調している。

第二に、通商条約締結後に開始された外国貿易の影響について記している。そのひとつに、諸物価高騰に衆庶が難渋するのだが、福沢の筆はその様子について一言も語らない。「……諸色高直諸人難渋すると言ふは世上一般通用の話なれども、此亦物の道理を弁へざる人の妄りに触流す空言にして、能々其本を糺せば証拠もなきことなり」[44]「扨又諸色高直にて諸人難渋と云ふもの多けれども、此も評判許りにて根も葉もなきこと」[45]「交易は我国一般繁昌の基と思ひ喜ぶべき事にて、少し物心ある人は皆合点せる所なり。然るに世上一般諸色高直にて難渋々々と唱るは何故なるやと考ふるに、其本は皆人情の自分勝手より起りたる話に相違なし」[46]などの言葉が並ぶ。この認識が真正のものであるとしたならば福沢はおよそ経済理論のイロハもわからぬ衆庶に対して、親切にそのことを説こうとするのではなく、鼻先で嗤っているだけである。衆庶を切り捨てる側に立とうとしていると目されても仕方あるまい。

第三に外国との交際について以下のように語る。外国との交際については端から喧嘩腰で対処するのではなく、人と人が普通に付き合うのと同様、国と国との交渉も分け隔てなくなされるのが自然で、それが道理というものである。この「世界普通の道理」の遵守のもとで無体な行為があれば、それを破った側に非があるのであって、いかに大国であろうとも恐れるに足りないとする認識は正しい。『学問のすゝめ』初編の「天理人道に従て互の交を結び、理のためには『アフリカ』の黒奴にも恐入り道のためには英吉利、亜米利加の軍艦をも恐れず……」[47]とする認識に通ずる。

外交とは本来、平和裏のうちには「話し合い」を基本とするのが「普通の道理」であるのだが、当事国間にあって「話し合い」の余地がなくなった場合そのバランスが崩れるものである。戦争はそのバランスを欠いたときに起こる。福沢は「アヘン戦争」の事例をひきだし、その原因を以下のように述べた。

……林則徐と云ふ智慧なしの短気者が出て自分の国中に法度を出すことは先づさて置き、うもすも言はず英吉利より積渡りたる阿片を理不盡に焼捨て、扨夫れより英吉利にても大に立腹して果ては師《いくさ》となり散々痛め付られたり。今日に至るまで世界中に英吉利を咎むる者はなくして唯唐人を笑ふ許りなり。是れ全く唐人が世間見ずにて道理を押立つることを知らざる己が不調法なれば自業自得、誰に向て愚痴の述ぶべきやうもなし[48]。

林則徐の行為は、イギリスのもたらすアヘンにより、自国の民百姓が廃人になっていく様に我慢できずに取った行為であり、何らイギリスの利益を擁護し、その思いを忖度する必要のない質の問題である。自国の崩壊に繋がる出来事を、指をくわえてみているような愚鈍な政治家は居るまい。その意味では、林則徐の行動は正しいものである。「話し合い」を超えたところに、清国とイギリスとの関係があって、すでに他国（イギリス）が土足で自国（清国）を蹂躙される様を容認することはできようはずがない。にも拘わらず、福沢はその非は清国にありとする。その理由は「うもすも言はず……阿片を理不盡に焼捨て」イギリスに立腹して戦争を仕掛けたところにありとする。かかる行為は、世界中にあってイギリスを悪く言う国はなく、清国が物笑いの種になるという。イギリスが、世界をリードする最先端にいる国（世界最強国）であるからこそ、「英吉利を咎」めないのであり、餌食となるアジア、この場合は清国であるが、その清国は笑われる対象となっているのである。かかる見解をもつ福沢自身がすでにイギリスの前に膝を屈していることになる。文明開化を成し遂げた「最上国」イギリスを「正義」ととらえ、ナショナリズムの故の戦いを挑んだ清国を「邪悪」視する見方こそが問われねばならない。後年「世界普通の道理を守る以上、大国の力を恐れるに足りない」という認識を持つ福沢の言語の信憑性そのものが問われかねない。

他方、返す刀でヨーロッパの弱小国ポルトガルを称揚する。ポルトガルはその昔は大変に繁栄した国ではあったが、現在はその影さえなく、イギリスやフランスの比ではない。にも拘わらずヨーロッパの強国に伍している理由は、「古来よりの政事正しく外国と交るにも実意を盡して不都合なき故」[49]であり、「欧羅巴諸大国の中に斯る弱き国の独立し居たらば、方々より附睨はれて危うかる可しとこそ思はるれども、道理を守るものは外より動かしやうもなし」[50]と、実意と道理に則った外交展開の故であるという。ポルトガルがヨーロッパ列強に伍していきうる要因に国際政治のリアル・ポリティクスの網の中にあるからだともいう。

若し理不盡に之を攻取らんなどするものあれば必ず之を救ふものあり。譬へば仏蘭西が攻めんとすれば英吉利が救ひ、露西亜が師を仕掛ければ仏蘭西が加勢を出すなどにて、手を出す者もなく長き月日を太平無事に過ごせり。……唯一つの道理を守て動かざれば、敵は大国にても恐るるに足らず、兵力弱くとも妄りに他人の侮りを受くることもなし[51]。

ある意味で、弱小国は強国の玩弄物的存在であることは致し方なしとする意識がはたらいているように思える。換言すれば、弱小国は強大国の意のなかでいかにバランスのとれた外交を展開するかに懸っている。でなければ、開化した西洋列強のもとに未開の国アジア諸国は常に従属を強いられることとなる。

ではそうならないためにはどうすべきなのか。「御時務の儀に付申上候書付」[52]（以下、「書付」と略称）にその方途をうかがうことができる。この「書付」は中津藩への建白であったことはすでに記した。安政五年、通商条約締結後、開国論攘夷論が喧しく世上を賑わしていた。福沢の立場は、日本のとるべき現実的選択としては、開国を推進する以外にその途はなく、攘夷を採るべきではないとするものである。福沢は、攘夷主義者のことを彼らは口では攘夷を唱えるが、腹の底では「下より上を凌ぎ御国法を不奉恐」[53]存在であるとみており、幕府転覆を企図している勢力と捉えていた。そこで、我が中津藩のとるべき態度は「公儀え御忠節の外御他事無之……平生些細の事迄も御実直第一に被遊、人心の向ふ所を御定被成度」[54]しと述べ、藩の幕府に対する忠節を第一義に置くべきことを強調した。すなわち、一小藩は幕府の開国策を支持し、これに従うべきであるという。

福沢の幕府への忠誠心の強調、にじり寄りはどうして起こったのであろうか。彼の洋行の仕方が体制内行為であったことを先に指摘したが、この問題もその延長線上にあると考えても差し支えあるまい。福沢は決して自ら「御国法を不奉恐」立場には立たなかった。この時期の彼の地位は「幕府翻訳方」の「幕臣」であったことを想起する必要がある。

幕府については、洋行中も外国との開市開港延期問題や国境画定問題において幕府使節の難渋した様子やその脆弱性をいやというほどみせつけられてはきたけれども、現実的には外交問題について対応しているのは幕府以外にはなく、攘夷主義者やそれらが主導権を握る藩には任せられないという意識が少なからず作用していたはずである。さらに、中津藩の幕府への忠節第一との立場を説いた福沢は藩の武備充実を図ることを提言する。「一国の武備と申は強ち武人の多所には無之、備の法を立候儀肝要に御座候」[55]として武器武人の多寡だけでなく、武備の法を整える必要を説いた。そして「武備の法」を整えるのには人材育成が必要であり、「士たる者は専ら文学を勉、物理を窮め、事情に通じ、人を御する法を学び、力業の武人を指図致候」[56]ことと位置付けた。中津藩の改革にあっては、洋式軍備の充実と人材育成を第一とした。これは洋行中にみた肥前藩の留学生派遣などの記憶があったからであろうか。中津藩の近代化への焦慮であったのかもしれない。いずれにしても、藩の軍備充実には多大な金銭を要するために「交易商売の利」を以て賄うべきを建言している。また、そのためには蒸気船の購入も必要となる旨を記した。富国と強兵が中津藩の急務であり、幕府が直面している緊急の課題であるという認識がかかる提言となってあらわれたものである。

「或云随筆」も幕府への忠節を強調する点において、さきの提言と同じである。

封建世禄の臣は国君一身のみに忠を盡すを知て報国の意薄し、日本国をして真に報国の意あらしめば、喋々と開鎖の利害を論ぜずして、自ら富強の開国となるべし[57]

ここでは一身の報国の意思は開国の遂行にありとする。この後段にさらに報国を強調する一文が続く。

いま日本の士人も此趣意を体して、外国に引けを取らざる様、国威を張り、外国に砲艦の利器あれば我国にも之を造り、外国に貿易富国の法あれば我国も之を倣ひ、一歩も他に後れを取らざること真の報国ならずや[58]。

そして、「君に忠を盡すは人臣の当然」と語り、臣下の幕府への忠節、盡忠報国を強調して憚らない。福沢は幕府の開国路線を是とし、幕府中心の富国強兵の国家形成を実現可能なものと見做したのである。

このことを換言すれば「長州再征に関する建白書」[59]との提言となる。攘夷主義の頭目長州藩の再征を「千古の一快事」と持ち上げ、この再征によって幕府権力の絶対性誇示を期待する。

何卒此後は御英断の上にも御英断被為遊、唯一挙動にて御征服相成、其御威勢の余を以て他諸大名をも一時に御制圧被遊、京師をも御取鎮に相成、外国交際の事抔に就ては全日本国中の者片言も口出し不致様仕度義に奉存候[60]

と。すなわち、福沢は幕府による権力の一元化、一点集中化を期待したのである。そしてそのための手段として、

1. 条約を結んだ外国には幕府からも外交官を派遣する必要があり、そのことが国際社会における幕府（日本国）の地位を確固たるものにすることに繋がる。
2. 長州再征を成功に導く方法に、外国の兵力の利用を考慮したらどうかとの具申をおこなう。

この方法はともすれば「人心に指響き、且は御入費も莫大との御掛念も可被為有候……」[61]との危惧をもつけれども、この問題に関しては「最早此上は世間の雑説に御動揺不被遊、唯兵力を以て御国内を御制圧被遊候様仕度、総て名義と申は兵力に由り如何様にも相成候事」[62]と、勝てば官軍になるから肝要なことは長州を制圧するの一点にかかっている。その限りにおいて手段を選べない、という「力ずくの論理」が支配している。そしてこの挙に勝利することによって「全日本国封建の御制度を御一変被遊候程の御威光相顕」ことが必要との見解を示した。

大掴みにいって福沢の三度の欧米体験は彼の意識に何を齎したか。

彼の欧米行は西洋を直に見聞したいとの好奇心に駆られたものから始まったが、実際に欧米に出かけてみると、その国家的スケール（政治・法制度、教育システム、軍事力、工業力、社会資本の充実など）の大きさは、日本のあるいはアジアのそれとは比肩することのできないほどの格差を知ることとなった。日本が欧米諸国と伍していくには何が必要なのか、を模索する大課題が突きつけられることとなった。

三度の欧米行とはいうものの、ヨーロッパ視察が福沢にとって最も大きな影響をもらたしたものと考えられる。近代化を成就したヨーロッパとその前段階のアジア諸国との格差、例えば、イギリスと被植民地国の中国・東南アジア・インド・エジプト（ここにどちらに転んでもおかしくない不安定な日本も含めることができる）などの国民の置かれている状況は、国力の差として当然のように認識されたであろうし、被植民地国の悲惨に与したくないとの心情は充分に納得できる。「世界は力でできている」というフレーズを造語するならば、福沢のみならずこれらの使節団の誰しもが感得したに違いない。後年、福沢はしばしば「力は正義」である — Might is Right — を語る原型がこの欧米行の経験があってのことと考えられる。

このような体験をもった福沢は、現状の日本をどのように変革していこうとするのか。世界は弱肉強食の坩堝の中にある。まかり間違っても、虎や獅子に食われることがあってはならないのであって、そのための国造りが必要となってくる。だとすると、欧米列強のもつ国家形態（政治・経済・軍事）、法制度、教育文化などを徹底的に学び、導入することが肝要となる。一言でいうと、「文明開化」と「富国強兵」となろう。

少なくともこの節で扱った福沢の「富国強兵」策の一端は「5 洋行後の諭吉」項の提言にみることができよう。彼は、政治権力の基盤を徳川幕府に置き、再生を期待したものである。いわゆる「大君のモナルキ」に期待する。幕府を中心とした絶対的政治権力構築の期待と、間違っても「下より上を凌ぎ御国法を不奉恐」勢力が革命を起こし、新しい政治権力を形成していくなどということは許容しうるはずのものではなかったのである。したがって、明治政府誕生後その出仕要請に対しても病気を理由に辞退し続ける態度は、新政府に何ら期待するものがなかったがためである。ただ、明治新政府が矢継早の改革を断行していくのに意外な驚きを感じているが、その政治権力が決して急進的でないことを知ったときに福沢は安堵してこれを見つめることとなった。

第2節　新島襄の西洋体験

1　祖父　弁治

新島襄は天保十四（一八四三）年一月十四日、江戸神田安中藩邸で新島民治・とみとの間の長男として生まれた。すでに四人の姉がいたが、民治夫妻にとっては初めて授かった男児であった。

新島襄の生まれたころは、政治社会状況が騒然となりつつある時期をむかえていた。天保八年には、大坂町奉行所の与力大塩平八郎が反乱をおこし幕府を震撼させただけでなく、打ち毀しや農民一揆が各地で頻発しており、幕府の基盤そのものが大きく揺れ動き始めていた。さらに西洋列強が日本の近海に出没し、この年モリソン号事件が起こっている。新島の誕生した年にはオランダ国王が開国勧告の書状をもたらすなど、列強による開国要求が日増しに高まるころであった。かかる西洋列強の要求は日本にのみ向けられているのではなく、新島誕生の前年にはアヘン戦争が終わりをつげていた。日本とアジアを取り巻く歴史的状況が急をつげる時期に一人の男児が誕生することとなったのである。

新島襄は、祖父母・両親そして四人の姉のなかで、掌中の珠のようにして育てられている。新島の自伝『私の若き日々』[63]には、家族中でも特に祖父に可愛がられた様子が各所に紹介されている。祖父弁治にとってこの男児の誕生はたいへんな喜びであったようである。男児誕生の報に接し「しめた！」と快哉を叫んだほどであったし、この男児の幼名を「七五三《しめ》太《た》」としたとのエピソードが残っているのもそのあらわれであろう。

新島にとって祖父の存在が大きな意味をもったのは、彼の箱館脱出の際の最大の理解者であったことである。新島が箱館に出帆する前夜、家内での小宴の席で弁治は「行けるなら 行って見て来よ 花の山」の句をもって彼への餞《はなむけ》とした。「花の山」の句は、暗に新島の海外脱出を見通しての言葉としてみてよい。「花の山」＝箱館＝外国と考えられる。この句が読まれるシチュエーションは箱館行の前夜であることから、「花の山」は直接的には「箱館」であったが、当時の新島の意識や行動から「箱館」行は即「外国」密航を意味したからであった。

新島の外国行（あるいは箱館行）の契機は外国船の実見と書物から齎されたものであった。前者については、江戸湾上に浮かぶ外国船（オランダ軍艦）を目の当たりにして、海軍の設置、外国との交易の必要性を強く意識したことがひとつ。後者については、友人から借覧した「ロビンソン・クルーソー」の邦訳（黒田麹盧《きくろ》『漂荒記事』）を読み触発されたことによるものである。新島は、「ロビンソン・クルーソー」を祖父にも読んでくれるべく勧めた。その書物を読み終わった祖父から「お前、こんな本を読んではいけないよ。間違いを起こすもとになると思うね」との言葉があった。しかしながら、新島はこの書物を読み外国への思いを熱くしたのである。「花の山」の餞別の句には、このような二人の間のやりとりがあっての句であった。新島は、自らの人生の岐路に立った時、信頼をおき、その理解を求めたのは祖父弁治であったのである。

2　学問修業

祖父をはじめ家族の愛情に包まれた家庭で薫陶をうけた新島襄の学問指向はどのようなものであったのであろうか。それを考えるにあたって、時の安中藩主板倉勝明の藩政、なかんずく、その教育政策を検討する必要がある。伊藤彌彦の成果[64]に依拠しつつ紹介すると、板倉勝明は英明な藩主として知られていた。越前藩主松平慶永とも親交があった。彼の時局判断は、ペリー来航時の要求に際し、開国交易は不可避であるとの現実的立場をとった。国内統治策としては、外圧の影響もさることながら、人心の疲弊と混乱による内乱の可能性を危惧したことから、一橋慶喜を将軍に擁立し国論統一をはかるべきだとした。

現実的かつ実際的判断をもつ板倉勝明は自藩の教育事業にも著しい成果をもたらしている。太山融齊、山田三川、弓削田雪渓らを招いて藩校造士館の充実をはかり、江戸藩邸内には添川廉齊や蘭学者田島順輔をも招聘している。カリキュラムにしても、造士館創設時（時の藩主は板倉勝尚）には文武両道をめざし、漢籍、詩文、弓術、馬術、槍術、剣術、游泳、柔術が設けられていたという。さらに勝明の代には、高島流の西洋砲術の習得をも課している。また彼は、従来の漢学のみならず洋学にも力を注いでおり、来るべき時代に備えようとしていた。受講対象も八歳で入学し十五歳で退学させる制度を採り、この期間に「諸士卒族ノ子弟」は通学義務を負うものとした。また篤学の者は二十歳前後まで輪講科に在籍できたという。安中藩の教育政策には「士族身分に限られた中ではあるが、士卒皆学の義務制、教育の機会均等、能力主義といった近代教育制度に通じる制度改革」[65]のあとをみることができるのである。

新島は、藩主板倉勝明の優れた教育政策のもとでその天分を発揮しうる機会に恵まれた。文武両道を前提とした安中藩にあって、彼は十一歳のころから剣術、乗馬に励む。その後徐々に武術よりも学問に関心を持つようになる。十四歳のときには「乗馬や剣道の練習をやめて」漢学に専念しはじめる。彼の漢学の力はそこそこのものであったと考えられる。というのも、藩主勝明は安中藩に蘭学者田島順輔を招き、三名の藩士に学ばせることとなったが、そのなかの一人に最年少の新島が抜擢されていることからも窺えるのみならず、学問所の助教を仰せつかっていること、漢詩をこのころからしばしば作っていることなどからも推測しうる。恵まれた才能をもった新島に、藩主板倉勝明は注目もし、楽しみにもしていたことだろう。その意味では新島自身も順風満帆の船出を約束されているようであった。

ところが新島をとりまいていた学問環境が一変してしまう。彼の十五歳（安政四＝一八五七年）から翌年にかけて変化する。蘭学の師田島順輔が幕命により長崎に遊学することになり、緒についた蘭学を中断せざるをえなくなり、藩主板倉勝明の死去、さらに漢学の師添川廉齊や寵愛をうけた尾崎直紀らの長逝に接しなければならなかった。新島は「この世の中にほとんどたった一人で、助ける人もなく取り残されたように感」[66]ずるほどの孤独感にさいなまれることとなった。学問を継続するという点からすると、新島自身四面楚歌になっていく思いがあったであろう。というのも、勝明の後を継いだ勝殷《かつまさ》は新島の最も嫌悪するタイプの人物であった。さらに両親、ことに父親の体制順応的な態度にたいする不満が存したからである。新島は新藩主勝殷と父民治について次のように語る。

新しい藩主はあらゆる点で、亡き兄に、はるかに劣っていた。彼は家臣たちの現状改善には目もくれなかった。藩邸内のあらゆる事柄は異なった様相を帯びてきた。彼の主な楽しみは飲食であった。彼は、じぶんの役人を昇進させたり退けたりするのにしばしばお気に入りの女官のいうことに耳を傾けた。私はその時、私の勉学を遂行する希望が消えて行くのを感じた。

私の父は、私がこれ以上勉強を続けるのが賢明かどうか疑うようになった。父は、生徒の中によく見かける、礼儀作法をわきまえない不謹慎な輩に、私が影響されないかと心配した。それは別としても、父はいまだに私が彼の書道の塾の後継者になるよう望みを抱いていた。そこで彼は私の勉学に干渉し始め、書道の教授を助けるよう私に促すようになった。だが私はそのようなことには、ひどく気が進まなかつた。[67]

酒色にふける無能な藩主と、秩序に忠実な父親によって、すなわち、公私の時間空間の双方から、新島の外堀（学問的指向）が埋められようとしていたのであった。すでに新島の関心は、勉学にあったと考えたい。藩主に仕えることとは「お茶を飲みながら、ばかばかしい世間話をしたり、しゃべったり笑ったりして時を過ごす」程度の仕事であり、このことに新島はウンザリしていたのである。微塵も彼の心を動かすことのない事柄になってしまっていた。同僚との付き合いにも耐えきれなくなっていたのである。新しい世界（学問）へ踏みだそうとする若い新鮮なエネルギーにとってはこの窒息しそうな空間に重たい日々を送っていたであろうことが手にとるようにわかる。十七歳から十八歳にかけての新島は、藩主や父から押し付けられた義務（御広間平番、祐筆職代勤）を「怠り始めた」り「直ちに解役してくれと」願い「全く藩主への勤めにいや気がさしていた」のであった。

学問指向型の青年へと変身しつつあった新島の学問に対する態度はどのようなものであったのだろうか。蘭学に関しては田島順輔の長崎遊学後も続けられていた。杉田玄端塾に通い、オランダ語で物理学や天文学の簡単な論文は読めるほどになっていたし、海軍教授所では数学と航海学を学んでいる。ことに航海学への接近は、万延元年の十一月頃、江戸湾上に浮かぶオランダ軍艦を遠望するうちに日本の全面的改革と刷新の必要性を痛感したからであった。とりわけ外国貿易と海軍創設の必要性を感じていた。

新島の勉学は、しばらくは軌道に乗ったが、今度は病がそれを阻んでいく。二十歳の夏に罹病した麻疹の後遺症で視力が衰え、頭痛や不眠が彼を悩ませる。体調不良が彼の勉学を停滞させるが、それへの思いはきえることなく次の飛翔を待つこととなる。

３　自由を求めて

文久二年十一月から翌年正月までの玉島行は新島にとって大きな転機となった。備中松山藩板倉勝静の持ち船快風丸に乗船し、航海実習する機会に恵まれた。江戸―玉島間の航海である。このころの新島をめぐる環境は激変していたことはすでに述べた。新島にあっては、公私ともに閉ざされた状況を打ち破る必要があった。そのようななかでの玉島行であった。彼はこの航海実習を大変素朴に喜んでいる。

江戸に帰るまでに三ヶ月あまりを要したが、私はその旅をひじょうに楽しんだ。それに、私が若き日々のすべてを過ごした、わが藩主のあの方形に囲まれた屋敷―そこでは天とは一片の小さな四角形にすぎないと考えられていたあの囲い地―から、そんなに遠い所にのがれることができたのは、まこと有益だった。私は初めて、種々さまざまな人々と交わり、種々さまざまな場所を見る体験をしたのだった。たしかに、私の精神的地平線はぐっと広められた。私は大坂の町を訪れ、そこで初めて牛肉を味う機会をえた。自由への新鮮な思いに満たされ、私は幕府に新たに奉職することによって藩主への義務を免れようかと考えた。（中略）自由を求める私の強い願望は、藩主を無視し藩主に従わない一つの真の誘因となっていった。[68]

息苦しく感じている世界を初めて抜け出し、新たな別世界のあることを肌身で感じ取った喜びを記している。「方形に囲まれた」狭い空間から、「さまざまな人々」「さまざまな場所」を知ることになった。これこそ新島が初めて知った「自由」の味だったのである。彼の広められた「精神的地平線」の延長線上には「方形に囲まれた」空間を否定する以外その帰結はありえない。それが藩主に対する姿勢となってあらわれ、最終的には日本脱国となってでてくるのである。それはもう時間の問題であった。

新島がこの玉島行から江戸に帰ったのは文久三年の正月のことである。時に、文久年間（一八六一〜一八六三年）は公武合体派と攘夷派の対立が激化し、攘夷派のテロ行為が頻発する。文久二年には、坂下門事件、伏見寺田屋事件、生麦事件、品川御殿山英国大使館焼打ち事件が、翌年には、長州藩による外国船砲撃事件、薩英戦争、八月十八日の政変、天誅組の乱、生野の変などの事件が多発し、幕府諸藩は列強への対応に苦慮している時期であった。

かかる政治状況のもとで新島もその攘夷運動に興味を示さなかったといえば嘘になるだろう。結果的には、両親・藩主が桎梏となってこの運動に参加することができないでいたのではないか。彼が攘夷運動に関心を持ったと思わせる一節がある。

> これは私にとってもう一つの辛い試練であった。ひじょうにいらいらして怒りっぽくなり、もしある友人がこの試練から私を救い出し、慰めてくれなかったら、私は全く自分を破滅させていたかも知れない[69]。

「これは」の中身が判然としないのであるが、攘夷運動であろうと推測する。すでに新島の内部にあっては、形にならないカオスが一つの出口を求めて呻吟していたといってよいだろう。その出口は攘夷運動でもよかったし、それ以外のものでもよかった。現状を打破しうる何かが必要であった。この苦境から救い出してくれたのが「ある友人」からの書物であった。新島のいう「ある友人」とは杉田廉卿のことである。杉田廉卿は、蘭学者杉田正卿の娘縫と結婚し、杉田家に養子として入った人物で、杉田玄端の義理の甥にあたる。はやくにキリスト教に接近していたようである。二十四歳という若さで逝去している。寡婦となった縫は後ほど冨田鉄之助のもとに嫁いでいる。新島はこの杉田から多くの書物を借りている。「ロビンソン・クルーソーの日本語訳」の書物[70]、宣教師ブリッジマン博士の著した「合衆国の歴史地理の本」[71]ウィリアムスン博士の「小さな雑誌」[72]、そして「上海か香港で発行された二、三冊のキリスト教に関する書物」を読んでいる。とくに「ロビンソン・クルーソー」の邦訳本を読み、外国への思いを熱くし、「キリスト教に関する書物」からは、今までの二十年間に意識もしなかった存在が心に宿されることとなる。このことは、新島自身が呻吟していた「狭い空間」からの脱出と旧意識を止揚する梃子となりうるものであった。「この新しい考えが、私を勇気づけて、藩主を捨て、故国を一時離れる決心をさせてくれ」る契機となったのである。

４　箱館行

元治元（一八六四）年三月、新島は中浜萬次郎を訪ねる途中で、玉島行をともにした快風丸の同僚加納格太郎に偶然出会った。加納がいうのには、快風丸が近々函館に出航するといい、一緒に行かないかとの誘いを受けた。「チャンス到来」と考えた新島の行動は素早い。安中藩目付飯田逸之助を通じて藩主の許可を得るべく働きかけるだけでなく、備中松山藩の重臣川田剛を通じて藩主板倉周防守勝静の許可を得ている。新島が両親への説得と承諾をとりつけたのはもちろんのことである。新島が加納に会ってこの話を聞いたのが三月七日、そして飯田から藩主の許可のおりたのを聞いたのが三月十日のことであったからこの間わずか三日間であった。藩主の許可を得た時の喜びはいかばかりであったろうか。『函館紀行』にその喜びを以下のように表現している。

其翌朝之未明より又幹家に行き出帆之期日を尋れば、十一日と定まりたる由なり。故に其事の由を飯田氏へ告けんとて其家に至れば、彼申には主公より内々箱楯行の許有有し由を告し故、欣喜ニ堪兼不覚大声をして曰、嗚呼天我を棄てさるか、我業の成否此一挙にあり[73]

この箱館行を決した後、家族知人による送別の宴席が催された。席上、祖父弁治が「行けるなら 行って見て来よ 花の山」の句を餞別として贈ったことはすでに述べた。新島の思いは「我業の成否此一挙にあり」のなかに尽くされている。すでに新島はこの時点で国外脱出を期していたと考えられる。

四月二十一日早暁五時に箱館に到着した。箱館港を観察すると、日本の黒船（スクーネル船）以外に英国船、米国船、普国船さらに日本買船（商船）が四、五十艘停泊しているのが目につく。また洋館を見ると、その白壁が輝き紅旗が翻っていた。当時この箱館には仙台、秋田、会津の東北諸藩の屋敷が設けられていたことを記している[74]。新島が入塾すべき「武田塾」（塾長は武田斐三郎）があった。この港町には花街があり、「風俗甚悪くして」しかも商人は「飽くまでも利を貪り、物の価は」江戸の二倍ないし五倍はする地であると語る[75]。

さて、新島は二十五、二十六の両日武田塾を訪ねたが、塾そのものが十分な体制が整っていなかったことから入塾してもあまり効果が得られないと判断して、直接「西洋人の家に」寄宿せんことを依頼している[76]。そして菅沼精一郎（長岡藩士）を介してロシア正教会司祭ニコライの知遇をえることとなった。ニコライは新島に十畳ほどの部屋とベッド、机を用意してくれ何かと親切に対した。ロシア士官ピレルーヒンに英語を学ぶように進言し、眼病に悩む新島に医師ザレスケーを紹介して治療を勧めている[77]。新島は、眼病治療時でのロシア病院の様子を日本の医療実態と比較した記録を残している。医師は病人治療に専心すべきであって、患者の貧富の差によって治療に加減をくわえることなどは論外であることを指摘し、ロシアの医師や病院は病人治療にあたってはロシア皇帝から費用が充てられていて治療費をとらなかったことを記した[78]。ロシア人たちのかかる医療福祉策に比べて幕府の無策を慨嘆せざるを得なかった。

ニコライとの交流は四十日間ばかりであったが、この間新島はニコライに「古事記」をテキストにこれを読み、ニコライは新島に古代ロシアの風習やフェニキア文字の話、ナポレオン時代の露仏戦争を語るなどの勉強会が持たれていた[79]。新島はニコライとの交流のなかで、彼の海外脱出への意向を打ち明けたところ、ニコライからは半ば喜び半ば不賛成の意見を聞かされ落胆する。

新島は、何としても海外脱出の目的を果たすべく画策する。菅沼精一郎の友人、神明社の神主をしていた沢辺数馬（琢馬ともいう。土佐藩脱藩志士）からポーター商会の店員福士卯之吉を紹介され、彼に海外脱出の計画を打ち明けた。この時の新島の思いとしては、ヨーロッパへの脱出を意図していたのではないかと考えられる。というのも、ニコライ宛の手紙に「ひそかに欧羅巴へ抜け行き」「クライスト」教を学びたいとの意向を吐露していることによる。『私の若き日々』には最初から米国への脱国計画をもっていたように記しているが、この自伝が一八八五年に書かれていること、すなわち、アメリカでの生活体験を基礎にある程度の名声を得ていた時期であり、新島の支援者であったA・ハーディーに宛てた自伝であってみればそう記すのが当然であったろう。

福士は、新島からその意図を打ち明けられた一週間後には彼に脱国準備を促した。近々アメリカ船が中国に出航するという知らせをうけた。その船の船長が新島を中国に連れ出すことに同意したからである。すでに、福士卯之吉にその目的を打ち明けてからの新島は、その身形《みなり》にも気を配り、町人の服装をし、大小の刀をはずし髪型も変え、なるべく目立たない風を心がけた。これも福士がポーター商会の店員（町人）であり、その彼と頻繁に相談を重ねなければならないとするならば、誰からも怪しまれないようにする必要があったからである。

5　アメリカへ

福士卯之吉の尽力は、元治元（一八六四）年六月十五日、新島の乗船した「ベルリン号」の出帆により結実した。アメリカへの第一歩が踏み出される。

ところで、新島の「日本脱国」の目的は奈辺にあったのだろうか。彼の「自伝」「書簡」をみると、しきりと「道徳的改革」[80]とか「クライスト聖教を学び」[81]といった文言が散見する。これらの言葉から推し量ると、道徳改革の基礎にキリスト教を置き、これを修学するということになる。

はたして、新島の脱国目的は本当に「キリスト教修学」にあったといえるのだろうか。筆者にとって常に念頭を去ることの無かった疑問である。この問題は換言すると、新島のキリスト教信仰はいつ獲得できたのかとの問いとなる。

新島のキリスト教への接近は文久三（一八六三）年頃であったと考えられる。このころの新島の心的状況は閉塞状況にあった。すなわち、藩主が勝明から勝殷に交代し藩の空気が退嬰的方向に一変していくし、交代した藩主（勝殷）の意に沿う対応を求める体制順応型の両親への反発、師田島順輔の長崎遊学や家老尾崎直紀の死去など、彼の周辺にあった理解者たちが一人抜け、二人抜けして、孤立状態に陥っていく時期でもあった。かかる事態は新島にとって彼の学問的志向が閉ざされることを意味していた。

新島は、出口を求めて呻吟していたところ、友人から借り受けたキリスト教関係の書物（聖書の箇所を抜粋した書物─便宜上この書物を小型聖書と呼称する）を読み、これに惹きつけられる。一八六五年にA・ハーディー宛にかかれた「脱国の理由」には以下のようにその軌跡を記した。

この小型聖書を読み「私は先ず神を理解しました」[82]。「創世記」の部分から、天地の成り立ち、昼夜・生物・人間の誕生などを知り、さらに「私はイエス・キリストが聖霊の御子であること、彼は全世界の罪の故に十字架につけられたこと、それ故私たちは彼を私たちの救い主と呼ばなくてはならないことを悟りました」[83]と。いわば、三位一体説、原罪の問題、イエスの贖罪論などキリスト教の本質に関わる問題を「悟」ったということになるが、これは本当だろうか。新島のいうところに従ってトレイスすると、日常の品々においてまで神の作り給うた恵みであることを悟ったとき、「私は神に感謝し、神を信じ、神に対して心の正しい人にならなくてはならない」[84]と決心したという。そして、英語の聖書を読まんがために函館（新島の史料内においては「箱館」を用い、それ以外は「函館」を使用する）に行って英米人の教師を得たいと考える。そのうち、函館において外国への脱出を目論み、外国への脱出を考えるようになるのである。すでにこの頃の新島は実の両親の恩沢から神への傾斜を強めていく様子が窺える。「私の両親が私を生み、育ててはくれたが、私は本当は天の御父に属している。それ故私は天の御父を信じ、御父に感謝し、その道に従って走らなくてはならない」[85]と語っている。新島がかかる意識を持ったのは聖書読書会の参加から函館行までの間とすると、文久三（一八六三）年から元治元（一八六四）年のことである。

上記の新島の「三位一体論」「原罪論」「贖罪論」といったキリスト教の本質についての「悟り」（理解）はスムーズすぎるし、そのスムーズさに疑問さえ生じる。キリスト教の知識を何ら持たない人間が、すぐさま斯様なキリスト教の本質についての課題を把握し得ようはずがない。この「脱国の理由」の書かれた時期とシチュエーションを考えると示唆を与える人物がいてもよさそうである。

時期は一八六五年、ボストン入港後の十月半ばのことであり、新島の米国到着の三ヶ月後のことである。語学力にしてもキリスト教の知識にしても十分でなかった新島に在ったのは、勉強したいとの思いと、その勉強の中身も予備知識でしかなかった「キリスト教」に懸けたのではなかったか。ある意味で新島のパトロンへの必死の売り込みが「脱国の理由」であったはずである。この「脱国の理由」を書きあげる際のアドヴァイザーはほぼ一年間寝食を共にするワイルド・ローヴァー号のテイラー船長ではなかったろうか。以下の新島の事情を斟酌するならば、可能性は十分に考えられるところである。

新島は元治元年六月から、ベルリン号、ワイルド・ローヴァー号の船中の人となった。ほぼ一年後にボストンに入港することになるが、この間の彼の最大の矛盾は自らの将来（学問遂行の可能性）への不安と焦慮にあったといえる。テイラー船長に以下のように懇願するのである。

はじめてH・S・テイラー船長に会ったとき、もしアメリカに到着したら「どうかぜひ学校にやって下さい。そしてよい教育を受けさせて下さい。そのため私は力の限り船内で働きますし、賃金をいただくつもりはありません」とお願いしたのです。船長は帰国したならば学校にやってやろう、そして船内では彼の召使いとして働かせてやろう、と約束してくださいました。船長から金はもらいませんでしたけれど、衣服、帽子、靴、その他は買って頂きました。海上では航海日誌のつけ方、緯度、経度の測定の仕方を教わりました。ボストンに着くと、船長は私を長い間船内におらせて下さいました。ですから私は船の番をしている荒くれた不信心な男たちと一緒でしたし、波止場ででくわす人は次のように言って私をこわがらせました。陸の上じゃおまえなんかを救ってくれる人は一人もありゃしないよ。南北戦争このかた何もかも高くつくようになったんだからな。まあ、もう一度海に戻ることだな、と。私はこの分だと衣食のために相当頑張って働かなくてはならないと思いました。学校の授業料を稼がずには、とうていどんな学校にも行けそうにありません。そのような考えが私の頭をおさえつけたとき、もうあまり働くことができなくなり、本も楽しく読めませんでした。私はまるで気がふれた人のように、長いことあたりを見まわすばかりでした。[86]

船中では、テイラー船長の一言一言が頼りの綱であった。と同時に、他力本願にすがる男のひ弱さも見えてくる。新島の心的状況は自己閉塞的にもなっていただろうし、一種ノイローゼ気味にもなっていたのではないか。船員や波止場の人々の一言一言に慄き、意気消沈しなければならなかった。ただできることは、神への「祈り」だけであった。

毎晩、寝床に入ってから神にこう祈りました。どうか、私をみじめな境遇に打ち棄てないで下さい。どうか私の大目的をとげさせて下さい、と。[87]

そして、ワイルド・ローヴァー号の船主であるA・ハーディーの援助がある旨を聞かされ、「私の両眼は涙にあふれました。まことにかたじけないことであります。私は思いました。神は私を見棄て給うことはないのだ、と。」[88]精神的に追い詰められ、その極点に達していた男の祈りが、A・ハーディーの許しの一言を聞いたとき、新島の思いが全て成就される瞬間であった。まさに「神は私を見棄て給うことはな」かったのである。観念としての祈りが、実態を伴って大きく転換したのである。

新島の精神的に追い込められた極点に明楽誠は、新島襄の回心（conversion）をみようとする[89]。明楽の「新島襄の回心（conversion）について」「新島襄の第1回の回心と2つの自伝」をたよりに聴いてゆきたい。結論的にいえば、明楽は、新島の回心の端緒は一八六三年にあるという。新島は、純粋に「学問指向」をする人物ではなく、極めて俗人的気質の強い人物であった。しかるに「新島には、人に語らない積りゆくプライベイトな悩みがあり、その新島には、あるとき、自分自身を振り返り、次々と我が身に降りかかる災難と学問に専念できない自分自身の不甲斐なさに苛立ち、本当に自分はダメな人間だとつくづく思い、もはや志士たらんとする望みは絶たれてしまったと思う瞬間……が訪れたであろうことと充分推測できる」[90]とし、これこそが新島の「宗教的回心」の前提をなす条件であったという。ここにいう「積もりゆくプライベイトな悩み」とは自らの学問志向とは裏腹に、それを阻害する要因（環境変化、自身の身体状況、自らの勉学センスへの疑問など）のゆえの極度のストレスではなかったかと考えられる。このような心的状況にあったおりに、ロビンソン・クルーソーの和訳本やキリスト教関係の書物と出会うことになったのである。「新島は以前から創造者という名前は知っていたがこのとき初めて「神を理解」し、「神に感謝し、神を信じ、神に対して心の正しい人にならなくてはならない」と思い、また、「創造者という言葉が胸にひび」き、「私たちが生きているこの世界は、神の見えざる御手によって創造されたのであって、単なる偶然の産物ではない」ことに思いをいたらせた。天父＝Godであることを知ることにより、新島の「垂直軸の受動的獲得に伴う存在構造の転換」を可能にした。ここに新島の第一回目の回心があったと述べる[91]。

明楽は、一八六五年の新島の二度目の回心についても以下のように見ている。後年、新島が「私は、お二人を実の両親以上に愛しているのです。私はお二人の愛によって誕生した者であります」[92]と回想したところから察すると、「このハーディー夫妻との出会いこそが彼にconversionをもたらした契機であったように思われる」[93]という。その根拠は、「ハーディーが新島に約束したものは、新島の望み（新島の希望は学校への入学と、テーブルの残飯、彼の古着、インク・ペン・紙・鉛筆の支給であった――引用者 注）を遥かに超える、まさに驚くべき内容であった。しかもその約束内容について、ハーディーが「天上独一真神、かつ日本の為」だと説明したことによって、新島は初めて人知を超えた神の祝福を心の底から体感したであろう」[94]し、「神の意志の代執行者ハーディーが新島に与え約束したもののうち、ほんの僅かの新島の要求分を差し引いた残りは、神が神の意思に基づいて新島と日本に与えた人知を超えた祝福だと、新島は受け止めたに違いない。そして新島は、このような神からの祝福体験を通じて、神の実在と導きを確信するに至り、神に対する心からの感謝と尊崇の念がこみ上げてきた。これこそが、新島のconversionであろう」[95]としている。

以上のことから、新島の信仰獲得（回心conversion）を一八六三（文久三）年と一八六五年の時期に求めることができそうである。一八六三年のキリスト教への接近から「天父」＝Godの発見はまだ曖昧な要素を含みながらも、キリスト教傾斜への萌芽をもたらし、ほぼ一年間の船中生活、さらにA・ハーディーとの邂逅の中で神の存在の確信（自からに好転する恵みの確信）を獲得していったものと考えられる。

A・ハーディーが新島を受容する理由・背景も考えなければならないが、この問題については後ほど述べることとする。新島の信仰獲得問題に話題がいってしまったが、話を元に戻さなくてはならない。

元治元（一八六四）年六月十五日、函館を出航した「ベルリン号」は翌月一日に上海に入港した。「ベルリン号」から「ワイルド・ローヴァー号」に乗り換えた（「ベルリン号」は折り返し日本に帰らなければならないことから、セイヴォリー船長は、「ワイルド・ローヴァー号」船長のテイラーに新島の事後を託した）新島は、翌年七月二十日アメリカボストン港に到着することになるが、この一年余になる航海のなかで、彼の意識を変えていくうえで大きな体験をもつことになる。

新島の当面の課題は何としても英語を習得することにあった。しかしながら遅々として捗るものではない。次の逸話はよく知られている。ベルリン号上で乗客の一人に英語を学んでいたさいに、新島が彼の言ったことが理解できなかったという理由で、その乗客が新島を打擲する事件が起こった。新島は激怒して自室にとって帰り、日本刀をもってその乗客を切って捨てようとした。「まさに部屋から走り出ようとしたとき」「もっと熟慮しなければいけない」という思いが脳裏をかすめる。「これはほんの些細な事かもしれない」「今後もっと辛い試練に遭遇するかもしれないのだ。もし今これに耐えられなかったら、どうして重大な試練にたち向かえるだろうか」と考え、「以後どんなことがあっても刀に手をかけまいと決心した」という。その後、刀については、ワイルド・ローヴァー号のテイラー船長に長刀を贈っているし、短刀は八ドルで買ってもらっている。そして、その金で聖書を購入している。

この刀と聖書について意味するところは興味深い。刀は武士階級の象徴であり、特権の象徴でもあった。誇りを傷つけられた新島は、刀に手をかけ屈辱をはらそうとしたが、自らその短慮を戒めたのである。武士を知らない外国人にとっては、武士階級そのものが何らの意味をもつものではない。すでに新島は、武士階級が意味をもたない空間に身を置いていたのである。このことを意識のうえで克服する必要があったし、それを気付かせたのがこの刀にまつわる出来事ではなかったろうか。この出来事の二日後、髪を五寸余り切っているし、さらに六日後に結髪の残りを切り取っている。この髷を切った行為も自らにある「武士」を脱し環境に順応させようとしたものであろう。もう少し踏み込んだ言い方をすれば、「一市民」となる一歩を踏み出したのではないかとも考えられる。自らの「武士」意識を越えなければならないシーンは後述するように多々出来《しゅったい》するようになる。

聖書に関して『航海日記』は次のように記している。元治元年六月二十五日条に「今日セーロルより借りたる耶蘇教経典を読む事少許なり。実に帰郷之上再ひ父母に逢たる心地恰も如此かと思ハれ、心の喜斜ならず」[96]とあり、航海中の孤独を聖書を読むことで癒していたのである。同年八月九日条には「甲比丹、予ニバイブルを与へり」とある。同年十一月五日、ワイルド・ローヴァー号は香港に入港した。八日条には「今日、予レ《わ》余の小刀を八元ニ而甲比丹に売却す」とあり、十一日条に「予上陸」とある。ただ、ここには聖書購入の事実は書かれていない。そこで、『私の若き日々』をみると、以下のようにある。

香港で私は中国語の新約聖書を一冊買いたいと思ったが、そこでは私の持っていた日本の金は通用しないことがわかった。そこで私は船長に私の短刀を八ドルで買ってくれるように頼んだ。その金を手にしてしばらく後、船長は私に、中国人の給仕といっしょに市内見物のため、上陸してもよいといってくれた。その時私は中国の本屋で一冊の新約聖書を買い求める機会に恵まれた。[97]

テイラー船長から貰った聖書は英訳のそれであったことから漢訳聖書を欲したのであろう。購入した「新約聖書」を貪るようにして読んだことは推測しうる。

函館からボストンまでのこの一年余りの航海の中で何をみて、どう感じていたのであろうか。

新島が乗船した「ベルリン号」「ワイルド・ローヴァー号」の両船上には新島以外日本人がいない。したがって意思の疎通は外国語（この場合は英語と考えてよい）で行わなければならず、語学力のない新島にとってみればその思いを十分に表現しえないまどろっこしさやストレスを胸中に押し込めなければならなかった。また、身の回りの家事的事柄をもこなさなくてはならない。函館を出て七日目、『航海日記』の元治元年六月二十一日条に自らの下着を洗濯する様子を記した。

今は襦袢三枚を洗ふ。我家に在し時自衣を洗らわす、然し今は学問之為とは申なから、自ら辛苦を知るは是又学問之一と明らめり。乍去父母をして此辛苦を知らしめば必らず四行の涙潸々ならん吾今言語通せさる故空ク支那人之指揮を受けり、然し他年彼等をして豚犬之如くならしめん[98]

自ら決断した脱国とはいえ、その苦難のほどは予想を超えるものであった。武士の嫡子が下着を洗濯する行為はそれまでありえなかったことである。新島自身複雑な思いに駆られたことであろうがそれに耐える以外ない。また、船中において言葉の通じない新島の遇され方がうかがえる。

海外出国の喜びが、一週間の間に艱難辛苦となって新島に襲いかかってきている。

同日「不堪慨然偶然得一詩」として一編の詩を認めているのは、胸中にある憤懣、あるいは自らを形成してきた秩序に対する憤懣の表現であったと考えられる。

自従辞函楯　空被役洋人　憂国還憂国　憤然不思身[99]
［函楯を辞してより　空しく洋人に役せらる　憂国また憂国　憤然として身を思わず　］

この二十一日の二つの記事は、新島の苦しみの中から生み出された呻吟である。この「呻き」の中身は、襦袢を洗濯する「私」、支那人に支配されている「私」であり、洋人に使役されている「私」の姿である。すなわち、「私」の置かれた位置が確認されていることである。それを敢えて「学問之為」に耐え忍ぶと嘯《うそぶ》かざるをえなかったのである。

船中における新島個人の位置は、世界のなかにおける日本の位置状況と同質であると認識しえたとき、日本の将来が容易ならない状況にあることを実感しえたことであろう。「憂国」の語をかかる文脈でとらえるならば、日本の近代化の立ち遅れへの焦慮や為政者の頑迷さへの義憤ではなかったか。

新島のアメリカへの航路は大まかにいって、日本―清国―東南アジアを経由してアメリカに到着したものである。

『航海日記』[100]によると、元治元年十一月三十日から翌年正月十日の間はサイゴンに滞在中であったが、住民の貧困な様子とフランス支配の様を記している。サイゴンの住民は総じて疲弊・貧窮のなかにあり、その原因は「支那帝の政道不行届」のゆえであるとしている。すでにフランスがサイゴンを領有して以来六年、この地にフランス人家屋が三百余軒にもおよび、五〜六軒の寺院が建立されており、フランス兵士が三千余人も駐留していた様子を描く。そして、フランスの軍艦や外国商船が中国商船を圧倒していた状況も認《したた》めている。このとき新島は、列強の植民地支配については彼の眼に映った事柄だけを記したに留まっており、それへのコメントはない。

以後、航海中に際立って目立つのは詩歌の多作である[101]。望郷の念、父母への思慕をしるした歌、航海中の困難さにふと口の端をついて出た歌、艱難辛苦のなかにも未だ見ぬ世界と学問への志を詠った漢詩等をみるとき、彼の内面的葛藤をみざるをえない。

かくて、孤独と辛酸を嘗めた航海を経て一八六五年七月二十四日、北米ボストン港に上陸することとなった。

6　アメリカで

一八六五年十月、新島襄はテイラー船長の紹介で、ワイルド・ローヴァー号の船主A・ハーディー夫妻に初めて面会した。A・ハーディーは新島の渡来目的を訊ねたが、当時の新島の語学力では十分に理解できず、彼に多少の時間的余裕を与え一つの手記（「脱国の理由」）を書かせた。A・ハーディーはこの手記を読み新島に関心を抱いた。新島の手記を読んだA・ハーディーは、彼に相応の教育を施すだけでなく彼の保護をも決意する。

十月三十一日、新島を伴いマサチューセッツ州アンドーヴァーに到着したA・ハーディーは、彼をフィリップス・アカデミーの英語科に入学させることになった。

新島の学生生活はこのフィリップス・アカデミーにはじまり、アーモスト大学、アンドーヴァー神学校等の教育機関で能う限りの高等教育をうけることになったのである。

一八六五年から一八七四年にいたるアメリカ生活は新島の思想形成にいかなる影響をもたらしたのであろうか。アメリカ滞在の九年間は彼の勉学研究の時間であった。この間、新島に影響を与えた人物や彼の学んだ教育機関の特徴などを概観したい。

①フィリップス・アカデミー時代

新島のアメリカにおける最大の庇護者はA・ハーディーであった。このボストンの実業家を抜きにしてアメリカの新島はありえない。彼についての簡単な紹介は次のようにある。「ボストンの実業家で、十数隻の船を所有してヨーロッパや東洋との貿易にも従事した。典型的なニューイングランド・ピューリタンの実業家であり、少年の頃牧師として立つ志を抱いてフィリップス高校に入学しながら病気のために挫折したけれども、クリスチャン実業家として神に仕える決意を貫いた。フィリップス高校、アーモスト大学、アンドーヴァー神学校の理事をつとめただけでなく、アメリカン・ボード（The American Board of Commissioners for Foreign Mission）の法人会員として、また運営委員として、一八五七年から八六年まで熱心にそのつとめをはたした。七三年から八年まではその運営委員長としての重責をはたした」[102]と。クリスチャン実業家としてそのビジネスに成功しただけでなく、学校運営にも大きく関与し、アメリカン・ボードの重職をもつとめたボストンの名士であったことが分かる。

新島は後年、A・ハーディーの訃報に接したとき、同志社において彼についての講演をおこなった。次のように語っている。

> 扨君ノ人トナリヲ論ジマスレハ、君ハコモンセンスト判断力ニ富ミタルモノニシテ其ノ言語挙動一々宜シキニ適ハサルナク、又実地ノ点ニ出テサルハナシ、其ノ性謙遜ナルモ快濶ニ、簡易ナルモ卑浅ナラス、閑雅ナルモ自ラ威厳アリ、温柔ナルモ決シテ侵スベカラス、真ニ君子ノ風ヲ備ヘリト申ベシ、（中略）君ハ如此天賦ノ美質アリ、加之天父ヲ敬ヒ基督ヲ信スル所ノ宗教上ノ美徳ヲ以テシタレバ、君ノ生涯ハ己レノ為ニ送リシモノニアラス、全ク人ノ為神ノ為ニ送ラレタルモノノ如シ、且君ノ畢生ノ目的ハ天意ヲ奉戴スルニアリテ、君カ世人ヨリ信任ヲ受ケシモ事業上功ヲ奏セシモ、皆尽ク此ノ一点ニ基イ［テ］セシ事ト思ハレマス（下略）[103]

A・ハーディーの生涯は、じつに彼個人のものとしてあるのではなく、神の僕として存在したものであったといえそうである。ここに新島は、A・ハーディーをして、コモンセンスと判断力に富んだ君子の風格を備えた人物として捉えており、さらに基督教信仰に基づく私心のない人格者であるとみている。さらに新島は同じ講演中で、A・ハーディーを「成功ノ人」ととらえ、その成功要因を挙げる。

第一　好ミテ聖書ヲ読ミ祈禱ヲ常ニセシ事。第二　コモンセンスト判断力ニ富ミ、見キリカヨク時機ヲ誤ラサル事。第三　不怠智識ヲ養成、友ヲ長者ニ求メシ事。第四　勉強シテ其ノ職業ニ怠ラサル事。第五　注意力ノ盛ナリシ事。第六　人情ニ暁通シ人ヲ見分タル事。第七　活眼ヲ以テ古今ノ歴史ヲ看破シ実施上ノ助ケトナサシメシ事。第八　当時ノ事情ヲ明カニシテ将来ヲ推測セシ事。第九　無益ニ金銭ト時間ヲ費ササル事。第十　非常ノ働キヲ為サン為ニ非常ニ休息シ、又美術ヲ愛シテ己レノ鋭ヲ養ヒシ事。第十一　事々ニ少シモ油断ノナキ事[104]。

A・ハーディーは単に勤勉家であるだけでなく、工夫と努力を重ねる人物であり、合理的に物事を判断できる人物であった。新島は、器量があり懐の深い人物のもとで家族同様に遇せられ、暫くの安息をえることができたのはまことに幸いなことであった。A・ハーディー夫妻（あるいはA・ハーディー家）の新島に対する物心両面への全面的な援助とそれを支える精神性の高さが自ずと新島にも感化をもたらしたことは想像に難くない。

アメリカでの生活が本格的になるなかで、新島に大きな影響を与えた人物が彼の周囲に多くいた。下宿主のメアリー・E・ヒドゥン、下宿人のE・フリント、校長のテイラーたちである。いずれも敬虔なクリスチャンであった。

メアリー・E・ヒドゥンは、井上勝也の研究[105]によると、新島が下宿した当時、彼女は弟のデイヴィッドとともに農業、養鶏、牧畜をその生業とする一方で、会衆派教会であるオールド・サウス・チャーチのメンバーであるだけでなく、日曜学校の活動に力を注いでいた熱心なクリスチャンであった。年齢は、ミス・ヒドゥンが四十七歳、弟のデイヴィッドが四十二歳で、二十二歳の新島からしてみると親子ほどの年齢の違いがあった。

ミス・ヒドゥンは新島に強い関心を示すとともに、彼を全面的に受け入れていることは彼女の一八六六年一月二日付

A・ハーディー宛書簡[106]に明らかである。ミス・ヒドゥンのもとでも新島は下宿人としてではなく、家族の一員として遇されている。何故か。異教徒の国から一人の青年がキリスト教を学ぶために困難をのりこえてアメリカにやってきた行為そのものに関心をもったことのみならず、新島にみられるこの一途さや禁欲的な生活態度、感謝の念、礼儀正しさといったことが当時のアメリカン・ピューリタニズムのもつ倫理的側面と近似した一面をもっていたことにもよるのではなかろうか。ここでも新島は第二のハーディーと遭遇しているようである。ミス・ヒドゥンの他者に対する無償の行為とその精神性の高さはA・ハーディー夫妻のそれと同じである。新島はキリスト者の在り方の一端を看取したことであろう。多くの人たちの善意に対して、新島は勉学に励むことで応えていくこととなる。

このヒドゥン家にもう一組、イーフレム・フリントというアンドーヴァー神学校の学生が妻とともに下宿していた。彼は、ウィリアムズカレッジ卒業後、教職に就いていたが、牧会こそ天職と定め、一八六五年アンドーヴァー神学校に入学して神学研究の最中にあった。このE・フリントと新島との関係をミス・ヒドゥンは、さきの同書簡中に次のように記している。

実は彼（新島のこと――引用者）にはもう一人の先生があって、この方が毎夕彼のおさらいをして下さっており、彼が非常に急速に進歩しているとの評価を頂いております。（中略）ジョゼフ（新島のこと――引用者）は学校生活と絶えず接触していく必要はありますが、実際のところ彼がフリント氏から得ている利益は高等学校の先生から得ているものよりもはるかに大きいといえます[107]。

このことを新島の側から語らせるとより具体的である。新島の初期アメリカにおける学習の一端を垣間見ることができるので長文を厭わず引用したい。

ハーディ様、私はヒドンさんの家に住んでいるフリント先生という親切で敬虔な隣人をみつけたように思います。この方は毎夕算数を教えて下さり、私は先生の前で約分、正負数、定義、常分数、小数、寄せ算、引き算、掛け算、割り算、利息算、複利算から歩合算まで復誦しました。二、三日前に先生は少し地理を教えてくださり、それについて私が復誦するのを聞いて下さいました。また私に作文を課し、それを添削して下さいます。また、フリント夫人は毎夕私に新約聖書を教えて下さいます。私は、「さいわいなるかな」、主の祈り、黄金律、マタイ伝二二章三七節、ヨハネ伝三章一六節、詩篇第一篇と第二三篇、十戒を暗記しましたし、新約聖書ルカ伝一七章まで読みました。旧約聖書ではイスラエル人がエジプトから脱出したこと、荒野にとどまっていたとき、神の不思議な御業によって衣食を与えられたこと、モーセの死、ししの穴に投げこまれたダニエル、業火に投げ入れられた三賢人、大力のサムソン、エリヤの時代におけるやもめ女とナアマンの奇跡、について読みました。そしてこれらのことがらについて、毎日夕方に先生の部屋に行っておさらいをしています[108]。

フリントという「家庭教師」は、新島にとっては学科を教えるだけでなく、キリスト教についての教師でもあったという意味で大きな影響を与えたことは否めない。新島自身もキリスト教に大きく傾斜するだけでなく、真摯に学ぶ姿にフリントは情熱をこめて教え導いていった。彼の教職にあった経験が役立ったことはもちろんのことである。

フィリップス・アカデミー校長のサミエル・ハーヴェイ・テイラーは厳格なピューリタンとして知られていた。新島のフィリップス・アカデミー在籍中、テイラー校長の指導下にあった。テイラー校長の教育方針は次のようなものであった。「毎朝の祈禱会が済んだ後、トランプ遊び、喫煙、小説やダンスを禁じ、良い文学作品で散漫な読み方をすることを厳しく批判する演説をするのが日課になっていた」[109]ほどで、古典学習に力を注ぎ「古典の学習が国家の安寧のために重要であり、古典学習の高い標準を保持するときに、良き市民であり、愛国者の職務を果たしているのだという強い信念をもっていた」[110]人物であった。いわば、古典的カルヴィニズムの禁欲主義を色濃く堅持した人物であったのである。事実、テイラーが校長として三十年にわたり在職していたフィリップス・アカデミーは、ピューリタン的厳格主義が濃厚に残っていたという。礼拝、祈禱会、聖書教授が学科外に設けられており、さらに生徒たちは、同アカデミーの敷地内にあるアンドーヴァー神学校の礼拝に参加することをも義務付けられているほどであった。

新島は、このような人々や教育環境のもとで、ピューリタニズムに基礎をおいたキリスト教の受容を強くしていったことは当然のことである。彼にとって、キリスト者の生活とその意識を実見し、その善意を受けとめたことは何よりも大きな体験であり、このことが新島により一層キリスト教への確信と受容へと変容していったことは首肯しうるところである。事実、新島の精神的変化は、一八六六年四月の「ヨハネ福音書の日本語への翻訳」となり、同年十二月三十日のアンドーヴァー神学校付属教会での受洗となって具体化してくる。

②アーモスト大学時代

フィリップス・アカデミーを卒業した新島は、一八六七年九月、アーモスト大学に入学した。アンドーヴァーを去る新島についてミス・ヒドゥンは、ハーディ夫人宛の書簡[111]に、新島を保護し、導いた彼女の行為への絶賛と新島への高い評価が示されている。新島については、彼の慎ましさ、学問面での成長、ヒドゥン家に与えた影響などが語られ、彼がアーモストへ去っていくことへの残念な思いを語っている。

前年からこの時期にかけて、新島がキリスト者として飛躍したことは前述したところである。すでに新島の学問的関心がキリスト教研究にあったことがE・フリントのJ・H・シーリー教授への書簡にみることができる。

彼はあなたのご指導の下に精神と道徳の哲学を学びたいと熱心に希望しています。（中略）聖書の勉強にかけては彼は人一倍忠実かつ熱心であり、聖書というご馳走でもって魂を養いました。彼が神の言葉に没頭するほど熱心に、小説に没頭する人をこれまで見たことがありません。彼は他のどのような書物の意味にもまさって、たちまち聖書の意味を理解するのでありました。新しい章句の意味が彼の心にひらめくや否や、彼の魂は感動の余り、うっとりしてしまうのであります。彼は品行において一個の紳士であります。これまで一度たりとも、彼が粗野であったという覚えはありません。礼儀の感覚においてきわめて鋭く、それはまたしばしばきわめて美しいものであります。（中略）彼の信仰上の進歩も注目すべきものがありました。彼はアンドーヴァーに来る前に回心していたのだと思います。真理が彼の心に届くや否や彼はそれを欣然として受け入れたようです。（中略）彼は謙遜で、目立ちたがりませんから、彼の真価はすぐに現れません。しかし彼は最も高貴な人間の一人であり、完全な信頼を置くに値します[112]。

新島が客観的にどのように見られていたかがよくわかる。彼の聖書、キリスト教への没頭する様子が知りえて興味深い。

新島が入学したアーモスト大学について紹介しておこう。

アーモスト大学は、一八二一年に創立されたピューリタン的色彩を濃厚にもった大学であった。彼の入学までのほぼ五十年間の歴代総長が牧師経験者であったことや、一八七一年までの半世紀間に四割もの卒業生がキリスト教伝道に携わっている事実を考えあわせるとき、一層その性格が明確になってくる。新島在学中のアーモスト大学は、「毎日曜日のチャペルでの礼拝、毎朝の祈禱会、毎木曜日夕方の説教等、学内の宗教行事が多く、ユニテリアン化に抗してカレッジ全体がピューリタンの伝統を堅持しようとする姿勢が見られた」[113]という。アーモスト大学の神学的根拠は、三位一体説を基調としていた点で、台頭するユニテリアン（「父なる神」のみを神として捉え、イエス・キリストと聖霊は神とみなさないとの立場をとる）とは異なり、ピューリタンのなかでは伝統的・古典的な信仰を保持しようとする教派に属するものであった。

新島がアーモスト大学に入学したのは一八六七年九月、卒業は一八七〇年七月のことである。彼がアーモスト大学入学を決めた理由は、A・ハーディーがこの大学の理事をしていたことから自然の成行であった。

A・ハーディーが新島を全面的に受容し、生活費・教育費などの諸経費（年額三百ドル以上という）を無償負担していた。なぜ、A・ハーディーが新島に斯くまで手厚く保護したのか。クリスチャン資産家の好意という一面以外に、この当時のニューイングランドの信仰上の課題やアーモスト大学の内包する問題が存在していたように思える。信仰上からいえば、古典的カルヴァン主義への批判がたかまってきたこと、すなわち、ユニテリアンの台頭がそれである。信者たちも厳格かつ禁欲的教理を守るよりも現世謳歌を容認する緩やかな信仰を欲したのである。また三位一体論や処女受胎、キリストの復活など、超自然的事象を排除する傾向が強まってきた。学問（自然科学）の発達、商工業の発達と商工業者の台頭などの社会的変容が、厳格な教理（カルヴァン主義）を拒否しはじめたのである。所謂、新神学と言われる（ユニテリアン）グループが形成されることとなる。A・ハーディーは、前者の会衆派に属するグループのリーダー的役割を果たしていた人物でもあった。アメリカン・ボードの法人会員、あるいは運営委員（長）を務めていたことから、教勢拡大を図らねばならない立場にあった。だとすると、日本からやってきた青年を棄てておくてはない。新島を通して、そのうしろに日本が見える。新島をキリスト者としてtrainingすることによって日本への教勢拡大が可能となってくるのである。

A・ハーディーは、フィリップス・アカデミー、アーモスト大学、アンドーヴァー神学校の理事を務める有力者であった。これらの教育機関は会衆派教会の中核を占めるところであったのである。

ニューイングランド、就中、マサチューセッツの会衆派勢力の劣勢を立て直さなければならない。その意味では、新島の主観的意図とは関わりなく、彼はアメリカン・ボードの戦略の一環に組み込まれることになるのである。

では会衆派の中核機関であるアーモスト大学の十九世紀半ば頃の姿はどのようなものであったのか。H・G・タウンゼント『アメリカ哲学史』によると、カリキュラム的には「神学」の教授はその主役の座を哲学（自然哲学、知識哲学、道徳哲学）に譲ることとなったとのことである。この時期、道徳哲学において影響力を持った人物に、F・ウェイランド（ブラウン大学学長）、M・ホプキンス（ウィリアムズ大学学長）、N・ポーター（エール大学学長）らがいたことが知られている（伊藤彌彦「アメリカの新島襄」『同志社談叢』第三十号）。

さて、伝統的教理を守ってきたアーモスト大学にも変化の兆しは一八三〇年代に表れてきており、次第に現世的色調を帯びていった。「数を増し始めたのは都会出身の洗練された学生たちであった。かれらはより多くの快適さに慣れ、さらに贅沢を知っており、禁欲主義に逆行する者たちであった。彼らが悪徳的だったのは稀だが、小さな不善に馴染んでいた。仲間と群れるのを好み、新しい行動基準を持ち込んだ」のである。その現れの一つは、卒業生の進路が種々の職業に亘っていることからもうかがえる。一八七一年では、牧師職は伝統的なものとしては当然のことではあったけれども（卒業生の四割を占めていた数字が二割五分にまで減っている）、その他に法律家、教師、医者、ジャーナリスト、銀行家、ビジネスマンなどであった。

かかる現象に伝統を重んずる人々は苦々しく見ている。スターンズ総長は「この時代のリベラリズムに対して、いやいやながら、そしてしばしば恐怖心をもちながら徐々に譲歩していった」し、長老教授たちは「アマースト教育システムの独自性は、権利よりも義務を優先し、自由よりも訓練を先行すること」に固執したのである。

新島はアーモスト教育が変化したころに入学する。彼のとった舵は、A・ハーディーやアーモストの伝統に沿った方向性に基本的には設定されていく。

新島は大学入学後伝道部（Missionary Band）に入部している。また、アレキサンドリア協会にも属した。このアレキサンドリア協会とは、アーモストの文芸協会のことであり、この文芸協会の会員は毎週集まって、時事的な話題や学問的主題について討議し、演説会を定期的に開いている組織であった（ダリア・ダリエンゾ「アーモストの輝かしい息子──新島襄のアーモスト大学時代──」『新島研究』第98号）。

アーモスト大学において新島はどのような意識を培ったのであろうか。彼は、「道徳哲学」「知識哲学」を学びたいとしたけれども、カリキュラムを見るかぎり自然哲学（今でいう、自然科学、物理学）、数学を多く履修していることが特徴的である。やはり伊藤論文にそってカリキュラムを記すと以下のようである。

一年目　秋学期：化学、数学、自然哲学（力学）、解剖学と生理学
　　　　冬学期：数学?化学、自然哲学、解剖学と生理学
　　　　春学期：自然哲学（力学と流体静力学）、生物学、微積分
二年目　秋学期：天文学、鉱物学?数学（幾何学）、自然哲学（力学）、ラテン語
　　　　冬学期：自然哲学（物理学）、ラテン語、歴史学、鉱物学、動物学
　　　　春学期：鉱物学と貝類学?化学、自然哲学（物理学）?地理学?
三年目　秋学期：ラテン語、ギリシャ語、鉱物学?地理学?
　　　　冬学期：道徳およびクリスチャン・サイエンス、ギリシャ語、数学
　　　　春学期：?

このカリキュラムを見るかぎり、新島は道徳哲学、知識哲学を採っていない。伊藤彌彦はシーリー教授との接触（大

学、家庭内）が道徳哲学にとってかわって、大きいとの見方を示している（「伊藤論文」）。

新島にとっても当時の日本にとっても大きな課題となる文明化・近代化と教育に関して、アーモスト大学関係者、とくに、W・A・スターンズ総長（任期一八五四〜七六年）やJ・H・シーリー教授（彼は後に総長になっている。任期一八七六〜九〇年）の思想の一端を紹介したい。アーモスト関係者のこの問題に関する意識は、後年の新島の教育思想に大きな影響をもたらしている。その意味ですでに新島の思想的な核がこの時期に形成されているとみてよい。

スターンズ総長は教育の重要性を指摘するなかで道徳性の涵養にあることを強調する。そのことが国家社会の安寧と人々の幸福をもたらすものと捉えられている。

国民の開化（Civilization）を増進させるときに、本質的に価値をもつようになる唯一の教育は、結局道徳性に基づいた教育であります。そしてアメリカでは少なくとも公共の道徳はキリスト教なしでは確実なものにすることができないでしょう。（中略）何年もの間私は今私が書いている主題 — キリスト教の文明に対する影響 — を正直で真面目な研究の課題としてきました。そしてキリスト教の原理、歴史、最近の実験に従って、市民の繁栄、安定した政府、人間の幸福の最良の芽生えが新約聖書のページに貯えられていることを私は確信します[114]。

また、シーリー教授は次のように語る。

私は知性の増大が相応の徳の増大と結合するとは残念ながら申し上げられません。人間を知性的にすることによって、道徳的にしようとする試みは絶望的であります。事実道徳性は或る種の宗教的霊感によってのみ発するでありましょう。そしてもし私共の学校や教育上の影響力が宗教的精神によって貫かれないのであれば、それらは、いかにその文化が広大なものであっても、人間を有徳にしないでしょう。キリスト教国家においては、キリスト教は国家が有する全ての教育への原初的鼓吹者（original inspirer）であります。そしてこの方法によってのみ、教育は純粋であり、純粋化しうるのです[115]。

この二人に見るかぎり、教育はキリスト教に基礎をおいた徳育重視の考え方が披露されている。かかる教育観が新島に影響を与えたことは前述したところであるが、後年、新島が田中不二磨との間で交わした教育論議のなかでも、国家や市民が知性をもつことの必要性を了承しつつも知育の偏重にはブレーキをかけている。

新島も知育の重要さと同時に徳性の涵養を強調しているのはスターンズ総長やシーリー教授とその教育観を共通している。新島の学校設立に関しても、キリスト教主義に基づく大学設立を目指したことからも徳性の涵養を重視したことの具体的表現であった。新島のアーモスト時代は、まさに彼の教育思想が形成される時間でもあったのである。

③アンドーヴァー神学校時代

新島がアンドーヴァー神学校に在籍したのは、一八七〇年九月から七四年七月までである。この項では彼の神学校時代の勉学の様子とは違って、この間に新島の身辺に起こりつつあった変化について考えてみたい。

新島がこの神学校の学業を卒えれば、帰国問題が自ずと現実味を帯びた問題として浮上せざるをえない。しかしながら帰国の仕方に難問があった。日本を密航脱国してきた事情から堂々と帰国することは不可能であった。一時、帰化してアメリカ人として帰る方法も考えたようであったが、この方法は採らなかった。そこで、飯田逸之助に書簡を送り、自らの帰国についての斡旋依頼やキリスト教解禁の如何などを問い合わせている[116]。新島の意図するところと不安が覗いている一文である。

……さて此度愚弟へ申越候通、小生帰国之一条如何して宜き哉、先生之御周旋を労し度候、兼て御存之通、小生義公禁をも不顧、臥櫪千里に駆する志を起し、遂に海外を跋渉し、千辛万苦今日に至るは、全く国を愛する深による、然し国禁を犯せし段、国刑を免れざるを得ず、其のみならず、小生亜国へ参りしより、如何して欧洲の各国及米利堅の、日に強大に相成しやを克々探索せし所、漸く其妙奥を見るに得たり、亜細亜及び欧羅巴の歴史を見るに、独一真神……、「ゴッド」、……妙道を信奉セシ人民は必ず栄へ、其を忘却せし国は益愚頓に陥る、……小生も頗る此道に志し、当今は「アンドワ」邑の神学館に此道を攻め居候故、何れ帰国之上は此道を主張し、有志之子弟へ相伝へ、益国を愛し民を愛するの志を励まさん事を望む、且兼て学び得し地理、天文、窮理、精密等の学をも伝へ、富国強兵之策を起すのみならず、人々己を修め、独を慎むの道を教へんと存じ候、但し人々己を修め、其身を愛するを知らば、己の住める国を愛せざるを不得候事、自然の理なり、……何れ小生も帰国の上は此福音を講じ、国人の土炭にまみるを救はんと存候、然し政府に於ては、今日此真理を「ポルチュギース」人の伝へし道と一に見、矢張此教を奉する者には必ず厳刑を加へんと存候、扨小生の如きは海外に遊歴せる身分、若し政府に於て厳刑を加へるの沙汰有之候は丶、天下豈到る所に住む所無からんや、「ヒマラヤ」山を跋渉し、太平洋に鯨を漁する、只小生の望む所、然し国を愛する志、日に益し月に長じ、我日本の隆興せん事のみ、日夜「ゴッド」に祈禱し居候、我日本の開化に進むを見ば、小生に於て余の志願は無之候、依て先生何卒小生の志を察し、小生の滞碍なく帰国相叶候様、内々政府の有司と談判下し賜ひ、且此福音を講じ候はゞ、矢張り前例に依り政府に於ては厳刑を加へ候哉、又は小生縦令福音を講じ候共、身に難渋は無之候哉、克々穿鑿被下、後便には右之委細御告被下［度］候、（下略）

ここでの新島は二つの表情を見せている。一つは彼の学問研究の成果についてキリスト教の布教をその使命として位置づけられており、帰国後はこれを何としても成就するとの決意が表明されていることである。もう一つは、自ら国禁を犯して脱国した身（犯罪者）であることと、邪宗とされたキリスト教徒（耶蘇教徒）であることの二重の罪科が覆いかぶさっていた。その意味で帰国が可能か否かが大きな不安材料として襲ってきている。そこで飯田逸之助に国内の様子を窺うとともに、帰国可能となるように要路への働きかけを依頼しているのである。

しかし、後者の問題は思わぬかたちで好転し解決していった。一八七一年三月十五日、ボストンで合衆国駐剳弁務使の森有礼と初めて会見したさいに、帰国問題に触れ尽力を依頼したところ、旅券下付を斡旋するとの申し出を得た。八月二十二日付をもって、留学免許状と旅券を森から送付されている。ここに新島は晴れて留学生として公認されることとなった。ただし、新島は官費留学生として申請してはどうかという申し出についてはこれ断っている。帰国問題の杞憂は解消された。この時、森から日本の諸状況について聴いたことは当然であろう。そのなかに、キリスト教を解禁する方向で検討されている旨を聞かされている。一つの安堵を得たに違いない。

新島は、森と会ったことによって日本政府の高官たちと知り合うきっかけを得ることになった。

明治四（一八七一）年十月、明治政府は外務卿岩倉具視を特命全権大使として、米欧使節団を派遣することとなった。翌年、新島は森の依頼をうけて、合衆国の教育事情の調査研究に従事することになる。

三月八日、ワシントンのアーリントンハウスで新島は森の紹介で、文部理事官田中不二麿と会見した。この時、新島以外に十二人の在米の官費留学生が招集されていた。新島と他の留学生の政府高官への対応の違いは面白い。「彼らは文部大丞にお目にかかるために接見の間に入りました時、日本風のおじぎをしました。けれども私は彼らの後でその部屋の隅に直立していました」[117]という。文部理事官に対する両者の違いの根拠は、一方は政府から費用を支給されている側であり、新島は全く政府とは関係なく、アメリカの友人の援助によって教育を受けてきた一私人であるとの明確な認識によるものであった。したがって、新島には政府の下僕となって使役される筋合いはなく、日本政府（この場合は文部理事官）と対等の立場にたって善意の奉仕を申し出たものであった。上に書いた、新島の官費留学生の申請拒否はこの問題と関連している。

新島は少し誇らしげに語る。

日本人の間でこれほどきわ立つ存在となった私のことを笑わずにはおれません。だって私は自分をひとかどのものだとは思ったことは一度もありませんでしたし、いつも公の目から身を隠していたいと願ってきたのですから。そのための接見の間に入ったときでも私は隅の方で、他の連中の後に直立したままでおじぎをせず、自分の権利を守ろうと思ったのです。嬉しいことに私は自分の権利を守り、その権利は私に許されたのです[118]。

このエピソードは、「自分の権利を守ろうと」した一市民、自由な立場にある市民の存在をうかがわせる。新島がアメリカ生活のなかで、彼は知らず知らずのうちに「自由と独立」の精神を培っていたことを物語っていよう。このことは新島を考えるうえで示唆的である。福沢は近代国家形成要因の一つに国民一人一人の独立心の必要を説いたが、新島はすでにそれを自らのものとさせていたのである。一国の近代化に必要なことは、外形的なものを整備させるだけでなく、個人の自由権利を保障させていくという観点が貫かれていなければならないが、その意味から新島のかかる仕方はその精神において異質であり、屹立した行為であったといえる。

明治政府にしてみれば、近代国家を形成していくうえで、近代的知識を身につけた人物や西洋文明を知る人物を一人でも多く必要としていた。政府（あるいは諸藩）はしきりと留学生を欧米に送りこんだのもその故であったが、在野に新島のような人物がいようとは願ってもないことである。ややもすれば、強引に新島を政府の側にひきつけて、官吏として使役しようとの意図を有していたことは充分に考えられるところである。事実、田中不二麿はしばしば新島に官途に就くべく勧めている。普通ならば喜んでそうしたことであろう。しかしながら、新島はそうではなかった。ここにも新島は自らの独立と自由の立場を堅持する。すでに彼は、キリスト者としてその事業に従事することを決定していたからであった。

新島は、一八七二年三月から翌年六月にかけて、田中不二麿とともに米欧諸国の教育機関を中心とした諸施設を視察した。アメリカでの視察は、スミソニアン・インスティテューション、コロンビア・カレッジ、ホリヨーク女子専門学校、マサチューセッツ農科大学、ノーサンプトン聾唖学校、イェール大学、シェフィールド科学学校等、精力的にその視察活動を展開している。当然、新島と田中は行動をともにすることからこの二人の交流は濃密なものになってくる。教育についての議論も展開されていた。このことについては、さきに少し記したが、早い時期の新島の教育思想を知るうえで重要である。新島は次のように語っている。

よい市民であるためには、国家も個人も知的であることが必要である。知的な市民は無知な市民よりも一層よく統治されうる。しかし道徳的に自己を治めるためには知性だけでは十分とはいえない。知性だけあって道徳上の主義がなければ、その個人は隣人や社会に対して益をなすよりは一層害をなすであろう。とぎすまされた知性は良く切れるナイフに似ている。彼は仲間をそこない、自分自身をほろぼすことになるかもしれない。もしもそのような破壊をもたらす人間が社会の中で非常な悪影響を及ぼすならば、何百、何千人という破壊的人間は国家の破滅をもたらすにちがいない。つまり道徳上の主義があればその人は知性を正しく用いることができるからである。（中略）キリスト教の中には人々を自由で活力と徳性に富む者にする力がある。人が徳を愛するならばその人は実に真実の人であり、自分を統御する道を知る人である。（中略）一国の力はその国民の徳性と敬虔さの力である。ある国はキリスト教を単なる道具として使っているが、そうだとすればその宗教はほんものではない。キリスト教には真理がある。私たちはそれが真理であるが故に真理を取るべきであって、単なる道具として取るべきではない[119]。

ここに新島は、国民教育の基礎に置くべきは知性の錬磨のみではなく、徳性の涵養、とくにキリスト教に基礎を置いた徳性の涵養を重視していることがわかる。アーモスト大学のスターンズ総長やシーリー教授の教育思想の影響が如何に大きかったかがこの言葉を読むときに感ぜざるをえない。キリスト教のなかにこそ人々を自由に、活力ある人物育成の寄与するものであることを説いて止まない。新島の帰国後の教育実践は、かかる教育観をベースにしたものであったのである。

一八七二年五月から翌年九月まで新島はヨーロッパにあった。田中とともにヨーロッパの教育視察目的の故であったが、田中とともにいたのは七三年一月までで、彼はこの時帰国することとなったからである。

一連の教育視察について新島にはその報告書の執筆が任されていたが、田中の帰国時これを手渡している。これは後日、文部省から刊行された『理事功程』の一部に供された。その意味では、新島の仕事はこの時点で終了したものといってよい。この間ヨーロッパにあった新島は、イギリス、フランス、スイス、ドイツ、ロシア、オランダ、デンマーク等を歴訪している。

新島は、ヨーロッパよりアンドーヴァーに帰ったのち、神学校に復学しており、その業を卒えている。

一八七四年十月三十一日、九年余に及ぶ思い出深いアメリカ生活に終止符をうち、新しい課題を実現すべく日本への帰途についたのである。

おわりに

青年期の福沢諭吉と新島襄の西洋体験を通じて近代国家に脱皮しようとする日本に何が必要とされていたのかをテーマとして検討してきたものであるが、この両者の異同について述べて結語としたい。

大きく見てこの二人においての共通点は、いずれも封建的身分制度の呪縛から解放されたいとした思いを洋学（蘭学から英学）を通して実現しようとしたこと、そしてその洋学への接近も書物からの知識に留まるのではなく欧米への実地見聞や生活体験をもって深化させていることも挙げられる。また、西洋列強の底力を見せつけられ、アジア世界、日本の後進性と近代化への途を模索する困難な課題を自らの正面に据えて闘っていくことになるのは周知の事柄である。ただこの両者にあって、西洋体験を経て日本の近代化への途を探るときすでに現れ方に違いをみせる。

福沢にあっては、西洋世界で起こっている事柄に貪欲なまでもの関心を示す。なかでも社会、政治、経済等の制度問題に関する興味は新島の比ではない。新島に関してはこの点における発言は少ない。新島は、西洋文明を支える根幹をキリスト教にありとしたところにその真理の一面を衝いている。

洋行の仕方にも違いがみえる。福沢の場合、洋行の仕方は時運に乗じてのそれであり、悲壮感はなくスムーズに成就した。この一種の気楽さが福沢の特性なのかもしれない。また、日本の近代化の成就という大命題に対する福沢の視点は、国力の充実を何としても図らねばならないとするところにあった。制度の近代化とその制度を創る思想・哲学・原理形成の必要性を強調する。イギリスを頂点とする西洋列強の「弱肉強食」の様子はすざましく、そのギャップを埋めることに、民衆の台頭を待つといった悠長なことを言っていたのでは日本そのものの崩壊に繋がるとの認識が彼の意識の底流に存していたのである。その意味で、福沢の西洋体験は彼の国権的意識を形成させていく一粒の種の役割を担った。早い事例として、徳川幕府を中心とする国家体制を構想していたのであり、洋行後の福沢は、幕府や中津藩に建白提言を試みようとしていた行為の意味を考えなくてはなるまい。また、福沢は、一般的には明治期最大の啓蒙主義思想家としてしられている。その功績を否定するものではないが、脱亜論者、国権論者としての貌を持つようになったのはかかる体験が影を落としているものであるともいえるのではないか。

他方、新島の洋行は、そのパッションのゆえに生命を賭しての「脱国」という異常な手段を以てアメリカ体験を手にした。新島の精神的転回は第一段階として、僅かな知識ではあったがキリスト教が彼の内面的苦悩を救ったこと、第二段階として脱国後からボストン到着までの洋上の一年間。第三段階としてアメリカでの九年間の生活と捉えたい。

彼の精神におけるコペルニクス的転回は第一段階の経験が作用しているであろう。この時点でキリスト教一途になっていくのは、その精神的転回が早い時期に為されていたこととその純粋性を堅持したことも考慮しなくてはなるまい。彼にとってキリスト教は封建的諸制度と封建的倫理観（思想）を一挙に無化するエネルギーがあったとすれば一途に突っ走るのは自然であった。第二段階での洋上の生活はアジアや日本の文明的立ち遅れを発見させたことである。また、彼自身脱国した本来の目的が学問成就（就中、キリスト教研究）にあったけれども、これが軌道に乗るのか否か全く保障の無い不安と焦慮、言葉の通じない船内での絶対的な孤独のなかにあって、ひたすら、神に祈るしかなかった。船中の一年間とA・ハーディーの新島受け入れの許諾を得たときに、より鮮明に神の存在を感得させることとなった。神の問題を正面に据えて研究していこうとする課題をアメリカ生活の九年間に熟成させていったのである。

新島のアメリカ生活のなかで獲得していったこととは、例えば、近代を支える要件は、個人の自由と権利が確証されてはじめて近代国家形成の基礎が築かれるのであり、西洋流の近代化を実現させるには単なるハードウェアの建設で事足りるとする考え方は皮相以外のなにものでもなく、その文明を支える思想精神を摂取することが最重要であるとしたことにある。そして、西洋文明を支える根底にキリスト教がある以上それを学ばないのは似而非近代でしかない。キリスト教の精神から様々な現象が生じてくる。例えば、自由権の問題、平等思想、契約の論理等々。例えば、新島にあっては、アーリントン・ハウスでの田中不二磨との対面の際の他の十二人の（官費）留学生との対応の違いは、「契約の論理」の貫徹（新島は「個人の権利」を保持しえたとの思いをしるした）している姿として興味深いものがある。

このことは福沢が『学問のすゝめ』のなかに「一身独立して一国独立す」と謳ったことの具体的姿であったことは、未だこの時点で福沢を知らない新島がとった行為であることに興味を覚える。また、田中との徳育論争は政府の似而非近代化をたしなめる行為でもあった。かくて新島は自らの課題を、学校設立をもって示すことになる。

注

1　『福翁自伝』『福沢諭吉全集』第七巻　九五頁　以下『福翁自伝』を『自伝』と略称する。また、全集は『福沢全集⑦』九十五頁と記す。
2　阿部隆一「福澤百助の学風―その手澤本より見たる―」上・下（『福沢全集②③』附録）
3　『自伝』『福沢全集⑦』一三頁
4　『自伝』『福沢全集⑦』二二頁
5　伴忠康『適塾をめぐる人々―蘭学の流れ―』創元社　一九七八年
6　『自伝』『福沢全集⑦』三五頁～七七頁の「大阪修行」「緒方の塾風」参照
7・8・9　『自伝』『福沢全集⑦』六五頁～六七頁
10　『自伝』『福沢全集⑦』七六頁
11　『福翁百余話』『福沢全集⑥』四二六頁
12　中津藩と蘭学の関係については、「中津藩の蘭学研究」参照『慶應義塾百年史　上』所収
13　福沢は『自伝』のなかで、加賀金沢の鈴木儀六が適塾に入塾する際のエピソードをかかげている。鈴木は、江戸で写本のアルバイトで稼いだ資金を元手にして適塾に入り、無事修行を終え郷里に帰っている。『福沢全集⑦』七〇頁
14　『自伝』『福沢全集⑦』八〇頁
15　『自伝』『福沢全集⑦』八一頁
16　福地源一郎『懐往事談』二二頁　行人社　昭和六十年
17　「万延元年アメリカハワイ見聞報告書」『福沢全集⑲』三頁～六頁
18　R・オールコック（山口光朔訳）『大君の都』下　三二五頁　岩波文庫
19・20　いずれも『福沢全集⑲』所収

21　文久二年四月十一日付島津祐太郎宛書簡『福沢全集⑰』七頁
22　「西航記」『福沢全集⑲』九頁
23　「西航記」『福沢全集⑲』一一頁
24　「西航記」『福沢全集⑲』一六頁
25　「東洋の政略果して如何せん」『福沢全集⑧』四三六頁～四三七頁
この一文は明治十五年十二月七日から十二日にかけて『時事新報』に掲載されたものである。文久二年、ヨーロッパからの帰途、見聞した体験を記したものですでにこの段階でかかる認識をもっていたことに注目したい。
26　「西航記」『福沢全集⑲』二四頁～二五頁
27　「西航記」『福沢全集⑲』二三頁～二四頁
28　「西航記」『福沢全集⑲』三〇頁
29　芳賀徹『大君の使節』七六頁　中公新書
30　「英国倫敦覚書」に、六項目にわたってイギリス側が幕府（日本）に対して「外国人を擯斥する古法を廃止」することを要求している。
①……商物の諸種を日本人より外国人に売渡すに員数値の事に付是を拒む事
②諸職人殊に工匠船夫舟艇傭夫事を指南する人及従僕等其名に拘らす是を傭ふ事に付是を拒む事
③諸大名其産物を市場に送り及其自家の人を以て直に是を売るを拒む事
④運上所の役人及他の士人の中賞を取る存意ありて彼是事に付拒む事
⑤長崎箱館神奈川港に於て外国人と交易する人に身分の限程を立て之を許すを拒む事
⑥日本人と外国人の間に懇親の徒勝手に交るを拒む事
なお、「英国倫敦覚書」は外務省編『日本外交年表並主要文書一八四〇～一九四五　上』（原書房刊　昭和四十年）
31　福地源一郎『懐往事談』八二頁～九二頁
32　『自伝』『福沢全集⑦』一〇八頁
33　「西航記」『福沢全集⑲』六一頁
34・35　文久二年四月十一日付島津祐太郎宛書簡『福沢全集⑰』八頁
36　文久二年五月八日付今泉郡司宛書簡『福沢全集⑰』九頁

37　「年譜」『福沢全集㉑』五〇〇頁～五一二頁
38　「年譜」『福沢全集㉑』五〇八頁、「外国方御用繁劇に付別段手当申請の件」『福沢全集㉑』二八〇頁
39・40・41・42　「唐人往来」『福沢全集①』一三頁
43・44　「唐人往来」『福沢全集①』一五頁
45　「唐人往来」『福沢全集①』一七頁
46　「唐人往来」『福沢全集①』一九頁
47　『学問のすゝめ』『福沢全集③』三一頁
48・49・50・51　「唐人往来」『福沢全集①』二一頁
52　「御時務の儀に付申上候書付」『福沢全集⑳』三頁～六頁
53・54・55・56　「御時務の儀に付申上候書付」『福沢全集⑳』五頁
57　「或云随筆」『福沢全集⑳』一二頁
58　「或云随筆」『福沢全集⑳』一三頁
59　「長州再征に関する建白書」『福沢全集⑳』六頁～一一頁
60　「長州再征に関する建白書」『福沢全集⑳』七頁
61・62　「長州再征に関する建白書」『福沢全集⑳』一〇頁
63　この自伝は“My Younger Days”と題して、一八八五年、新島のアメリカでの恩人A・ハーディー夫妻に捧げられている。児玉実英訳「私の若き日々」（明治文学全集四十六『新島襄　植村正久　清沢満之　綱島梁川』）を使用した。
64・65　伊藤彌彦「新島襄の脱櫪」北垣宗治編『新島襄の世界―永眠百年の時点から―』所収　晃洋書房　一九九〇年
66・67・68　児玉実英訳「私の若き日々」（『前掲書』三三頁　以下「私の若き日々」については同書のページ数のみしるす）
69　「私の若き日々」三五頁～三六頁
70　新島の読んでいたのは、嘉永初年頃に江州膳所藩の蘭学者黒田麹廬の翻訳による『漂荒記事』であった。（『新島襄全集』十　同朋舎　一九八五年、三八五頁の注による。以下『新島襄全集』十を『新島全集⑩』と略記）
71　『新島全集⑩』三八二頁の注によると、ブリッジマン著『合衆国の歴史』である。
72　『新島全集⑩』三八五頁の注では、A・ウィリアムスン『六合叢談』を挙げている。

73　「函館紀行」『新島全集⑤』九頁
74　「函館紀行」『新島全集⑤』一八頁
75　「函館紀行」『新島全集⑤』一九頁
76　「函館紀行」『新島全集⑤』二〇頁
77　「函館紀行」『新島全集⑤』二一頁
78　「函館紀行」『新島全集⑤』二三頁
79　「函館紀行」『新島全集⑤』二二頁〜二三頁
80　「私の若き日々」三十八頁
81　元治元年五月（二十四日）付ニコライ宛書簡（『新島全集③』一六頁〜一七頁）。巻末の注（七四一頁〜七四二頁）によると、この書簡は深井英五に伝えられており、彼は筆跡や内容からみて新島自身の自筆書簡か否かは明白でないとしつつも、新島が洋行の便宜をニコライに依頼したことは考えられるとして、「参考に資すべし」としている。この書簡が『新島襄全集』に収められることになった事情を、編集委員会は、「いま、伝承を左右する証もないままであるが、「航海日記」に記載する一条をよりどころとしてここに掲載した」とある。この書簡については多少の問題は残るものの、筆者はそのまま利用することとした。
82・83　「脱国の理由」『新島全集⑩』一五頁
84　「脱国の理由」『新島全集⑩』一六頁
85・86　「脱国の理由」『新島全集⑩』一七頁
87　「脱国の理由」『新島全集⑩』一七頁〜一八頁
88　「脱国の理由」『新島全集⑩』一八頁
89　明楽誠『異教国の新島襄』大学教育出版　二〇〇七年　第二章「新島襄の回心（conversion）について」、および、明楽誠「新島襄の第１回の回心と2つの自伝」『新島研究』第１０１号
90・91　明楽誠「新島襄の第1回目の回心と2つの自伝」『新島研究』第１０１号
92　『新島全集⑩』三二八頁
93　明楽 誠「新島襄の回心（conversion）について」『異教国の新島襄』八六頁　大学教育出版
94・95　明楽 誠「前掲論文」『前掲書』八八頁

96　「航海日記」元治元年六月廿五日条『新島全集⑤』四〇頁
97　「私の若き日々」四一頁
98　「航海日記」『新島全集⑤』三八頁
99　「航海日記」『新島全集⑤』三八頁～三九頁
100　「航海日記」『新島全集⑤』五五頁～五九頁
101　「航海日記」『新島全集⑤』六一頁～六四頁
102　『新島全集⑩』三八〇頁　注「Alpheus Hardy」項参照
103・104　「ハーディ氏ノ生涯ト人物」『新島全集②』四〇八頁～四一八頁
105　井上勝也「新島襄の米欧における思想形成と彼の教育思想」井上勝也『新島襄　人と思想』所収晃洋書房　一九九〇年
106　『新島全集⑩』六〇頁～六一頁
107　『新島全集⑩』五九頁～六〇頁
108　一八六六年一月一日付、A・ハーディー氏宛書簡『新島全集⑩』六一頁～六二頁
109・110　井上勝也「前掲論文」
111　一八六七年七月十一日付、A・ハーディー夫人宛書簡『新島全集⑩』七六頁～七七頁
112　一八六七年八月三十一日付、シーリー教授宛書簡『新島全集⑩』七九頁～八〇頁
113　井上勝也「前掲論文」
114・115　井上勝也「前掲論文」この二人の意見は、一八七二年、少弁務使としてアメリカにあった森有礼が、知的、道徳的、身体的に日本の状態向上のため、当時のアメリカの著名大学の総長・教授、さらに政治家、実業家に五項目にわたるアンケート調査したさいの回答の一部である。ちなみにアンケートは、①国家の物質的繁栄に関して、②その商業に関して、③その農業と工業上の利益に関して、④国民の社会的、道徳的、身体的状態に関して、⑤その法律および統治に及ぼす影響について、の五項目であった。
116　明治四（一八七一）年二月二十五日付、飯田逸之助宛書簡『新島全集③』八七頁～九〇頁
117・118　一八七二年三月八日付、A・ハーディー夫妻宛書簡『新島全集⑩』一三四頁～一三七頁
119　一八七二年三月十九日付、A・ハーディー夫妻宛書簡『新島全集⑩』一四二頁～一四三頁

第2章　慶應義塾と同志社英学校
――福沢諭吉と新島襄の教育思想――

はじめに

福沢諭吉（一八三五～一九〇一年）と新島襄（一八四三～一八九〇年）に共通した事業は教育界に大きな足跡を印したことにある。

いまや全国屈指の大学となった慶應義塾大学と同志社大学の母体である慶應義塾と同志社英学校を創設したことは周知の事柄である。福沢の学塾は当初は蘭学塾であったがのち英語を重視するようになる。いずれも英学校としてスタートすると考えてよいだろう。創設時以後、双方の学塾から俊才が輩出した。もちろんそこに学ぶ個人の能力の高さもさることながら、創設者の理念をも抜きにしては考えられないことでもあろう。徳富蘇峰は福沢と新島の違いを以下の如くに言いあてる。曰く、「……二君は実に、泰西文明の二大元素を、我が邦に輸入せんとするの案内者にして、泰西表面の文明たる、物質的の知識は福沢君に依って案内せられ、泰西裏面の文明たる、精神的の道徳は、新島君に於て案内せらる。而して、前者は既に福沢君の案内に依って、我が邦に来れり。後者は新島君の案内によって将に来らんとす」[1]と。

蘇峰の言葉を借りるなら、「泰西表面の文明たる物質的の知識」を案内した福沢諭吉と「泰西裏面の文明たる精神的の道徳」を案内した新島襄の教育思想の特徴を検討するのが本章の目的である。教育思想を語ることは、教育に対する姿勢を検討することのみではなく、国家観、人間観、文明論などが複雑に絡まり合う事象を語ることでもある。以下の事柄に留意して考察を進めていくことにしよう。すなわち、何を教育的目標に設定しての活動であったのかとの課題、学校設立目的、いかなる人物を形成しようとしたのかなどを基本にふまえながら考察を加え、政府への両者の対応と対抗の仕方を具体的事象を通して考えたいとおもう。

第1節　福沢諭吉の教育思想

1　慶應義塾設立

①設立意図

現在の慶應義塾大学の母体となった家塾の誕生は、安政五（一八五八）年十月のことであった。江戸築地鉄砲洲中津藩邸中屋敷の長屋の一角にできた蘭学塾がその起源である。この年の六月十八日に日米修好通商条約が調印されている。

幕末期の諸藩において洋学教授が流行するが、中津藩においても同様であった[2]。中津藩では、大坂の適塾に学んでいた福沢諭吉を招聘して蘭学教師に迎えることになった。

誕生当初の福沢の家塾には名前がなく、「蘭学所」とか「福沢塾」という名で呼ばれていた。

一時、芝新銭座に移転した（文久元年）が、生徒の増加にともない、手狭さのゆえに再度鉄砲洲に戻っている。『慶應義塾百年史』（以下『百年史』と略称）は、文久三年から翌元治元年の間を福沢が学校経営に本格的に着手しはじめた時期[3]としている。『百年史』はその契機を、塾舎の移転、入門帳の設置、中津藩子弟六名の出府入塾に求めている。ちなみに、中津藩からの子弟とは、小幡篤次郎・仁三郎兄弟、浜野丑之助、三輪光五郎、小幡貞次郎、服部浅之助の六名である。

この福沢の「蘭学塾」が「英学塾」に転換するのは文久三年のことである（「慶應義塾年表」）。「蘭学塾」から「英学塾」への転換は、福沢の横浜体験（ここにいう「横浜体験」とは蘭学教師となった福沢が自らの語学力を試すべく、横浜見物に出かけた際、看板も、ビンのラベルも読むことができなくて落胆した経験をさして、筆者はこう呼ぶことにする。福沢の読めなかった文字は英語であった）や万延元年、文久二年の欧米行などにその直接的きっかけがあったものと考えられる。また、日米修好通商条約締結も契機となったことでもあった。

この名前のない「英学塾」が塾名を定めたのが慶応四（一八六八）年のことで、その年号にちなんで「慶應義塾」と命名する。これは、再度芝新銭座の新校地に百名収容可能な塾舎の建設移転を記念してのことであった。「義塾」の意味は、中国では公衆のために義捐金を以て運営する学塾のことで、無月謝で運営されていたという。福沢が「義塾」に込めた意味は、中国での本来の字義以外に、イギリスのパブリック・スクールに倣った学校制度を創ろうとしていたのであろう。そもそもパブリック・スクールは国家公共の目的で設立されたもので、法律的には基本金のもとに設けられた公共団体によって運営されている私立学校のことであるが、福沢も「共立学校の制」を採用しようとしたのであろう[4]。明治五年、京都の学校視察をおこなった際、市民の義捐金により六十四校もの小学校と一つの中学校が設立されていることに絶賛した[5]ことも彼の思いに近いものがあったからである。

福沢諭吉は慶応四年、慶應義塾の主義・精神を世に問うた。これを「慶應義塾之記」[6]という。

今爰に会社を立て義塾を創め、同志諸子相共に講究切磋し、以て洋学に従事するや、事本と私にあらず、広く之を世に公にし、士民を問はず苟も志あるものをして来学せしめんを欲するなり

との書き出しにはじまり、さらに蘭学興隆の経緯を語り、アメリカをはじめとした西洋列強の来航により、より一層洋学研究の必要性が高まってきているとしたあと、学ぶことの有用性を「天然に胚胎し、物理を格致し、人道を訓誨し、身世を営求するの業にして、真実無妄細大具備せざるは無く、人として学ばざる可らざるの要務なれば之を天真の学と謂て可

ならんか」と説いた。そして、いま、洋学を教授する機関は慶應義塾のみであって、百科の学問を世に知らしめていくことの困難を感じないではないが、「難きを見て為ざるは丈夫の志にあらず、益あるを知て興さざるは報国の義なきに似たり」と気負いこんだ。この慶應義塾こそが新しい時代を切り開く前衛となるとの意気込みが語られている。最後に「冀くは吾党の士、千里笈を担ふて此に集り、才を育し智を養ひ、進退必ず礼を守り交際必ず誼を重じ、以て他日世に済す者あらば、亦国家の為に小補なきにあらず。且又後来此挙に倣ひ、益々其結構を大にし益々其会社を盛にし、以て後来の吾曹を視ること猶吾曹の先哲を慕ふが如きを得ば、豈亦一大快事ならずや。嗚呼吾党の士、協同勉励して其功を奏せよ」と天下国家を論じ、有用なる人物の育成をはかることを公にするとともに、同学の士を募ったのである。

②慶應義塾生徒の出自

初期慶應義塾の教育について福沢はその基本方針を「慶應義塾紀事」[7]中の「学規之事」に記す。「学則は専ら有形の実学を基礎として文学に終るを旨とす。（中略）本塾の学風は一に西洋近時の文明学を旨と」するとあり、実学を基調とする学風を強調した。そして、有志者の来学を呼びかけたのである。なおここでいう「文学」とは学問の意味である。

現在の慶應義塾大学に通う学生達の出自は裕福な家庭の子弟が多いようであるが、草創期当時の慶應義塾に集った若者たちはどのような階層の人たちであったのであろうか。少し時代が下った時期の福沢の意識が反映されている言葉がある。明治二十二年、福沢は「近年本塾の学生には各地方富豪の子弟最も多数なるが如く見ゆる」[8]ことを喜び、「社会中等以上の種族と共に国家の背骨たらんこと」[9]を期待したという。

ここに気になる言葉が出てくる。「各地方富豪の子弟」「社会中等以上の種族」の語である。さきの「慶應義塾之記」に示された「士民を問はず」「志あるものをして来学せしめんと欲」した意識と若干の温度差を見いだし得ないか。この意識は後述する「ミッヅル・カラッス」論と連関しているようである。いまここで初期慶應義塾入塾者の出自と授業料を数量化して示そう。

表Ⅰは「塾生身分別統計表」、表Ⅱは「慶應義塾紀事」（いずれも『福沢全集⑲』所収）から、作成した。表Ⅲは『慶應

義塾百年史　上巻』より作成した。

まず、表Ⅰから判明することを探ろう。表Ⅰの入塾生は明治九年から十一年の三年間で士族と平民の構成比率がほぼ六対四を示し、表Ⅱは文久年間からの員数であることから、士族層の占める割合が大きくなるのは当然のことであった。士族、平民といっても上層の子弟ばかりではあるまいとは思われるが、「各地方の富豪子弟」が「最も多数」を占めるようになっている状況があるならば、「士民を問はず苟も志あるものをして来学せしめんと欲する」といわれても、下層平民の慶應入塾は難しいこととなる。福沢の呼びかけと実態との間にズレが生ずることになる。

このことを授業料の点から見ようとする資料が表Ⅲである。慶応四年の授業料は月額一両二分以外に入社金三両徴収していることから入塾当初は四両二分の費用を要したこととなる。月額一両二分ということは年額十八両ほどになる。高額である。また、明治二年には、最初月額二分の授業料を徴収し、のち月額一両を負担させている。したがって、年額六両から十二両とこれも高額の授業料を徴収することとなる。さらに、入社金三両を別途徴収している。この頃の一両で米一石が購入可能であるならば、今の価格に換算すると、仮に今、米十キログラムを四千円から五千円とすると、一石（一石は一五〇キログラム）の値は六万円から七万五千円程度と見込まれる。米価変動があるとしても、当時の一両は現在の六万円から八万円程度と考えると、月額の授業料としては大きな額を示している（福沢は、「慶應義塾新議」において、「学費は物価の高下に由て定め難し。されども先づ米の相場を一両に一斗と見込み、此割合

［表Ⅰ］明治９～11年の入塾生の出自、百分比

出　自	人　数	比　率
華　族	8	2.1
士　族	215	57.0
平　民	143	37.9
不　明	11	2.9

［表Ⅱ］文久３～明治15年の入塾生の出自、百分比

出　自	人　数	比　率
華　族	37	0.9
士　族	2965	74.7
平　民	959	24.2
朝鮮人	6	0.2

［表Ⅲ］慶應義塾授業料

時　期	授業料	備　考
慶応４年	１両２分	・月額 ・入社金３両
明治２年	月額２分 （のち１両に）	・盆、暮には 1000匹 ・入社金３両

にすれば、仮令ひ塾中に居るも外に旅宿するも、一ヶ月金六両にて、月俸、月金、結髪、入湯、筆紙の料、洗濯の賃までも払ふて不自由なかるべし」といい、一両で一斗の割合として一両の価値を設定している。だとすると、筆者の仮算定の十分の一となる)。慶應義塾の授業料は明治十二年に一円七十五銭で一定するまで、一円から二円五十銭の間の振幅がある。この一円も現在の価格に置き換えるとほぼ四万円程度となる。決して小さな額でなかったことがわかる。

高額の授業料が設定された背景が気になる。では、福沢はどうしてかかる高額の授業料等を設定したのか。その理由を次のように語る。「一は以て軽躁書生の漫に入来するを防ぎ、一は以て塾費に充てんとするの趣旨なりき」[10]。後者の塾費充当は理解できる。しかし、前者の「軽躁書生の漫《みだり》に入来するを防ぐ」意図をもつとしたのは検討の余地を有する。この一文は明治十六年に記された「慶應義塾紀事」に掲載されているのだが、この明治十六年は自由民権運動が転換点をむかえる頃であり、その年末には改正徴兵令の出る時期でもあった。この「軽躁書生」とは政治活動、殊に反体制活動に挺身する青年層のことであろう。福沢の最も警戒する階層は、「貧にして智」あるものである。「貧智者」こそ体制秩序を転覆させる存在とみていた。福沢はこれを許容することはなかった。そのゆえに「軽躁書生」＝「貧智者」を排除する方法を考案したものといえる。福沢の「ミッヅル・カラッス」論を支える別の表現ではなかったか。福沢の意識としては国家を支える中核は中流層にあるとの強い思いがあったことはよく知られている。「貧富智愚の説」との関連でのちほど考えてみることとする。

慶應義塾では「半学半教の法」という手法を採っていた。これは福沢の学んだ「適塾」の教授法を参考にしたもので、「社中素より学資に乏しければ、少しく読書に上達したる者は半学半教の法を以て今日に至るまで勉強したることなり。此法は資本なき学塾に於て今後も尚存す可きものなり」[11]とあり、「資本なき学塾」のために有用な手立てを採ったとしているところが特徴的である。

2　政府・慶應義塾・福沢諭吉

①慶應義塾への圧迫

明治十年代半ばに政府は、私立学校を根底から揺さぶる政策を打ち出した。時代は、自由民権運動の嵐が吹き荒れている最中である。

明治十六年十二月二十八日の改正徴兵令がそれである。徴兵令は明治六年にはじまり、十二年、十六年、二十二年の三度にわたって改正されている。その目的は、国民皆兵化を徹底させるところにあった。ことに、十六年の改正は最も大規模で身体障害者、六十歳以上の戸主の嗣子などに限って徴兵免除するとの方策をとった。

その背景には何があったのか。明治十五年頃から十九年頃は反体制運動としての自由民権運動が四分五裂していく時期である。民権運動の個別激化事件（福島事件、高田事件、群馬事件、加波山事件、名古屋事件、飯田事件、大阪事件、静岡事件）、指導者の裏切り行為（板垣退助の洋行問題、大隈重信・河野敏鎌らの立憲改進党脱党）、自由党と立憲改進党の対立と解党などこれらの要因が経緯となって自滅への道のりを辿っていく。他方、国家権力の巻き返しが図られる時期でもあった。弾圧律法の制定強化のみならず、政府サイドによる憲法調査・制定作業の開始、就中、井上毅の「人心教導意見案」（明治十四年、「進大臣」ともいう）は、「福沢の思想への警戒、官報の発刊、士族の結集、中央洋風私学に対抗する地方士族の中等教育機関の設立、漢学の勧め、独逸学の奨励」[12]などを提唱するとともに、政府の流れが井上の提言をうけてプロイセン的専制へ転換する時期でもあった。「維新当初来、法制におけるフランス、政治・哲学理論におけるイギリス、教育におけるアメリカの影響は大きかったが、国家権力の中枢機構とりわけ弾圧機構や軍事機構においては明治十年代の初めからプロイセンの諸法制が模範とされてきた。ここにおいて全分野におけるドイツ法継受へ大きくかじがきりかえられた」[13]ところに権力側がみた民権運動からの学習があった。そして、明治十五年頃から二十年頃は国家権力再編の総仕上げの時期にあった。「大日本帝国憲法」の制定はその完成品である。教育制度においても国家的再編期に突入していくわけで、明治十二、三年の教育令、十九年の学校令となって結実し、儒教的教育方針を採った教育勅語が二十三年にうちだされ、その到達点を示すこととなる。

以上の政策的潮流のなかに「改正徴兵令」問題を位置付けることができる。これは私学私塾の側からすればその存亡にかかわる問題であり、その建学理念、教育理念が試される大問題であった。「独立自尊」を標榜する福沢諭吉、「自治自立」を掲げる新島襄の対応は如何であったのか。はじめに福沢の態度から考えよう。

②改正徴兵令とは

まず、明治十六年の「改正徴兵令」の吟味からはいる。この「改正徴兵令」は全文で四十五ヵ条の条文をもつが、当面、私学私塾に関連する条文は第十一、十二、十八、十九の四ヵ条[14]である。各条文の骨格だけ示すと、
第十一条は、十七歳以上二十七歳以下にして官立府県立学校（小学校を除く）の卒業証書を所持し服役中食料被服等の費用を自弁する者は願いにより一年間だけの徴兵期間とする。また、技芸に長じた者は若干月で帰休も可能である。

第十二条では、現役中とくに技芸に習熟し、行状方正な者および官立学校（小学校を除く）の歩兵操練科卒業証書を所持する者はその期末だ終了せずとも帰休もありうる。

第十八条では、徴兵猶予規定を九項目にわたって記すが、官立府県立学校（小学校を除く）の卒業証書を所持するもので官立公立学校教員である者（第二項）、官立大学校およびこれに準ずる官立学校本科生徒（第三項）、学術修業のために外国に寄留する者（第七項）などは兵役猶予条件とした。この第七項は私学創設者や私立学校生徒に関連する内容であったが、私立学校生徒への兵役猶予規定は省かれていた。

第十九条は、官立府県立学校（小学校を除く）で修業一年以上の課程を卒わった者は六ヵ年以内徴兵を猶予するといったものであった。官公立学校生徒あるいは卒業生への特権は保持されているが、私立学校生徒、卒業生の兵役猶予規定は除かれているのが特徴的である。

③政府の攻勢

福沢はこの問題にどう対処したのか。

『池袋清風日記』明治十七年二月二十二日条[15]に新島の奔走の様と福沢の対応を記している。池袋は新島の言として、福沢は「私塾ヲ廃セントカ云ハルル由ナルモ、氏ノ証言スル処ナシ」の記述があるけれども、実際のところはどうか。

実際は、福沢「氏ノ証言スル処ナシ」どころではなかった。福沢にはすでに『時事新報』の発刊（明治十五年三月一日創刊）があり、ここを舞台に私立学校生徒への徴兵猶予排除の不当性を述べていた。「私立学校廃す可らず」（明治十七年二月七日〜八日）、「兵役遁れしむ可らず」（明治十七年七月三十一日）など[16]がそれである。それ以外に、明治十七年一月には『全国徴兵論』[17]を刊行している。

そこで、この「改正徴兵令」の発令について、福沢諭吉はどのような対応を採ることになったのか、東京専門学校の対応をも視野にいれて検討しよう。

まず、福沢諭吉の動きについて。

福沢と政府（伊藤博文、井上毅ら）との確執は明治十四年に始まっている。この年に所謂、「明治十四年の政変」が起こっており、国会開設の急進派であった大隈重信の政府追放と官界にあった慶應義塾出身者の追い落としがつづく。また、伊藤博文・井上馨の勧誘で政府が新聞創刊を福沢に依頼してきたが、これもご破算になった。この政変劇の演出者が井上毅である。伊藤博文のもとで参事院議官となった井上毅は、明治十四年の政変が一段落ついた十一月七日付で、三条実美（太政大臣）、有栖川宮熾仁（左大臣）、岩倉具視（右大臣）の三大臣に宛てた「人心教導意見案」[18]（「進大臣」）に、政変後の政府の採るべき方針を提示したものとして大変に示唆的である。

このなかで井上は、

今日ノ謀コトヲ為スハ、政令ニ在ラズシテ、風動ニ在リ、福沢諭吉ノ著書一タビ出デテ、天下ノ少年、靡然トシテ之ニ従フ、其脳漿ニ感ジ、肺腑ニ浸スニ当テ、父其子ヲ制スルコト能ハズ、兄其弟ヲ禁ズル能ハズ、是豈布告号令ノ能ク挽回スル所ナランヤ

（中略）政府ノ為ニ謀ルノ道、佗《ほか》ナシ、亦彼レノ為ル所ニ反ノミ

と、福沢の青少年に及ぼす影響力に強い危機感を示した。

そこで井上は明治政府への教育策を提言する。「一ニ曰、都鄙ノ新聞ヲ誘導ス、二ニ曰、士族ノ方嚮ヲ結ブ、三ニ曰、中学幷職工農業学校ヲ興ス、四ニ曰、漢学ヲ勧ム、五ニ曰、独乙学ヲ奨励ス」の五つの方策である。ここに目を引くのは第三、四、五策である。第三策の「中学幷職工農業学校ヲ興ス」は、西洋流の教育法を取り入れている「私立学校」こそ民権運動の温床としての役割を担うとの認識から、公立中学校の設立と実業学校設立を以てこれに対抗しようとする措置策である。次のように言う。

維新以来、文部ノ唱励ハ、主トシテ小学校ノ普通教育ニ在テ、中学以上ニ在ラズ、是レ士族ノ子弟ヲ駆テ、福沢ノ門ニ輻湊セシムルノ一ノ原因タリ、仏国ニ於テ国庫ノ補助金ハ、中学ニ於テシテ小学ニ於テセズ今、宜シク国庫ヨリ毎年五十万円ノ補助金ヲ出シ、士族団聚ノ地方ニハ、中学校幷農学職工学ヲ訪（ママ）ケ、而シテ中学ノ学則ハ、国文トヲ用ヒ、其洋務ヲ知ルハ、翻訳書ニ依ラシメ、現今ノ中学規則ハ、猶ホ英学ヲ修ムルヲ以テ必要トセリ又洋風ニ模擬セル煩細ノ学則ヲ刪除スヘシ、此ノ如キトキハ、庶幾クハ、以テ全国ノ士族子弟、争テ東京ニ集マリ、政談ノ淵叢タルノ弊ヲ去リ、又以テ私学私塾ニ於テ一家ノ私言ヲ広ムルノ害ヲ除クベカラン歟、而シテ農工学校ニ至テハ、理論ヲ略シ、学則ヲ簡ニシ、専ラ実業ヲ主トスヘシ

と。明治維新以来の文教策は小学校の拡充を焦点としてきたが、今後は中学農工学校の充実を計らなければならない。ただ、その際、中学校の学則においては、国文を核にし、西洋の事柄を学ぶには翻訳本を以て教授することが肝要である。現今の中学規則は英学中心の教育となっているが、以後はこれらの方策を採用すれば、政論が一人の影響力ある思想家に傾倒することもなくなるであろう。農工学校では実業の教授専一とすることを説いている。西洋学からの脱皮と、新島の言葉を借りるなら「無用ノ廃物ニ属セントスル輩」[19]をも掬《すく》い、体制的方向に教導しようとする意図をもっていた。この意図は第四策、第五策を導いていく。第四策について贅言は不要である。「漢学ヲ勧ム」るのは英仏流の学問が盛行する

につれ、革命の精神が叢生してきたが、これを抑止するのに「忠愛恭順ノ道」を教える以外なく、漢学教授が有効であるとするものである。また、第五策の「独乙学《ドイツがく》ヲ奨励ス」は、現今法科文科学の学徒も英仏語を主流に学んでいるが「保守ノ気風ヲ存セシメント」するならば、プロシャ学を学ばしめ英仏学を凌駕する必要があるとする。

これより少し前、文部省は「中学校教則大綱」（明治十四年七月二十九日文部省達二十八号[20]）を出し、初等中学・高等中学の別を規定し（第二条）、都合六ヵ年の修業年限を規定した（十一条）。また、明治十七年一月二十六日文部省達第二号「中学校通則」[21]には「……忠孝彝倫《いりん》ノ道ヲ本トシテ高等普通学校ヲ授クヘキモノトス」（第一条）として儒教的倫理教育の必要性を新たに付加していることは井上の提言が具体化していることを示している。この「中学校通則」の布達が「改正徴兵令」の出た一月後のことである。

このように、伊藤博文のブレーン井上毅の献策のなかにすでに私立学校排除のシナリオができ上がっていた。あとは機会をみて実行するだけである。

以上、国家の教育政策の一端をみたが、「改正徴兵令」問題に関して結論的には、私立学校創立者たちがいかに奮闘してみても結論が用意されていたとしか言いようがない。

④福沢諭吉の山県有朋宛書簡「願書」の帰趨

福沢諭吉は「改正徴兵令」問題についてどのように対処したのか。明治十七年一月付で、慶應義塾は福沢諭吉名の「願書」[22]を東京府知事芳川顕正宛に出している。この「願書」中に、慶應義塾の由来、実績、さらに従来の徴兵令での免除特権を得ている事例を縷々述べる。

今度御改正の徴兵令中、学問保護の御趣意に被為基、尚当塾の由緒、並に今日現在の塾則、学風、教師、生徒の学力品行等、篤と御取調の上、幾重にも特典の御沙汰奉願候也[23]

と訴願する。この時期（明治十七年一月）、慶應義塾においても百余名の退学者を出し、重大な事態にたちいたっていたのである。

この「願書」は文部省当局においてどのような扱いを受けていたのだろうか。中野目徹はその経緯を「徴兵・華族・私学」[24]のなかで紹介している。その行方については、東京府兵事課→知事芳川顕正→陸軍省（西郷従道宛）のルートを経て「結局三か月を費して、却下の旨を伝える指令となって慶應義塾にもたらされた可能性」を指摘する。中野目はこの「願書」の文部省での検討如何を調査した結果、「慶應義塾生徒徴兵ノ儀ニ付文部省意見」（以下、「文部省意見」と略称）のあることを確認している。この「文部省意見」には、太政大臣三条実美、左大臣有栖川宮熾仁、文部卿大木喬任、宮内卿伊藤博文、の花押をはじめ山県有朋、大山巌、山田顕義、西郷従道、松方正義、川村純義、佐佐木高行等の印判のある文書であることから、この問題は審議検討されたものと判断を下している。

この「文部省意見」は慶應義塾が徴兵猶予を願い出る理由を、

i．慶應義塾ハ私立学校中特別ノ事歴アル事
ii．慶應義塾ハ従前政府ノ特典ヲ蒙リタル例アル事
iii．慶應義塾ハ此度特典ヲ蒙ムルニ非サレハ廃滅スヘキ事

の三点に整理し、これに応える形式をとった。

まず、総論的に徴兵猶予を与える当否の分界を語る。「即チ其学校ノ国家ニ必須緊要ナルト否ト、及学科其他諸準備ノ完整スルト否トノ如キハ、之カ区別ヲ立ツルノ基礎タリト認メサルヲ得ス」として「官立府県立ノ学校ハ、国家ノ為メニ必須緊要ナルト学科其他諸準備ノ完整セルトノ二要項ヲ具フルヲ以テ、爾ク特典ヲ与フルモノトス……私立学校ニ至テハ、私人ノ見込ト資力トヲ以テ設置スル所ニシテ、主トシテ其国家ニ弊害ナキヲ認メテ之カ設置ヲ許スモノナレハ其国家ニ於ケル関係ノ官立公立学校ト大ニ別異アルハ勿論、学科其他ノ諸準備ニ至テモ、皆官立公立学校ト同論スヘキニアラス」と。文部省は徴兵猶予の分界基準を「官立府県立学校か、私立学校か」で一線を引き、さらに「学科、諸設備が整っているか否か」のハードルを設けた。あからさまな官尊民卑の意識をベースに私立学校への差別を公言する。この前提に

立つ限り徴兵猶予のみならず、すべての事象について政府の私立学校への保障はありえないこととなる。さらに「若シ私立学校ニ強テ特典ヲ与ヘントセハ、生徒各人ニ就キ其学力ヲ試験シテ之ヲ処スルノ一途アリ、然レトモ之ヲ行ハンニハ、其学科ノ多端ナル、其人員ノ夥多ナル、必スヤ多数ノ官吏ヲ要シ、多額ノ費用ヲ要スヘシ」としてこれを排除する。「徴兵令ハ国家ノ重典」であるとの前提のもと、「私立学校ニシテ漫ニ之ヲ得セシムヘケンヤ。若シ私立学校ニシテ特典ヲ得セシムルトキハ、徴兵猶予ノ人員多キニ過キ、随テ兵員ノ欠乏ヲ生スルノ虞《おそれ》ナキニ非サルナリ。……豈ニ其必要ヲ見サルノミナラス、却テ不都合ノ関係ヲ生スヘキナリ」と結んでいる。

この前提にたって上記三点に答えを出すとき自ずと結論は出ているといってよい。

「i」に関して。慶應義塾は「該塾設クル所ノ学科等ハ、中学校ニモアラス、専門学校ニモアラス、一種雑駁ノ教育タルニ過キサレハ、漫ニ此ヲ以テ国家ニ必須緊要ナルノ学校ニ比擬スルヲ得ス」と、慶應義塾の教育機関としての存在そのものを否定している。この意識はすべての私立学校に敷衍される質のものである。

「ii」について。「右徴兵免役指令ノ如キモ、其基ク所ハ当時ノ徴兵令第五条及同令参考第二十条ノ明文アリテ、私立学校ト雖モ時トシテ此特典ヲ得ヘキ途アリタレハナリ。即チ此特典タル、法律範囲内ニ就テ得タルモノニシテ、此度ノ如ク法律以外ニ特別ノ処分ヲ受ケントスルモノニ異ナレハ、タトヒ之ヲ援引シ来ルモ果シテ何程ノ理由トスルニ足ランヤ」との態度をもって臨む。

「iii」については最も理由薄弱なものとして「何ゾ復一私立学校ノ興廃ヲ恤《うれ》フルニ遑アランヤ」と一顧の余地もない。

慶應義塾の「願書」についての扱いをみてきたけれども、この時期になって、政府当局はいかに強硬な態度に出ようとしていたかがわかる。この慶應義塾に対する態度は、すべての私立学校に対する姿勢と共通するならば、後述する新島の上京が徒労に終わらざるをえなかったのは当然であったといえる。

この時期の福沢の思いが山県有朋宛書簡[25]に窺うことができる。少し長いけれども引用する。

……何分ニモ慶應義塾ノミニ限リテ別段ノ処分ト申スハ施シ難シトノ御場合モアラン歟、若シモ然ル譯ナラバ爰ニ唐突ナガラ極内々申上度次第有之、即チ慶應義塾従前ノ由緒履歴ニテ他ニ区別スルコト難シトノ義ニ候ハヾ、今ヨリ改メテ特別ノ御取扱ヲ蒙ルコトハ出来申間敷哉。其取扱トハ他ニ非ズ、彼ノ学習院ノ如ク、又近来創立ノ独逸学校ノ如ク、宮内省又ハ其他ノ筋ヨリ大ニ保護ヲ得テ、如何ニモ官立ニ準ズルノ実ヲ表スル様致度、今回徴兵令云々ニ関セズ、唯官ヨリ学問保護ノ一点ヨリ申ストキハ、既ニ富有ナル華族ナドハ保護ヲ要スル譯ケモナシ、又独逸学校トテ誠ニ昨今ノ開基ナルニ、是等ヘ保護トアルハ、畢竟官ニテ文ヲ重ンゼラル、ノ趣意ニ出タルヤ明ナリ。（中略）、慶應義塾ナド……学生ヲ教育スルニ私費ヲ以テ維持致シ候義ニ付、唯其功労ヲ表スルノミニシテ多少保護ハ余リ不当ニモ無之事ト自分勝手ニ説ヲ付ケ、若シ政府ニテ殊更ニ保護ヲ許サヾルハ何カ深キ御趣意モ有テ特ニ疎外セラル、コトナラント少々不平ナキニモ非ザル程ノ次第ナレバ、若シモ此一義御詮義相成、今回特ニ政府ノ保護ヲ蒙ルトアレバ、彌以テ他ニ比類ナキ私立学校ニシテ、官立ニ準ズト云フモ他ヨリ一句ノ否議ヲ容ル、者ハ有之間敷、且又実ニ政府ニ於テ毎年若干ノ金ヲ附与スルノミニシテ其恩ニ感ズル者ハ甚ダ少ナカラズ、官立学校ニ巨万ノ金ヲ費シテ少数ノ学生ヲ教ルモノニ比スレバ其始末ニ困ルトノ御掛念モアラン歟、是レ丈ケハ諭吉ヲ御信用被下度、私塾ニ幾百千名ノ生徒アルモ塾中ニ怪シキ風ハ吹キ不申、既往ノ事情ヲ詳ニシテ将来ノ成行ヲトスルニ足ル可シ。急度御請合申上候。……尤モ過日来内願ノ旨ハ唯徴兵ニ関シテ生徒ノ為ニ猶予ヲ願フマデノコトニシテ、私塾ニ特別ノ保護ヲ求ムルナド［ノ］訳ケ［ニ］無之候得共、色々思案シテ遂ニ保護論ニマデ考ヘ及ボシ候義固ヨリ必死ト為リテ保護ヲ求ムルニ非ズ、本来無一物ノ一私塾、コレヲ潰スモ敢テ天下ヲ軽重スルニ足ラズ詰處悟ヲ開ケバ如何様ニテモ宜布、唯コレヲ潰スト決シテ、其潰レニ至ルマデハ様々ニ手ヲ盡シテ然ル後ニ往生致シ度ト申ス癡心ノミ

ここに興味深い記事がみられる。福沢は慶應義塾が相応の成果と歴史をもつ私立学校であれば、学習院や新設の独逸学校（現、独協大学）のように準官学化してもよいのではないのかとの意図をもっていたことである。この内容を山県に「極内々申上度」しというのであるから、ともすれば福沢は慶應義塾を国家に移管（譲渡）することを考えていたのだろうか。あまり公明正大な話ではないが故に「極内々」の話として打診している。福沢は同じ書簡中の後尾に、山県には徴兵猶予も含めて、「右ハ突然奇説ヲ申上候様有之候得共、御懇ニ任セ伏蔵ナキ所ヲ申上候。若シ思召モ御座候ハヾ、様々伺候事モアリ、又申上ル事モアリ、其辺ハ迚モ筆紙ニ記シ難シ、寛ト拝顔ヲ得テ将来ノ事共綿密ニ御話不仕テハ不叶次第

ニ候」と語っているが、中々含みのある言葉である。あながち、慶應義塾の官学化も考えられないことではなかったのである。また、「塾中ニ怪シキ風ハ吹キ不申」とは、民権運動家を育成することは無いとの約束である。大久保利通と福沢の会見の中で、福沢が大久保に自ら民権運動に与する者でないことを約束した意識と同然のことを語るのである。なお、大久保・福沢会談については「第3章」で触れる。

この書簡の最後の部分についても、福沢の慶應義塾についての思いはクールで慶應義塾の実績と国家方策の距離感を冷徹に観察している印象がある。この思いは「好シ我同志社ハ仮令生徒悉ク去ルモ依然トシテ此相国寺門前ニ建置クベシ」[26]とする新島の決意と比べてみると、温度差を感ずるのは福沢の人となりあるいはその実績のゆえなのだろうか。新島の改正徴兵令への対応は後述する。

最後にこの問題に関する東京専門学校の姿を簡単に紹介して終わりたい。「改正徴兵令」の出たあと、東京専門学校はその影響は皆無に等しいと嘯いていた。『早稲田大学百年史』には「学苑にあっても『三百名のもの忽にして其六十名を失』った……退学者の比率は慶應義塾の五八八名中百余名と大差がなかったのであるから、大問題でなかったとは言い得ない」[27]としており、学苑財政にまで悪影響を及ぼしていることに言及している。新島の東京専門学校探訪について、小野梓の日記『留客齋日記』の明治十七年二月二日条には、「新島某来訪。関徴兵令之事、聞鄙意也」とあるだけの素っ気ない記述があるのみでその内容は記されていない。

3　福沢諭吉の教育思想

①「学ぶ」ということ ―― 一身独立・一国独立 ――

福沢諭吉の学問観や教育観は、彼の数多ある著作物のなかで最も集約的にしるされているものが『学問のすゝめ』であろう。これは、明治五年二月の初編刊行から同九年十一月の第十七編の刊行で終わっている。初編の発行部数が二十万部を下らなかったという。仮に一編の発行部数が二十万部として、十七編を掛け合わせると、都合三百四十万部の発行となり、当時の国民の一割がこの書物を読んだ計算となる。国民、就中、青年層に与えた影響は多大であった。さきの井上毅の言葉を裏打ちしている。

ここでは、理念としての『学問のすゝめ』とその実践の場としての「慶應義塾」の問題に焦点を絞って検討していこう。『学問のすゝめ』冒頭の人間平等観を語ったあとに、貧富貴賤智愚の様相の差異が生ずるのは、学・不学の差異にあると語る。彼の語る「学問」とは、「むづかしき字を知り、解し難き古文を読み……世上に実なき文学を云」うのではなく、「専ら勤むべきは人間普通日用に近き実学」のことで、漢学・儒学を虚学と断じ、洋学・科学を実学として評価し、その習得の必要を説いたのである[28]。

『学問のすゝめ』の基調をなす思想の一つは「一身独立して、一国独立する事」（第三編）を語ることにあったが、福沢は「一国独立」するための要件を富国強兵に求めた。「富国」「強兵」については「第3章」文明論において語っているので詳細はここでは触れない。

そもそも「富国」と「強兵」とは不即不離である。「強兵」は軍事力の強化をさすことは当然であるけれども、その条件とは、国民国家の成立、すなわち、人民一人一人が国家を形成している一員であるとの認識（共通理解）と自国を守る意識が共有されていなければならない。幕末維新期の日本はまだそのような意識は十全に育ってはいなかった。さらにもう一つの要件は、西洋列強の軍事力と伍していかんがためには、西洋砲術の習得（技術面）と工業力（工業生産力）の優劣が決定的な要因となる。この部分においてもその立ち遅れは如何ともしがたい。さらに「富国」の要件となると、一国のもつ経済力（生産力）、国民を統合する政治権力と法律・政治制度の整備、国民の教育水準など、一国の文化・文明の在り方やレヴェルが問われることとなる。しかも、やはり西洋列強の侮りを受けないようにするとなると、勢いその文明に学ばねばならなくなる。勿論、当時の日本にはその要素は少なすぎるとしか言いようがなかった。

福沢は、かかる日本の状況を変革すべく、牛歩の一歩を踏み出す。その際の大きな啓蒙書となったのが『学問のすゝめ』であった。

富国強兵と民力の関係を語らせると以下のように言う。

方今我国の形成を察し、其外国に及ばざるものを挙れば、曰学術、曰商売、曰法律、是なり。世の文明は専ら此三者に関し、三者挙らざれば国の独立を得ざること識者を俟たずして明なり。然るに今我国に於て一も其体を成したるものなし[29]。

ここで福沢は一国の文明を形成する要因を、その国の学術（学問・教育）の充実、商売（経済・生産・貿易）の活発な様、法律（政治制度）の整備のあることと見做している。しかるに当今の日本はこの全てが西洋列強に比して貧弱極まりないものであった。だからこそ、その育成の緊急性を説くのである。

実はこの内なる充実、すなわち国内における制度的整備、さらに個人においては、「一身」が他者の力（権威）に左右されることなく、さらに経済的自立をも含め、ある事態や招来する事象などについて自らの頭で考え、判断し、行為化するそのことを大事としたのである。これを「一身独立」というならば、福沢はそれが整ってこそ始めて一国の独立が可能であると考えている。そして一国の課題を自らのものとする意識こそが必要であるとした。そのような個々人の営為が知識・科学技術を国内に拡充させ、国家の工業化（資本化）、近代的諸制度（政治・法律・経済・教育・文化）の整備を進めることとなり、富国化を図ることとなり、国力の充実が西洋列強からの侮りをうけることを拒否することとなり、「一国独立」の礎となるという図式を採るものである。

しかるに、日本の状況は「独立」を成就する段階ではない。だとすれば国民は如何にあるべきか。『学問のすゝめ』において福沢は「学・不学」の問題をとりあげて次のように語る。

凡そ世の中に無知文盲ほど憐れむべく悪《にく》むべきものはあらず。知恵なきの極は恥を知らざるに至り、己が無知を以て貧窮に陥り飢寒に迫るときは、己が身を罪せずして妄に傍の富める人を怨み、甚だしきは徒党を結び強訴一揆などとて乱暴に及ぶことあり。恥を知らざるとや云はん、法を恐れずとや云はん。（中略）斯愚民を支配するには迚も道理を以て諭すべき方便なければ、唯威を以て畏すのみ。西洋の諺に愚民の上に苛き政府ありとはこの事なり。こは政府の苛きにあらず、愚民の自から招く災いなり[30]。

この言葉は、取りようによれば「不学のもの」への罵詈雑言のようにも聞こえてくるし、「不学」「無知」の状況が続くと、政府は民衆に苛政をもって臨む。「さあ、どうする」といった含意もあるようにも聞こえる。しかし、つぎの言葉はより厳しく響くのみならず「不学のもの」への嫌悪が作用していないか。

……無学文盲、理非の理の字も知らず、身に覚えたる芸は飲食と寝ると起るとのみ、其無学のくせに慾は深く、目の前に人を欺て巧に政府の法を遁れ、国法の何物たるをしらず、己が職分の何物たるを知らず、子をばよく生めども其子を教るの道を知らず、所謂恥も法も知らざる馬鹿者にて、其子孫繁昌すれば一国の益は為さずして却て害を為す者なきに非ず。斯る馬鹿者を取扱ふには、迚も道理を以てす可らず。不本意ながら力を以て威し、一時の大害を鎮むるより外に方便あることなし。是即ち世に暴政府ある所以なり[31]。

上記の一文と同趣旨である。普通、ものを書き公にするさい不知者や不学者を「馬鹿者」扱いして斯くまで罵詈雑言をあびせるだろうか。

福沢の言う「学び」とは何か。彼の「実学」を重視することから、単に「読み書き算盤」の問題だけではあるまい。日常生活の中から、労働の中から、工夫と努力をもっての実践と成果を獲得していく行為と考えるならば理解可能である。福沢は、その工夫と努力が秩序的に機能していくことを期待したと考えられる。というのも、「不学のもの」はしばしば「徒党を結び強訴一揆などとて乱暴に及」ぶ。彼は、その危惧感をぶつける。福沢はかかる行為を愚行とみなし嫌悪していたことは前にも記した。

ところで、福沢の嫌悪する「貧愚な馬鹿者」は本当にそうなのかという疑問が生じてくる。「強訴一揆」に例をとると、「一揆」にはそのリーダーを必要とする。自己要求と政治状況の矛盾認識がなければならない。組織力が必要である。周到な計画性と実行力、秘密保持が必要である。時には武器を調達する能力をも要する等々、様々な要素が必要となってくる。江戸時代の暴動・一揆もそう簡単に蜂起されるものではない。藩勢力と農民側のギリギリの駆引き、交渉がもたれ蜂起を回避する努力がなされるのである。何故なら、抑圧される衆庶（農民）側の生活がかかるからである。処刑、財産没収となるとその一村地域が壊滅する可能性を秘める。

かかることに思いを馳せるだけでも「強訴一揆」を企てる飢寒貧窮の民は愚民たりえない。福沢が「斯る馬鹿者を取扱ふには……力を以て威」せとする理由は、民衆の本当の力が彼にとって恐怖と捉えられていたからではないか。このことは、福沢が幕末の動乱期において、一貫して尊攘派を嫌悪し距離をおいたことと共通しているように思える。

さて、福沢のかかる民衆にたいする意識は次に述べる「ミッヅル・カラッス」論、「貧富智愚の説」と関連してこよう。

②福沢諭吉の教育思想 —— ミッヅル・カラッスと貧智論 ——

さきに慶應義塾生徒の出自を検討したさい、士族層と平民層の出自の比率がほぼ六対四であったことを明らかにした。さらに平民層出身の生徒の出身階層が豪農・豪商層に位置する子弟であることも記した。また、慶應義塾の学費が寮費をもあわせて比較的高額にセットされていることも指摘した。その理由に「軽躁書生の漫に入来するを防ぐ」としたところにあったことはすでに述べた。福沢は、「畢竟するに吾々の目的は今の所謂政治法律の外に悠悠して、慎んで其政法を遵奉し、人に向て多を求めずして先づ自ら自立自治の根本を定め、社会中等以上の種族と共に国家の背骨たらんことを期する」[32]としたが、福沢にしてみれば国家社会の未成熟であった日本にあっては当然のことなのかもしれない。ここに福沢は、いかなる階層が国家を支え、文明をつくる主体となるべきとしていたか。中間層の台頭に期待していたことを知りうる。

このことは『学問のすゝめ』第五編にある、いわゆる、「ミッヅル・カラッス」論（middle-class）に対応する。長くなるが引用しよう。

今政府に学校鉄道あり、人民これを一国文明の徴として誇る可き筈なるに、却てこれを政府の私恩に帰し、益其賜に依頼する心を増すのみ。人民既に自国の政府に対して萎縮震慄の心抱けり、豈外国に競ふて文明を争ふに遑あらんや。故に云く、人民に独立の気力あらざれば文明の形作るも豈に無用の長物のみならず、却て民心を退縮せしむるの具と為る可きなり。右に論ずる所を以て考れば、国の文明は上政府より起る可らず、下小民より生ず可らず、必ず其中間より興て衆庶の向ふ処を示し、政府と並立て始て成功を期す可きなり。……其工夫発明、先づ一人の心に成れば、これを公にして実地に施すに私立の社友を結び、益其事を盛大にして人民無量の幸福を萬世に遺すなり。此際に当り政府の義務は唯其事を妨げずして適宜に行はれしめ、人心の向ふ所を察してこれを保護するのみ。故に文明の事を行ふ者は私立の人民にして其文明を護する者は政府なり。……我社中（慶応義塾のこと ― 引用者 注）既に其術（学問のこと ― 引用者 注）を得たる者は、貧苦を忍び艱難を冒して、其所得の知見を文明の事実に施さざる可らず。其科は枚挙に遑あらず。商売勤めざる可らず、法律議せざる可らず、工業起こさざる可らず、農業勧めざる可らず、著書訳述新聞の出版、凡そ文明の事件は盡く取て我が私有と為し、国民の先を為して政府と相助け、官の力と私の力と互に平均して一国全体の力を増し、彼の薄弱なる独立を移して動かす可らざるの基礎に置き……[33]

文明を作りあげる主体は国民の中間層にあることを前提にしており、西洋諸国においては種々の発明や学術成果は一個人（例を挙げれば、J・ワット、G・スティーヴンスン、A・スミスら）のアイデアを育て、事業化を進めたがため工業化、生産化への弾みがついたものであるとみている。

たしかに、社会の下層に属する人たちの知的活動については条件的に困難な事情が横たわるのであろうが、日常活動による工夫が外から注入される知識とは違った実質的な能力を蓄える。福沢は、下層民の教育や啓蒙については冷淡であったし、無視している傾向があった。そのゆえに「ミッヅル・カラッス」に大きな期待をよせることとなる。

中間層を中核とした個々人のアイデアから出た事業などを政府はともすれば保護することもありうる。そうすることによって益々その発展が期待できること、すなわち工業化のはかられることを期待する。官と民が協調して補完していくことが必要であることを説いた。

ところでこの頃、日本全土に目をやると、福沢のいう「ミッヅル・カラッス」が、それこそ層をなして存したのではないことは明白である。江戸時代の人口のほぼ八割が農民であった事実は、明治の十年前後においてもかわることはない。地租改正政策以後の農民はその所有地を手放さなければならなかったり、小作人に転落したりと、生活的窮乏状況に拍車がかかっている事態があったことを見逃してはならない。

福沢はこの貧者についてどのような意識をもっていたのであろうか。すこし後のことになるが、明治二十二年三月六日、七日の二日にわたって『時事新報』に掲げられた福沢の論説に「貧富智愚の説」という一文がある。少し長くなるが福沢に語らせる。

今此理（老若幼児の心身の有様 ― 引用者 注）を推して広く世間の事情を考ふるに、彼の貧富智愚の苦楽、亦大に此心身の関係に類する者あるが如し。富んで智ある者は人間最上の位にして、万年の後、彼の所謂黄金世界に至らば、万人皆富んで万人皆智者となる時もあるべしと雖も、今の世界は黄金世界にあらず、今の世に在て此最上等の位地に達したる者は、誠に千万中の一にだも過ぎざる程にして、社会は貧愚者を以て多数を占め、所謂彼の公議与論抔も多くは此類の人より起るものにして、随て其議論も亦貧愚の臭気を帯ぶるもの多しとす。是れは今日人間の情体なれば復た如何ともす可らず。目を閉ぢ鼻を掩ふて強ひて此臭気をも忍ぶべしと雖ども、此に最も恐るべきは貧にして智ある者なり。智慧ある者は其思想自ら高尚遠大にして心事極て多端なり。其心事内に多端にして外これに応ずるの資材なき時は、他人の軽蔑を受るは勿論、時としては心にもなき媚を愚人に呈して、以て之が歓心を買はざるべからざるの場合もありて、其苦悩は実に名状に堪へず。恰も檻内の虎の如し。之を放てば勢当るべからずと雖ども、唯貧乏と名くる鎖に繫がれて猫児の状を為し、徒に婦女子の玩弄物たるに過ぎず。誠に以て憐むに堪へたり。斯る事態にして貧智者は他に欝憤を漏らすの道なく、此に於て世の中の総ての仕組みを以て不公平のものとなし、頻りに之に向て攻撃を試み、財産私有の法廃すべしと云ひ、或は田地田畑を以て共有公地となすべしと云ひ、其他被傭賃の直上げ、労働時間の減縮等、悉皆彼等の工風に出でざるはなし。彼の職人の同盟罷工なり、社会党なり、又虚無党なり、其原因する所、明かに知る可し、試に今日社会党の最も盛なる所は何の辺にありやと尋ぬるに、米国に在ては、シカゴ、英国に在てはマンチェスター、バルミンハムの如き製造業の盛大なる所なりと云ふ。蓋し製造の盛に行はるる處には必ず職人多くして貧乏甚しく、一銭の貯蓄なきにも拘はらず、其智慧は農民などの比に非ず。唯智慧あるが故に苦痛たるを知りて自ら満足するを得ず。其不平の鬱積、逆に破裂して社会党となりたるものなり、貧人に教育を与ふるの利害、思はざる可らざるなり[34]。

この論説は三月六日掲載のものであるが、福沢の人民観の一端がうかがえる格好の文章である。世の中の人々の有様はいろいろあるが、きわだって目につくのは、貧富の差序であり、智愚の相違である。福沢は、人々の在りようの差序は「学、不学」によるとの認識を示していたが、ここでもその認識の基本は変わっていない、というより、より確信に近いものとなっている。

上記史料の要旨は、「貧智者」に学問を施すことにより秩序の転覆をはかる可能性があるから充分に警戒しなければならない。もっといえば、「貧智者」への教育は考えものであるとの主張である。

「貧富智愚」を組み合わせると四種の組み合わせが可能である。福沢の最も高く評価するのは「富智者」であろうし、嫌悪するのは「貧愚者」であろうことは容易に推測しうる。世の中が「富智者」による「黄金世界」の到来が理想であるという。まさに理想でしかない。彼の最も脅威に感じたものは「貧智者」であった。というのも、彼等は世の中の構造上社会上の諸矛盾を鋭く見抜きかつ指摘し、その改革を叫び、集団を組織し活動を展開させる張本人であるとみる。福沢が築き上げようとする楼閣（国家像）、すなわち、「ミッヅル・カラッス」と「国家」の調和、ミッヅル・カラッス（ブルジョワジー）による国家形成が、この「貧智者」を容認することによって根底から覆される可能性が生ずる。かかる「貧智者」こそ福沢にいわせれば「敵」ということになろう。

教育の拡大浸透と進歩は評価されるべきであるし、国家もそのことを保障するためには努力を払うべきである。ところが福沢はこのような状況が生みだされることに不安を感じている。

『民情一新』に、「人民の教育を称賛するは方今の流行にして、社会の百善皆教育より生ずと云はざる者なし」[35]としながらも、今日にいたるまで未だ一善の生ずる様をみたことがないし、下民の教育はその人たちの幸福を増すのではなく、心の不平等感を強くしただけである。我が国の普通教育のもたらしたものは「チャルチスム」「ソシヤリスム」（この言葉の説明として福沢は以下のような文言を配している。「此主義は仏蘭西其他の国々に行はる、社会党と大同小異、何れも皆下民の権利を主張して貧富を平均し議院選挙の法を改革する等の説にして、結局貧賤に左袒して富貴を犯すものなり」[36]）の二主義をもたらしたが、これらはいずれも人民の不平心を現わすものでしかない。「今後教育の次第に分布するに随ひ正しく其割合に準じて貧賤の権利説も亦次第に分布し、教育に一歩進めば不平にも亦一分を増し、多々益増進して富貴の権柄と其私有とを犯し遂には国安を害するに至る可し。亦危険ならずや」[37]と揺れる胸中を吐露している。

この『民情一新』は明治十二年八月に刊行されたもので、先の「貧富智愚の説」にえがかれるより十年前に著されていることは注目される。教育の進歩はともすれば「貧賤の権利」を拡大し、「富貴の権柄と其私権とを犯す」存在となる。福沢にとって教育の進歩が、文明化の一助であったものがその進歩とともに、「貧智者」の反国家・反体制派を形成する手段としてもありうるものと意識したとき、別の思いが彼の脳裏をよぎったにちがいない。

4　福沢諭吉の人民観と文明論

①福沢諭吉の人民観

天は人の上に人を造らず人の下に人を造らずと云へり。されば天より人を生ずるには、万人は万人皆同じ位にして、生まれながら貴賤上下の差別なく、万物の霊たる身と心との働を以て天地の間にあるよろづの物を資り、以て衣食住の用を達し、自由自在、互に人の妨げをなさずして各安楽にこの世を渡らしめ給ふの趣意なり[38]。

この『学問のすゝめ』初編冒頭の言葉は福沢諭吉の平等的人間観を余すところなく述べているかのようである。ところが上にみてきたように、慶應義塾生徒の出自階層、「ミッヅル・カラッス」論、「貧富智愚の説」などをみるにつけ疑問が生まれる。富者・中間層への微笑みと貧者への冷笑はまさに福沢の光と影をみる思いがする。

福沢の活躍する時間は明治国家の形成期と一致するけれども、その意味で彼は明治国家のパイロットの役割を果たしたことは否めない。本項では、明治二十年前後の歴史的事象と福沢のそれへの関与の仕方とを検討しながら彼の人民観を探りたいと思う。

ここでは具体的事例として、自由民権運動をとりあげて考えよう（なお、福沢と自由民権運動との関係については「第

3章」において述べるのでここでは紹介する程度にとどめる)。福沢は自由民権運動(以下、民権運動と略記)にたいして批判的であったことは知られている。民権運動の目的は、国会開設要求にあったが、彼はこれには一線を画していたし、大久保利通との会談(明治九年二月)のなかでも自らは民権運動に与する者でないことを語ったことがある。

……大久保内務卿と相客にて主客三人食後の話しに、大久保氏の云ふに、天下流行の民権論も宜し、左れども人民が政府に向て権利を争へば又之に伴ふ義務もなかる可らず云々と述べしは、暗に余を目して民権論者の首魁と認めたるもの丶如し。依て余は之に答へ、権利義務の高説よく了解せり、抑も自分が民権云々を論ずるは政府の政権を妨ぐるに非ず、元来国民の権利には政権と人権と二様の別あり、自分は生れ付き政事に不案内なれば政治は政府にて宜しきやう処理せらる可し、唯人権の一段に至りては決して假す可らず、(中略)今後歳月を経るに従ひ世に政権論も持上りて遂には蜂の巣を突き毀したるが如き有様になるやも計られず、其時こそ御覧あれ、福沢は決して其蜂の仲間に這入て飛揚を共にせざるのみか、今日君が民権家と鑑定を附けられたる福沢が却て着実なる人物となりて、君等の為めに却て頼母しく思はるる場合もある可し、幾重にも安心あれと、恰も約束したることあり[39]

この大久保とのやりとりのなかで、福沢は自らの立ち位置を人権擁護の側に与するといいながら民権運動に対して距離を置くのみならず、政府の側に立つことを約束している。『学問のすゝめ』初編冒頭で天賦人権説を高らかに宣言していたけれども、この頃(明治七年)の福沢は民衆運動とともに歩調をあわせ、国民の政治意識の発達、権利要求とその成就、下からの民主化文明化推進などの事象については抑制的な側に位置していた。

そこで福沢が関与した具体的な事件を通して、彼がどのような態度に出たかを考えてみたい。その事件とは、長沼事件(明治五年)と春日井事件(明治十一年)といわれるものである。この二例を通して福沢は民衆の政治活動や諸要求をどうとらえ、自らどう対処しようとしたのかを検討し、福沢の人民観を探りたい。

長沼事件と福沢諭吉の態度

まず、「長沼事件」について検討しよう。「長沼事件とは下総国長沼村（現 成田市長沼町）におこった係争事件で、村民の共有財産である長沼という沼地を不法に国有地に編入せられたので、二十余年の久しきに亙りその権利回復のために福沢が村民の後ろ楯となって力を添へ、遂に村民をして永久の安堵を得しめることに成功した」[40]事件のことである。長沼村共有の沼沢の漁業権回復をめぐる（長沼村）村民と千葉県の対立に福沢が関与した事件であった。そのきっかけは、長沼村代表の小川武平が『学問のすゝめ』を読んでいたことから、この事件が膠着するにおよんで上京し、福沢を訪ね助力を乞うたことによる。

さて、その「長沼事件」であるが、簡単に概要をしるすと、長沼村民の独占していた長沼といわれる沼の漁業権に周辺の十五ヶ村が長沼を使用しようとしたところに争いが起こることとなった。長沼村の耕作地は田畑地を併せて百町歩に満たない狭小なものであった。したがって村民は長沼の漁撈に生活の糧を求めていた。長沼村民は年貢としてこの沼沢地からの収獲を石高に見積もり（沼高といった）、毎年六十俵の公租を収めていた。ところが、周辺諸村はこの沼沢地を入会地化しようとの動きに出てきた。長沼村民にしてみれば自らの生活の根幹が奪われかねない状況となった。事件は明治五年になって動く。年貢（沼高）を払っている以上その所有（占有）権は当然長沼村に帰すべきものであったが、上郷十五村が聯合して長沼村に対して沼の悪水路浚渫工事（沼の中央に十五間の水路を浚鑿しその土を三十間隔たったところに運搬するものであった）を命ずるべく印旛県庁に働きかけた。印旛県庁は長沼村が沼を所有する限り村が浚渫工事費用を負担すべきであるとの裁定を下した。浚渫工事費用を一村に負担させることは不可能にちかく（上記した工事に都合一万五百人の人夫を要した）、十五ヶ村に分担させることにより沼沢地の入会地化が進むこととなる。裁定は県庁がこれを了承したことになる。

翌六年四月、県庁は浚渫工事の命令を聴かぬとのことから、沼の公租を免除する旨を長沼村に通達している。県庁は長沼村の指導者（五名）を呼び出し、県庁の命令にたいして請書を提出しないのは不届きゆえ捕縛するとして検事局に拘留した。県庁は沼高免除を了承させ、請書を出さしめた。県庁のかかる力ずくの処遇に村民は納得せず、国に訴えようとしたのである[41]。

長沼村の代表小川武平が福沢諭吉を訪ねることとなった。時に明治七年十二月のことである。福沢は、長沼村のために明治二十年の記載のある「願上書」を含め、都合十七種の「願上書」を代筆している。明治七年十二月十七日付の千葉県令柴原和宛に「沼地納税の義に付き奉願上候」（以下、「願上書」と略記）を代筆した。小川らの訴えたいことは二点である。史料を引用する。

第一、正税地と雑税地とは其実は村方の為め利害に差響き無之候得共、元来此名目の改有候其源因を推察致し候得ば、元一昨申年中悪水路普請の義莫大の費用にて、其上沼地にて左右参拾間外へ土捨候手段も無之御断申上、次で上郷村々へ被仰付、其節より正税地の名目も御廃止に相成候義に付、向後雑税地と相成候はゞ、沼地所有の名義は全く失ひ盡して他村に奪れ候義と一筋に掛念仕候。此一條は名目に付ての疑念に御座候。

第二、上郷村々より悪水路普請仕候に付ては水路浚等のため時々沼地へ入込、折節は本村の漁猟藻草刈等の妨に相成候義もなきに非ず。固より瑣末の事柄に［付］大方の御眼にて御覧被成候得ば論ずるにも足ざる事に候得共、小前共の小心にて既に隔意を生じ居り候事なれば、魚一尾藻草片荷の得失にも何か騒々敷申立候意味も有之、何分其説論にも当惑仕候。此一條は事実形跡に顕れ候事柄に付ての不和に御座候。

右二ヶ條の不都合を程能く取纏め永く隣村の附合を保ち公事出入の源を塞ぎ候には、第一は従前の通沼地を正税地に被成下度、第二は向後悪水路の普請を当村に御任せに相成、他村の者は一切其沼地に入込ざる様御処置奉願候[42]。

福沢の代筆したこの「願上書」は、第一は悪水路の浚渫費用を長沼村に負担する旨をしるし、第二に長沼の漁業権を従来通り認めよというものであった。提出先は千葉県令柴原和《やわら》宛であり、差出人は小川武平、大木茂平次、大木利平次の三名である。小川らは、印旛県庁の裁断を不服としておりさらに国に提訴を考えていたものが、提出先が千葉県令（ちなみに、明治二年に安房上総、下総に宮谷《みやざく》県、葛飾県が設置されたが、同四年、両県は木更津県、印旛県となり、六年六月に千葉県に統合される。県令が柴原和であった。柴原は、明治四年から六年六月まで木更津県・印旛県の権県令を兼任していた）になっていることの作為はどう考えればよいのだろうか。福沢の強いての意図なのだろうか。このことは長沼村民の意向が果たし得たといえるのだろうか。ここに国への提訴を回避させている福沢の計算があるように思われる。

福沢は、この「願上書」を認《したた》めた一週間後、すなわち、同年十二月二十五日付柴原和宛に一通の書簡を送っている。その内容は以下の様で、自己弁護的である。

福沢自身は長沼村村民に依頼されて願書を代筆したにすぎない。その成敗について口を差し挟むものではないし、その筋合いのものでもない。代筆した願書がはたして県令の手許に届いたか否かを確認するのみである、と。さらに福沢は言う。

私の身を以て決して公事に関するに非ず。（中略）小生において上郷と長沼と孰か是非申す見込みは毫も無之、申上候迄も無之候得共、事の理非曲直に付ては小生は全く路傍の人に御座候。其辺不悪御承知可下候[43]

福沢はどうして小川たちの申し出を引き受けたのだろうか。かかる意識から推して、小川武平の申し出に心底から理解を示し賛同しているものではないのではないか。福沢は農民運動に加担していることが迷惑かつ無関係を装う。柴原に対する態度と同様に、小川らにも自らの姿を隠すがごとき言葉がならぶ。曰く、

公然と福沢諭吉が如何様に致すとか福沢え相談するとか申述候ては以の外の不都合、都て事には公私の区別有之、公の談判不致ては不相済[44]

福沢が「長沼事件」に関与していることを公にしてくれるな。もし、そのようなことになれば公平な判断がなされなくなるという。これはある意味で分からないことはない。史料中の「公私の区別」とは何をいうのであろうか。村民の訴えはすでに「公」であり決して「私」ではない。この訴えを「私」と考えよというのであろうか。だとすると、福沢の支援

はどう解釈すればよいのだろうか。また、村民の訴えと村民の福沢への支援依頼を「公」と「私」と置き換えているのか。それにしても、農民たちが国に提訴すること事態にブレーキをかけようとする行為は理解の域を超える。

「仮令内実は〻様〻様と其手続き迄分り居候事にても、場所柄を弁ぜずして丸出しにて述立ては、出来る事も夫れが為出来ざるよふに可相成、事と品に由りては県庁の内幕を探り、下より上に対して差図ケ間敷と被申ても致方なき次第、其辺は篤と御心得被成度」[45]とする態度は、福沢の思想的本質を表現していそうである。「一身独立の鼓吹の欠如、紛争をおそれる官民調和の説教、自分が紛争にまきこまれぬための慎重にして狡猾な配慮」[46]は、下より上への変革を嫌悪する福沢の意識と態度が貫徹していると言わざるをえない。

ただし、この「長沼事件」について福沢は最後までこれに関与し続けたのであって、途中放棄したわけではない。この係争はほぼ二十五年にも及び、その間にあって十七種にもなる「願上書」等を認めたことはすでにしるしたところである。結果的には明治三十三年三月、前年の「国有土地森林原野下戻法」に基づき、無償下げ戻しの許可を得ている。

春日井事件

このような福沢の態度は次の「春日井事件」(明治十一年)においても同様にみられるものである。愛知県春日井郡の林金兵衛が中心となって地租改正反対運動が展開されたが、この時に林は福沢に援助を求めた。しかしながらこの事件を通して福沢の具体的な方策はみえない。

当時、大蔵卿兼地租改正局総裁であった大隈重信宛書簡[47]のなかに、大隈への依頼をのぞかせながらやはり「自分が紛争にまきこまれぬための慎重にして狡猾な配慮」(ひろたまさき)をみせている。事はこうである。
二、三ヵ月前より愛知県の百姓が地租改正について様々の事を福沢に持ち込んできたので様子を聞いてみると、「郡民破裂にも可及哉の趣」であるという。さらに話を聞くと、「該県春日井郡百九十ケ村十五万石計りの地にて、改正に順序なしとか、官吏圧制とか、定式の通り苦情の末、遂に此度は闔県の平均を願はずして、唯一部に限り改て検査いたし度との事なり。(中略)若しも出来るものならば御勘考被下度、小生は敢て出願人に左袒するにあらず、唯官民に損する所なくして物論の沸騰を鎮静するの法あらば之に従ひ、兎角全国内の無事を祈るまでの婆心に御座候」と、官民調和を大事とした言辞を吐露し、同時に自らの「事件」との距離感の取り方にも絶妙な位地に置いている。この春日井事件についての福沢の関与の仕方には「長沼事件」ほどのエネルギーが感じられないのみならず面倒臭さが漂っている。

また、地租改正局副総裁前島密宛書簡[48]にも、春日井郡の農民の訴願について「無限の面倒春日井郡の一条、有限の生涯に斯る面倒に喙を容るゝは誠に迷惑至極」と本音を語り、前島に、政府がこの問題にどのように対処しようとしているのかその処遇を漏らしてくれるように依頼する。前もって事態の処遇を漏らしてくれろと頼む理由は「実を申せば是迄小生の説法は、乱妨ヲスルナヨ、スルト願ハ叶ハヌゾ、禁裏様へ御直願抔ハ功能ナキモノゾ、唯静ニシテ貧乏士族抔決シテ寄付ルナヨ、ロクナコトハ出来ヌゾと、何か思はせぶりに生意気を申した末に何事も出来なかったと申しては少しきまりのわるき訳ゆへ（中略）そこで事実官辺の御都合六ケ敷くば、唯今の中より少し遁辞を設け、どうも今度の事はむづかしそうだ、金兵衛抔もよい加減にして置け、村民えも成丈け平穏を諭して、万々一も隠ならずして事に及ばゝ天と明らめるより外はある間敷、唯長老の役前として何処迄も鎮撫に尽力す可し位の事におわかれを致度存候」としており、ここに描かれた福沢の言葉からは、見事としか言い得ないほどの農民への、あるいは訴願にたいする距離をとろうとする意識が滲み出ている。農民の真摯な依頼事を官権に互りをつけて小手先で処理しようとする福沢の老獪狡猾な意識と手法をみてとることができる。ここから見えてくる福沢の農民に対する意識や訴願行動への意識は天賦人権論者として一般的に捉えられているイメージから大きく離れた位置にあることを知りうる。

この事件は明治十一年春の出来事であったが、この二年前には「竹槍でドンと突き出す二分五厘」の言葉をうんだ美濃・伊勢の大一揆が発生している。その農民の力強い団結と要求のエネルギーや空気がまだまだ充満していた時期であり、このような地域のもつ特異性を前にして、福沢のとった姿勢は逃げ腰でしかなかったのではないか。この「春日井事件」のもつ質が「長沼事件」のそれよりもはるかに広範かつ秩序転覆の可能性の高いことを見抜いた福沢が話を聴いた段階で「否」の結論をもったのかもしれない。

人民観

福沢諭吉の『学問のすゝめ』冒頭の天賦人権論は多くの人々の心を今においても惹きつける。しかしながら、「ミッヅル・カラッス論」・「貧富智愚の説」・「長沼事件」や「春日井事件」への対応など、具体的な問題に入り込んでいくと福沢の相貌（意識）は違った表情をみせる。一言でいえば、中間層への微笑みと下級層への蔑視、無関心が交錯する。たしかに、彼は若い頃より、農民や庶民層に関心を寄せたり、同情を示すことはなかった。常に武士階層や適塾の仲間が彼の生活の舞台での主人公であれば致し方のないことであったのかもしれない。福沢のこの二つの貌（微笑みと蔑視）を、学問の問題と民衆の請願行動の二面から考えたい。

彼の意識を培ったものは適塾内での実力主義、選民意識であったとすれば、地を這う衆庶の姿は見えてこない。福沢の「実力主義」「選民意識」の行き先はその結果として、西洋学（蘭学・英学）の獲得と幕臣のポスト獲得であり、著述翻訳を中心とした文明論者への転身であった。まさに彼の「実力主義」は自らを変身させていったのである。この体験的事実は他者へもそれを要求するし、その要求に応えられない者を切り捨てにかかることにもなりかねない。『学問のすゝめ』初編に「不学」者切り捨ての言葉が冷たく響く。曰く、

凡そ世の中に無知文盲の民ほど憐れむべく亦悪むべきものはあらず。知恵なきの極は恥を知らざるに至り、己が無智を以て貧究に陥り飢寒に迫るときは、己が身を罪せずして妄に富る人を怨み、甚しきは徒党を結び強訴一揆などゝて乱暴に及ぶことあり。恥を知らざるとや云はん、法を恐れずとや云はん。天下の法度を頼て其身の安全を保ち其家の渡世をいたしながら、其頼む所のみを頼て、己が私欲の為には又これを破る、前後不都合の次第ならずや[49]。

ここでは、「無知文盲」への嫌悪が語られている。貧富の分界は「学」「不学」にあると考えていた福沢にとって「不学」者は埒外に置かれる存在であり、かかる連中は自己努力（研鑽）に励むことなく、他者を批判非難し、ともすれば、徒党を組んで自らの要求を突きつけようとするものであればその行為はもっての外である。福沢にあっては「学」が社会的地位を左右する決定要因として考えられている。「学」ぶことの困難な状況にある者への視線は度外視されており、困

窮状況を切り拓く視点も提示されていない。

また、民衆の請願（政治）活動についてもその嫌悪感をあからさまにする。この『学問のすゝめ』初編が出版されるのが明治五年二月のことであったが、上述した「長沼事件」に福沢が関与するのが明治七年十二月のことであるならば、彼の人民観の方向性（民衆蔑視）がすでに設定されている時期にあたる。またこの年の一月に「民撰議院設立建白書」が政府に提出され、民権運動の火蓋が切って落とされたときでもあった。上を畏れず、反乱を企てる民衆を何よりも嫌悪する福沢はかかる行為（請願運動、変革運動）を承認しうるはずがない。況や、「春日井事件」にあっては、その二年前（明治九年）には地租率を二分五厘に下させた実績をもっていた。その余韻をもった年貢軽減要求によい顔をしなかったのは当然であったといえよう。

人民のエネルギーの大きさに敢えて触れない、あるいは視ようとしない福沢の意識的限界が垣間見える思いがする。

②文明論

福沢諭吉の文明観についてはその主著『文明論之概略』の検討を要するが、詳述は「第3章」において扱うことから、ここでは『学問のすゝめ』を基本において考察を進めていきたい。必要な限り『文明論之概略』から援用したい。まず、彼の文明について、彼はどのような観点からこれをみていたのか。『文明論之概略』から拾うと、

……何事を指して文明と名るや。云く、文明とは人の身を安楽にして心を高尚にするを云ふなり。衣食を饒にして人品を貴くするを云ふなり。（中略）、又この人の安楽と品位とを得せしむるものは人の智徳なるが故に、文明とは、結局、人の智徳の進歩と云ふて可なり[50]。

ここでは、文明とは、「人の智徳の進歩」の度合であるという。『学問のすゝめ』からもう一例あげる。

国の文明は形を以て評す可らず。学校と云ひ、工業と云ひ、陸軍と云ひ、海軍と云ふも、皆是れ文明の形のみ。この形を作るは

難きに非ず、唯銭を以て買ふ可しと雖も、ここに又無形の一物あり、この物たるや、目見る可らず、耳聞く可らず、売買す可らず、貸借す可らず、普く国人の間に位して其作用甚だ強く、この物あらざれば彼の学校以下の諸件も実の用を為さず、真にこれを文明の精神と云ふ可き至大至重のものなり。蓋し其物とは何ぞや。人民独立の気力、即ち是なり[51]。

ここでいう文明の意味は、有形の物をいうのではなく、無形の精神、なかんずく、「人民独立の気力」と捉えられている。二つの文章から、福沢のいう文明の勘どころは「人の智徳の進歩」と「人民独立の気力」であるといえる。そこで、この「智徳の進歩」「独立の気力」の形成が第一の肝要事となるが、福沢は、文明をつくる主体は大衆一般に求めるのではなく、「ミッヅル・カラッス」にあるとするのがその主張である。

福沢の上述の文明観をもう少し具体的事例を通して考えてみたい。とりわけ、政府と人民の関係に絞って考察しよう。『学問のすゝめ』二編の「人は同等なる事」は、福沢の社会契約をもとにした所説である。この部分にも、政府・人民それぞれの職分があり、それを十分に弁えなければならないことを強調している。以下のように言う。

元来人民と政府との間柄はもと同一体にて其職分を区別し、政府は人民の名代と為りて法を施し、人民は必ず此法を守る可しと、固く約束したるものなり（中略）一度国法と定りたることは、仮令或は人民一個のために不便利あるも、其改革まではこれを動かすを得ず。小心翼々謹で、守らざる可らず。是即ち人民の職分なり[52]

たしかに、福沢のいう遵法精神は重要である。「人民一個の不便利」のゆえに法を破ることは誡められねばならない。「改革まではこれを動かすを得」ないことも正しい。

しかしながら福沢のいう「法」は、ここでは未だ人民参加のもとで決定されていない状況があること、また民衆の発言も閉ざされている事実を考えるならば、彼の説は人民がひたすら不満を持つことへの不届きと政府への盲従を強いる理屈以外のなにものでもないといわれても仕方のないことかもしれない。当時の日本において国民（ネイション）の形成の無いなかで、政府と国民との間で統治契約が交わされたとするのには無理があるものと言わざるをえない。

福沢はさらに言う。「無知文盲、理非の字も知ら」ざる「馬鹿者を取扱」には「力を以て威」すほかない。これが「世に暴政府のある所以」である。だから、人民が暴政を避けようとするならば「学問に志し自ら才徳を高くして、政府と相対して同位同等の地位に登」る必要がある。将来的展望としては、福沢の語ることは一理ある。が、日常の糧を求めることに呻吟している衆庶にとっては遠い話でしかない。

また、『学問のすゝめ』七編では、人民の果たす「二人前の役目」、すなわち主客の役割について以下のようにいう。人民の「客の身分」に関する役割は、「国法を重んじ人間同等の趣意を忘」れてはならないとの主張である。

国の政体に由て定りし法は、仮令ひ或は愚なるも或は不便なるも、妄にこれを破るの理なし。師を起すも外国と条約を結ぶも政府の権にある事にて、この権はもと約束にて人民より政府に与へたるものなれば、政府の政に関係なき者は決して其事を評議す可らず[53]

この論は、日本人民が明治政府にたいして自らの政治意思を仮託することを前提としなければ成り立たない。はたして、そのようなことが一度としてあっただろうか。さらに「人民若し此趣旨を忘れて、政府の処置に就き我意に叶はずとて恣に議論を起し、或は条約を破らんとし、或は師《いくさ》を起さんとし、甚しきは一騎先駆け白刃を携て飛出すなどの挙動に及ぶことあらば、国の政は一日も保つ可らず」[54]と繰り返すとき、福沢のよくよく力による変革（暴力革命）を嫌悪する様子が伝わってくる。この七編が世に問われた時期は明治七年三月のことであった。同年一月には板垣退助らによって「民撰議院設立建白書」が政府に提出されている。多分、この運動への警戒感を当初から有していたのかもしれない。

では福沢はどうすることが最善の策と考えるのか。「……国法は不正不便なりと雖ども、其不正不便を口実に設てこれを破るの理なし。若し時事に於て不正不便の箇条あらば、一国の支配人たる政府に説き勧めて静に其法を改めしむ可し。政府若し我説に従はずんば且力を盡し且堪忍して時節を待つ可きなり」[55]という。「国法の不正不便」があっても、これを暴力的に破る（改革する）行為は控えるべきで、穏便に政府と話し合って改めるべきである。政府がそれを拒否するならば時のくるのを待ち、忍従せよというのがその主張である。

まだ日本には議会制度が整っていない状況下、「有司専制」が跋扈している時代である。その時期でのかかる発言は、民衆の反政府エネルギーを抑止し、虎を飼い猫のように飼いならし、別物に仕立て上げようとする意図がみうけられてならない。人民をして体制順応化させることが福沢の目的であり、そのための人民教化ではなかったか。

つぎに、人民の「主人の身分」における役割についてはどうか。

一国人民は即ち政府なり。其故は一国中の人民悉皆政を為す可きものに非ざれば、政府なるものを設てこれを国政を任せ、人民の名代として事務を取扱はしむ可しとの約束を定めたればなり。故に人民は家元なり、又主人なり。政府は名代人なり、又支配人なり[56]。

ここに語られる人民と政府の関係は、福沢流社会契約論に依拠しているのは明白である。「一国中の人民」が悉く政治に参与しえないから「政府」をもうけて「国政」を任せるのだ。その意味で「人民」は「家元」であり「主人」でもある。「政府」は「名代人」「支配人」である。

この「名代人」「支配人」のおこなう国政はときには善政もあれば、悪政・暴政もありうる。こちらのほうが多くある。この「悪政」「暴政」に対して、福沢は人民の暴力的改革を否定することは先にみてきた。ではどのような仕方で人民の対処を期待するのか。三つの処方箋をあげる。

その一、「節を屈して政府に従ふ」態度については感心しないとした。その二、「力を以て政府に敵対する」方法もまた上策といえない。何故ならば、内乱を誘発する可能性を秘めるからである。その三は、「正理を守て身を棄る」の策。福沢はこの第三策をもって上策の上とする。何故なら、「理を以て政府に迫れば、其時其国にある善政良法はこれがため少しも害を被ること」はなく、「理の在る所は……天然の人心これに服」せないことはない。そして政府は「静に正理を唱ふる者に対しては、仮令ひ暴政府と雖ども其役人も亦同国の人類なれば、正者の理を守て身を棄るを見て必ず同情相憐むの心生ず可し」[57]と。

ここには、論理的な矛盾がある。悪政や暴政にあっては「人民のための政治」が図られることは殆どないといってよい。にもかかわらず、「理を以て政府に迫れば……善政良法は……害を被ること」はないとするのは一見正しいかに聞こえる。そもそも悪政府・暴政府のもとで「善政良法」がありうるのか。さらに政府は「正理を唱ふる者に対しては、……正者の理を守て身を棄るを見て必ず同情相憐む」心を生ずることなどといったことがあるのか。政府の権力に対して人民の力は、大衆行動・運動として結集したときに一つの声になってくる。例えば、この「七編」の記された前年には地租改正政策が断行されているが、この方策は、農民層分解を著しくし、地租の高さに農民を呻吟せしめた。明治九年には美濃東海地域中心に地租改正反対一揆がおこったが、その結果、地租率が三分から二分五厘に下がったことは先にも記した。これは福沢のいう「マルチムドム」（殉死）をうけてでも堪忍せよという言葉では獲得できなかったはずである。そこにも福沢の言葉による詐術がある。

西洋諸国の近代化は、天賦人権思想に基づく諸権利の保障をその要求事項として国王や為政者に迫り、実現させた結果であった。種々の自由権は政府がその政治方針を転換させて付与したものではない。人民自らの手でその権利を獲得したものである。したがって、人民の不断の努力と政府のありようを厳しく監視監督しない限り、政府はややもすれば人民の権利に網をかけ、その権利を損なおうとする組織体である。だとすると、人民と政府との確執は激しくなる質のものである。このような一般図式を福沢が見落とすはずがないとするならば、ここに福沢の政府と人民に関する意識は、政府に対する楽観と人民への愚民意識と恐怖が交錯していたといわざるをえないように思える。

第2節　新島襄の教育思想

1　同志社英学校

明治八（一八七五）年正月、新島襄は父民治宛書簡[58]中に年賀の挨拶とともに学校設立の意向を述べている。そのなかに、「若し此学校出来《しゅったい》ニ及候ハ、日本当今ノ悪習をも一洗すべき一機械〔会〕とも可相成義」と記し、学校設立、すなわち人材の育成により「日本当今ノ悪習をも一洗」せんとする意図を示した。すでに在米中に学校設立の意図をもっており、帰国後すぐさま、このような発言として表れていることが注目される。

この学校がのちの「同志社英学校」となるのだが、キリスト教を道徳教育の基礎に据える学校設立を意図したがゆえに、荊の路を歩むこととなる。本節では、新島の学校設立の意図、教育のもたらす国家的役割をどのようにとらえていたのかをメイン・テーマとして彼の教育思想を考察していくこととする。

「私学校開業、外国人教師雇入につき許可願」（以下「許可願」と略称）をみると以下のような文言が記されている。因みにこの「許可願」は学校建設用地や屋舎購入に出資が大きく千金を支払って外国人教師を招聘する余裕がないことから、宣教師J・D・デイヴィスの雇い入れ許可を願っているものである。つぎのような言葉が眼をひく。

……私学校開業之義一日なり共棄置候ハ、京師近傍ニ於而文明之進歩ニ小関係なき共不被申ト存候、依而日夜心緒を労し一日も早く開校仕度候、（中略）志ある少年生徒も学費之欠乏せるにより已む事を不得志を屈し、遂にハ無用之廃物に属せんとする輩も往々相見へ候、私義彼之有用物とも成るへき人材をし而空しく廃物に属セしむるを惜み、英学校を開き窮生徒をし而志を呈せしめん為月俸授業料等を大分下低にし、且生徒之自己を助くへき寸法を設け、彼等をし而普通学科に跋渉し且傍世聖賢之道をも研窮セしめ、仕官し而は正直之吏、退職し而は純良民となり我国家日新之一助たらしめん事を望み、私学校之挙あるを彼デビスなる者に告け私と協力すべき哉否を尋候処、同人殊之外喜ひ早速同意致呉、当御府庁及ヒ大政府より御許可有之候ハヽ、決し而無意義《ママ》なき由被申候（下略）[59]

ここに学校開設の目的を「文明之進歩」の一助と位置付け、「文明之進歩」を担う主体を有志の青少年に置き、貧窮生徒への手立てをも考慮することをも表明した。新島は、教育を授けられた青少年が一部のエリートとなるよりも、「正直之吏」「純良民」として正直、良心をもった一市民としてそれぞれの役割を果たしていく人物育成をその目的としていたのである。

かかる認識は新島のアメリカ体験が言わしめているものであり、アーモスト大学のW・A・スターンズ総長やJ・H・シーリー教授の影響[60]、新島と田中不二麿との教育論議、なかんずく、徳育涵養の強調などの教育思想が「許可願」に表明されている。新島の徳育の基本はキリスト教にあったことは、宣教師デイヴィスの雇い入れや、授業科目中に「聖経」とあるところからもうかがえる。

新島が徳育涵養を強調する所以はどこにあるのか。彼の教育活動、学校設立に関係する課題であるところから知る必要がある。

人々の徳性を高めるには教育だけでは十分といえない。知性主義の哲学や道徳哲学でも十分でない。私はプラトン哲学や孔子の書を勉強して徳性を高めた人をかつて知らない。しかるにキリスト教の中には人々を自由で活力と徳性に富む者にする力がある。人が徳を愛するならばその人は実に真実の人であり、自分を統御する道を知る人である。もし日本人一人一人が自分を統御する道を知っているならば、政府は国中のあちこちに見張りを配置する必要はないであろう。もし国民全体が真理と徳を愛するならば、彼らはみずからを治めるようになり、政府にあまり迷惑をかけることもなくなる。一国の力はその国の徳性と敬虔さの力である。ある国はキリスト教を単なる道具として使っているが、そうだとすればその宗教はほんものではない。キリスト教には真理がある。私たちはそれが真理であるが故に真理を取るべきであって、単なる道具として取るべきではない[61]。（傍点はママ）

徳育涵養の効果は、まず個人にあっては自己制御を可能とすること、延いては社会・国家の治安・安全を齎すものとなり、その国のもつ徳性と敬虔が一国の力となるところにあると語る。欧米諸国を知る新島にあっては、武張ったことで国家の平安を維持している国家は少なく、「徳性と敬虔」さのゆえに維持されているのであってそれが一般である。まさに「徳性と敬虔」がその一国の力であるとの認識には無理がない。

ところで、外国人宣教師雇い入れ問題や、聖書教授問題について、同志社英学校と京都府、文部省との確執があったが、この問題については「第4章」で述べるのでここでは触れない。

一八七五（明治八）年十一月二十九日、八名の生徒と二人の教師で産声をあげた「同志社英学校」はどのような青少年を受け入れたのであろうか。慶應義塾の例に倣って示すことにしよう。はじめに、「同志社英学校」にどの程度の生徒が集まったのであろうか。表にして示すと以下のようになる。［表Ⅳ］は、『新島襄全集　八』の年譜編および「同志社英学校記事」[62]より作成し、［表Ⅴ］は、「同志社英学校沿革」[63]より作成した。［表Ⅳ］によると、明治九年の熊本洋学校生の同志社英学校への大挙入学を契機にしてなのか、この年には百四十人もの生徒数に及んでいる。飛躍的増加である。明治十年から十六年までの入学者数は記録されておらず、卒業者数のみが記されている。この間、校舎などの整備が矢継ぎ早におこなわれている。第三寮の落成（明治十年九月）、第四寮落成（明治十一年九月）、運動場整備（明治十二年九月）、第五寮落成および礼拝堂落成（明治十四年十一月、十二月）などの記録[64]が残っている。生徒の増加にともなう施設設備の充実を図ったものであることは容易に知りうる。［表Ⅴ］の明治十六年記事と［表Ⅳ］の明治十七年記事の生徒数は百五十名、百六十四名を示している。明治十七年は前年末の改正徴兵令問題がおこり、多数の退学者が出る激動の年でもあった。この改正徴兵令問題についての新島の意識と行動については後述する。

生徒数の推移とともにいま一つの関心事は、この生徒たちがいかなる出自によるかということがある。というのも、先の「許可願」中に「……当今物価高登せるに依り志ある少年生徒も学費欠乏せるにより已む事を不得志を屈」することを惜しむとともに、貧窮生に対する授業料考慮や、「生徒之自己を助くへき寸法を設け」、有志青年への教育の必要性を表明しているからである。授業料については「私塾開業願稿」[65]（明治八年八月四日付）に具体的な数字が出ている。「身許及ひ行状正き生徒之入塾を許し月俸授業料として毎月金三円を収しむ但美味ヲ好ム者

［表Ⅳ］初期同志社生徒動向

年月日	生徒数	事　　柄
明 8.11.29.	8 名	・寄宿制 7、通学生 1。
12.4.		・生徒 12 名になる。
		・冬中に 40 名に増える。
9.9.	約 30 名	・此の第二学年期より熊本英学校の生徒金森氏を初とし陸続来校す。
		・生徒総数 70 名。
12.11.	約 70 名	・うち 50 名が基督教信者。
		・生徒総数 140 名？
12.6.12.		・第一回卒業式（予課生徒 15 名卒業）
13.6.		・4 人の正課卒業生。
14.6.		・18 人の正課生卒業。
15.6.30.		・6 人の正課卒業生あり。
16.6.29.		・8 人の正課卒業生あり。
17.11.		・徴兵令発布後生徒中殆三分の一帰省す。
		・現員 164 名、帰省人数 40 名余。
		・該令免除者と非免除者の割合（1 年生 32 名中）— 免除者 12 人、非免除者 20 人。

［表Ⅴ］初期同志社生徒動静

年月日	事　　柄
明治 8 ～ 16 年	・明治 8 年 11 月、同志社英学校創業以来、同 16 年 9 月第 9 学年期一学期に至るまで、入生徒の数 415 名、且、犯則（飲酒・登楼・窃盗の類）により逐校された者 7 名。
16 年	・150 名　内訳　1 年生　32 名 2 年生　40 名 3 年生　28 名 4 年生　13 名 5 年生　13 名 予科生　24 名

ハ別ニ之を求べし通学生徒ハ授業料として毎月五十銭を収へし然し窮生徒よりハ其高を減して納しめ或ハ之を不受もアリ」とある。この数字は明治十四年までは大きな変化がない。十五年六月付の「同志社英学校規則」中の「校則―第四条、第五条」では束脩（一円）の納入を記している。さらに「生徒ハ寄塾通学ノ別ナク受業料トシテ毎期金弐円五拾銭ヲ納レ入塾生ハ又食料トシテ毎月金弐円七拾五銭ヲ納」めるべく規定している[66]。さて、この明治八年段階の「三円」「五拾銭」であるが、現在の価格にすると、ほぼ「三万円」「五千円」ということになる[67]。月額「三円」を支払う生徒は寄宿生徒であるから賄い費用がこれに含まれていようから、通学生の「五拾銭」が授業料であったと考えてよい。年額六円ということになる。この年額六円の授業料が、明治八年頃の庶民にとってどの程度の負担になったのか。いまそれを知りうる直接の手立てはないのだが、明治二十年代の職人賃金を示す資料[68]から推測してみよう。

［表Ⅵ］は職人一日の賃金である。いま、最高値を示す明治二十年の洋服仕立職人に例をとると、月収十一円九十七銭、年収一四三円六十四銭となる。また、最低賃金を余儀なくされている綿打職人にいたっては、月収四円八十九銭、年収五十九円六十八銭である。

同志社英学校の授業料を通学生の年間六円と最小に見積もっても、百円強の年収をとる市民でなければ就学は困難であったろうと考えられる。もちろん子供の多い家庭にあっては、この程度の収入では学校に通わせることなどは不可能である。だとすると、相応の生活レヴェルをもつ階層の子弟でなければその入学は難しかったことが推測される。

これを学制制定時の政府設定の授業料と比較すると興味深い数字が窺える。「大学校ニアリテハ生徒ノ授業料一月七円五拾銭ヲ相当トス外ニ六円　四円ノ二等ヲ設ケ相当ノ授業料納ル能ハザルモノ、為ニアリテハ一月五円五拾銭ヲ相当トス外ニ三円五拾銭　二円ノ二等ヲ設ク小学校ニアリテハ一月五拾銭ヲ相当トス　外ニ二十五銭ノ一等ヲ設ク　但相当ノ授業料ヲ納ル能ハサルモノハ戸長里正之ヲ証シ学区取締ヲ経テ其学校ニ出シ許可ヲ受クヘシ」[69]とあるから国家（文部省）の教

［表Ⅵ］明治20年代職人賃金表

職　種	明治20年の賃金（銭）	明治25年の賃金（銭）
大　工	22.4	26.7
綿打職	16.3	19.5
洋服仕立職	39.9	35.9

育事業が格段の費用を庶民に負担させようとしていたことを知りうるのである。それに比して、同志社英学校の授業料が安価なものであったことがわかる。

さて、上に同志社英学校の授業料をみたが、かかる授業料を支払いうる入学生、「有志の青少年」たちはいかなる出自階層の子弟たちであったのか。草創期の入学者の出自についてまとまった資料のないのが悔やまれるが、明治二十二年の「生徒属籍氏名一覧」[70]から推測してみよう。この「生徒属籍氏名一覧」に記された五一七名（普通科と神学科を合算している）を表にしてみたのが［表Ⅶ］である。

［表Ⅶ］から分かることは、華族出身者が二名、士族出身者が一九九名、平民出身者が三〇九名、属籍の判明していない員数が七名となっている。その百分比は、属籍不明の七名を除いた五一〇名から割り出してみると、華族出身者が〇・四％、士族出身者が三十九・〇％、平民出身者が六十・六％であった。士族と平民出身者の比率はほぼ四対六となっている。神学科にあっては、士族出身者がほぼ四十六％を示すのは注目しうる。

以上のように、明治二十年代前半期の同志社英学校在学生の属籍の趨勢をみてきたが、ここから分かることは、その出自からすると、社会的には上層部に属する子弟たちが学んでいたことを推測させる。

具体例を挙げてみよう。東北水沢出身の山崎為徳の家は、水沢領主留守氏（一万六千石）の家臣で「大小姓組壱番」の家格で四貫九百九文（約五十石）の俸禄に与り、家臣団八百五十余人中ほぼ百席に位地し、平均十石余の家中では上士に入る家柄であったという[71]。

また、徳富猪一郎の家柄は当時の武士の家格を凌駕するほどの勢威があった。少し詳

［表Ⅶ］明治22年生徒属籍人数一覧および百分比

	華族	士族	平民	不明	計（名）
神学科	0	39	46	1	86
普通科	2	160	263	6	431
計（名）	2	199	309	7	517
比率（％）	0.4	39.0	60.6	―	―

備考　1. 神学科の員数は、神学科・別科神学科等も含めた。
　　　2. 比率の分母は不明の7名を除いた510とした。

しくなるが、猪一郎に語らせよう。「……双刀を佩したが、知行取りの士族ではなく、家格は一領一匹といふものにて、所謂御赦免開きなるものを所有し、自力で開墾したる田地、若くは自力で植えつけたる山林等を所有し、全く自力にて食むものであった。而して久貞君以来は民政に関係し、甚だ狭き範囲ではあったが、或は海辺を開きて田地を造り、或は山野を造林して水源をつくり、或は運河、或は溝渠を通じ、而して或は学校を設け、良師を聘して郷党の子弟を教育する等、それぞれ骨折ってゐたことは、今尚ほ吾家の記録に存し、且つその功績が葦北郡の諸方に口碑として存在してゐる。吾父に至っては横井小楠の最初よりの門下にして、恐くは小楠より最も信頼せられたる一人であったと思わるる」とい い、「その国事に盡したる功労は……詳しく書残されてゐないが、往々他所の文書、例へば鹿児島、越前の文書の中から吾等に教へらるるものがある。尚ほ熊本藩政の改革に際しては、吾父がその同志と与に最も貢献したることは、吾父の手になったる、当時の藩知事細川護久公の口達書をみても判るであらう」[72]と語られ、父徳富一敬の力は藩主にも及ぶほどであった。また、別の箇所でこうも語る。「その家（徳富本家―引用者）は陣町から浜村に至る真中にあって、実に城郭とも云ふべき大なる石垣を築き廻し、堂々たる構をしてゐた。この家は中小姓格であった。……本家の主人は養子であって、小作人や出入りの者に向ては威張ったであらうが、予が父には固より数歩譲ってゐた。予の生立つ頃の父は、水俣の人物といふよりも、横井小楠の高弟で、熊本の藩は固より、鹿児島とか、柳河とか、長崎とか、越前とか、藩外にも多少聞こえてゐた。……家格は第三位であったが、家声は第一であっ」[73]たという。その勢威は推して知るべしである。猪一郎の場合、同志社英学校の授業料程度では大きな負担となったとは考えられない。ただ、この熊本バンドの青年たちは、追放同然で西京同志社にやってきていることを考慮にいれると順風満帆とはいかない。青山霞村がその辺りの事情を教えてくれる。「熊本バンドは福音のために家を逐はれたり、勘当されたりした者であったから、着のみ着のままに聖書一冊持ってをっただけで、十五人が十五人とも文なしであった。併し立派に独立していける学力があり、英語だけでも当時高給を得られる資格があった。それで、学校では悉くこれを教師と宣教師の日本語教師に採用、一方で教へ、一方で学ばせることにした。下村博士（下村孝太郎のこと―引用者）などはまだ十六歳で学力はあるが学校の先生にいけないといふことで、デビス博士の日本語の教師にした」[74]。

生徒たちの志操、学力の高さがいかばかりであったかを知りうる話である。かかる記録は卒業生の回想録や自伝、日記のなかに散見しうる。もう少し事例をひく。

徳富猪一郎（明治十三年普通科中退）が、東京英語学校（のちの第一高等学校）を中退し、同志社入学に際して次のような話がある。「何時の間にか予が東京から携へ来れる三十円の金は、旅費となり、食費となり—当時授業料は五十銭で、殆ど勘定の外であった—余すところ幾何もなくなった。而してやがて熊本には神風党の乱があった。明治九年十月二十四日、二十五日の事にて、多分予が京都に着して間もなき後のことであらふと思ふ。予は、予が自由行動の結果として、今更ら学費の送金を家より仰ぐ事も出来ず、さりとて宣教師に頭を下げ、他の学生の如く、門番とか、掃除番とか、その他凡在る名義をつけて、学費の援助を仰ぐことも屑しとせず、心中聊か困らないこともなかったが、ゆくところまでゆけばどうにかなるであらうと思ひ、絶対の倹約をなし、蒲団なども藁蒲団を誂へ、着物は一度きたならばそれがきれて縄の如くになる迄、ほとんど更へないといふ程度で湯などにも殆ど入らなかった」[75]。蘇峰の気概や境遇が垣間見えて興味深い。あの熊本の名家の子弟といえども貧書生を甘受せざるをえなかった。そして、窮した彼は以下のように嘯く。「予は一ヶ月位は余儀なく予のゐる寮の掃除番といふ名義で、実際どれ程掃除をしたか記憶していないが、三、四円の報酬を得たやうだ」[76]と。

向学心のある青年は、面白いところに着目して同志社に入学してくる。山本徳尚（明治二十五年普通科卒、二十八年神学科卒）の場合。「私も学問したいと思ったが、家が貧乏だったから何処へも行く事が出来なかった。……種々同志社の話を聞くと、此学校は労働をして学問が出来ると云ふ事だったので入学の決心をした。（中略）同志社の教育法は、他校と異って非常に面白い点があった。沢山の苦学生を入学させた。苦学生の仕事は、時間時間に鐘を打つこと、教室の掃除、ストーブ焼き［焚き］、門番の様なものであった。学校全体質素であった為、我々の様な貧乏人に取っては誠に便利であった。贅沢の人達も此学校では自然質朴になって、袴等を着けて居る人は一人も無かった。羽織だけは皆着て居った。私は別段学校の内で労働はして居ら無かったが、勉強の傍ら学校外へ教へに行って学資を作って居った」[77]。

池袋清風（明治十八年邦語神学科卒）は病弱ではあったが歌人としての才に秀でていた。彼の日記を見ていると、同志社の教師兼宣教師であったD・C・グリーン宅に頻繁に出入りしており、「グリーン氏ニ往キ教授」「グリーン氏ニ往教」「グリーン氏ヲ訪フ」という記事が散見する。さきに下村孝太郎がデイヴィスに日本語教授をしていたことを記したが、池袋においても同様のことがグリーンにたいしてなされていたのであろう。事実、明治十七年一月九日条[78]には金銭上の記述があって、十二月の八十二時間半の教授料を金十三円七十四銭六厘五毛也としており、当時百円の俸給をとっていたグリーンは十余円の教授料を支払っていたことがわかる。池袋はグリーンにたいして日本語教授のみならず儒教についても語っていたようである。同日の記録に「一時半ヨリグリーン氏ニ再往キ大学教授」[79]とあり、『大学』を講じていた様子がうかがえる。

また複雑な家庭環境を背後にもった磯貝由太郎（雲峰。明治二十二年普通科卒）について、河野仁昭は「雲峰が同志社で受付の仕事をえたのは同志社に知己のあつた義円（柏木義円のこと―引用者）の推薦ではなかったかと思われる」とし「明治十年代から同志社では学資の支弁困難な生徒に、部屋を一室与えて学校の受付をやらせたり、時報の打鐘をさせるなどしてなにがしかの手当を支給していた。雲峰もそういう生徒の一人であったところをみると家郷からの仕送りは決して十分なものではなかったにちがいない」[80]と推測している。

このようにして、同志社英学校に入学してきた生徒のうちで苦学生にたいするケアーが軽労働ではあるが用意され、学費や寄宿費として供せられていたことは注目に値する。苦学生にたいする奨学金制度といったものがない時代での一つの工夫とみてよい。おそらく新島の経験や助言、後楯ゆえのアイデアではなかったろうか。能力の高い生徒は自力で外国人教師に日本語や漢学を教えて学資や生活費を賄う者もでてきている。

新島は、いわゆる、社会的上層部の子弟のみの入学には拘泥していない。学資支弁の困難な生徒についてもこのような形で「生徒之自己を助くへき寸法を設け」、生徒の勉学への途を開こうとしていたことがわかる。新島の教育的良心の一端がかかる具体性をもって示されていることは興味深い。

2　新島襄の大学設立構想

新島の教育思想と国家との関係を知るのに格好の材料はその大学設立構想に表れているのではないかと考えられる。新島の大学設立構想は、同志社英学校創設当初からあったことは、先の「私学校開業、外国人教師雇入につき許可願」[81]に「何レ学校之資金相増候ハ、外国より純粋の学士を雇入、生徒学業之進歩に応し遂而ハ大学之域に進ませ度奉存候」とその将来像を示唆していることからも明らかであった。おそらくその契機は田中不二麿の教育視察の通訳としてヨーロッパを訪れた際にあったのではないかと考えられる。事実、「同志社英学校」設立に際して、その質をいかなるものにするかをめぐって、新島の考えていた方向とアメリカ人宣教師団の求めていたそれとに大きな差異があった。前者は大学（college）建設の前提と捉え、後者は伝道者養成所（training school）たることを期待した。新島には次のような思いがあった。すなわち、伝道者養成のためだけの学校では、優秀な人材が集まらないのみならず、生徒達はかえって他校に流れてしまうとの危惧感を有していた[82]。

新島は、教育に知徳涵養の必要性を説いて止まなかったが、日本の将来を考慮にいれると、何としても近代的な科学知識やその方法論等を修める必要があると考えていた。近代科学・産業の基礎知識を教授することは日本の近代化のための必須要件であった。その点では新島の意識のほうが宣教師たちのそれよりも、日本の現実的課題をよくみていたといえる。英学校の性格をめぐって、協力者Ｊ・Ｄ・デイヴィスと意見の一致をみたことは大きな味方を得たに違いない[83]。

新島の大学設立構想はどうであったか。

新島が、実際に大学設立運動を本格化させるのが明治十五年に入ってからである。その直接的契機は明治十四年十月、大和国川上村大滝の山林王土倉庄三郎が実子を伴い、民権運動家古沢滋《うろう》とともに新島を訪ね、子供の教育について依頼してきたことにあった。話が大学設立のことにおよんだとき土倉はその意義を認め、彼から新島へ五千円の寄付申し出があったことからであった。ただし、新島の大学設立構想は土倉からの寄付申し出を受けてからの思いつきで出たプランではなく、新島のアメリカ在住時からの思いであった。

新島の「日抄」[84]によると、明治十五年四月二十一日条に「早朝、古沢君ヲ訪ヒ、同志社大学設立ノ主意書ヲ依頼ス」とある。この古沢とは、古沢滋《うろう》である。ただこの「同志社大学設立ノ主意書」を彼が認めたか否かは定かでない。

新島が「同志社大学設立之主意之骨案」（以下「骨案」と略称）を記したのは明治十五年十一月七日のことである。これを皮切りに明治二十一年にかけて新島の大学設立構想を知るうえでその柱となるものが「骨案」を含めて四種類ある。「同志社大学設立之主意之骨案」（明治十五年）、「同志社大学校設立旨趣」（明治十六年）、「明治専門学校設立旨趣」（明治十七年）、「同志社大学設立の旨意」（明治二十一年）である。これらの主意書を検討しながら、新島の大学設立への思いがどのようなものであったのかを見届けていくこととする。

①「同志社大学設立之主意之骨案」

維新以来時勢之変遷ヲ説出シ来リ、従来之漢学風ヲ一変シ洋学ヲ採用シテヨリ、往々便宜ト智術ノミヲ主張シ、遂ニ只利ヲ是レ求ムルノ弊風ヲ惹起シ、学者輩中多クハ其ノ本ヲ探ラス其ノ末ニ趨リ、其ノ基ヲ固セス徒ニ速成ヲ期シ、甚シキニ至リテハ糊口ヲ以テ人間第一ノ急務トナシ、世ノ先導者ヲ以テ自任スル身分ナカラモ射利求名ヲ以テ学問ノ大目的トシ、安逸ヲ得ルコソ人間最大ノ幸福ナリト誤認シ、汲々自ラ之ヲ求ムルノミナラス門弟ニ向ヒ世人ニ向ヒ喋々之ヲ訓誨スルヲ以テ恥辱トセサルニ至リ、随テ其ノ余波社会ニ伝及シ人ノ徳ヲ擲棄シ唯利ヲ是レ争フノ弊風ヲ醸シ来リ、社会ヲシテ浮薄ニ流レ腐敗ニ趣カシムルノ害日一日ヨリ甚シカラシム[85]

「同志社大学設立之主意之骨案」（以下、「骨案」と略称）の冒頭はかかる厳しい批判的言辞からはじまる。何にたいする批判か。明治維新以来の皮相的開化策へのそれであると考えられるが、とりわけ、学問の在り方が技術的、功利主義的傾向が強いことにたいする批判が込められている。日本の洋学導入の在り方は「便宜ト智術ノミ」が強調されるところにその弊害が生じているとし、学者自らの姿勢が学問の根本を探らず、瑣末なところにはしり、基礎を固めずに速成のみを重視する傾向を問題視する。「射利求名ヲ以テ学問ノ大目的」とするならば、それは学問の本来の目的からは遠く逸脱するものであり、学問が「安逸ヲ得ル」ことの手段と捉え、それが人間最大の幸福、目的となりうると考えるのであらばこれほど学問の堕落や頽廃を醸成する意識はないと批判した。

ここに語られる新島の学問観は、明治初頭期の国家社会や文明観のありようにまで敷衍できよう。当時、風靡する技術的学問観に対して新島は「其ノ本ヲ探ラ」ねばならないとし、学問の目的・役割の逢着するところは「人ノ徳」を涵養するところに求める。すでに同志社英学校設立時にその目的とするところは「人間ノ要道」を誨え、「智徳並行ノ薫陶ニ尽力」するところにありとした。

究極的に学問の目的は「智徳並行」とともに「人間の要道」をも教えるものとの学問観をもつ新島は、大学設立の必要性をいかなるところに求めようとしたのか。

同じ「骨案」から探ると、生徒の学術は「寸進尺進」の状態であるけれども、着実に進歩していることは事実である。彼らの学問的成果を世に問う必要があるけれども、教授学科は未だ初歩的基礎的な事柄が中心であることから、学問の蘊奥を窮めるには専門的学科を学ぶ必要がありそのためには高等教育機関としての大学設置は必須であると語る。

生徒ノ学術ハ斐然トシ進歩ノ実効ヲ呈シタルヲ以テ、寸進尺進之レカ改良ヲ図カリシモ、世運日ニ進ミ月ニ新ナルノ際ニ当リ現ニ授業スル所ノ学科ノミニ限レハ只ニ学術ノ大意初歩ニシテ、学術ノ奥蘊ニ達セルモノト云ヘカラス、又方今ノ需用ニ供スルニ足ルモノトモ云ベカラス、依テ速ニ本科ノ教課ヲ益高等ノ学科ニ進メシメ、続テ大学専門部ヲ設置シ生徒ヲシテ各其ノ好ム所長スル所ニ順テ学術ヲ専修セシメハ大ニ裨益スル所アラント希図シ、断然大学設置ニ決意シ普ク我輩ノ親友ニ謀リ又広ク天下ノ志士ニ計リシニ、幸ニ賛成ヲ受ケシノミナラス速ニ専門部ヲ設置セラレヨトノ委託ヲ蒙ムルニ至リシハ是亦世運ノ然ラシムル所ナルカ我輩此ノ委託ヲ蒙リ我輩ノ責任重且大ナルヲ知リ勇進以テ此ノ任ニ当ラント欲ス[86]

学問の蘊奥を講究せんがためには高等教育機関としての大学設立が必要である。その際、生徒を一律に学ばせるのではなく「生徒ヲシテ各其ノ好ム所長スル所ニ順テ学術ヲ専修」させるべく工夫を施そうという。生徒の学問関心のおもむくところを重視し、自主的態度を重視しているところは新しい試みである。

大学設立についての難問のひとつが資金調達にあることは古今に共通する課題である。校舎建設、教場整備、教授招聘、書籍充実等どれをとってみても多額の資金を要する。

すでにこの頃、明治政府は政府の手による大学（東京大学）を設立させていた。日本に大学が東京のみに設けられ、それで事足れりとする政府の態度に新島は疑問を呈する。高等教育機関を民間で設立しようとの意図・計画に対して、政府の冷淡さや民衆の無関心に「遺憾ノ至」であるとしながらも、かかる状況は封建的圧制のしからしむところで、「不文無学」の弊風に馴染んできたためであると指摘した。新島は、これらの弊風が自然に変わることを待つのではなく、大学設立およびその運動を通して民衆の啓蒙を必要とする意思が秘められていた。新島にあっては大学設立が「一日遅延セハ恐クハ百年ノ存亡」となりといい、「我カ邦家ノ文化ヲ進メ我カ社会ノ基礎ヲ堅フスル」ものとの信念は揺るぎないものであった。

新島は大学設置の役割を次のように語っている。「大学設置ノ如キハ風俗ヲ矯メ教化ヲ興シ、我同胞ヲシテ知徳兼備ノ民タラシムルニ一日モ猶予スベカラサルモノナリ。夫レ農夫ニシテ好果ヲ得ントナレハ、必ラス先ツ良種ヲ播カサルベカラス、国人ニシテ其ノ文化ヲ進メントナレハ、必ラス先ツ文化ノ源因タル大学ヲ設置セサルベカラス」と。「知徳兼備ノ民」が「風俗ヲ矯メ教化ヲ興シ」「文化ヲ進メ」る主体となることを期待する。その事例をヨーロッパとアメリカにひきながらその意義を語っている。ことに、アメリカ合衆国においては、一八七二年の大学数は二九八大学であったが、一八七九年には三六四大学に増加していることを示しながら、「僅ニ屈指ノ星霜ヲ経サルニ大学ノ数六十六個ヲ加ヘシハ、実ニ世界ニ於テ驚駭スヘキ一大事ト云フヘキモノ」との驚きと羨望を交える。アメリカ人がかくも短時日に六十六校もの大学設立を可能にしたかを考えるに、アメリカ人が自国を愛するがゆえであり、教育の役割を十分に知悉しているがゆえであるとの認識を示す。すなわち、教育は「罪人ヲ減シ良民ヲ増シ、国基ヲ固フシ国力ヲ張ルニ欠ヘカラサルモノ」であり「其ノ国人ノ知識道徳ヲシテ最高点ニ至ラシメ」「自由制度ノ国体ヲ永続セシムル」のに大きな役割を果たすものである。ここに新島の大学設立目的と同様の思いが隠されているものと言い得る。現在、政府は東京に大学を設置し、学制に基づく大学設立計画があるけれども、一挙にその事が成就するのが困難であるならば、「セメテハ民資ヲ集合シ一大学ヲ関西ニ創立」する必要があろうと述べる。

それでは新島はどのような学問を大学において教授すべきとしたか。大学を設立する主旨は普く諸学科を学ぶところにありとして、一二の専門学科に限定すべきではないとしていた。将来的には「宗教、哲学、理学、文学、医学、法学等」の学部を有する総合大学構想をもっていたが、資力の都合上さしあたっては「宗教哲学、医学、法学」の三学部を設定する。

この三学部を優先した理由はどこにあったか。まず、「宗教哲学」を教授する目的を以下のように語る。「造化ノ妙理ト人間ノ要道トヲ探ラシメ、又明ニ事物ノ奥蘊ヲ究メシメ、学者ヲシテ真理ノ奥妙ヲ味ヒ志操世界ニ逍遥セシメ、進ンデハ同胞ノ福祉ヲ計リ邦家ノ進歩ヲ望ミ、退イテハ一身ノ徳義ヲ修メ本心ヲ磨キ、真理ニ基キテ動止シ真理ト共ニ生息シ、弱キヲ憐ミ暴ヲ制シ曲レルヲ矯メ正シキヲ賛ケ、百折不撓ノ銕腸《てっちょう》ヲ練リ金石ヲ徹スヘキ精神ヲ養ヒ普ク同胞ノ幸福ヲ希図シ、共ニ進テ文化ノ最高点ニ至ラン事ヲ要スルニアルナリ」[87]。宗教哲学を学ぶ目的の一つは、神の摂理を知るのみならず、それを通して人としての要道、道徳の涵養が第一のこととなる。この道徳心の発露が政策となった場合、「同胞ノ福祉」を推進し国家の進歩をも促すこととなる。そのような道徳的精神や哲学に基づく文化こそが秀逸な質をもつ文化として開花するものである。

医学部を設ける目的はなにか。「医ハ仁術」の観点から貧富の差別なく治療におよぶのは当然としながら、身体上の疾病治療にとどまらず、人心の病においてもその治療を必要とする。それは「我カ同胞ノ身体ヲシテ心ト共ニ健全ナラシメ、人間最上ノ歓楽福祉ヲ嘗メシメハ真ノ国医ト云フヘクシテ、其ノ功モ僅小ナラサル」事柄である。ここに真の医学の道を拓くことを急務としたのである。新島のかかる主張の根幹には、彼の函館時代にロシア人医師の患者に対する姿勢を実見していることや、欧米各国の医療事情視察が大きな参考になったことは否めない。この当時、宣教活動と医学とが深く関わっていたことと無関係ではなかったことと考えられる。

法学部設置についてはどうか。「邦家の進歩同胞の福祉に関し急務中の一大急務」と位置付ける所以は、政治そのものが国民生活や福祉に直結していること、明治二十三年の国会開設に対応すべくその人材を育成する必要にせまられていることと無関係ではなかろう。以下、法学部の設置目的を長いけれども新島に語ってもらう。

已ニ昨十四年十月十二日ノ明詔ヲモ蒙リタレバ、吾人一日モ国会ノ準備ニ怠延シテ可ナルベケンヤ、仰国会ノ如キハ我　天皇陛下モ早晩之ヲ開設スルノ御旨ナキニハアラサレドモ、人民ノ切ニ願望セシ所ヨリ遂ニ彼ノ明詔アリシニ至リシナラント推考スレハ、吾人明治ノ民タルモノ其ノ大任ニ当ルノ人物ヲ養成シテ大政ニ参与セシメサレハ吾人ハ実ニ　天皇陛下ノ罪人ト云ヘキモノナリ、吾人此美世ニ遭逢シ此ノ大任ヲ負担シナカラ、猶予不断国会開設ノ期ニ至ルモ尚準備ヲ怠リ、人物ハナシ人物ハ乏シト云テ其ノ任ニ適応スルノ人物ヲ選挙セズ、随テ上ハ　天皇陛下ノ叡慮ニ叛キ奉リ、下ハ自身ノ頭上ニ不幸ノ暗雲ヲ惹起セシメハ嗚呼夫レ誰ノ過チソヤ、然ラハ吾人ノ此準備ヲ為スニ一日モ怠ルベカラサルハ世人モ普ク了知セラル、ナラン、依テ此準備ニ充テントスルハ他ナシ法学専門部ヲ設クルニアルノミ又我輩ノ鄙見ヲ以テ論スレハ、今ノ士人準備ト称シテ徒ニ速成ヲ期シ、法学ノ皮相ヲ嘗メ其ノ根元ヲ探求セサルカ如キハ、実ニ国会開設以前ノ準備ト云ヘクシテ開設以后ノ準備ト称スベカラス、故ニ大学ニ於テ天下ノ俊才ヲ陶冶シ普ク学術ヲ修セシメ、古今ノ歴史ニ互ラシメ法学ノ根元ヲ究メシ政事ノ沿革ニ通セシメ、又徳義ヲ尊ヒ然諾ヲ重ンジ、六尺ノ孤モ托スヘク百里ノ命モヨスヘク、大節ニ臨ムモ敢テ其ノ主義ヲ屈セス、事変ニ逢フモ決シテ其ノ処置ヲ誤ラス、深ク同胞ノ幸福ヲ計リ遠ク邦家ノ安寧ヲ望ミ、国人ノ憂ヲ以テ己カ憂トナシ、国人ノ喜ヲ以テ己ガ喜ト為シ、一身ヲ抛チ邦家ノ犠牲ト為スモ敢テ辞セズ敢テ厭ハサルノ愛国丈夫ヲ養成セン事コソ我輩ノ切望シテ止マサル所ナリ[88]（傍点ママ――引用者）

敢えて長文を引用したのは新島の政治思想の一端を窺いうると考えたからである。彼は明治十四年に出された「国会開設の詔」に大きな喜びと期待を込めていたことが窺える。この期待感と高揚感の根拠は何か。国民の政治参加が可能となり、このことによってはじめて市民社会、国民国家形成が可能であることを知る新島にとって、日本がその可能性をもったことへの期待感であった。しかるに、国会開設の時期が到来しているにもかかわらず、「人物ハナシ人物ハ乏シ」として国会開設が時期尚早を唱える一派があるけれども、彼らの意識や行為これこそが、「明詔」に違背しているのではないか。だとすれば、時期尚早論者こそが「天皇陛下ノ罪人ト云ヘキモノ」であり「天皇陛下ノ叡慮ニ叛」く者となるのではないか。

国家社会の盛衰強弱は、皇帝君主国王天皇などの個人の力や在り様に左右されるのではなく、国民個々人がいかなる国家社会を造ろうとするのかにかかっているとする意識が語られている。「大節ニ臨ム敢テ其ノ主義ヲ屈セス、事変ニ逢フモ決シテ其ノ処置ヲ誤ラス、深ク同胞ノ幸福ヲ計リ遠ク邦家ノ安寧ヲ望ミ」うる「愛国丈夫」の育成こそが最大の課題となってきている。その意味で学問（この場合、法学政治学研究）の重要性がさらに大きくなってきていることを説いたのである。

以上のように、新島が大学設立に際して三学部を備えようとした目的を紹介したが、他にも理学部、文学部の設置構想をも持っていたけれども「資力ノ速ニ及ハサルヲ憂ヒ少シク之ヲ遅延セ」ざるを得ないとした。

新島はこの「骨案」に重ねて大学設立の思いを訴えている。それは、日本の急進変遷にともない民心の軽率浮薄に流れることへの危惧を述べ、「国会ノ準備ノミヲ目的トスル」のではなく「普ク諸学科ヲ設ケ製造、殖産、商法、貿易、経済、文学等ヲ振興セシメ、又風俗ヲ教化一新シ人種人心改良ノ点ニ至ル迄関スル所アラントシ、我カ同胞ヲシテ維新ノ民タル品格ニ叛カサラシメ我カ日本ヲ泰山ノ安ニオキ、上ハ　天皇陛下ノ叡慮ヲ慰メ奉リ下ハ同胞ノ幸福ヲ来ラシメ、朝ニ圧抑ノ政ナク野ニ不平ノ民ナク上下各其ノ宜ヲ得、人々各其ノ分ヲ楽ミ共ニ進ミ共ニ勤テ一日モ早ク我カ東洋ニ真ノ黄金世界ヲ顕出セシメント欲スル」（傍点ママ）と期待する国家像を披露している。諸学科を設け、それを通して近代国家の国民としての品格を備え、政府にあっては国民の安寧幸福を一義とした政策を施し、間違っても「抑圧政府」があってはならない。国民それぞれが己が持ち分において、精進研鑽奨励することによって繁栄する国家社会の形成が可能となることを期待した。

新島において、大学設立は開かれた国家社会を形成し、その支えとなる市民、国民を育成するところにあったといっても過言ではない。もちろん、大学設立にあたって理念だけでは不十分で、設立資金集めに苦労する。たとえば、法学部医学部あわせて最小限に見積もっても十四万円の資金が必要であると試算されている。このような大金は新島個人では如何ともしがたく、「江湖諸彦の賛成を得るにあらされは」大学設立の目的完遂は不可能であるとして世間の衆庶にその寄付を呼びかけたのである。

明治十五年には、みてきた「骨案」以外に「同志社大学設立之主意」「同志社大学設立を要する主意」「同志社大学設立の旨趣」を残していることだけを紹介しておこう。

②「同志社大学校設立旨趣」

明治十六年四月、「同志社大学校設立旨趣」[89]（以下、「旨趣」と略称）が書かれた。新島の大学設立の訴えが「小冊子」となって公になった最初のものである。この印刷を引き受けたのが山本覚馬門下の浜岡光哲であった。

さて、この「旨趣」に描かれている大学設立理念は「骨案」のそれと比べてみても大きな変化はない。ただし設置学部に関して変化が生じている。大学設立にさいし、さきの「骨案」では「宗教兼哲学　医学　法学」の三学部の設置を謳ったが、この「旨趣」では「我邦ノ状情ヲ以テスレハ……最モ急且ツ要ナル者ヲ撰ハサルベカラス、即チ法学ノ一科ナリ」として法学部一本に絞りこんでいる。何故に「法学部」の一科としたのか。「夫レ法学ハ国家ノ進運同胞ノ福祉ニ関シ急要中ノ最モ急要ナルモノニシテ、身ヲ以テ国ノ犠牲トナシ政事社会ニ鞅掌セントスル志士ノ需用ニ供スルニ於テ、一日モ猶予スヘカラサルモノナリ、故ニ今我輩先ツ法学ノ一科ヲ設置シ、政事経済ヲ以テ之ニ連帯セシメントス」としている。

この背景には、明治二十三年に国会開設が迫っているという事情のあることは了承しうるが、それにしても「法学ノ一科」を設けなければならないとする思いの底には何があったのであろうか。ひとつは、新しい政治社会の到来を前にして専門的学問を修める不羈独立の人物を育成する機関を必要としたこと、さらには、新島の理解者としての土倉庄三郎との約束事を果たさねばならないとしたからではなかろうか。法学部設置に必要な費用は、「法学博士一名」「助教員」の人件費、書籍、設備などの必要資金は七万円を要すると試算している。医学部設立については、より多額な資金が必要となり、その調達の困難さゆえにこれを見送ったと考えてよい。

③「明治専門学校設立旨趣」

「明治専門学校設立旨趣」[90]（以下「明治専門」と略称）は、明治十七年五月「発起人　新島襄　山本覚馬」両人の連名で世に問われた。まずここで目を引くのは、設立大学名を「同志社大学」としないで「明治専門学校」としているところである。何故か。この年の一月十九日、新島宅において大学設立のための仮発起人会がもたれた。参会者は中村栄助、伊東熊夫、高木文平、川勝光之助、安本宗七、田中源太郎、川原林義雄、西村七三郎、竹鼻仙右衛門、浜岡光哲、正木安右衛門、多貝藤右衛門、石田真平、新島襄[91]らであった。この発起人会で話し合われた内容の主題は二つあった。一つは校名に関して、もうひとつは設置学部についてである。校名については田中源太郎の意向が斟酌された。「名称トテモ今ノ同志社ノ名ニ付テハ世間説アリ此為メニ敗レテハ如何ト存ジ名称ト地位トヲ」[92]一考する必要があるという。同志社の名称および地位について難色を示した。とくに名称に関して「同志社」という名が世間的に一種の色眼鏡的にみられていることを暗々裏に示すものである。設立学部については「法学」から「文学」への変更が話し合われている。浜岡光哲が「文学ト定メタシ」との提言に高木が賛成を表し、「文学」部の設置が決定された[93]。また、田中源太郎のいう「地位」とは何をさしているのだろうか。同志社の質について言っているのであろうか判然としない。

この二つの提言にたいして新島の言葉が聞こえてこない。なんとも影の薄い印象しか与えないが、彼はどのように考えていたのであろうか。新島は、「今日本政府ニ大学アルハ善事ニアラズ……私立大学ナクバ日本危シ……余ノ諸君ニ大学ヲ望ハ余ヲ助クルニアラズ乞唯日本ヲ賛助セヨ」[94]と言い、私立大学を設立し日本を賛助せんがためには、名称の如何、学部の如何などは些事とみなし無私の立場にたって、発起人の意向に準拠しようとしたものではなかろうか。

この日の会合では、設置学部を文学部とすること、大学設立発起人を上記人物以外に四名（内貫甚三郎、市田文次郎、磯野小右衛門、山本覚馬）を加えた十七名で発足すること、設立基金の変更などが決定された。学校の名称については「末流ノ事」として決定されていない。来る三月に発起人大会を開くことを確認して散会している。

改正徴兵令と新島襄

ところで、この会合に先立つ明治十六年十二月二十八日、政府は改正徴兵令を発し、それが私立学校の存亡にかかわる事態を招来させる質を有したことについては前節において述べた。

ここではこの改正徴兵令問題について、新島はどのように考えどう行動したかを追ってみたい。

ここでもう一度学生に対する徴兵猶予規定を確認しておくと、官立府県立学校を卒業した官公立学校の教員、官立大学校生徒、これに準ずる官立学校本科生徒には徴兵猶予を認めるとするものであった。だとすると、私立学校やそこに通う生徒に多大な影響を及ぼすことは明らかなことである。生徒の動きは退学や官立学校への転学として現れてくる。それ自体で新島の大学設立構想が水泡に帰す可能性を秘めていたし、事実、事態がそのような方向に動いていった。

「同志社記事」は以下のように記す。「十六年十二月廿八日、改正徴兵令発布ニ付校中非常ノ困難ヲ来タシ、百五十人中四十人計リ帰省シ、該令ヲ逃ル、ノ策ヲ為スニ取懸レリ」[95]と学校側の混乱困惑の姿を記している。十七年一月、同志社は「徴兵令布告以後、生徒中該令免除ノ者ト免除セラレサルモノノ割合ヲ調査」[96]している。その結果、在学生百五十名中、徴兵免除者は七十二名、免除せられざる者七十八名との数が示された。この七十八名の動きが注目される。

> 右七十八名ノ者ハ卒業前「適齢ノ上徴兵ニ応スルカ或ハ徴兵猶予ヲ得ンカ為」早晩公立又ハ官立校ニ入校スルモノト見做サ、ルヲ得ス、左レハ敞《ママ》校ノ生徒ハ是レヨリ数年ヲ出サル間ニ半額ヲ減スルニ至ルハ必然ノ事ナルベク、且向来入校生人員ノ大ニ減少スルモ亦疑フ所ニアラサルヘシ[97]

卒業前に官立学校への転校が現実のものとなりつつあること、さらに同志社の人数の減員、入学生の激減をも予測せざるをえなかった。

かかる状況は生徒にも反映する。池袋清風はその日記に生徒達の様子を描く。「今歳旦ハ徴兵新令ノ騒ニテ生徒多ク帰郷シ、僅ニ遺ルモ今日ノ徴兵令ノ厳密ナルニ免レ能ハザル二十歳適齢ヲ初メ十七、八、九歳及ヒ二十四五マデ不安心、例年ノ如ク新年懇親会等ノ段ニハアラズ」[98]と慌ただしい様を記した。帰郷した生徒は当然次の対策を講じようとしているし、二十歳前後の生徒達の不安状況が充分にうかがえる記述である。なんとも生徒達の腰の落ち着き具合が悪い。寮生達が同志社を退学して東京大学や師範学校、官公立学校への転校記事が多くなってくる。池袋の同日の日記が語る。皮切りとして、英学四年生の保坂七之介が徴兵の適齢であることから「迚モ同志社ニ在テハ免ル能ハザレバ明早朝ヨリ退校帰郷シ、若官立師範学校ニ入リ遁ル、ヲ得バ之ヲ試ント。俄ニ荷物片付、吾モ告別ス。……今日マデ此校ニテ知徳ヲ陶冶セシモ、一朝ニシテ去レリ」という慌ただしい空気が同志社全体を包んでいく。この例以外にも、長谷川末治が東京大学への転校を仄めかしているし（一月三日条）、英語神学一年生の三宅荒毅や小崎継憲らが官立学校や工部大学校への転校を決定している様子を記した（一月八日条）。

明治十六年から二十四年までの退学者総数が七三八名の多きにのぼっており[99]、開学以来の全退学者の八十％超に及んでいることは異常な数字である。改正徴兵令問題の影響がいかに甚大であったかが窺える。

政府の動きに、責任者新島はこの事態を座視するわけにはいかない。何らかの策を講じなければならない。十七年二月一日、新島は上京する。翌二日、中村正直（同人社主宰）、東京専門学校（秀島家良、小野梓に面会している）をたずね善後策を講じようとする行為があった。さらに政府筋の伊藤博文、大山巌に会い、徴兵猶予の特典について陳情するけれども大山から朝令暮改はしないとの返事に失望を覚え、九鬼隆一、田中不二麿らからも徴兵猶予の困難を聞かされ落胆せざるをえなかった。九鬼や田中も善意を以て新島に接していたのとは掌を返すような対応をする。この上京目的は奏功せずに終わり二月二十日、新島は京都に帰っている。

政治家、官僚たちの対応の様変わりに改正徴兵令の壁の厚さを感ぜざるを得なかったであろうし、国家状況の変容を見たのではなかろうか。

かかる困難の中にあって、新島の思いは以下のようにあった。これは学生を前に今回の政府筋との折衝についての報告である。長文にわたるが『池袋清風日記』から全文を引用する。

○七時半ヨリ公会ニ出席、新島先生一昨日帰家ニテ今朝演説。曰ク、
東京ニテ一週間許不快ニテ臥床後癒、二週間許ハ、今回ノ事ハ此ノ同志社将来ノ盛衰ニ関シ、且日本一般将来ノ私塾廃滅ニ向ヒ、民権衰ヘ愈官権偏重ノ弊ニ陥ルト否トニ関スル大事ナレバ、早朝ヨリ夕マテ毎日政府ノ縉紳方ニ奔走セシモ、官吏中ニ頑固ニ圧制スル者アルト見フ。亦或官員ハ道理ニ従ヒ暗ニ私塾ヲ讃成スルモアルト見フ。或説ハ私塾ハ不完全、即福沢生徒ノ如キ英音調アリトシテ擯斥シ、或人ハ私塾生徒ハ妄ニ民権ヲ唱ヘ政府ヲ罵詈シ人心ヲ騒カストシ、又或人ハ私塾ハ政府ヨリ隔絶疎遠ノ者ナレバ、学則ニ於テモ何ニ於テモ関係ナキ者、官立校ハ政府ノ者ナレバ云々。由テ此方ヨリ、然ラバ私塾ニ悉ク然ルカ、唯目前ノ私塾ノ弊ヲ挙テ例トシ他ヲ皆廃スルカ、今少シ広ク眼ヲ照ラシ玉ヘト云フモ承諾ナシ。故ニ福沢氏ハ私塾ヲ廃セントカ云ハル、由ナルモ、氏ノ証言スル処ナシ。中村先生モ何トモスベキ様ナシト失望ノ風。又或宣教師ナドハ失望ノ余、帰国デモスベキカ云々。然シ我同志社ノ此ノ外国教師方ハ此ノ如キ卑屈心ハアラザル也。又或専門私学校主小野氏ニ面会セシ［二］、氏曰ク、余カ塾ニハ今回ノ徴兵新令ノ為ニ一人モ退塾ノ生徒ナシ、貴校生如何ト云ハレシ時ニ恥チテ返答ニ困却セリ。嗚呼諸君ヨ此二問題ヲ考定シ玉ヘ、今日ノ日本ニシテ私塾ヲ廃滅ニ帰スベキカ、将タ之ヲ盛ニシテ開進ヲ図ルべキカ。今日ノ政府ノ圧制ヲ永久甘受スベキカ、之ヲ改良スベキノ精神ヲ養フベキカ。今ヨリハ正良ノ私塾ハ倒レ、有名無実ノ官公立校多ク出デン。好シ我同志社ハ仮令生徒悉ク去ルモ依然トシテ此相国寺門前ニ建置クベシ。猶委細ヲ聴カンノ諸君ハ自宅ニ来リ玉ヘ、東京名望家及ヒ縉紳等ノ意ヲ語ラン云々[100]

新島の苦渋が切々と語られている。慶應義塾の苦闘も東京専門学校の気負いも改正徴兵令の前には一溜まりもない。中村正直も手を施す術も持たなかった。中村は明治六年、同人社《どうにんしゃ》を設立した。教育内容としては、英学・算数・支那学の三学科で構成されていた。さらに特徴的なことは、宗教教育が施されていたことである。その形は、バイブルクラスの設置と英語教育とにあった（小川澄江『中村正直の教育思想』）。中村正直は明治八年、東京女子師範学校校長、十四年、東京大学教授となり繁忙を極める一方、同人社は衰退の一途をたどった。二十二年、杉浦重剛らの東京英語学校関係者に委ねられ、同校に併合されることとなった。中村の履歴から推測すると、明治十七年段階の中村と同人社との関係は疎遠になっていたのではないかと考えられる。

「改正徴兵令問題」に話を戻す。

政府や官僚たちは私立学校私塾の廃滅に立ちあがった感がある。その口実はいくらでも設けられる。西洋かぶれする私塾は怪しからんといい、反権力の拠点巣窟と化していると語り、規則設備が不十分である等々。すでにこの背後には井上毅の存在と画策があり、その目的が福沢潰し（慶應義塾潰し）にあったことは前節で述べたとおりである。

さて、この「改正徴兵令」についての新島の見解をみておこう。その見解は「改正徴兵令ニ関スル請願ノ要旨」（以下、「請願要旨」と略称）と「改正徴兵令ニ対スル意見書」（以下、「意見書」と略称）と題する文書が三種（A、B、C）の都合四種類[101]にみることができるが、いずれも公にされることはなかった。

「改正徴兵令」は全文で四十五ヶ条にのぼることはすでに触れた。新島にあっても最大の関心条項は第十一、十二、十八、十九条[102]にあったことも明白である。「改正徴兵令」についての新島の認識であるが、先の四種の見解は基本的には同様の趣旨を述べる。

「請願要旨」では、官公立学校のみに教育保護を付与するだけでなく私立学校にも同様の処置をとらしめるべきである。その際、試験審査（学科教授法、操練科の試験等）を課すも可としている。百歩退いてでも実を採ろうとしている。さらに、私立学校にも操練科を設置して生徒に操練に従事させてもよいとも語る。「同志社英学校」維持のためには新島の意思は政府権力に靡いている。この時こそ個人（新島）と国家権力の在りようが試されるのではあるが、明確に「否」とは語っていない。「意見書（B）」においては、改正徴兵令は国民皆兵を前提として「外ハ外侮ヲ禦キ内ハ非凶ヲ懲シメ天下ヲ泰山ノ安キニ置キ、聖朝ヲ万歳ノ永ニ栄ヘシ［メ］テ、四海波涛ノ太平ニ維持スル良策」と捉えながらも、官立府県立学校の生徒に特典を与えるのは「只ニ尚武ノミナラス又文学ヲ重セラル、」行為である。日本政府が、「一ハ海陸軍ニ皇張シ国威ヲ東洋ニ輝リ、他ハ文学ヲ興隆シ人民ノ元気ヲ養」おうとしているのは「文武ヲ張リ左右翼ト為シ治国ノ具」にしようとしていることの現れと把握している。

一般に、近代国家の基本概念に「独立権と統治権」の成就を挙げることができるが、新島は改正徴兵令に即して「徴兵と教育」に置換して考えようとしたのではなかろうか。ただし、「徴兵」の側面のみを強調することの危険性を以下のように指摘した。「尚武ノ風過度ニ至レハ残忍殺伐ノ弊ヲ生スルノ憂ナキ能ハス」といい、「大政府……良策ヲ施シ、官立大学之ニ準スル学校併府県立ノ中学ニ至ル迄一ヶ年ノ科程ヲ卒タルモノニハ十一、十二……ノ如キ特典ヲ賜ハリ、其生徒ヲシテ修学中兵役ニ服スルノ憂ナカラシメルハ、文学ヲ以テ尚文ノ風ニ潤化セント［ノ］明策ナル法、至善至美ト云ヘキナリ」と言い、教育立国を採ろうとする政府の態度を辛うじて肯定的に捉えようとしていて、その苦悩が垣間見える。

新島はつぎのように言う。ひとつに、中央政府が尚武尚文をもって立国してゆくならば、官立府県立学校の生徒のみに徴兵猶予の特権を付与する行為は、その趣旨と違背する。その弊害は、ある程度の力を私立学校において培った生徒が官立学校などに転校することとなると、その行為は決して官立学校に学びたいがゆえではなく、ただただ徴兵逃れのためだけであること、そしてその結果、かかる状態が進行することは私立学校そのものの存否問題と直結することとなる。ところで、東京大学をはじめとして、官立府県立学校が私立学校に範を垂れるべく存在するとするならば、私立学校が衰退するのはその趣旨にも反する。さらに私塾といっても府県立中学校よりも優等なものがあるにもかかわらずこの優等な私塾にたいして「保護ノ徳沢ヲ霑被セラレサルハ教育ヲ尊崇スル賢明政府ノ所為トハ思レス、是某等ノ了解ニ苦ム其二ナリ」という。私立学校生徒に対する徴兵猶予の特典を排除する理由は何もなく、このことによって私塾の衰頽を齎すこと自体、理由のないことであるとしたのである。ただし、新島の「請願要旨」や「意見書」は生かされることはなかった。この難題に新島は親しい人達にその心情を吐露する[103]ほか方法がなかったのであろう。

「明治専門学校設立旨趣」再び

喋々と「改正徴兵令」問題について述べてきたけれども、話を新島の大学設立問題に戻す。

新島にとって明治十七年二月は、上記「改正徴兵令」問題で上京し、兵役猶予の特権剥奪についての見直しを求めるべく、政府要人との面談交渉する時間として費やされる日々であった。

三月に入ると、A・ハーディーからの誘いにアメリカ再訪のチャンスがめぐってきた。大学設立準備や改正徴兵令問題についての心労は新島の心身を打ちのめすのには充分すぎるものがあった。

アメリカの父からの魅力的な誘いに喜んで受けるべく返書を認めている[104]。そうなると、大学設立に関する事業の骨格を明確にしておく必要が生じてくる。

『同志社大学記事』には四月一日、京都商工会議所において大学設立発起人会開催の旨が記されている[105]。そこでは、新島襄以外の同胞とともに「基督教道徳ヲ基本トスル学校設立ノ志ヲ貫カント欲シ」てこの発起人会を開催したこと。「府下名望ノ士（多クハ府会議員）七十余名モ集」まったこと。そして、J・D・デイヴィス、市原盛宏、山本覚馬、新島公義ら四人の演説と再度新島襄から「基督教ノ道徳ニ依リテ智徳ヲ進スル学校」設立の急務が訴えられたのである。四月二日、同場において参会者二十二名のもと、三ヶ条よりなる綱領、それぞれ五ヶ条からなる仮則、募集金仮則が決定された。綱領、仮則をあげると次のようなものである。

綱領　第一　本校ハ智徳両全ノ教育ヲ以テ醇正ナル人物ヲ養成スル事
第二　募集金総額ヲ七万円ト定メ、此金額ハ将来如何ナル事変ニ際会スルモ不可動事
第三　本校設立ノ位地ハ京都ヲ以テ其地トス

との内容であり、「仮則」は次のようなものであった。

仮則　第一　新島襄、山本覚馬ノ二人ヲ発企者ト為ス
第二　他人ハ一般賛成者ト為ス
第三　本校設立ニ付理事者七名ヲ撰ミ毎ニ発起者ヲ賛助セシム　但シ発起者ノ指名ニ任ズ
第四　本校ヲ明治専門学校ト称スベシ
第五　本校ハ向ヒ五ヶ年ノ後、乃明治廿三年ヲ期シ必ラズ開設スベキ事

「仮則」の第一、第四、第五の内容は注目しうる。四月四日には浜岡光哲、中村栄助、田中源太郎らをはじめ、都合二十一名の理事委員を選んでいる。また、新島は渡米にあたって、市原盛宏、森田久万人の二名に発起人代理を、山本覚

馬に校長代理を委託した。かかる準備の後の四月六日、新島は英国汽船キヴァ号の人となった。

爾後を託された発起人代理や理事委員は活動をはじめる。四月二十二日、田中、中村、市原、森田、新島公義らは山本覚馬宅に集まり、田中は明治専門学校の募集草案を、他の者は設立の旨趣をつくることを決めた[106]。二十八日には理事委員らは山本覚馬宅に集まり、明治専門学校の規則を制定し、新島公義に同校の設立旨趣草案作成と本部事務（五月二十日までの）を託することに決定した[107]。

「明治専門学校設立旨趣」の形式は、作成年月日を明治十七年五月とし、発起者として新島襄、山本覚馬の二名とし、「明治専門学校設立旨趣」とはべつに、十五ヶ条に及ぶ「明治専門学校創立規則」を設けるものであった。

「明治専門学校設立旨趣」[108]にそって新島襄の意向を探ることとしよう。

新島襄は日本の状況をどのように把握し、何をどのように改変すべきであるとしたのか。明治政府を建設した「朝野ノ武士」が「奮然トシテ興起シ、曰ク政体改ムベシ、曰ク教育振フベシ、曰ク通商昌ニスベシ、曰ク工業起スベシト、其他国家ノ大計ヲ論ジ社会ノ改良ヲ議スル者日ニ衆ク月ニ熾ンナリ」という姿を了承しつつも、煎じつめればこれは「我邦文明ノ大成ヲ望ム」だけでしかない。日本の改革の風景をこのようにみた彼は「痛歎ニ堪ヘザル所アリ」として不満を隠さない。「純全ノ道徳ヲ主本トシテ日新ノ学術ヲ攻究スル大学ノ起ラザル」ところがその弱点であると見ていた。なぜなら「純全ノ道徳ヲ主本トシテ日新ノ学術ヲ攻究スル大学」の存在こそが「文明ノ先導社会ノ基礎」を形成すると考えるからである。いま日本社会において「雄偉誠正ノ士ニ乏シク一般人心ノ未タ発達セザル」所以のものはかかる大学を有せざるところにありという。

比較論的意味から、欧米の大学の特徴とその大学から育った人物を紹介しながら大学（高等教育）のもつ社会的意味や影響を説いている。ヨーロッパにおいてはパリ大学にはじまり、イタリア、イギリス、スコットランド、ドイツ、アイルランド等の大学名を挙げ、それらの大学から輩出した学者、宗教家、政治家などを紹介した。そして学問の発達やそれを作りあげるべき大学の存在が「封建世紀ノ迷夢ヲ覚シ専制政治ノ暴圧ヲ排シ、国民班位ノ別ヲ取リ貴族僧侶ノ権ヲ挫キ以テ自主自由ノ気風ヲ喚起シ、或ハ英吉利ノ革命トナリ、或ハ宗教ノ改革トナリ、全ク欧洲ノ状態ヲ一変セシヨリ文運ノ発達歳ヲ逐テ鋭進シ、千八百年代ノ今日ニ及ンデハ欧洲中大学ノ総数一百余校ニ上リ其栄光燦然トシテ一世ニ照燿セリ、斯ク欧洲諸国ガ未開暗黒ナル時代ヲ脱出シテ将ニ漸ク開明清気ノ中天ニ翺翔セントスルノ勢ヲ得シハ、豈大学ノ以テ世運ヲ開拓シ有為ノ人物ヲ出シ、大ニ文運ニ為スアルノ実効ト云ハザルヲ得ンヤ」と近代市民社会形成に多大な影響を及ぼしていることを強調した。また、アメリカの大学の例（ハーヴァード、エール、プリンストン、アーモスト、ウィリアムス、ダートマス、オベリンなど）を挙げながらその役割を「米国自由ノ制度自由ノ国体ヲシテ永ク太《（ママ）》西洋中ニ卓立セシムルモノハ、一ニ基督教ノ道徳ヲ主本トシテ日新ノ学術ヲ攻究スル大学ノ力ニアリト、斯ク米人ガ教育ヲ尊重篤信スルノ感情太ダ盛ンナルハ、即チ能ク自由ノ旗章ヲ翻ヘシテ不羈独立ノ合衆国ヲ確立スル所以ノ精神ナラズヤ」として、アメリカの自由独立の気風を形成するのに必須の要件と捉えている。翻って日本の大学は「知識開発ノ一方」のみであり「学問ノ主本タル道徳」については講ずるものも少なく、その結果「人情日ニ浮薄ニ流レ精神月ニ腐敗ニ傾キ、国ノ元気ハ之カ為メ蕩然トシテ消沮スルニ至ラントス」る状況にある。しかるに政府役人は「彝倫道徳」を学事に必要として孝悌忠信の「支那古風ノ道徳ヲ再興」しようとするけれども、これは「到底一般人心ヲ激昂スルノ勢力ニ乏ク、殊ニ方今世運激動変詐百出スルノ時ニ当リ、之ヲ以テ人心ヲ振励シ風化ヲ一変シ天下ノ道徳ヲ経緯セント欲スルハ実ニ至難ノ業」であると言い切っている。まさに「東洋ノ不振ハ自由ト基督教ノ道徳ナキニ因由スル」を知り、さらにまた西洋文明と伍していく意図があるならばその方法を採らなければならないだろう。「欧洲諸国ノ文運ヲ煥発セシ所以ノモノハ他ナシ、要スルニ自由ノ拡張ト学門《（ママ）》ノ発達ト政事ノ進歩ト道義ノ能力ニ帰セズンバアラズ、而シテ此四者ヲ致ス所以ハ何ゾヤ、乃基督教ノ道徳ヲ主本トシテ日新ノ学術ヲ攻究スルニヨルナリ、今ヤ我邦専ラ泰西ノ学風ヲ振作シ新ニ自由ノ天地ヲ開拓セント欲シテ独リ其智育ヲ模倣スルニ止リ、曾テ其根底タル純全ノ道徳ヲ収用セサルニ於テハ、吾人ハ決シテ其得ベカラザルヲ信スルナリ」。新島の大学設立に際して、その思想的根拠がここにある。単なる知識偏重、技術主義に陥ることなく、文明社会形成の精神・思想を確立することこそが肝要である。西洋文明をモデルにするならば、その思想的根拠に耳を傾けよという。

明治専門学校を設立して最初に文学専門部を設け、歴史・哲学・政事・経済等の諸学科を教授し、漸次、法学・理学・

医学部を設置していく意向を明らかにしている。同時に、十五ヵ条からなる「明治専門学校創立規則」を世に問うた。

第一条　本校ハ左ノ三項ヲ以テ永世不易ノ原則トス　一　智徳並進ノ主義ニ基キ諸学科ヲ専修セシムル事　一　資本金総額ハ将来如何ナル事変ニ際会スルモ不可動事　一　京都ヲ以テ本校設立ノ位置トスル事
第二条　本校ハ先文学部ヲ設置シ、文学、歴史、哲学、政事、経済、等ヲ講究セシム
第三条　本校ヲ明治専門学校ト称ス
第四条　本校ハ明治廿三年ヲ期シ開設スベシ
第五条　本校ハ内外ノ博士学士ヲ雇入諸学科ヲ教授セシム
第六条　本校ハ先文学部設立ノ資本トシテ金七万円ヲ募集シ漸次法、理、医学部等ニ及ボスモノトス
第七条　本校ノ資本金ハ総テ内外賛成者ノ義捐ヨリ成立ツモノトス

これ以外に、京都の賛成者の中から七名の創立委員を選定し、発起人を補佐し創立の事務を執ること（第十条）、領収した義捐金は出納方に預け三ヵ月毎にその人名・金額等を掲載広告すること（第十二条）、創立事務本部を新島襄方に仮設すること（十五条）等が規定されている。

この「明治専門学校設立旨趣」は五月十四日につくられており[109]、一週間後の二十一日、七十一名の賛同者への報告と『京都滋賀新報』に広告を出している（二十九日）[110]。「同志社大学記事」によると、五月から八月は「別ニ記スベキ事」は無いとしながらもこの「明治専門学校設立旨趣」を六百五十余部発送しているし、京都国立銀行との条約書を取り交わすなど着実に大学設立の基礎固めをおこなっている[111]。八月十一日、田中源太郎、浜岡光哲、中村栄助、竹鼻仙右衛門、森田久万人、新島公義の六名が相談会をもっており、それまでの活動報告がなされている。しかしながら「十月以来十二月ニ至ル迄別ニ記スベキ事ナシ」[112]とあり、やはり新島襄の留守中における活動は低調になってきていることは否めない。明治十八年三月条には、田中、浜岡、中村、新島（公義）の四名が相談し、「今ヤ本部ニ於テ主任トナリ斡旋スル者ナキ故ニ新島襄氏ノ帰国ヲ待チ其面目ヲ一新スル所アルベシト決」[113]することとなる。

一方、この頃の新島襄の動向を探ると、明治十七年九月二十八日、ヨーロッパ経由でニューヨークに到着している[114]。十年ぶりのアメリカでは、知己友人恩師にめぐりあい、旧交を温めている。十二月十六日、アメリカン・ボード運営委員会は五万ドルをジャパン・ミッション、とくに同志社へ贈ることを決議した[115]。このことに関して新島は、小崎弘道・松山高吉宛書簡中に「右金子ハ今之同志社を盛大ニするの策なり、ユニウォシティーの為ニハ非らす」[116]と一線を画している。新島がアメリカから五万ドルの土産をもって帰国したのは翌年の十二月十二日のことであった。

④「同志社大学設立の旨意」

新島襄の活動

新島は帰国後、大学設立運動にすぐさま取り掛かることはなく、東北伝道と東北での英学校（東華学校）設立、さらには看病婦学校と同志社病院の設立に意を注いでいる。新島が大学設立運動を再開するのは明治十九年十二月も旬日を過ぎてからであった。「同志社大学記事」[117]の明治十九年には十二月十二日、十四日、十五日の記録が残されているのみである。十五日条に、京都商工会議所において集会を開いたのち、参会者との討議の結果、京都府の郡部での募金を働きかけていくべきことを決定している。その方針が翌年の四月[118]に新島の小倉、寺田における集会開催となって現れてきている。ただし、この会合には新島は体調不良のために参加できず、新島公義を代理派遣している。

明治二十年における新島は病との闘いであった。体調不良（気管支炎、血痰の出る症状、肺炎、肺結核的兆候[119]をも示していた）にもかかわらず、四月中旬から五月上旬にかけて大学設立運動に邁進していく。「同志社大学記事」によると、「新島襄ハ本校創立募金ノ為メ府下各地ヲ遊説セン事ヲ期シタリシガ、不幸ニシテ身重キ病ヒニ罹リシノ故ヲ以テ、九月五日中村栄助、浮田和民、新島公義ノ三氏ハ代リテ京都ヲ発シ、両丹州中亀岡、園部、綾部、福知山、宮津、舞鶴、峰山等ノ各地ヲ遊説シ寸進尺歩創立ノ準備ヲ図ル」[120]とあるところから大学設立運動の始動とともに罹病の身を怨んだことであったろう。

九月に入って代理を派遣して丹後・丹波地域に遊説を図った。この三人の遊説に関しても当該地方の有志・名望家が、五里、七里の道程を越えて来聴してくれたことに対し「三氏亦感激シテ自治独立ナル私立大学ノ要理、同志社教育ノ精神及ビ社長新島ガ曾テヨリ辛苦経営シテ現今ノ同志社ヲ設立シタル始末ヲ演ジ来ル時ハ、各地ニ於テ来会ノ人皆感ニ入テ之ヲ翼賛スベシト云ハザルモノナカリシ」[121]という状況が呈されてきたのである。ここに両丹地域の有志・名望家の反応ではあるが、新島の意図目的が理解され始めていることを示す事例であり、大学設立運動の全国展開に弾みがついたことであろう。

二十年六月から九月にかけて新島は仙台札幌行を試みている。東華学校の開校臨席と静養のためである。その間、A・ハーディーの訃報に接した新島は言い知れぬ衝撃と孤独を味わう[122]。また、教会合同問題[123]も彼の心痛の種となっていた。

新島の心身が癒えぬまま帰京したのが十月一日のことである。翌月の十五日には、京都看病婦学校の開校、同志社病院の開院式、同志社書籍館の開館式が同志社チャペルで挙行された。五百五十人の招待客と三千人もの見学者[124]で賑っている。これは同志社が市民に認知された証しである。この年の十二月には新島は、中村・浮田・新島ら三名の出張先で懇切な扱いをうけた人々、とくに郡長府会議員にあてて謝礼状を送るのみならず、府会のためにやってきた各郡の議員等に面会し、夏中の尽力に対する感謝と、今後さらなる賛成協力を依頼したのである。最後まで丹念さが窺える。かくて多難な二十年は暮れていった。

明治二十一年は新島の「大学設立運動」がそれ以前と比べて飛躍的に発展する時間であった。京都府下の名望家への協力呼びかけ、京都市民に対する理解と訴え、中央政府要人との接触、新聞各紙への「大学設立趣旨」の掲載、徳富蘇峰の協力など、新島襄にとって、また「大学設立運動」にとって大きな画期になったことは否めない。

かかる中で、大学設立の主張とその反応、また中央政府要人や財界人の協力の問題を通しながら、新島の意識および外延部の反応をみておきたい。

この年の正月九日、山本覚馬宅において社員の増員を決定した。ちなみに、小崎弘道、湯浅治郎、宮川経輝、大沢善助を社員としている[125]。新島の体調は依然としておもわしくなく、各種の集会などには代理人を送らなければならなかった[126]。

にもかかわらず、新島はこの年三度目の米国行を計画していた。その目的は「大学設立資金」の募集にあったが、彼の病状は結果的にはそれを許さなかった。二月二十一日の記事[127]に新島宅で社員会を開いた際に、

一　内外より十万円の寄付を集めること

二　寄付募集のため新島を渡米させること、補佐役を一人付き添わせること

などが話されている。

この新島の米国行に、同志社病院ベリー医師の判断は「ノー」であった。新島は新たな戦略を練り直さねばならない。すでに「大学設立運動」は緒についていた。

知恩院大集会

東京にいる徳富蘇峰がその主宰する雑誌『国民之友』に大学設立運動に関する記事を積極的に掲載しはじめるのもこの年の三月からである。「新日本の二先生―福沢諭吉君と新島襄君」（『国民之友』十七号）、「私立大学」（同 十八号）、「人民の手に依りて成立する大学」（同 十九号）などがそれである。蘇峰はこの頃から、新島の大学設立運動に助力を惜しまず協力の手を差し伸べている。大学名についても、「明治専門学校ノ名ヨリモ一層明快ニ、同志社大学ト致候方可然ト存居申候、同志社ノ名天下ニ高ク、之ヲ以テ大学ニ冠スル、万人ノ満足スル所ト存候」[128]として同志社大学の名称を用いることを提言しているのも、蘇峰が東京にあって、同志社の評価が決して低くないことを知っていたからの提言であろうと考えられる。

また、これより先の三月二十一日には、新島の代理として東京にあった金森通倫は、在京の新聞雑誌記者（日報、報知、朝野、毎日、時事、公論、教育報知、教育時論、学海ノ指針、国民之友）を招待して懇親会を開き、大学設立をアピールし、その協力依頼を求めている[129]。運動が徐々にその広がりを見せはじめてきた。

他方、京都でも大きな動きがあった。三月十九日に陸奥宗光の来訪をうけた新島は、陸奥から五百円の寄付を約束されている。同月二十七日に京都仮倶楽部において理事委員会を開いた際に、京都府知事北垣国道、書記官森本後凋、下京区

長竹中藤兵衛、上京区長杉浦利貞ら京都の政治的要人の臨席を得たことは大学設立運動に大きな弾みを齎すことは必至であった。しかも、北垣知事をはじめ新島の意向に好意的であったことは大きな味方を得たに等しい。その席上での様子を「同志社大学記事」は以下のように記した。

北垣知事ニハ大ニ私立専門学校ノ挙ヲ賛成セラレ、先ツ其ノ美挙ナル事ト又人物養成ノ事ハ自治ノ政度ニ進マントスル今日ニ取リ甚必要ナル事ヲ陳ヘ、国道一己人ノ地位ヲ以テ徹頭徹尾之ヲ翼賛シ、一日モ早ク此ノ挙ノ成功ニ至ルヲ望ムト、イト静ニ演セラレタリ、而シテ来会ノ両区長初府下ノ有志家ニ向ヒ、懇々此ノ美挙ヲ助ケテ成功ニ至ラシムヘキ旨ヲ勧メラレタリ　森本書記官ニモ大ニ此ノ美挙ヲ翼賛シ、自己力ノ及フ限ハ賛助スヘシト断言セリ[130]

北垣知事らの協力は、四月十二日の「知恩院大集会」という形をもって一つのピークを迎える。この「知恩院大集会」には、理事委員、北垣知事、府会議員、両区長、府内有志家ら六百五十名の出席をみるにいたった。

このとき、新島襄は「私立大学ヲ設立スルノ旨意、京都府民ニ告ク」[131]と題した一場の演説を試みその意中を披露した。

大学設立の目的と理由を以下のように述べる。要旨を抜粋して記すことにしよう。「大学ハ知識ノ養成場ナリ、宇宙原理ノ講究所ナリ、学問ノ仕上ゲ場ナリト答ヘマスル、又大学ハ文化ノ源ト、否一国ノ基ト申シテ苦シカラズ」といい、学問の総仕上げの場であり、文化の淵源を担うもののみならず、一国の基礎たりうるとの認識を披露する。さらに加えて言う。「凡ソ一国ノ開明ヲ進メントナレバ、必ラズ理学ナリ、化学ナリ、哲学ナリ、神学、文学、社会学、経済学、政事学、法律学等、諸科学ヲ講究シ得ベキ、大学ガナケレバナリマセン、又況ンヤ、大学ハ、学者芸人ヲ作リ出スノミナラズ、実ニ一国ノ元気トナリ、精神トナリ、又柱石トナリ得べキ人物ヲ養成セネバナリマセヌ、本立而末生ス、開明ノ花ヲ望マバ、先ヅ開明ノ根ヲ培カヒ、文化ノ流レヲ汲ントナレバ、宜ク文化ノ源ニ遡ラネバナラヌ事ト存ジマス」（傍線ママ ―― 引用者 注）。すなわち、一国の文明化を推進する方途として、専門諸科学を講究することの必要性を強調するのは当然としながらも、大学での研究研鑽に励みながら、自らが学者技術者に陥るのではなく、一国の元気・精神・柱石となる覚悟が必要であり、そのような人物の養成が必須であるという。いま、東京に帝国大学があるにもかかわらず、どうして私立大学設立の必要があるのかとの問いに対して、「抑一国人民ノ教育ハ、人民ノ負担スベキモノニシテ、教育上ノ事ハ、何モカモ、政府ノ着手トスベキモノニハ非ズ」と言い、「夫レ教育ハ国ノ一大事ナリ、此ノ一大事ヲ吾人人民ガ無頓着ニモ、我ガ政府ノ御手ニノミ任セ置クハ、依頼心ノ尤モ甚シキモノ、又愛国心ノ尤モ甚ダ乏シキモノニナラズヤ我カ政府憂テ人民憂ヘサルノ理アランヤ、我ガ政府労シテ人民労セサルノ理アランヤ……宜シク振テ我カ本分義務ヲ尽サナケレバナルマイト思ヒマス」と切り返している。新島の意識の根底には、国家を形成するのは人民にあるとの思いが強く働いていることがわかる。また、新島の私立大学設立のアイデアは、彼のアメリカ体験が深く影響していることは明らかである。

大学をあえて京都に設置する理由をも語る。関東に大学があるならば、関西に大学があっても何らおかしくはない。というのも維新後の京都の復興発展は目覚ましく、その力を借って「花ノ都ヲ一変シテ……勉強ノ都大学ノ都会ト為」さんとしたのである。最後に大学設立問題は個人的地域的事柄で終始する問題ではなく、況やキリスト教拡大の手段などではない。「実ニ我カ国民ノ文化ノ境遇ニ進ミ、最大幸福ヲ得ルト否トニ関ハル一大事ナリ、国ノ盛衰興亡ニ関ハル一大事ナリ、即チ全国民ノ一大事ナリ」と結んで会場の来賓諸氏に協力を呼びかけたのである。

この集会に同志社側からは新島以外に、浮田和民と金森通倫が出席し、それぞれ「西洋諸大学ノ起源」「将来ノ京都」と題した演説をおこなっている。この集会は、知事北垣国道が「専門学校ヲ賛成スル理由」を演説して五時半に散会している。京都の資産家達がかくも多数参集したことも珍しいことであったけれども、このことはとりもなおさず、京都市民のなかに同志社が深く根を下ろしている証拠でもあったのである。

この知恩院大集会には京阪神の新聞記者が参加していた。神戸又新日報、朝日新聞、東雲新聞、中外電報の各社であった。当然各社はこの大会後、新島の大学設立計画に関する賛成意見を論説等で展開した[132]。四月二十二日、京都府下綴喜郡薪村で開かれた懇親会には金森通倫、新島公義が出席し、専門学校設立に関して詳細な演説をこころみているし、翌二十三日から京都市中の小学校に市内の戸長が有志家を招集して、区長、書記、戸長、同志社社員らが交替で大学設立に関して演説会を催し、その趣旨を訴えることになったのである。さきの知恩院大集会での成功はかかる形をもって、地元での運動を軌道に乗せることを可能にしてきたのである。

新島襄の上京と大学設立運動

新島は、知恩院での集会を成功裏に終わらせたあとの四月十六日に東京に向かっている。十八日には、湯浅治郎、陸奥宗光、富田鉄之助、井上馨、徳富猪一郎らとの面談をこなした。大学設立の協力を得るためである。その夜は徳富宅に一泊している。二十一日には、陸奥宅において児玉仲児、長坂長輔、後藤象二郎らの政界人らと会っている。その際、新島は陸奥に朝日新聞社主の村山竜平との面談を依頼した。翌日、新島は体調のすぐれないままに井上馨邸での明治専門学校設立に関する会合に出席し、その趣旨を政財界要人に訴える手筈になっていた。出席者は、井上馨、青木周蔵、陸奥宗光、沖守固、野村靖、渋沢栄一、原六郎、益田孝らであった。この集会は以下のように進められていたが、新島の体調不良により散会せざるをえなかった。

> 閑話ヨリ甫マリ遂ニ教育ノ談ニ及フ。伯之ヲ開陳シ、青木之ヲ助ク。余意見ヲ述フ、大体ヲ云イ、而シテ益田氏ノ問アリ、之ニ答フ。其中病変ヲ生シ脳貧血トナル席ヲ退ク、ソーファニ横ワリ休ム、脚湯ノ用意アリ。橋本（陸軍軍医 — 引用者注）ヲ招ク、来テ龍脳丁機ヲ以皮下注射ス漸クシテ馬車ニノリ粟津ニ帰ル[133]

主人公新島の体調異変でこの集会は中断した。せっかくのチャンスを新島は逸したかに思えたが、徳富猪一郎から井上馨の言として三万円の寄付約束をことづかっている[134]。新島には安堵する朗報であったに違いない。

ところで、井上馨は新島の申し出に対して懇切に対応していることが際立つ。意図があるに違いない。蘇峰はその自伝に、井上の新島への接近理由を述べている。「先生が如何にして井上侯と近づきとなった乎、その辺は予が深く知る所ではないが、井上侯の側に於ては、恐らくは欧化主義の一端として、宗教も基督教を日本に輸入する必要を感じ、その為には新島先生同志社が適当な機関であらうと認め、その力をこれに藉さんとしたのではあるまい乎と思ふ。又或人の如きは、慶応義塾派が余りに有力にして、民間の凡有る方面を専断しているかの如き傾きがあったから、その牽制運動の為にも、然かしたのではあるまい乎」[135]と推測している。

井上は少し違った角度から新島に近づいたと考えたい。すでに中村研が触れている[136]けれども、自治党結党と関連していると考えたほうがわかりやすい。すでに民権運動期にあっては自由党と立憲改進党があり、とりわけ改進党と福沢諭吉との関係が親密なことを知る井上は、同志社の新島に接近して、その勢力の利用を試みようとしたのではないか。井上邸での会合に参集していた政財界人は、この井上の自治党結成に名を連ねる人達であった。原六郎はその日の日記に「此新学校ヲ助クル時ハ、三ツノ利益アリ。Chassorick ヲ防キ Protestant ヲ増ス事。人物ヲ養成スル事。第三ハ我党ヲ増ス事ノ利益云々」[137]と記している。とくに第三の「我党ヲ増ス事」の「党」は自治党と考えると原や井上の意図は容易に推測可能である。新島の意図を超えて、井上らは新興の同志社を政治利用すべく意図していたのであった。また、新島（同志社）側からすれば、大学設立資金調達のためには自治党に連なる政財界人の支援が待たれたのであろう。

橋本軍医、難波医師、ベルツ博士の診療をうけながらも、多くの要人たちとの折衝や見舞い客との応対に新島の療養安静は難しいものであった。その無理が徐々に現れてくる。鎌倉での呼吸困難の発症（五月二十一日）、富田鉄之助邸での夫妻による看病と休養（五月二十二、二十三日）、鎌倉海浜院での入院療養（五月二十四日）を余儀なくされていった。病状を案じた八重夫人が海浜院を訪れ、「足に軽ろき草履を穿き、一手は杖、他手は看護婦の肩に寄り、静に歩み居りし」姿を目にしたとき断腸の思いがしたと記すほどであった（『新島研究』8号）。かかる病身をおして、七月十九日、大隈重信邸において明治専門学校設立についての集会がもたれた。東京における二度目の集会であり、前回の井上邸での集会は不十分であったとしなければならず、その意味で新島の再挑戦であったといえる。出席者は、同志社側からは新島襄、湯浅治郎、徳富猪一郎、加藤勇次郎の四名、来賓は大隈重信、井上馨、青木周蔵、渋沢栄一、原六郎、平沼専造、岩崎弥之助、岩崎久弥、益田孝、大倉喜八郎、田中平八らであった。

新島の訴えにたいして出席者は好意的態度を示し、大隈は新島の計画について「整頓シタル純良ノ学校ヲ賛成スルハ銘々ノ義務ナリト思ヒ、又民力ヲ以テ右様ノ学校ヲ立ツルハ我カ国ニ取リテ甚美事ナリト思フ所ヨリ、大ニ新島氏等ノ挙ヲ賛成ス」[138]る意向を示した。来賓の好意は、新島の大学設立計画にたいして合計三万一千円の寄付をもって応えたのである。

新島にとって、この東京での成果を受けてさらなる戦略を練る必要が生じてきた。他方、自らの健康状態は芳しくない。前者については、九月五日、同志社社員会の開催において同志社通則の制定という形をもって一つの方向性を示した。後者について新島は、七月二十四日から九月十五日までの一夏を伊香保で静養している。

「同志社大学設立の旨意」

九月五日から十一日に開かれた同志社社員会は以下のことを決定した[139]。主要なものを列挙すると、

1. 新島の病中、金森通倫を社長代理とする。
2. 同志社通則草案の議定。
3. 予備校・女学校・看病婦学校を同志社直轄とすること。
4. 各校に主幹を設置する。
5. 徳富猪一郎を社員とする。
6. 大学の名称を同志社大学と称すること

などである。これらの報せは十九日にはすでに湯浅治郎から新島の耳に入っていた。

今後の同志社の基本的方向性を示す「同志社通則」はこの年の九月に決定される。全文で五章三十六条からなる。第一章の「綱領」[140]をみると、

第一条　知徳並行ノ主義ニ基キ教育ノ業ヲ挙クルヲ以テ本社ノ目的トス

第二条　本社ヲ同志社ト称ス本社ノ設立シタル学校ハ総テ同志社某校ト称シ悉ク本社ノ通則ヲ適用ス

第三条　本社ハ基督教ヲ以テ徳育ノ基本トス
第四条　京都ヲ以テ本社ノ位置ト定ム
第五条　本社ノ維持資本ハ如何ナル場合ニ於テモ之ヲ文費スルヲ許サス
第六条　本社ノ綱領ハ不易ノ原則ニシテ決シテ動カス可ラス

とある。この「綱領」は徳富猪一郎によって起草されたが、新島の意向を十分に汲んだものになっている。

同志社大学の設立運動を考えるさい、徳富猪一郎の存在を看過することができない。彼の主宰する『国民之友』は新島にとって、多くの人々に同志社を宣伝するには格好のメディアであったことから大きな戦力になったことは必定であった。

十月に入ると新島も大学設立運動を再開するが、全国にキャンペーンする機会が徳富によって提供されてきた。「同志社大学設立の旨意」（以下「旨意」と略称）と「同志社大学義捐金募集取扱広告」（以下「広告」と略称）がそれである。この「旨意」「広告」が『国民之友』第三十四号（明治二十一年十一月十六日発行）に掲載されたのち、全国の新聞・雑誌に掲載されることとなった。報知新聞・毎日新聞・朝野新聞・東京電報・東京朝日新聞・東京経済雑誌・東京輿論新誌・基督教新聞・公論新報・改新新聞・絵入朝野新聞・女学雑誌・大阪毎日新聞・大阪朝日新聞・東雲新聞・神戸又新日報・京都中外電報・日出新聞などがそれである。

「同志社大学設立の旨意」[141]を見てみよう。この「旨意」は新島の意図を斟酌した徳富猪一郎の筆によるものである。冒頭の部分では同志社草創の経緯を語り、京都・東京における大学設立運動の顛末を述べる。さらに、西洋諸国の大学事情を紹介したのち、新島の教育論・文明論を披露する。「教育とハ人の能力を発達せしむるのみに止まらず、総への能力を円満に発達せしむることを期せざる可から」ざるものと規定し、「若し教育の主義にして其正鵠を誤り、一国の青年を導いて、偏僻の模型中に入れ、偏僻の人物を養成するが如き事あらば、是れ実に教育は一国を禍ひする者といはざる可からず」と、教育の技術主義的陥穽に安住することを問題視した。この指摘はたんに一般的な言葉として捉えるのではなく、この時期、唯一の大学として存在した東京帝国大学の在り方に対する批判が込められていそうである。当時の東京帝国大学が国家目的的人物の育成を第一義としているところから、あながち否定もできない。「旨意」は続けていう。日本の欧米文化の摂取の仕方はその表面を輸入するばかりで、「其の文明の由って来る大本大体」を究明すべきであるとした。同志社大学は徳育の基本に基督教主義を採ろうとするが、これは決して基督教拡張の手段としてではなく「基督教主義は、実に我か青年の精神と品行を陶冶する人物を養成」するところにある。そして、同志社大学からさまざまの仕事に就く人物が出てくるけれども、「是等の人々ハ皆一国の精神となり、元気となり、柱石となる所の人々にして、即ち是等の人々を養成するハ、実に同志社大学を設立する所以」であるとした。

また、新島は一国を支える主人公は一握りの人物に任されるべきではないことをも強調する。「一国を維持するは、決して二三英雄の力に非す、実に一国を組織する教育あり、知識あり、品行ある人民の力に拠らざる可からず、是等の人民ハ一国の良心とも謂ふ可き人々なり、而して吾人ハ即ち此の一国の良心とも謂ふ可き人々を養成せん」ことを宣言する。明治二十三年には国会が開設されるが、立憲政体を維持発展させるには、知識、品行、自立、自治の精神に富んだ人物の登場が不可欠であり、かかる人民の養成こそが火急的課題であるとしている。

新島のかかる大学設立理念の表明をうけて、彼の大学設立運動に協力的であった『東雲新聞』は、明治二十一年十一月十四日から十六日にかけて、「同志社私立大学設立ノ計画」「又同志社私立大学ノ設」をその紙上に掲載し、新島の壮挙を支援したのである。

以上、新島襄の大学設立構想を「同志社大学設立之主意之骨案」「同志社大学設立旨趣」「明治専門学校設立旨趣」「同志社大学設立の旨意」の四点を通じて検討してきた。この四つの大学設立構想に流れる共通の意識は、「骨案」にあっては、明治近代化の黎明期に洋学の採用が技術的・功利主義的傾向に流れていることを批判しながら、学問のあるべき姿として「知徳並行ノ薫陶」の必要性を強調した。なぜなら、「知徳兼備ノ民」が一国の文化を推進する主体たりうることを期待するからであった。大学設立目的もその延長戦上にあり、「大節ニ臨ム敢テ其ノ主義ヲ屈セス、事変ニ逢フモ決シテ其ノ処置ヲ誤ラス、深ク同胞ノ幸福ヲ計リ遠ク邦家ノ安寧ヲ望ミ」うる「愛国丈夫」の育成こそが必要であるとした。

また、「明治専門設立旨趣」においても「純全ノ道徳ヲ主本トシテ日新ノ学術ヲ効究スル大学」の存在が「文明先導社会ノ基礎」を築くとして、大学設立を意図する。欧米諸国の大学が果たした役割を近代市民社会形成、不羈独立の人物形成とその精神を作興するうえに大きく寄与したことを語る。そして、一国の主体となるべき人物の育成が必要であると結んだ。

「同志社大学設立の旨意」では、「大学ハ文化ノ源ト、否一国ノ基ヒト」位置付け、大学においては諸学を修めるのは当然ではあるが、「大学ハ学者芸人ヲ造リ出スノミナラズ、実ニ国ノ元気トナリ、精神トナリ、又柱石トナリ得ベキ人物ヲ養成セネバナリマセヌ」と語った。

新島襄は、その畢生の仕事として大学設立に立ち向かったが、その思いは、近代日本建設の礎に「知徳兼備」の「丈夫」の育成こそが急務中の急務と位置付け、疾風のように駆け抜けていった。同志社大学正門にある良心碑の文言（「良心ノ全身ニ充満シタル丈夫ノ起コリ来タラム事ヲ」）は新島の思想を集約して余りある。

3　文明論

いまここに「文明論」と題したけれども、新島襄には体系的に文明を論じたものは残されていない。文明の表題を冠した書きものとしては「文明ノ基」[142]「文明ヲ組成スルノ四大元素」[143]「文明ノ元素」[144]があるくらいである。しかしながら新島の教育事業や大学設立運動等の活動の底流に流れる思想は「文明論」を考えるうえで十分耐えうる材料を提供する。本節では新島の「文明論」についての簡単な素描を試みるにとどめる。というのも「第3章」において新島襄の文明論について検討するからである。

新島の「大学設立構想」にも述べてきたように、四種の大学設立趣意書に一貫して流れる意識は文明社会を形成するのには智徳兼備の人材の育成が必要であり、その智徳を備えた有為な人たちこそが一国の元気、精神、柱石となって自らの知識や経験を社会に還元することがその責務であると語る。

ここでは以下の三点に焦点を絞って考えることとしたい。一つは、文明を支える主体について、第二に新島の考える文明とは何か。最後に、新島の「国家観」を瞥見しておきたい。

①文明の主体

「文明の主体」とは、文明を支える人間のことである。新島はそれを知徳兼備の人物に求めたことはすでに述べてきたところである。「徳」を強調するのは何故か。「文明ノ基」には次のように語る。

> 神ヲ知リ敬シ恐レ且信愛スルハ人ノ最大切ナル者ニシテ、之無クンバ人迷ニ陥リ、又ハ物ノ奴隷トナリ、決シテ自由ノ人ナルニ能ス、耶蘇曰我カ自由ニナス者ハ真ノ自由ナリ、真ナル哉、此自由トハ神ヲ信シ天命ニ随フ者ヲ云也、乃天命ニ随テ而后自由ノ民トナル也、然ル後真ノ文明ノ域ニ進ミ得ル也。随而富国強兵期ス可き也[145]

「自由ノ民」こそが「文明の民」であるとする。なぜなら、神の意を体した人こそ人を愛し、人の為に何事も為し、威力を以て人を制御威嚇することはなく、知あっても誇ることなく、貴くして遜《へりくだ》りの意を忘れず、富して奢らず、貧賤にして卑屈貪婪に流れず、人の無礼も許容し、人の幸福を計ることに余念なく、神の義を慕って死にいたるまで止むことなく、無私の姿のゆえに人々のために為しうるのである。かかる地点に達しうる人を君子という。このような「自由ノ民」「自由ノ人」が一国の元気・精神・柱石であれかしという。「文明ノ基」にはこの君子について「何レノ村ニモ、何レノ府ニモ如斯君子アリ、率先シテ人ノ為ニ計」る、とある。ここで確認できることは、文明の主体は行政機関や国家に委ねられるのではなく、個人の在り様に帰一しうるものとの認識を有していたことである。

一国を形成するのは男子だけではないことをも新島は知悉していた。女性の役割の大きさにも言及する。新島が梅花女学校の新校舎落成式か創立十周年記念式典かのいずれかに出席したさいの講演に、この女学校から善良かつ有益な女性が輩出し、社会の塩、光となって女性改革や社会改良の主体となることへの期待感が寄せられている[146]。

②文明の概念

新島は「文明」をどう捉えていたか。

「私立大学ヲ設立スルノ旨意、京都府民ニ告ク」には次のようにいう。十八、十九世紀の欧米諸国では新発明と学問的進歩が顕著であるのに比して、日本の状態は遅滞停滞状況にある。そこで、一国の文明化をはかるのには何が必要か。個々の学問（理学、哲学、神学、文学、社会学、経済学、政事学、法律学等）の講究は勿論のこと、それを研究する大学を創る必要がある。大学は、学者や芸人（技術者）を造るのみならず、一国の元気となり精神となり柱石となりうるような人物を養成しなければならない。文明開化の花を望むとしたならば、先ずは開明の根を培わねばならないし、文化の流れを汲もうとするならば文化の源にまで遡る必要があるという[147]。

さらに「同志社大学設立の旨意」においては「欧米文明の基礎は国民の教化に在ることを確信し、而して我邦をして欧米文明の諸国と対立せしめんと欲せば、独り其外形物質上の文明を模倣するに止まらず、必す其根本に向つて力を尽さゞる可から」[148]ずと同様の趣旨を示し、「我か日本に文化の美光を来さんと欲せば、宜しく欧米文化の大本たる教育に力を用ひざる可からず、顧ふに我か同胞三千余万、将来の安危禍福は、独り政治の改良に存せず、独り物質的文明の進歩に存せず、実に専ら国民教化の力にあるを信す」[149]として教育による人物の育成が繰り返し強調されている。その人物は「独自一己の気象を発揮し、自治自立の人民」[150]でなければならない。このような「人物」の存在こそが文明世界を形成するか否かの分水嶺をなすものとして考えていたようである。

ここで新島における文明概念を以下のように見ておきたいと思う。新島における文明とは、

①知識、品行、自立、自治の人民が文明をつくること

②日本ではそのような資質を有する人物を育成する必要があること

③その際の教育は近代科学を研究するだけでは不十分で、道徳、なかんずく、キリスト教的道徳を基礎におくことに

集約される、と言ってもよいであろう。

③国家の在り方

新島襄にとって国家とはどのような形態をとることが期待されたのであろうか。

新島の帰国した明治七年から死去する二十三年の間は、日本そのものが疾風怒濤の時代であったといえる。自由民権運動の嵐を耐えぬいた明治政府は、内閣制度の整備、憲法制定と国会開設の採用、地方制度の見直し、国家主義教育制度の確立など、一見近代化を装いつつ実はトップ・ダウン方式を是認する国家システムの導入を採用することとなった。ここに強力な国家権力のもとに国民を統合する国家を形成しようとしたのである。

当時の明治政府にとって多くの問題が山積されていた。憲法・国会のありかた、ノルマントン号事件を契機とする外交課題（条約改正問題）などがそれであった。他方、国民の政府に対する怨嗟の声のあったことも事実である。

『新島襄全集 一 教育編』に正式な表題がないのだが、「平民主義」[151]と仮題されている新島のメモ風の書き物が収録されている。なお、この「平民主義」については「第5章」に詳述することからここでは素描にとどめたい。さて、その「平民主義」の冒頭には聖書の一部分と思われる箇所が記されている。この聖書の箇所[152]は、「ペテロへの第一の手紙 一章十三節—二十一節」、「エフェソ人への手紙 六章九節」、「ローマ人への手紙 二章十一節」「ガラテア人への手紙 二章六節」である。上の聖句を紹介しておこう。

「だから、いつでも心を引き締め、身を慎んで、イエス・キリストが現れるときに与えられる恵みを、ひたすら待ち望みなさい。無知であったころの欲望に引きずられることなく、従順な子となり、召し出してくださった聖なる方に倣って、あなたがた自身も生活のすべての面で聖なる者となりなさい。『あなたがたは聖なる者となれ。わたしは聖なる者だからである』と書いてあるからです。また、あなたがたは、人それぞれの行いに応じて公平に裁かれる方を『父』と呼びかけているのですから、この地上に仮住まいする間、その方を畏れて生活すべきです。知ってのとおり、あなたがたが先祖伝来のむなしい生活から購われたのは、金や銀のような朽ち果てるものにはよらず、きずや汚れのない子羊のようなキリストの尊い血によるのです。キリストは、天地創造の前からあらかじめ知られていましたが、この終わりの時代に、あなたがたのために現れてくださいました。あなたがたは、キリストを死者の中から復活させて栄光をお与えになった神を、キリストによって信じています。従って、あなたがたの信仰と希望とは神にかかっているのです」（ペテロへの第一の手紙）。

「主人たち、同じように奴隷を扱いなさい。彼らを脅すのはやめなさい。あなたがたも知っているとおり、彼らにもあなたがたにも同じ主人が天におられ、人を分け隔てなさらないのです」（エフェソ人への手紙）。

「神は人を分け隔てなさいません」（ローマ人への手紙）。

「おもだった人たちからも強制されませんでした。——この人たちがそもそもどんな人であったにせよ、わたしにはどうでもよいことです。神は人を分け隔てなさいません。——実際、そのおもだった人たちは、わたしにどんな義務も負わせませんでした」（ガラテア人への手紙）。

「ペテロへの第一の手紙」以外の聖句は短い。「エフェソ人への手紙」「ローマ人への手紙」「ガラテア人への手紙」に共通した意識は「神は分け隔て」しないとの主張にある。そして「ペテロへの第一の手紙」にある意識もイエスの死の問題は人々への贖罪として位置付けられているところにあり、同様の主張であったと考えられる。

国家と国民の関係で「エフェソ人への手紙」の聖句においても、造物主の前には「主人」も「奴隷」も同等であるという。

さらに続けて「寡人主義」「平民主義」を比較する。「平民主義」に対する対立概念として「寡人」「寡人主義」の語を用いる。この場合、「平民主義」を民主主義、「寡人主義」を独裁主義と置き換えれば理解しやすい。

寡人—主義ハ一手デ大事業ヲ出来カ　秦ノ始皇帝、万里ノ長城、一人ノ豪傑ノ左右スル所トナラス、一人ツマツカバ一国斃ル平民—全国民甏レサレハ一国甏レサルベシ、故ニ平民ハ国ニトリ不為ニアラス、事アレハ各財力出ス。全身ヲ差出ス、全力ヲ竭ス　如何トナレハ、平民主義天下ヲ以テ己ノ業トナシ、又己ノ家ヲ以テ天下ト見做ス（中略）平民主義ハ戦争ヲ他国ニ仕懸ケス、他ヲ奪掠セス　平民主義ハ節倹主義、無益ノ事業ニ費ヤサス○米国ノ礼儀儀式等、甚簡易ナリ　平民主義ハ人物ヲ養成ス　平民主義ハ真ノ愛国心ヲ養成ス（中略）、平民主義ハ漸々ト世ニ出ツ、是レハ天意（下略）

平民主義＝民主主義と考えるならば、新島のこれに期待する声は元気である。西洋文明の政治文化の側面をとってみた場合、民主主義が大きな遺産としてあった。その思想的淵源はキリスト教をバックグラウンドとしてあったものである。新島の使命は、近代民主主義社会を形成する元気・丈夫の全国に生起せんことを期待しての教育事業への邁進であった。

おわりに

福沢諭吉と新島襄の教育思想について述べてきた。この二人の教育者は日本の近代化を実現せんがためそれぞれの教育理念を掲げて学校を創設し、人材育成のスタートラインに立った。

福沢諭吉は慶應義塾を創立するさいの理念や大学設立運動に関して新島襄ほどの必死感はない。この温度差は「東京と京都」（中央と地方）、「権威と新人」、「実学主義とキリスト教主義」などによるのであろう。

福沢の教育理念は実学を基調とした現実主義的なものである。また、慶應義塾は有為なる青年の来学を歓迎すると言いながら貧窮生を対象とするものではなかった。地方名望家の子弟を対象としていることはあきらかであり、福沢の意識は社会・国家を形成するにあたり「ミッヅル・カラッス」が中核とならねばならぬとする「ミッヅル・カラッス」論と深い関連性をもっているものである。したがって貧者はその枠外に追いやられることとなる。福沢がもっとも脅威に感じていた青年層は「貧にして智ある者」であった。彼等は、ともすれば、社会党や虚無党を結党する潜在力となりうる勢力であり、職人に同盟罷業を組織しうる人物であるとの認識をもっていた。福沢が「貧富智愚の説」を書いたのが明治二十二年のことであったが、自由民権運動の指導者たちをこの範疇に入れて考慮していたのではないかとおもわれる。

当然かかる福沢の意識は「政府と人民」の関係を考える際にも反映される。人民の政府への態度として、いかなる暴政府であっても抵抗はもってのほかの行為であり、理をもって説くことによって政府は理解する。したがって人民に対しては忍従堪忍をもって基本とせよと説く。

一方、新島襄はどうか。彼は、西洋諸国に比肩しうる国家を形成するためには、西洋文明の根幹にあるキリスト教の理解なくしては不可能であることを同志社英学校設立時に、また大学設立運動の最中（各種の大学設立の趣旨）にあって執拗に語っている。

新島は、近代文明形成にあっては決して英雄を待望してはいない。かえって、それを否定する。文明開化を計るのには一握りの英雄に仮託するのではなく、国民の一人一人が国の元気となり、精神となり、柱石となるべき素養（知と徳）を備えるべきことを説いて止まなかった。一国の良心となりうべき人物とは、一つの難事に遭遇したさい、それを放擲するのではなく、工夫・開拓・試行・実現する能力をもつ人物をいうのであり、私事にのみ走るのではなく、全体の調和を視野に入れて何を為すべきかの判断をもつ人物をいう。まさに「良心ノ全身ニ充満シタル丈夫」が一人でも多く輩出することを念願したのである。新島は、教育の目的の一つに文明を担う「自由ノ民」を育成するところにありとした。そしてこの「自由ノ民」こそが国家を形成する核となることを期待する。新島のいう国家とは、「寡人主義」に基礎を置く国家ではなく、「平民主義」にその基本を置くものである。このような国家意識は、彼のほぼ十年におよぶアメリカでの生活経験があって語らせているものである。

注

1　徳富蘇峰「新日本の二先生―福沢諭吉君と新島襄君」『国民之友』第十七号　明治二十一年三月

2　中津藩での洋学（蘭学）摂取については『慶応義塾百年史 上』所収の「中津藩の蘭学研究」参照。慶応義塾刊　昭和三十三年　以下『百年史』と略称。

3　『百年史 上』一九五頁～二〇二頁

4　『百年史 上』二四五頁

5　「京都学校の記」『福沢全集⑳』七七頁～八一頁

6　「慶応義塾之記」『福沢全集⑲』三六七頁

7　「慶応義塾紀事」『福沢全集⑲』四一四頁

8　「慶応義塾学生に告ぐ」『福沢全集⑫』九七頁

9　「銅像開被について」『福沢全集⑭』一八三頁

10　「慶應義塾紀事」『福沢全集⑲』四一六頁

11　「慶応義塾改革の議案」『福沢全集⑲』三九一頁

12・13　井ヶ田良治、山中永之祐、石川一三夫『日本近代法史』六七頁～六八頁　法律文化社　一九八二年

14　「改正徴兵令」の第十一、十二、十八、十九条の全文は以下のようである。なお、これら条文は日本近代思想体系 4『軍隊 兵士』（岩波書店）より引用した。

第十一条　年齢満十七歳以下にして官立府県立学校（小学校を除く）の卒業証書を所持し服役中食料被服等の費用を自弁する者は願いに因り一個年間陸軍現役に服せしむ其技芸に熟達する者は若干月にして帰休を命ずる可し但し常備兵役の全期は之を減ずることなし

第十二条　現役中殊に技芸に熟し行状方正なる者及び官立公立学校（小学校を除く）の歩兵操練科卒業証書を所持する者は其期未終らずと雖ども帰休を命ずることある可し

第十八条　左に掲ぐる者は其事故の存する間徴集を猶予す

第一項　教正の職にある者

第二項　官立府県立学校（小学校を除く）の卒業証書を所持する者にして官立公立学校教員たる者

第三項　官立大学校及び之に準ずる官立学校本科生徒

第四項　陸海軍生徒海軍工夫
第五項　身幹未だ定尺に満たざる者
第六項　疾病中或は病後の故を以て未だ労役に堪へざる者
第七項　学術修業の為め外国に寄留する者
第八項　禁錮以上に該る可き刑事被告人と為り裁判未決の者
第九項　公権停止中の者
第十九条　官立府県立学校（小学校を除く）に於て修業一個年以上の課程を卒りたる生徒は六個年以内徴集を猶予す

15　同志社社史資料室編『池袋清風日記　明治十七年　上』明治十七年二月二十二日条
16　「私立学校廃す可らず」「兵役遁れしむ可らず」『福沢全集⑨』所収
17　「全国徴兵論」『福沢全集⑤』所収
18　井上毅「進大臣」大久保利謙「明治十四年の政変」より引用。明治史料研究連絡会編『明治政権の確立過程』所収　御茶の水書房　一九六七年
19　「私学校開業、外国人教師雇入につき許可願」『新島全集①』六頁
20　「中学校教則大綱」文部省編『学制百年史』資料編　一二六頁
21　「中学校通則」文部省編『学制百年史』資料編　一二六頁
22　「願書」慶応義塾編『慶応義塾百年史』上巻　八〇八頁～八〇九頁
23　慶応義塾編『前掲書』八一一頁
24　中野目徹「徴兵・華族・私学」慶応義塾福沢研究センター『近代日本研究』第五巻 所収
25　明治十七年一月二十九日付、山県有朋宛書簡『福沢全集⑰』所収
26　同志社社史資料室編『池袋清風日記　明治十七年　上』七五頁
27　早稲田大学大学史編集所編『早稲田大学百年史』第一巻　五〇八頁～五〇九頁
28　『学問のすゝめ』初編『福沢全集③』三〇頁
29　『学問のすゝめ』四編『福沢全集③』四九頁
30　『学問のすゝめ』二編『福沢全集③』三三頁

31　『学問のすゝめ』二編『福沢全集③』四〇頁～四一頁
32　「銅像開被について」『福沢全集⑭』一八三頁
33　『学問のすゝめ』五編『福沢全集③』六〇頁～六二頁
34　「貧富智愚の説」『福沢全集⑫』六三頁～六四頁
35・36・37　「民情一新」『福沢全集⑤』九頁
38　『学問のすゝめ』初編『福沢全集③』二九頁
39　『福沢全集諸言』『福沢全集①』六四頁
40　「長沼事件に関する願書案文」『福沢全集⑲』四七九頁
41　概要は、石河幹明『福沢諭吉伝』第二巻
42　「沼地納税の義に付き奉願上候」『福沢全集⑲』四八〇頁
43　明治七年十二月二十五日付　柴原和宛書簡『福沢全集⑰』一七七頁
44・45　明治八年九月二十日付　小川武平宛書簡『福沢全集⑰』一八九頁
46　ひろたまさき『福沢諭吉研究』一七九頁　東京大学出版会　一九七六年
47　明治十一年六月二十一日付　大隈重信宛書簡『福沢全集⑰』二四五頁
48　明治十一年十一月十七日付　前島密宛書簡『福沢全集⑰』二五九頁～二六〇頁
49　『学問のすゝめ』初編『福沢全集③』三三頁
50　『文明論之概略』巻之一『福沢全集④』四一頁
51　『学問のすゝめ』五編『福沢全集③』五八頁
52　『学問のすゝめ』二編『福沢全集③』四〇頁
53・54・55・56　『学問のすゝめ』七編『福沢全集③』七一頁
57　『学問のすゝめ』七編『福沢全集③』七五頁
58　明治八年一月一日付　新島民治宛書簡『新島全集③』一二三頁
59　「私学校開業、外国人教師雇入につき許可願」『新島全集①』六頁
60　井上勝也「新島襄の米欧における思想形成と彼の教育思想」井上勝也『新島襄　人と思想』所収　晃洋書房　一九九〇年

61　一八七二年三月十九日付Ａ・ハーディー夫妻宛書簡『新島全集⑩』一四二頁～一四三頁
62　「同志社英学校記事」『新島全集①』一六一頁～一六五頁
63　「同志社英学校沿革」『新島全集①』一六六頁～一七四頁
64　注62に同じ。
65　「私塾開業願稿」『同志社百年史』資料編一　七頁
66　『同志社百年史』資料編一　一五八頁
67　「近代米価一覧・関連年表」（『日本史総覧』Ⅵ　五七五頁　新人物往来社　昭和五十九年）によると、明治八年段階の米価が石当たり七円二八銭であった。
68　「表Ⅵ」は横山源之助『日本之下層社会』（岩波文庫版）八六頁～八七頁から作成した。
69　教育史編纂会編『明治以降教育制度発達史』第一巻　二九六頁
70　「生徒属籍氏名一覧」『同志社百年史』資料編一　六七六頁～七〇〇頁
71　高橋光夫「山崎為徳詳年譜」『同志社談叢』第十号　一一七頁
72　徳富蘇峰『蘇峰自伝』六頁～七頁　中央公論社　昭和十年
73　徳富蘇峰『蘇峰自伝』九頁～一〇頁
74　青山霞村『同志社五十年裏面史』六三頁　からすき社　大正六年
75　徳富蘇峰『蘇峰自伝』八二頁～八三頁
76　徳富蘇峰『蘇峰自伝』八六頁
77　同志社社史資料室編『創設期の同志社―卒業生たちの回想録―』五四頁
78・79　同志社社史資料室編『池袋清風日記　明治十七年　上』二〇頁
80　河野仁昭「磯貝雲峰の生涯と文学」（『同志社談叢』第六号　九頁～一〇頁）なお、徳富蘆花『黒い眼と茶色の目』（岩波文庫版　六一頁～六二頁）に、磯貝雲峰（作品中では片貝芳太郎君となっている）が門番をしている様子が描かれている。
81　「私学校開業、外国人教師雇入許可願」『新島全集①』七頁
82　To Professor Julius H. Seeley April 27th 1875『新島全集⑥』一六五頁
83　Ｐ・Ｆ・ボラー（北垣宗治 訳）「アメリカン・ボードと同志社　一八七五年―一九〇〇年」その一（『同志社談叢』第十八号）

84　「日抄」『新島全集⑤』一二九頁
85　「同志社大学設立之主意之骨案」『新島全集①』二四頁（以下、「骨案」と略称）
86　「骨案」『新島全集①』二四頁～二五頁
87　「骨案」『新島全集①』二九頁
88　「骨案」『新島全集①』二九頁～三〇頁
89　「同志社大学校設立旨趣」『新島全集①』六六頁～七一頁
90　「明治専門学校設立旨趣」『新島全集①』九五頁～一〇一頁
91　「同志社大学記事」『新島全集①』一八九頁
92・93・94　「大学発起人会議事録」『同志社百年史』資料編一　三四六頁～三四七頁
95　「同志社記事」『新島全集①』二五一頁
96　「同志社英学校沿革」『新島全集①』一七三頁
97　「同志社英学校沿革」『新島全集①』一七四頁
98　同志社社史資料室編『池袋清風日記　明治十七年　上』明治十七年一月一日条
99　『同志社百年史』資料編一　七〇一頁
100　同志社社史資料室編『池袋清風日記　明治十七年　上』明治十七年二月二十二日条
101　『新島全集①』八一頁～八九頁
102　なお、これらの条文については「注14」参照。
103　明治十七年二月二十七日付 土倉庄三郎宛書簡（『新島全集③』）に「今回之徴兵令ニハ随分困却仕候然し余り不当之令と存候得共、早晩大政府ニモ御改正あるべしと存候、小生ニハ少しも落胆ハ不仕候」と強がってみせている。
104　To A. Hardy March 9 1884『新島全集⑥』二二二頁～二二三頁
105　「同志社大学記事」『新島全集①』一九〇頁～一九一頁
106　『新島全集⑧』年譜編　二九四頁
107　『新島全集⑧』年譜編　二九五頁
108　「明治専門学校設立旨趣」『新島全集①』九五頁～一〇一頁

109・110・111　「同志社大学記事」『新島全集①』一九四頁
112　「同志社大学記事」『新島全集①』一九五頁
113　「同志社大学記事」『新島全集①』一九六頁
114　『新島全集⑧』年譜編　三一六頁
115　『新島全集⑧』年譜編　三三一頁
116　明治十七年十二月十八日付　小崎弘道・松山高吉宛書簡『新島全集③』三三〇頁
117　「同志社大学記事」『新島全集①』一九六頁～一九七頁
118　「同志社大学記事」『新島全集①』一九七頁
119　『新島全集⑧』年譜編　四〇三頁～四〇四頁
120　「同志社大学記事」『新島全集①』一九七頁
121　「同志社大学記事」『新島全集①』一九八頁
122　「出遊記」『新島全集⑤』二九九頁
123　教会合同問題については、「第5章 新島襄の平民主義と人民観」参照。
124　『新島全集⑧』年譜編　四一六頁
125　『新島全集⑧』年譜編　四二三頁
126　『新島全集⑧』年譜編　四二四頁～四二七頁
127　『新島全集⑧』年譜編　四二七頁
128　明治二十一年三月二十四日付　新島襄宛書簡『新島全集⑨上』三九二頁～三九三頁
129　「同志社大学記事」に、「報知」「朝野」「時事」「毎日」「公論」等のこの時の記事が掲載されている。『新島全集①』二〇〇頁～二〇六頁
130　「同志社大学記事」『新島全集①』二一〇頁
131　「私立大学ヲ設立スルノ旨意、京都府民ニ告ク」『新島全集①』一二三頁～一二九頁
132　例えば、『東雲新聞』紙上に「同志社私立大学設立ノ計画」と題した論説を掲載した。その中で、明治専門学校に関して「吾人が私立学校を幇助する所以のものは……政府偏傾の教育は遂に日本社会の智徳を全備するに足らず且つ教育の事は政府の党派心異懼心に一任する事能はずとする論説が掲載されている（『中江兆民全集』十四　所収）。

133　「出遊記」『新島全集⑤』三〇一頁
134　「出遊記」『新島全集⑤』三〇二頁
135　徳富蘇峰『蘇峰自伝』一三五頁
136　中村研「原六郎と同志社」『同志社談叢』第五号
137　『原六郎日記　明治二十一年条』なお、このくだりは中村「前掲論文」より引いた。
138　「漫遊記」『新島全集⑤』三五二頁
139　「同志社社員会記録」『同志社百年史』資料編二　一二五六～一二五七頁
140　「同志社通則」『同志社百年史』資料編一　一二一頁
141　「同志社大学設立の旨意」（『新島全集①』一三〇～一四一頁）
142・143・144　いずれも『新島全集①』所収
145　「文明の基」『新島全集①』三四六頁
146　「梅花女学校ニ於ケル女子教育」『新島全集①』四一九～四二二頁
147　「私立大学ヲ設立スル旨意、京都府民ニ告ク」『新島全集①』一二四～一二五頁
148・149　「同志社大学設立の旨意」『新島全集①』一三一頁
150　「同志社大学設立の旨意」『新島全集①』一三七頁
151　「平民主義」『新島全集①』四四七頁～四四九頁　ここでは六八の史料番号が付されている。
152　聖句の引用はいずれも　共同訳聖書実行委員会『聖書　新共同訳 — 旧約聖書続編つき』（日本聖書協会発行　一九九〇年版）を使用した。

第3章　福沢諭吉と新島襄の文明論

はじめに

「文明論」といえば福沢諭吉の『文明論之概略』と、条件反射的にイメージされるほど福沢の「文明論」はよく知られ、その研究も汗牛充棟の状態である。それほどに福沢研究にあっては彼の「文明論」は避けて通れない大きなハードルである。

他方、新島襄の「文明論」という言葉にはあまり馴染みがない。彼自身も意識的には「文明論」を遺してはいないし、作品化されることもなかった。『新島襄全集』のなかに数種「文明」を冠した文章[1]がみえる程度である。しかし彼の遺した記録（教育、宗教、書簡類などの文書）を読んでいくと、彼の考える「文明論」がその行間に溢れてくることを知る。

一八四〇年～四二年のアヘン戦争は当時の日本の為政者や蘭学者に危機感とともに大きな衝撃をもたらした。さらに、嘉永六（一八五三）年のペリー来航は危機感を現実のものとして捉えざるをえない出来事でもあった。それは、日本ないしは東アジア地域の植民地化の進行の前触れでもあったからである。日本の存在（独立）如何が問われることとなったのである。

福沢、新島にとってペリー来航以後の日本の状況を如何に捉え、何を課題化しなければならないかが問われることとなる。この大命題を福沢・新島の二人は何をもって克服しようとしたのかを問うことが本章の目的である。

福沢の文明論の特徴は当面する日本の近代化のための処方箋を提示するだけでなく、文明を造る精神の在りよう（独立心）についても大きな関心を示した。日本と西洋の開きの大きさをその国力（生産力、経済力、軍事力、教育力、それらを統括する政治システムなど）の差異を容認しつつ、西洋文明をモデルとしながら日本の文明化・近代化を図ることに孤軍奮闘したことはいまさら多言は要すまい。

新島の「文明論」の特徴は、同志社英学校の設立、同志社大学設立の幾多の趣旨にみられるように、文明を創造する主体の在り方を執拗に説くところにある。すなわち、「智徳兼備」の人物の形成を求めたのである。

福沢は、日本近代の全体をめぐっての提言であるのに対して、新島は、教育的側面に特化させての提示であったと言えそうである。

極めて粗い特徴を拾ってみても、福沢、新島の「文明論」の重心の置き方に違いをみることができる。いま、この二人の文明論の依って立つ基盤が奈辺にあったのかを尋ねたいとおもう。両者の「文明論」を検討したいと思う。

第1節　福沢諭吉の文明論

1　文明の定義

①文明の定義

日本の近代化のために多くの処方箋を提示した福沢諭吉は文明をどのように捉えていたのであろうか。まず、彼のいう「文明」の定義から聴いてみることにしたい。

『文明論之概略』（以下、『概略』と略称）には、種々、言葉を変えて「文明」を定義している。

『概略』第二章「西洋の文明を目的とする事」において、世界の文明のレヴェルを、野蛮段階・半開段階・文明段階と規定したことはよく知られている。そのなかで、文明段階を以下のようにみていた。

天地間の事物を規則の内に籠絡すれども、其内に在て自から活動を逞ふし、人の気風快発にして旧慣に惑溺せず、身躬から其身を支配して他の恩威に依頼せず、躬から徳を修め躬から智を研き、古を慕はず今を足れりとせず、小安に安んぜずして未来の大成を謀り、進て退かず達して止まらず、学問の道は虚ならずして発明の基を開き、工商の業は日に盛にして幸福の源を深くし、人智は既に今日に用ひて其幾分を余し、以て後日の謀を為すもの、如し。これを今の文明と云ふ。野蛮未開の有様を去ること遠しと云ふ可し[2]。

また、文明には事物に関するものと精神にかかわるものとがあるという。

……文明には外に見はる、事物と内に存する精神と二様の区別あり。外の文明はこれを取るに易く、内の文明はこれを求るに難し。国の文明を謀るには其難を先にして易を後にし、難きものを得るの度に従てよく其深浅を測り、乃ちこれに易きものを施して正しく其深浅の度に適せしめざる可らず。若し或はこの順序を誤り、未だ其難きものを得ずして先づ易きものを施さんとするときは、豈に其用を為さゞるのみならず却て害を為すこと多し。（中略）蓋し其精神とは何ぞや。人民の気風即是なり。此気風は売る可きものに非ず、買ふ可きものに非ず、又人力を以て遽に作る可きものにも非ず。洽ねく一国人民の間に浸潤して広く全国の事跡に顕はる、と雖ども、目以て其形を見る可きものに非ざれば、其存する所を知ること甚だ難し[3]。

さらに「第三章　文明の本旨を論ず」にも同様のことが繰返して述べられている。「文明とは人の身を安楽にして心を高尚にするを云ふなり、衣食を饒《ゆたか》にして人品を貴くするを云ふなり。或は身の安楽のみを以て文明と云はんか。（中略）文明とは人の安楽と品位との進歩を云ふなり。又この人の安楽と品位とを得せしむるものは人の智徳なるが故に、文明とは結局、人の智徳の進歩と云ふも可なり」[4]といい、つまるところ、文明あるいは文明の進歩とは「人の智徳の進歩」のことであると規定している。

上記『概略』第二章の二つの史料のいうところは何か。いま仮に前者の史料をA、後者をBと呼ぶことにする。史料A

の語ることは、文明には野蛮・半開（未開）・文明の発展段階があり、文明段階が最上であることを前提としつつ、この文明（段階というの）は旧慣に惑溺し、古への思慕に浸るのではなく、未来の大成を謀り、発明の基礎を築き、経済を発展させ、幸福の源泉を深くする社会であり、その社会を形成する主体は「修徳・研智」な人物、新しい試みに不退転の姿勢で臨める人物に期待を寄せるものであるという。また、史料Bでは、文明には「外」に顕れるものと「内」なる精神的なものがある。外に顕れる文明（＝物の文明といっても可。建築物、汽車、汽船、工場、衣食住等々）を採り成就することは比較的容易であるが、内なる文明を成就することは至難である。この内なる精神を福沢は「人民の気風」と呼ぶ。この「人民の気風」を次のようにも置き換えている。「一国人民の気風と云ふと雖ども、時に就て云ふときはこれを時勢と名け、人に就ては人心と名け、国に就ては国俗又は国論と名く。所謂文明の精神とは即ち此物なり」[5]と。この「外」に顕れる文明と「内」なる精神的文明の両者相俟って文明社会（段階）と称すべきものとしたのである。

福沢は前者については、政治・経済などの制度について種々の提言を為しており、後者については慶應義塾を拠点に青年層の教育にあたり、その成就を試みようとしたのである。

②文明を創造する主体

では福沢にあっては、文明を創造する主体はどのような人民であるのか。彼はそれを「ミッヅル・カラッス」に求めたことは周知のことではあるが、史料Aに描かれている開発的人間の具体的な姿をもう少し探っていく必要があるように思える。

『概略』第六章に「智徳の弁」がある。徳と智を定義する。「智」と「徳」にはそれぞれ「私」と「公」とがある。その「私智」「私徳」を「公智」「公徳」にまで拡大する必要性を説く。

> 徳とは徳義と云ふことにて、西洋の語にて「モラル」と云ふ。「モラル」とは心の行儀と云ふことなり。一人の心内に慊《こころよ》くして屋漏に愧《はじ》ざるものなり。智とは智恵と云ふことにて、西洋の語にて「インテレクト」と云ふ。事物を考へ事物を解し事物を合点

する働きなり。又此徳義にも知恵にも各二様の別ありて、第一貞実、潔白、謙遜、律儀等の如く一心の内に属するものを私徳と云ひ、第二廉恥、公平、正中、勇強等の如き外物に接して人間の交際上に見はる丶所の働を公徳と名く。又第三に物の理を究めて之に応ずるの働を私智と名け、第四に人事の軽重大小を分別し軽小を後にして重大を先にし其時節と場所とを察するの働を公智と云ふ[6]。

このように徳と智を定義したあと、それぞれの「私徳私智」を「公徳公智」へと拡大していく必要があるとした。ではこの「私徳私智」を「公徳公智」に導くにはどのようにすべきか。

徳義は一人の行ひにて、其功能の及ぶ所は先づ一家の内に在り。主人の行状正直なれば家内の者自ら正直に向ひ、父母の言行温順なれば子供の心も自から温順に至る可し。或は親類朋友の間、互に善を責て徳の門に入る可しと雖ども、結局忠告に由て人を善に導くの領分は甚だ狭し。所謂毎戸に諭す可らず毎人に説く可らずとは即ち此事なり。知恵は則ち然らず。一度び物理を発明してこれを人に告れば、忽ち一国の人心を動かし、或は其発明の大なるに至ては、一人の力、よく全世界の面を一変することあり。「ゼイムス・ワット」蒸気機関を工夫して世界中の工業これがために其趣を一変し、「アダム・スミス」経済の定則を発明して世界中の商売これがために面目を改めり。其これを人に伝るや、或は言を以てし或は書を以てす可し。一度び其言を聞き其書を見て之を実に施す人あれば、其人は正しく「ワット」と「スミス」に異ならず。故に昨日の愚者は今日の智者と為りて、世界中に幾千万の「ワット」「スミス」を生ず可し[7]。

ここでは、「私徳」→「公徳」へのプロセスと「私智」→「公智」へのプロセスは異なることを指摘し、「公徳」の基本は家族（特に父母）の言行温順な様が子供にも伝達されるものであり、この家庭内での徳（私徳）が基本となって世に顕れたとき、「公平・正中・勇強」となって表現されるのであろう。

この「徳」の公化に比して、「私智」から「公智」の獲得はそうではなく、物理的発明発見がたちまちにして一国の人心を動かし、一人の力が全世界を一変する「公智」ことになるという。「私智」を「公智」に高めていくには言葉をもってし、書物を著すことによって世間一般に知らしめることにより可能となる。「一度び其言を聞き其書を見て之を実に施す人」が必要なのであり、その人は「ワット」「スミス」に等しいし、愚者が智者に変じたなれば世界中に幾千万もの「ワット」「スミス」が生まれることとなるという。「私智」から「公智」の獲得は、個人の智力からその努力、発明、発信の結果可能なのであり、多様な部門において努力する人物の出現と発信（公智化）を期待するのである。

では「智」と「徳」との関係はどうなのであろうか。

之を譬へば私徳は地金の如く聡明の知恵は細工の如し。地金に細工を施さゞれば鉄も唯重くして堅きのみの物なれども、之に少しく細工を施して鎚と為し釜と為せば、乃ち鎚と釜との功能あり。又少しく工夫を運らして小刀と為し鋸と為せば、乃ち小刀と鋸との功能あり。尚其細工を巧にすれば巨大なるは蒸気機関と為る可し。精細なるは時計の弾機となる可し。今世間にて大釜と蒸気機関とを比較せば、誰か機関の功能を大なりとして之を貴ばざる者あらん。其これを貴ぶは何ぞや。大釜と機関と地金の異なるに非ず、唯其細工を貴ぶなり。故に鉄の器械を見て其地金を論ずるときは、釜も機関も鎚も小刀も正しく一様なりども、此諸品の内に貴き物と賤しき物との区別を生ずるは、之に細工を施すの多少あればなり。智徳の釣合ひも亦斯の如し。（中略）私徳の功能は狭く智慧の働は広し。徳義は智恵の働に従て其領分を弘め其光を発するものなり。[8]

ここで語ろうとするところは、「智」と「徳」とは別物ではなく相互関連するものであるという。「徳」という言葉を「地金」に置き換え、「智」は地金を細工した種々の品（発明品）とみなし、「徳」そのものとしては鉄（地金）それ自体は重い物質でしかないけれども、種々な物に加工（鎚・釜・小刀・鋸・蒸気機関・バネ）されることによりその地金がいろんな特性（機能・性質）を帯びることとなる。工夫と細工（「智」）が地金の様々な局面の拡大（「公徳」の獲得）に繋がることとなる。

「徳」と「智」を具体的には、「地金」と「加工・細工品」（発明品）に置換してその両者の不可分性を示した。この項の主題である福沢のいう「文明創造の主体」を象徴しているものと考える。「公智」の獲得が「公徳」の獲得をも可能であるとする意識が作用しており、「智」の社会にもたらすものを期待し、その前提に依拠して、「智徳兼備」の人物の到来を期待したものではなかったろうか。この場合の「智徳」の人とは、新島のいう、宗教的倫理的「知徳兼備」なる人物育成をいうのではなく、社会的に有用なる（公・徳）事物の核となるものを創りだし、工夫する（智）人物の必要性をいうのである。

③福沢が『文明論之概略』を書いた目的は何処にあったか「富国」と「強兵」

福沢の著した著作の中心を為すこの『文明論之概略』はけっして容易く読める書物ではない。彼の膨大な著作の中にあって難解な著作の一つである。福沢の長大かつ理論的なこの書物を著した目的は奈辺にあったのであろうか。『概略』の最終章（第十章）に「自国の独立を論ず」がある。その冒頭部に、日本と西洋の文明の度合いをみるならば、開国以後明らかに日本のその後れを認識したとき、ただちに課題となった事柄は「文明に前後あれば前なる者は後なる者を制し、後なる者は前なる者に制せらるゝの理なり」[9]との事象であった。すなわち、「自国の独立如何」[10]との一事が当時の識者をはじめ、政治指導者層の第一の課題となったことをあげている。

福沢はこの国民的課題をうけて「故に余輩が此文明論の末章に於て自国独立の一箇条を掲るも、蓋し人民一般の方向に従ひ、其精神の正に達する所に就て議論を立てたるものなり」[11]とのことからこの最終章「自国の独立を論ず」をものしたのであるという。

「自国の独立」を成就するとはいうものの、我が国の独立の前提となるもの（日本、日本人の共通項、共通認識）を何処に求めるかが手探りの状況にあった。国民相互を結びつける紐帯をどこにもとめるのか、すなわち、国民を統括（統一）する原理（宗教か、政治か）をどこにもとめるのかとの困難な問題が横たわる。

福沢は前者の国民を結びつける紐帯を「モラル・タイ」[12]なる語を用い、「風俗・習慣」を共通因数に置こうとした。

此風俗を名けて或は君臣の義と云ひ、或は先祖の由緒と云ひ、或は上下の身分と云ひ、或は本末の差別と云ひ、其名称は何れにても、兎に角に日本開闢以来今日に至るまで人間の交際を支配して、今日までの文明を達したるものは、此風俗習慣の力にあらざるはなし[13]。

日本国民を日本国民たらしめている「モラル・タイ」は昔より形作ってきた「風俗習慣」にあり、この「風俗習慣」に浸潤する間に培った国民としての紐帯を容認しようとする。曰く「君臣の義」、曰く「先祖の由緒」、曰く「上下の身分」、曰く「本末の差別」である。古い形のものではあるが、これらが従来の日本人が共有してきた「モラル・タイ」であるならば、先ずこれを前提として日本国民の紐帯を考えていかなくてはならない。

いま、西洋文明と日本の文明との開きは天地ほどのものがあり、何とも埋めようがない。日本国民の一体化のもとにこの西洋文明と対峙していく必要があろう。日本の改革についていろいろな議論が飛び交う。ある識者がいうのには日本の文明化を進めんがためには、廃藩置県につづく我古風習慣を一掃し、改革を施すべしというけれども一朝一夕の短時日で成就しうるものではない。近代的学問、技術の発展成就もしかりという状況にある。

またある人は、明治維新以後の社会風潮が浮薄に流れていることを憂え、復古を提唱し国体論を唱えるものが現れたり、耶蘇教を施して衆庶の方向を一つにしようという考え方もあるけれどもこれもまだ採りうるところではない。さらに漢学者が堯舜の道に帰れと言ったところで不可能な話である。

……方今我邦の事情困難なりと雖ども、人民は更に此困難を覚へず、恰も旧来の羈絆を脱して却て安楽なるが如き有様なれば、有志の士君子、深く之を憂ひ、或る皇学者は国体論を唱へ、或る洋学者は耶蘇教を入れんとし、又或る漢学者は堯舜の道を主張し、如何にもして民心を維持して其向ふ所を一にし、以て我邦の独立を保たんとて、各勉る所ありと雖ども、今日に至るまで一も功を奏したるものなし、又後日に至ても一も功を奏す可きものなし[14]。

かように改革の方向性を思案する間にも、西洋諸国はその経済力を背景に、後進諸国に爪牙を剥き出しにして迫ろうとしている。いまよくよく世界を眺めてみるに、富国と強兵が支配している。西洋諸国がこの原理を以て後進地域に圧力をかけてくるならばこれに対応していかなければならないことは明らかである。

今世界中の有様を見れば処として建国ならざるはなし、建国として政府あらざるはなし。政府よく人民を保護し、人民よく商売を勤め、政府よく戦ひ、人民よく利を得れば、之を富国強兵と称し、其国民の自から誇るは勿論、他国の人も之を羨み、其富国強兵に倣はんとして勉強するは何ぞや。宗教の旨には背くと雖ども、世界の勢に於て止むを得ざるものなり。故に今日の文明にて世界各国互ひの関係を問へば、其人民、私の交には、或は万里外の人を友として一見旧相識の如きものある可しと雖ども、国と国との交際に至ては唯二箇条あるのみ。云く、平時は物を売買して互に利を争ひ、事あれば武器を以て相殺すなり。言葉を替へて云へば、今の世界は商売と戦争の世の中と名くるも可なり。（中略）唯貿易と戦争と云へば其事甚だ粗野にして賤しむ可きに似たれども、今の事物の有様に従て之を見れば又大に然らざるものあり。如何となれば貿易は利を争ふの事なりと雖ども、腕力のみを以て能す可きものに非ず、必ず智恵の仕事なれば、今の人民に向ては之を許さゞる可らず。且外に貿易せんとするには内に勉めざる可らざるが故に、貿易の盛なるは内国の人民に智見を開き文学技芸の盛に行はれて其余光を外に放たるものにて、国の繁栄の徴候と云ふ可ければなり。戦争も亦然り。単に之を殺人の術と云へば悪む可きが如くなれども、今直に無名の師《いくさ》を起さんとする者あれば、仮令ひ今の不充分なる文明の有様にても、不十分は不十分のまゝに、或は条約の明文あり、或は談判の掛引あり、万国の公法もあり、学者の議論もありて、容易に其妄挙を許さず。亦或は唯利のために非ずして、国の栄辱のため、道理のためにとて起す師もなきに非ず。故に殺人争利の名は宗教の旨に対して穢らはしく、教敵たるの名は免かれ難しと雖ども、今の文明の有様に於ては止むを得ざるの勢にて、戦争は独立国の権義を伸ばすの術にして、貿易は国の光を放つの徴候と云はざるを得ず[15]。

世界には私的なあるいは公的な交流が存するものである。私的交流にあっては世界各国の人々と交際することの自由があり、それは勝手次第であるが、公的交流（国家間交流）は、平和時にあっては通商貿易の形態をとり、事が起これば戦争状態に陥るものである。

通商貿易も形の変えた「争い」であり「戦い」でもある。通商を盛んにするには条件整備が必要となる。生産技術の高度化（機械生産化）、それを導入する技術と智識、そのゆえの知的背景（学校教育の充実・語学教育・技術教育）の整備、原料生産の拡大化などの工夫が必要である。「富国」のための要件は貿易に「勝利」することにあるけれども、それは国の生産力にかかわることでもある。「富国」は国力の一方の貌である。また「強兵」も一国の独立を保つうえでの重要な要素となる。「強兵」は武力で量られるが、戦争についても無闇に仕掛けうるものでもなく、不条理な戦争には国際世論や批判が存する。すなわち、理由の無い戦争や侵略に関してはそれを歯止めする知恵や工夫が存する。その一つが条約であり、万国公法であり、学者の議論（あるいは世論、批判）である。種々の制約や批判が介在すると「妄挙」は起こりにくい。

しかし、「戦争」は詰まるところ、一国の独立権を維持主張するものであり、貿易は国威を発揚する証しとして存在する。まさに、西洋列強諸国はこの「富国」と「強兵」を両輪として国民を牽引している。そしてこれを両輪として東洋諸国に圧力をかけてくるのである。後進開発国である東洋（日本）の独立をいかにして維持し主張していくのかが大課題となる。ここに福沢の「文明論」の柱の一つを見て取ることできるものと考えられる。

「外国交際」

この一国の「独立」と「富国」「強兵」の提起する問題は、実際的には外交の場において展開され、ともすれば困難な事態を齎すことを福沢は知悉している。以下、福沢のいう国家の近代化過程の事例として外交の在り方について考えてみよう。福沢はこの「外交」を「外国交際」と銘打った。

按ずるに此困難事は我祖先より伝来のものに非ず、必ず近来俄に生じたる病にて、既に我国命貴要の部を犯し、之を除かんとして除く可らず、之を療せんとして医薬に乏しく、到底我国従来の生力を以て抗抵す可らざるものならん。如何となれば、依然たる日本国にして旧に異なることなくば之に安心す可き筈なれども、特に之を憂るは必ず別に新に憂ふ可き病を生じたるの証なり。世の識者の憂患する所も必ず此病に在ること断じて知る可しと雖ども、識者は此病を指して何と名るや。余輩は之を外国交際と名るなり[16]。

福沢のいう「外国交際」は、最近新たな「病」となって襲ってきていると映り、「憂患」となったと語る。そして、日本には未だこの「病」を癒す妙薬は存在しないとの認識をもっている。その妙薬とは「国力」（政治制度・生産力・工業力・軍事力・知的システムなど）そのものである。この「国力」をつけるという事柄自体、一朝一夕でなしうるものではない。

事実、福沢は幕末期にヨーロッパに派遣され、ロシアとの間に樺太の国境画定問題にあたった（文久二年）が、ロシア側の老獪な駆け引きのまえに国境画定は果たされず有耶無耶に終わった経験をもっていた。国際舞台での自国の意思（利益）がそう簡単に通用しない事実を目の当りにしていたのである。

何故「外国交際」が「病」「憂患」であるというのか。一言でいえば、当事国の「力の問題」（国力の差異）が作用しているが故であり、「外国交際」の在り方によっては独立維持が困難になる可能性さえ秘められているからである。

ペリー来航後さまざまな国が日本にやってきて外交関係を結ぶことになったが、その目的は貿易による利益追求にあったとはいうものの、その条件（「和親条約」「通商条約」）は西洋諸国に有利に運ばれ、日本には不利益をもたらす内容が準備されていた。まさに「国力の差」と国際法上の無知がそのような事態（具体的には「治外法権規定」「自主関税権剥奪規定」）を招来したものであった。その「国力の差」はどうして生ずるのか。一言でいうと「富国強兵」の度合いの相違ということになろうけれども、「富国」の要因をどのようにみているのだろうか。物の生産を軸に語っている。なお、「強兵」については後述する。

西洋諸国と日本を比較したとき、西洋諸国は「物を製する国」で、日本は「物を産する国」である。ではこの「製物の国」と「産物の国」の決定的な相違点はどこにあるか。

扨経済の道に於て、一国の貧富は天然に生ずる物産の多寡に関係すること思の外に少なくして、其実は専ら人力を用るの多少と巧拙とに由るものなり。土地肥饒なる印度の貧にして、物産なき荷蘭《オランダ》の富むが如し。故に製物国と産物国との貿易に於ては、甲は無形無限の人力を用ひ、乙は有形有限の産物を用ひて、力と物とを互に交易するものなり。細に之を云へば、産物国の人民は労す可き手足と智恵とを労せずして、製物国の人を海外に雇ひ置き、其手足と智恵とを借用して之を労せしめ、其労の代として自国に産する天然の物を与ふることなり[17]。

西洋諸国（製物国）は東洋諸国（産物国）にその製品を売りつけてその利益をして自国の財となすことにより富国化する。富国化した西洋諸国（製物国）は資本輸出を試み、産物国に列強の拠点を設定していく。産物国は原料供給基地と化すこととなる。本国からの人口流出などの現象も生ずる（例えば、イギリスからアメリカ、オーストラリアへ）。いわゆる、植民地化が展開する。産物国は列強のかかる在り方に従属的となりますます貧困化を強いられることとなる。このような「力の差」は「外国交際」の側面に限っても、居留地問題や内地旅行、外国人の雇用問題さらに出入港税の問題と次から次へと連鎖的に問題が生じてきており、列強が東洋諸国（日本）の主権（独立）の侵害を常態化させていくのではないか。福沢は言う。「仮令ひ表向は各国対立彼我同権の体裁あるも、其実と同等同権の旨を盡したりと云ふ可らず。外国に対して既に同権の旨を失ひ、之に注意する者あらざれば、我国民の品行は日に卑屈に赴かざるを得ざるなり」[18]と。

いま、この問題を国内の政治的側面、殊に権利問題の側面で考えると、昨今日本でも「人民同権」を唱える人たちが登場してきた。彼等は国内の矛盾を指摘する声を盛んに挙げるが、外国と我国の矛盾（権力の不均衡）を指摘しえないのは何故か。「余輩の所見にて其最も著しきもの二箇条を得たり。即ち第一条は世に同権の説を唱る者、其論説に就き未だ深切なる場合に至らざることなり。第二条は外国の交際日浅くして、未だ其害の大なるもの見ざることなり」[19]と語り、「人民同権」を唱える人たちの実際的方策や実践的行為の無さと外国認識の甘さがあるという。この二つの課題について福沢は詳しく述べる。

第一条　今の世に人民同権の説を唱る者少なからずと雖ども、其これを唱る者は大概皆学者流の人にして、即ち士族なり、国内中人以上の人なり、嘗て特権を有したる人なり、嘗て権力なくして人に窘められたる人に非ず、権力を握て人を窘めたる人なり。故に其同権の説を唱るの際に当て、或は隔靴の歎なきを得ず。譬へば自から喫はざれば物の真味は得て知る可らず、自から入牢したる者に非ざれば牢内の真の艱苦は語る可らざるが如し。今仮に国内の百姓町人をして智力あらしめ、其嘗て有権者のために窘められて骨髄に徹したる憤怒の趣を語らしめ、其時の細密なる事情を聞くことあらば、始て真の同権論の切なるものを得べしと雖ども、無智無勇の人民、或は嘗て怒る可き事に遭ふも其怒る可き所以を知らず、或は心に之を怒るも口に之を語ることを知らずして、傍より其事情を詳にす可き手掛り甚だ稀なり[20]。

ここでは福沢は「人民同権」を述べているのは旧士族階級の者であり、封建制下で苦しめられた経験の無いものであることを指摘する。士族民権家を想定しているようである。彼らが如何に「同権」を唱えたところで、観念に流れ実態を語りうるものではない。また智力ある百姓町人が民権を語るのならばまだしも、「無智無勇」の人民が民権を唱えるには無理があろう。というのも怒るべき理由もわからなければ、訴える術さえ知らないからである。日本国内にあって、「人民同権」を語る人物がこれを実現していく道のりは遠大であると暗々裏に語っている。このような国内的状況の困難ななかにあって、外国との対応をどう成就していくのかという課題が内包されている。以下に語る言葉はそれを明らかにしていよう。

是に由て考れば、今の同権論は其所論或は正確なるが如くなるも、主人自から論ずるの論に非ずして、人のために推量臆測したる客論なれば、曲情の緻密を盡したるものに非ず。故に権力不平均の害を述るに当て、自から粗鹵迂遠の弊なきを得ず。国内に之を論ずるに於ても尚且粗鹵にして洩らす所多し。況や之を外国の交際に及ぼし、外人と権力を争はんとするの事に於てをや。未だ之を謀るに遑あらざるなり。他日若し此輩をして現に其局に当らしめ、博く西洋諸国の人に接して親しく権力を争ふの時節と為り、其軽侮を蒙ること我百姓町人が士族に窘めらるゝが如く、譜代小藩の家中が公卿幕吏御三家の家来に辱しめらるゝが如き場合に至らば、始て今の同権論の迂遠なるを知り、権力不平均の厭ふ可く悪む可く怒る可く悲しむ可きを悟ることならん[21]。

「外国交際」の困難さは「国力の差」からくる圧力だけではない。外国人個々の力量と日本人のそれとの問題がある。「今の外人の狡猾剽悍なるは公卿幕吏の比に非ず。其智以て人を欺く可し、其辯以て人を誣ゆ可し、争ふに勇あり、闘ふに力あり、智辯勇力を兼備したる一種法外の華士族と云ふも可なり。万々一も、これが制御の下に居て束縛を蒙ることあらば、其残刻の密なること恰も空気の流通をも許さゞるが如くして、我日本の人民は、これに窒塞するに至る可し。今より此有様を想像すれば、渾身忽ち悚然として毛髪の聳つを覚るに非ずや」[22]と侮りがたく、かつ強者であることを語っている。

第二の問題、すなわち「外国交際」についても語らなければならない。幕末期に各国と「和親条約」「通商条約」を締結したけれども、その条文には日本にとって不利益な内容ばかりが記されていることがわかる（いわゆる不平等条約）が、これも日本が鎖国状態の中で外国の事情に全く暗愚であったことによるものである。この事自体すでに日本が外国に対して対等平等な関係を形作っていないことを示すもので、その「外国交際」については、マイナスからスタートしていることを嫌というほど認識しなければならないことであった。

現在のところ、日本の「外国交際」は甚だしい損害（例えば、白人による先住民の迫害、イギリスによるインド支配などに類すること）を被ってはいないのだけれども、今後の災禍には注意をはらわなければならない。日本の「外国交際」の問題点・課題をあげると以下のようである。

我日本に於ける外国交際の性質は、理財上に論ずるも権義上に論ずるも至困至難の大事件にして、国命貴要の部分を犯したる痼疾と云ふ可し。而して此痼疾は我全国の人民一般の所患なれば、人民一般にて自から其療法を求めざる可らず。病の進むも自家の事なり、病の退くも自家の事なり。利害得失悉皆我に在ることにて、毫も他を頼む可らざるものなり。思想浅き人は輓近世の有様の旧に異なるを見て之を文明と名け、我文明は外国交際の賜なれば、其交際愈盛なれば世の文明も共に進歩す可しとて、之を喜ぶ者なきに非ざれども、其文明と名るものは唯外形の体裁のみ。固より余輩の願ふ所に非ず。仮令ひ或は其文明をして頗る高尚のものならしむるも、全国人民の間に一片の独立心あらざれば文明も我国の用を為さず、之を日本の文明と名く可らざるなり。地理学に於ては土地山川を以て国と名れども、余輩の論ずる所にては土地と人民とを併せて之を国と名け、其国の独立と云ひ其国の文明と云ふは其人民相集て自から其国を保護し自から其権義と面目とを全ふするものを指して名を下だすことなり[23]。

今、日本の「外国交際」を考えるとき、経済上（関税自主権剥奪規定）においても法的権利上（治外法権規定）においても非常に困難な状況に追い込まれている。まるで日本国中が「痼疾」（＝持病）に罹っているようなものである。国民がこの「痼疾」と向き合い、これを除去することが必要である。そのためには「痼疾」の内容、性格を知る必要がある。その際のキーワードが「独立心」の強弱である。いかにその思いが強いか否かが、「痼疾」を取り除く要因となる。日本が「独立」を確保するには単にその認識をもつだけでは不十分なのであって、「国の力」（「富国」と「強兵」）を蓄えなくてはならない。また一国が他国に侮られないようにするためには人民の啓蒙化や教育（智の問題）の整備が図られる必要がある。

自国の「独立」を維持し、「外国交際」を施すことはある意味で一国の総力が問われることとなる。生産力、工業力、交易力、教育レヴェル、軍事・兵力などがタテ糸・ヨコ糸となって一枚の布が織られるものである。外交は握手と微笑みを交わしながらの駆引き、腹の探り合いである。「外国交際」の困難さや不平等状況に置かれている原因は単に兵力不足に止まるものではない。ヒト、モノ、チエが必須である。というのも列強の富国強兵の有り様を以下のように見ていることからも明らかである。

又一種の憂国者は攘夷家に比すれば少しく所見を高くして、妄に外人を払はんとするには非ざれども、外国交際の困難を見て其源因を唯兵力の不足に帰し、我に兵備さへ盛にすれば対立の勢を得べしとて、或は海陸軍の資本を増さんと云ひ、或は巨艦大砲を買はんと云ひ、或は台場を築かんと云ひ、或は武庫を建てんと云ふ者あり。其意の在る所を察するに、英に千艘の軍艦あり、我にも千艘の軍艦あれば、必ず之に対敵す可きものと思ふが如し。必竟事物の割合を知らざる者の考なり。英に千艘の軍艦あるは、唯軍艦のみ千艘を所持するに非ず、千の軍艦あれば万の商売船もあらん、万の商売船あれば十万人の航海者もあらん、航海者を作るには学問もなかる可らず、学者も多く商人も多く、法律も整ひ商売も繁昌し、人間交際の事物具足して、恰も千艘の軍艦に相応す可き有様に至て、始て千艘の軍艦ある可きなり。（中略）今日本にても武備を為すに、砲艦は勿論、小銃軍衣に至るまでも、百に九十九は外国の品を仰がざるはなし。或は我製造の術、未だ開けざるがためなりと云ふと雖ども、其製造の術の未だ開けざるは、即ち国の文明の未だ具足せざる証拠なれば、其具足せざる有様の中に、独り兵備をのみを具足せしめんとするも、事物の割合を失して実の用には適せざる可し。故に今の外国交際は兵力を足して以て維持す可きものに非ざるなり[24]。

一国の独立のためには、軍事力の強化（武器具、砲弾、軍艦）だけで事足れりとするのは誤りであり、その背後には、これを支える何十倍もの商船、航海者が必要とされ、これら航海者を支える知識、技術、学問、商人、法律制度などが必要となり、これらが国力を形づくるのである。まさに「外国交際は兵力を足して以て維持す可きもの」ではないのである。

福沢は、一国の文明化を一国の独立を堅持する手段として捉えている。まさに彼がこの『文明論之概略』を著した目的は、日本（一国）の独立と文明化（近代化）は等符号で結ばれることを強調したかったのである。

（前略）目的を定めて文明に進むの一事あるのみ。其目的とは何ぞや。内外の区別を明にして我本国の独立を保つことなり。而して此独立を保つの法は文明の外に求む可らず。今の日本国人を文明に進るは此国の独立を保たんがためのみ。故に、国の独立は目的なり、国民の文明は此目的に達するの術なり[25]。

福沢の文明論の骨格が日本の独立問題と不可分な関係性にあったことが明らかになった。ここでは強いて「国権」を強調しているように思える。幕末から明治初期の日本の置かれた状況から考えると致し方ないものであったかもしれないが、彼の洋行体験が大きく影を落としているやにおもえる。西洋列強（特にイギリス）のアジア諸民族に対する遇し方に一種、恐怖に近いトラウマを齎したのではなかろうか。この時代の識者たちにはしばしば「国権論」を強調するが、福沢においても西洋列強の国力の大きさが海嘯の押し寄せるような畏怖を感じさせたのかもしれない。

2　福沢諭吉における「民権」と「国権」

日本の富国化を必要とする福沢は、どのような国家の在り方、人民の姿を必要としたのであろうか。そのヒントの一つとして、民権運動の把握の仕方をみてみたい。

『学問のすゝめ』が書かれたのが明治五年二月から九年十一月（全十七編）、『文明論之概略』の記されたのが明治七年三月から八年三月、発刊が同年八月のことであった。我々は福沢といえば、『学問のすゝめ』冒頭の言語がどのように生かされるのか、はたまた変容するのかが大きな関心事でもある。

明治七年におこる自由民権運動について福沢はどう認識していたのであろうか。ここでは福沢の民権論と国権論に限って、彼の両者の把握の仕方を検討し、国家の在り方、人民の姿を考察したいとおもう。

①福沢諭吉の「民権論」と「国権論」

福沢の「民権論」を検討するときに、一つは民権運動とその動向をどのように位置付けているのか（理論的側面）ということと具体的歴史事象にどのような対応をもって臨んだのかを探る必要がある。前者に関してよく知られたものに『通俗民権論』がある。まず、この『通俗民権論』で福沢は何を語ろうとしたのかを知りたいと思う。

『通俗民権論』

この『通俗民権論』の書かれたのは明治十一（一八七八）年六月十八日であった。この前年には西南戦争で西郷隆盛が亡くなっており、明治十一年五月十四日に大久保利通が紀尾井坂で暗殺されている。ただし、この『通俗民権論』が出版されたのは、『通俗国権論』の出版時と同時（明治十一年九月）になされている。この二書が同時に出版されたのは、福沢の意図からすると、「民権」「国権」は表裏一体を為すものとの意識によるものである[26]。

『通俗民権論』の「第一章 総論」に「権理」という言葉について語っている。

抑も権とは、権威などの熟語に用ひて、強き者が弱き者を無理無体に威し付けて乱暴を働くの義に非ず、又、弱き者が大勢寄集りて、無理無法なることを唱立て、其勢にて乱暴を働くの義にも非ず。（中略）先づ権とは分《ぶん》と云ふ義に読て可ならん。即ち身分と云ひ、本分と云ひ、分限と云ひ、一分と云ふが如き、分の字には自から権理の意味あり[27]。

ここに「権理」という近代的な概念あるいは用語が当時の人々には不慣れなこととして、馴染みのある「分」「分限」という言葉を用いて民衆に語ろうとしていることが分かる。人ひとりに権理があれば町・村さらに郡・県においても権理があり、一国にも権理が存するのは当然であるとして、「民権とは人民たる者の一分なり、国権とは独立国たる者の一分なり」[28]として「民権」「国権」を同等のものと見做していた。

福沢は「民権」の意味を以下のようにみていた。

民権の趣意は、元来奇事に非ず、珍談に非ず。一口に云へば、人民が其身其家に関係する戸外の事に就いて不明の箇条あれば不審を起して之を詮索することなり。政府と人民との間には、法律の約束もあり、出入差引の勘定もあり。是等の事に付き分り難きこともあらんが故に、遠慮なく颯々《さっさ》と詮索するまでのことにして、決して不思議にも奇怪にも非ざるは論を俟たずして明なり。又、政府の本趣旨に於ても、固より之を忌み嫌ふに非ず、実は其悦ぶ所なり。試みに見よ。古今天下に乱を好み乱を企る者は、必ず僻遠の地に多くして、都府の下に稀なり[29]。

元来、民権の趣旨は、一身一家に関する戸外の事柄について不明な箇所があれば、それを調べることにある。政府と人民についても同様であり、乱を企てこれを実行するなどということではない。同様の趣旨を次のようにも言う。「一方に政府を立て一方に人民を立つれば、上の圧制を免かれて下の権利を伸ばさんことを勉めざる可らず。而して其これを伸ばすの法は、前にも云へる如く、大勢寄集りて無理無法に乱暴を働くに在らず、唯人民一般の智力を養ひ育て、、根気よく己が説を唱へ、己が一分を主張するの一策あるのみ」[30]として、智力養成と自説の展開に終始すべきであって力尽くでの権利（一分）主張については抑制的な口調で臨んでいる。この『通俗民権論』の各所にかかる主張が繰り返されている。中でも「第四章　智識見聞を博くする事」は代表的で、表題そのものに彼の力点の置き場がどこにあったかを知ることができる。

抑も何等の仲間にても、其仲間に入て地位を占めんとするには、先づ仲間の事情を知らざる可らず。今、民権等の話は全く戸外の事にして小は一町一村の公務より、大は日本国の形成、外国交際の上にまで関係あるものなれば、苟も日本の社会中に居て他の軽蔑を免れんと欲する者は、博く内外の事情を見聞して、一歩にても己が地位を上流に進ること至急の要なり。（中略）民間に学問の大切なりと云ふも、専ら其知見を博くせんとするの旨なれば、学問の道興らずしては民権論も無益の空談と知る可し。（中略）若しも今の人民一般の知識を進めて、今の区長の位に在らしめ、区戸長は此人民の中より出で、一層上等の人物ならしめなば、人民社会に権力を得ること今日に百倍す可きや必せり。故に民間の知識学問は、必ずしも高尚なるを要せず、唯其所見所聞を少しく博くして、聊か戸外の事に就て喜憂する所あらんを願ふのみ[31]。

そもそも何等かの組織・共同体に属している限り、その仲間や組織の在りようを知らなければならない。一身一家から町村へ、さらに国家および世界を知るには、その知見を拡大する必要がある。その知見の拡大なくして（「学問の道興らずして」）は民権論を唱えても空論でしかなかろう。国民の知見のレヴェルを上げること、さらには、層として学ぶ人民を育成することが強調される。

ここでは、民権を張るには人民一般の知見の拡大が必須要件として捉えられている。『学問のすゝめ』や『文明論之概略』に説かれていたことと軌を一にしている。

つぎにこの『通俗民権論』と対をなす国権論についての主張を聴かなければならない。

『通俗国権論』

この『通俗国権論』の書かれたのが、明治十一年七月のことで、その年の九月、『通俗民権論』と同時刊行されたことは前にみたが、福沢はこの書の「緒言」に、

民権と国権とは正しく両立して分離す可からず、殊に国権の事を論ぜずして民権の旨のみを唱へなば世間或は其旨を誤解する者も多からんと思ひ、脱稿の民権論をば其まゝに擱《さしお》き、早々筆を執て又国権論一冊を記し、二冊同時に印刷に附して之を発兌するもの……[32]

であると語り、両書物の「主義は二論相互に通ずるもの」[33]であるとしてこの両者を同じ紙幣の裏表の関係と捉えている。

では、『通俗国権論』の主張は何か。その「第一章 総論」において、一家にあっては婦人の役割の大切さは国家における国民の役割の重さと同様のものであるとの認識を語り、人民は「真に日本国の本にして天下経済の源なれば、如何にもして相談を遂るの路を求めざるを得ず。依て今爰に外国交際の事を論じ、通俗の文を以て婦人と下等の民間とに対して余輩の所見を告げ示さんとす」[34]と、二章以下に記す外交等について婦人や庶民に対して平易な言葉で述べようとする。

「第二章 国権を重んずる事」にあっては、その冒頭部分は「一国は猶一家の如し」といい、その個々の家には仕来りがある。これを名付けて「家風」と言おう。質素倹約の家風があれば、奢侈華美なる家風もある。法華宗を信ずる家もあれば、真宗を尊崇する家もある。この家風を家人は守る権利があり、人の云々しうるものではない。国家も同様であるとして次のように語る。

国も亦斯の如し。農業を勉むる国風あり。商売を勉むる国風あり。鎖国の国風あり、開国の国風あり。仏法を信ずる国あれば、耶蘇教を信ずる国あり。婦人を貴ぶ国あれば、男子を貴ぶ国あり。喪服に白を用る者あり、黒を用る者あり。立つを礼とする者あり、跪づくを礼とする者あり。既に国風あれば、此国風を守るも此国風を変ずるも、今日これを変じて明日又これを改るも、

自由自在勝手次第にして、聊も他国人の差図す可き所に非ず。之を一国の権と云ふ。若しも他より之を犯して我国の邪魔をする者あれば、之を国権を犯すの無礼と云ふ。無礼者は之を打払て可なり。遠慮に及ばざることなり[35]。

自国の国風の擁護改革については他国の指図はこれを拒否すべきであるとして、その権利擁護を図るべきであるとした。しかるに、幕末期ペリーの来航以来、日本の国情が大きく転換する。すなわち鎖国から開国への大転換である。開国から明治政権誕生までには、種々の騒動、議論（攘夷主義の跳梁跋扈）が展開されたけれども、今となっては（明治十一年段階では）、国家的利益の観点からいえば損失ばかり蒙っているとは言えない。日本人の学問も進んだ、物産の道も開拓された、徳川政権から明治新政権に移った、人民の口から自主自由などと唱える声も聞こえるようになったのも開国以後のことである。

外国との交際の中でいろんな問題も生じているのも事実でこれを看過することはできない。「外国交際」のさいに生ずる諸問題を挙げると、例えば、幕末期アメリカが開国を求めてきた際、軍艦を何艘も連ねて江戸湾に入港したことがあったが、真実の使者なれば一艘の軍艦で十分に事足りる。何艘もの軍艦を連ねること自体、我が国を脅迫することと同じである。アメリカのかかる力尽くの行為は、鎖国に慣れ親しんだ幕府為政者、朝廷、民衆にとっては狼狽と不安、混乱を生起させることとなった。アメリカ、イギリス、フランス、オランダ、ロシア諸国と条約締結と国内の港を開くことから、外国人の居留問題が生じ、さらには外国人の国内旅行（移動）の問題も生じてくる。そして、事件が起きた場合の裁判権の所在が問われることとなる。例えば、領事裁判権規定が日本の国内法に優先すること自体が福沢の主張する「国権を犯すの無礼」を許すこととなる。

生麦事件におけるイギリスのとった幕府、薩摩藩への賠償金請求と犯人差出要求がそれである。また、日本の植民地化のおそれのあった下関戦争と薩英戦争など、列強の武力の大きさが際立つ事象が展開する。列強諸国の日本への脅迫外交は、強大な武力を後ろ楯にしているのであって、日本はその前に膝を屈している状態である。

かかる事態に福沢はどのような認識を示すのか。同じ「第二章 国権を重んずる事」に、我が国の外交が十分でないと知りつつ次のようにいう。

……我外国交際は官民共に未だ十分なる地位に至らざるものと云ふ可し。而して其十分ならざるは、事実彼れに対して国力の不足するが為なれば止むを得ざる次第なれども、往々国力の割合に外れて、我に曲を蒙るものなきに非ず。畢竟事勢の然らしむる所にして、其罪一、二の人に在らず、政府の全体に在らず、又個々の人民にも在らず。罪なしと云へば政府も人民も共に無罪なり、罪ありと云へば政府も人民も共に免かれ難し。然り而して国の勢を作り又これを変ずるは、一朝一夕の能す可きに非ず。政府たる者にて之に注意す可きは固より論を俟たずと雖ども、人民も亦決して傍観す可らず。啻に学者士君子の流のみならず、百姓も町人も婦人も小児も常に独立国の大義を忘れずして、外国人に対しては格別に心を用ひ、一毫の権利をも等閑《なおざり》にすることなかる可し。之を国権（ナショナリチ）を重んずるの人と云ふなり[36]。

これらの文言を聴いていると、福沢は列強の強硬外交に耐え忍んでいるのだろうか、あるいは条約を締結しているが故にこれを改正する必要があるとして国民の独立心の醸成を待とうというのであろうか。我が国の外交が行き詰まっている要因は政府の、あるいは人民の責任に帰してしまっているのであろうか。たしかに、幕末期の開国にいたる過程と不平等条約締結は「事勢の然らしむる所」であったことは否めない。福沢のいう政府、人民の傍観的態度は避けるべきであり、「国権を重んずる人」を育成しなければならないということは正しい。ただ、福沢ほどの人物が、日本の主権が蹂躙されていることにこのような生温いことで納得したのであろうか。「民権」を語り、「国権」（nationality）を強調するならば何等かのアクションがあってもよいはずである。nationality の必要性を熟知しながらも、何ら手の打ちようのない実態に福沢は忸怩たる思いを秘めていたにちがいない。

「国権」（nationality）を維持し、強化するには何が必要か。幕末期の不平等条約締結は、列強の国力の前に屈したことと、鎖国の負の側面、すなわち国際法習慣の無知のゆえでのことであった。要するに「国力」の不足と（法学）「智識」の無さにその要因を求めることができる。であるならば、これらを蓄えていくことが必要になる。前者の「国力」を蓄える方途の一つは「国家財源」を潤沢にすることである。この主張はすでに『文明論之概略』にみられたものである。

『通俗国権論』「第六章 国を富ます事」も同様の主張である。

国権を主張し、内外の事情を詳にして、外国人の智徳共に恐る、に足らざるものとするも、国財の力乏しければ、結局他の下流に出でざるを得ず。財あれば、国の外面を装飾して、以て勢いを張る可きのみならず、現に戦争の一段に至ても亦、唯財を以て勝利を得べし。財あれば、武器を作り、又之を買ふ可し、兵士を養ひ、又之を雇ふ可し。又或は、今の鄙劣なる世界に於ては、所謂公議輿論をも銭を以て買ふの手段なきに非ず。既に武器兵士を用意して、加ふるに公議輿論の帰するあり、敵に勝つこと易々《いい》のみ。近来、西洋の戦争は大概皆この法に由らざるものなし[37]。

多言は不要であろう。「国権」を張る（独立を維持する）には「富国」「強兵」が不可欠であることを語る。戦争を遂行するには豊かな財源を要することは火を見るよりも明らかである。明治十年の西南戦争においても「西郷軍」の敗北はその資金不足のゆえであったとみているのも頷ける。

「富国」化する方法は、特別なことは無く、全国民が個々人営々と生産活動に勤しみ、一身一家を豊かにする以外ない。また、財をなすには「倹約」と「製造」にある。これからは後者が主流となろうとの見通しを述べる。西洋列強と伍していくには「強兵」のみならず「富国」の手法として、マニュファクチュアから資本主義経済の採用を提唱するのである。

福沢は戦争の問題についてどのようにみていたか。

「第七章 外戦止むを得ざる事」では「国権」を張る（独立維持のため）には戦争も止むを得ないものとして考えていた。彼によると、「人生の目的は身を安んずるに在り。安心居家《あんしんきょか》は幸福の至大至重なるもの」とし、現実の世界をみると「禽獣世界に生々」している状況にあるならば、「此幸福をも全うす可らざるの場合」がある。

一身処世の道、斯くの如し。然ば則ち万国交際の道も亦これに異ならざる可し。和親条約と云ひ万国公法と云ひ、甚だ美なるが如くなれども、唯外面の儀式名目のみにして、交際の実は権威を争ひ利益を貪るに過ぎず。世界古今の事実を見よ。貧弱無智の小国がよく条約と公法とに依頼して独立の体面を全うしたるの例なきは、皆人の知る所ならずや。啻に小国のみならず、大国と大国との間柄に於ても、正しく相対立して互に其釁《きん》を窺ひ、寸隙の乗ず可きあれば之を看過するものなし。之を窺ひ之を探り、其未だ発せざるは唯兵力強弱の一点に在るのみにして、他に依頼す可き方便あることなし。百巻の万国公法は数門の大砲に若かず、幾冊の和親条約は一筐の弾薬に若かず。大砲弾薬は以て有る道理を主張するの備に非ずして無き道理を造るの器械なり[38]。

弱小国が依拠する和親条約や万国公法は、国際政治の現実政治の世界では通用しない。国際政治の舞台では「力の政治」のみが有効性を持つものである。「百巻の万国公法」「幾冊の和親条約」は大砲、弾薬の前に何等の有効性をもつものではないと言い、「大砲弾薬」こそが今までに無かった道理を造りあげていく有効な手段であると見做す。西洋諸国が東洋諸国を御する手法は、「大砲弾薬」を眼前に据えて恫喝しているにすぎないのであって、彼の国情を知り、彼我の国民の勇怯、軍費の多寡を知ったならば恐れることはない。要するに彼我の国情を知ることにより、列強の間隙を縫うことも可能であり、禽獣の餌食になることもないという。

この論理においては「万国公法」「和親条約」と「大砲弾薬」の間を埋める理屈はどこにも見当たらない。平和と戦争の関係をどう捉えるかということになる。勿論、福沢は平和を堅持することを是とするわけだけれども、平和を維持するには「人民の気力」（愛国心・報国心）が必要であり、そのためには国民全体に「国の思想」を抱かせることが肝要である。「一国の人心を興起して全体を感動せしむるの方便は外戦に若くものなし」[39]としてその「人民の気力」の集約点を「外戦」に求めることにあるとする。そして最後に次のように嘯く。

……余輩は外戦の論を主張すと雖ども、外交無事の時に際して、今月今日戦を挑むと云ふに非ず。今月ならず、今年ならず、又来年ならず、或は永年外戦の機会なきを期す可らず。斯の如きは則ち、憂ふ可きに非ず、祝す可きなり。之を要するに、余輩の主義とする所は、戦を主張して戦を好まず、戦を好まずして戦を忘れざるのみ[40]。

ここに福沢は平和であればそれに越したことはないけれども、それにばかり浸っていては駄目なのであり、「いざ鎌倉」

という事態に備える必要があるとの警鐘なのであろう。

三著を通して

『文明論之概略』『通俗民権論』『通俗国権論』の三冊の著作を通して福沢の強調したかったことは何か。

この三著に共通してみられるものは、常に西洋列強と日本の対峙を基礎に説かれていることは当然のことだけれども、その文明の度合いの落差が齎す危機にどう対処するかが語られていることにある。禽獣（西洋列強）が弱小動物（日本・アジア諸国）を餌食にする実態を如何に回避するかがその主題となる。

『文明論之概略』の強調点は、終章（第十章）の「自国の独立を論ず」に集約されている。一言でいえば「日本の独立」は可能か。あるいは「日本が独立を維持するためには何が必要か」が語られる。西洋列強と日本の文明度合いの差異は如何ともしがたい。それは「国力の差異」（経済力・軍事力）とも置き換えられ、ともすれば日本は中国・東南アジアのように列強の植民地となる可能性は多分にあった。日本の独立を維持するためには何としても西洋列強に対峙する国力を扶植する必要があった。どのようなものが必要であったか。いくつか列挙すると、

1. 国土としての日本の認識と国民としての紐帯形成
2. 国民倫理・道徳の涵養
3. 学問智識の養成（教育問題）―実学実利的教育の実践
4. 経済基盤の整備
5. 独立心の涵養
6. 軍事力の整備・強化

まだ他にも挙げられようけれども、これらの諸要素が経緯となって一国の「富国」「強兵」化が成就されていくと見做しているのである。

『通俗民権論』での主張は何か。本来、「民権の趣意」とは、一身一家に関係する戸外の事柄について不明な点があれ

ば、それを問いただし詮索することであるとして、その権利は一個人一家に止まるものではない。それは一身一家・町村・郡・国家にまで連なるものであるとの認識をもつ。但し、民権を張るということは、個々人が我意・無体を主張し、況や暴力を以て主張を遂げる質のものではない。人民一般の知見の拡大が必須の要件となる、とする。

『通俗国権論』においてはどうか。ここでは、「民権」論と「国権」論とは表裏一体をなす関係にあるという。一国は一家に類似するともいう。一家における「家風」が大事なことと一国の「国風」が他国より尊重されるべきは同等である。しかるに、ペリー来航後、西洋列強は日本に不平等条約を突きつけてきた。その条約を受け入れたのは、彼我の「国力」の差異の故であり、国際法・国際政治の慣習の無知の故であった。国内が尊攘運動で混乱の最中にあったとき、列強は国内侵入して、下関戦争・薩英戦争を展開させ、日本は危機的状況に陥った。まさに、日本の独立（国権）が揺らぎかねない事態となってきた。かかる事態の招来はやはり彼我の国力の差（国財の力）によるものであり、国の生産力を前提にしつつ、国民への国権意識（nationality）の涵養を期すべきである。しばしば弱小国（日本）は、和親条約・万国公法に依拠して国際関係の維持（外交展開）を図ろうとするがその効力はない。現実の「外国交際」（外交）は「力」の張合いなのであるから、「百巻の万国公法」「幾冊の和親条約」を積み上げるより「一門の大砲」「一筐の弾薬」が有効性をもつ。「国権」（＝独立）を維持せんがためには「富国」「強兵」が必須要件である、との主張を展開する。

この三著に共通した認識は、「国家の独立」や「個々の民権」を主張する前提には「富国」「強兵」が必要となるとのことである。「国家の独立」を支えるさいの「富国」「強兵」とは文字通りのものと解釈しうる。また、「民権」を主張するさいの「富国」とは、一定程度の経済力を有する人物（福沢の別の言葉でいうと「ミッヅル・カラッス」）の登場と、彼らによる工夫と知識による生産体制（あるいは諸制度）の確立であり、「強兵」とは、他者に侮られない「智識」「智力」「判断力」を要するとともに西洋諸国に匹敵する軍事・軍備の必要性のことと解しておこう。この国家と民の双方に力をつける（国力＝富国強兵化）にはお互いが背中合わせではよくないことを暗々裏に説いている。

官と民が協力してこそ独立・民権双方の主張が可能であるとの見方をとるのである。

福沢は、このような意味での「富国」と「強兵」を両手に用意すべきを主張して日本国内外に生起する諸問題について処方箋を国民に提示していく。

3　歴史事象と福沢諭吉

では福沢が具体的歴史事象に遭遇した際どのような処方箋を国民の前に示したのか、それが福沢の立てた原理と如何なる関係（整合性・非整合性）をもったかを検討しようとおもう。

第一に自由民権運動に対する態度と認識を取り上げることにする。というのも、彼は人民の主体的認識の獲得や独立心の涵養を主張し期待していたがゆえである。その下からの改革運動をどう捉えたのか。彼の認識の上での整合性があるのか否かの検討である。

第二に立憲君主国日本について。これは、近代日本の政治制度的表現であるけれども、これをどう受け止めるのか。端的に言えば、天皇を如何に見るかという問いかけとなる。

第三に朝鮮問題についての認識と態度。なぜならば、一国（日本）の独立を強調した福沢は朝鮮の改革や近代化をどうみていたのかを知る必要があろう。また、日本・朝鮮・清国の関係をどう把握していたのかを知ることによってアジア観を知ることができると考えられるからである。

この三点の考察が必要とするのは、彼の『文明論之概略』『通俗民権論』『通俗国権論』に説かれる、個人認識（nationality や独立心の涵養など）とその発展としての社会・政府への要求、国家の在り方への期待・要望、さらに日本の独立を如何に形成するのかが問われる課題である。これらの要求・要望・実現は、国民の側だけでなく国家・政府の側からも応答されなければならない質のものでもあった。

①福沢は自由民権運動をどのように見ていたか
大久保利通との会談

福沢諭吉と自由民権運動との周辺を拾うと、まず、明治七（一八七四）年一月の「民選議院設立建白書」の左院提出があったが、福沢はこれについての積極的な発言は聞かない。この項では、大久保利通との会談、明治十四年の政変と福沢諭吉の関係、さらに福沢の国会開設論を念頭に考察していくことにしたい。

しばしば福沢は民権運動から距離を置いていたかのように語られるが、空論的民権論には関心を示さなかっただけで、地に足のついた現実的民権論には耳を傾けるし、『国会論』『民情一新』『時事小言』などの著作はイギリス流議院内閣制の採用を提言していることから民権運動に関心を示さなかったとは決して言えない。日本の近代化をなにより必要とした福沢は「官民調和」を基礎においた挙国一致を希求し富国強兵を目指そうとしたのである。

福沢の気になる言葉がある。一つはあまりに有名なもので、「天は人の上に人を造らず、人の下に人を造らずと云へり」（『学問のすゝめ』初編）という言葉である。この言葉は福沢の金言のように思われているが実はそうではなく、西洋諸国ではそのように言われているということである。この言葉の語源はアメリカ独立宣言にあった。この言葉は後世、独り歩きして福沢をして天賦人権論者として評価させたものである。

もう一つは、明治七、八年の頃大久保利通と会談したときの言葉である。

> 抑も余が此調和論（官民調和論—引用者 注）の一念は明治十五年始めて発起したるに非ず、又十年にも非ず、現に明治七八年の頃かと覚ゆ、故大久保内務卿と今の伊藤博文氏と余と三人何れかに会合したるとき、談話政治の事に及び、其時余の説に、政府は固く政権を執り時としては圧制の譏も恐るゝに足らずと度胸を極めながら、一方に民間の物論は決して侮るべからず云々と話したることあり。又その以前明治の初年麻布鳥井坂か長坂辺に住居の鮫島尚信氏より招待に預り推参したれば、大久保内務卿

と相客にして主客三人食後の話しに、大久保氏の云ふに、天下流行の民権論も宜し、左れども人民が政府に向て権利を争へば又之に伴ふ義務もなかる可らず云々と述べしは、暗に余を目して民権論者の首魁と認めたるもの、如し。依て余は之に答へ、権利義務の高説よく理解せり、抑も自分が民権云々を論ずるは政府の政権を妨ぐるに非ず、元来国民の権利には政権と人権の二様の別あり、自分は生れ付き政事不案内なれば政事は政府に宜しきやう処理せらる可し、唯人権の一段に至りては決して假す可らず、政府の官吏輩が馬鹿に威張りて平民を軽蔑し、封建時代の武家が百姓町人を視るが如くにして、人生至重の名誉を害するのみならず、其実利益をも犯さんとするが如き萬々之に甘んずるを得ず、左れば自分の争ふ所は唯人権の一方のみなれども、今後歳月を経るに従ひ世に政権論も持上りて遂には蜂の巣を突き毀したるが如き有様になるやも計られず、其時こそ御覧あれ、福沢は決して其蜂の仲間に這入りて飛揚を共にせざるのみか、今日君が民権家と鑑定を附けられたる福沢が却て着実なる人物となりて、君等の為めに帰て頼母しく思はる、場合もある可し、幾重にも安心あれと、恰も約束したることあり。是は一場の茶話にして今更ら其話しを思ひ出して心事を左右するに非ざれども、政府の虚威を廃して官吏の體（態）度を改むると共に、国務の為政権を当局者に一任して自由自在に運動せしめ、人民も亦深く文明の教育に志して政治思想を養ひ、政府と相対して譲る所なく、共に国事を分担して国運万歳ならんことを祈るのみ[41]。

示唆的な話が語られていることから敢えて長文を引用した。

明治の七、八年頃すでに福沢が大久保利通、伊藤博文らとともに会合を持っている事実が大きい。この明治七、八年ころといえば、まず七年一月には、板垣が愛国公党を創立（1／12）し、民選議院設立建白書が左院に提出（1／17）されている。また、立志社の創立（4／10）がある一方で、佐賀の乱が起こり（2／4～3／1）、首謀者江藤新平の処刑（4／13）、台湾出兵（5／22）と慌ただしい時間の中にあった。八年も同様である。二月大阪会議（2／11）、大阪にて愛国社結成（2／22消滅）、四月政府が漸次立憲政体樹立の詔勅を出し（4／14）、六月讒謗律・新聞紙条例制定（6／28）など政府の民権派への懐柔策や弾圧律法制定などに明け暮れている頃である。

言論界に一定の地位を築きつつあった福沢に大久保・伊藤らがいち早く接近し、福沢の意向を確認したに違いない。この会合時に福沢は、一方で官民調和を説き、他方では、民衆の意向や動きを侮ってはならないことをも説ている。『福沢諭吉全集』「緒言」は、明治の初期に鮫島尚信の招待で大久保と会食談話したことを記す。

この鮫島尚信は、弘化二（一八四五）年に鹿児島に生まれ明治十三（一八八〇）年にパリで亡くなっている。慶応元（一八六五）年、薩摩藩は寺島宗則・五代友厚らを英国に留学させたが、その留学生の一人であった。帰国後、外務畑を歩くことになる。外務官権判事を皮切りに、外務大丞（明治三年）、弁務公使・特命全権公使としてフランス在勤（明治五～六年）、一時帰国の際、外務大輔・議定官（明治八～九年）、再度フランス在勤後ベルギー公使やポルトガル・スペインの公使を兼任している。福沢がこの鮫島とどのような関わりを持っていたかは詳らかではないが、鮫島の弟が慶應義塾の卒業生であったことから福沢と尚信の交わりができたのであろう。あるいは森有礼との関わりで知己となったのかもしれない。

大久保・福沢会談は鮫島の斡旋で成就した。福沢はこの会談を明治の初年（「福沢諭吉全集 緒言」）としているが、大久保利通の日記によると、明治九年二月条に以下の記事がある。

一、三日、木曜日、今朝十時参朝、十二字后出省、三字退出、鮫島子入来、福沢云々のことを談ず。
一、廿六日、土曜日、今朝不外出、午后鮫島子入来、福沢云々の談有之。
一、廿七日、日曜日、今朝十字参朝、十二字后出省、二字順番に付皇居参内、三字帰る、五字より鮫島子え訪、福沢氏入来にて種々談話有之面白く、流石有名に恥ず[42]。

大久保は鮫島から二度の訪問をうけ、福沢についての情報を得ている。福沢に注目したのは当代一級の言論人であり、民権派に与し民衆の扇動的役割を果たしていると見做していたからであろう。また、民間にあって大きな影響力をもつ福沢を政府側に組み込もうとの意図があったとも考えられる。事実、伊藤博文の木戸孝允宛書簡にその旨を記した箇所がある。この書簡は明治六年のことであったから、「大久保・福沢会談」の三年前のことである。この書簡から、大久保は早くから福沢に注目していたことがわかる。

> 大久保氏の論に此取調（政体取調掛のこと　引用者 注）には福沢諭吉抔も組込候ては如何と申見込も御座候処、私は更に不同意無之至極宜敷候得共、是等の人物を組込候時は必ず其人の識見と道理を以て論じ候事は政府に於て不採用は却て其人をして望を失せしむるの憂を生ずべき乎。制度上姑息論無之真に実際に適し道理にも不悖丈けの根法を取建可申一同のはまり込なればよろしかるべきと存候。御高案如何。何事も寺島と熟議仕候上、又御高案に付ても御返答可申上様可仕候[43]。

木戸の伊藤への返書は、学者の所見は実際と離れすぎており、その考え方も人民には理解し難いところもある。参考程度に聞くのならば可能か、という程度の消極的賛成の意を表したものであった[44]。

この大久保・福沢会談での席上の話だが、大久保が「権利・義務」の話をむける。福沢は大久保の話を了解したうえで持論を述べる。福沢が「民権」を言うとき、自らは政権を妨害しようとしているのではないと語り、大久保を安心させている。

福沢は、国民の権利には「政権」と「人権」とがあり、「政権」を一般的な用語法としての government / administration と解するならば、政府が「宜しきやうに処理せらる可し」という。この国民の権利としての「政権」という用語法は稀なことながら、国民の権利としての「政権」という言葉を用いるならば、「政治を造る権利」「政治に参加する権利」（参政権）と規定することができよう。だとするならば、「政権」なる権利は、政府の独り占めする事柄ではない。政策とそれを受ける人民の双務的関係でなければならないにも関わらず、実際は片務的すぎる。有司による上意下達の一方的言語が人民に強制されている状況にある。福沢はこれを是認するのだろうか。実はその片務的関係性が歪《いびつ》であるからこそ、人民の要求が苛烈なものとなるのである。極端な言い方をすれば、生活の問題がかかっているからこそ厳しい要求と戦いをも厭わないものであろう。政府と人民の間での相克が政治の展開や成長をもたらすものと考えるが、福沢は「政権」は政府が「宜しきやうに処理」せよというのは理解に苦しむ。

国民の権利のもう一つの側面、「人権」については「假す可らず」という。この「假す可らず」の意味は、間に合わせに終わらせてはならないとのことであろう。だとすると「人権」の侵害については真摯に向かい合い、対処すべきことが期待される。

福沢のいう「人権」、あるいは「人権」が犯されている事態とは何をいうのだろうか。彼がここで言っているのは「政府の官吏」が「平民を蔑視」するがごとき態度であり、「人生至重の名誉を害する」ことであり、「実利益をも犯さんとする」行為をさしている。

福沢はこの「人権」侵害については戦うという。「官吏」が「平民を蔑視」する行為は褒められたものでないことは当然のことである。「官吏」の平民「蔑視」や「名誉を害する」行為は何に起因しているのか。封建的身分関係の齎した側面と、「モノ言わぬ農民」への愚民意識、政策的にも平民に「苛政」を強いるところからもくるものであろう。だとするならば、この平民「蔑視」「名誉毀損」はあきらかに政治の問題である。福沢が「人権」侵害と戦うというのならば、「苛政」を強いる政府と対決しなければならない。福沢は戦ったか。

「人権」を犯すもののなかに「実利益をも犯さんとする」事柄がある。彼は「実利益をも犯さんとするが如き萬々之に甘んずるを得ず」という。実利益を犯そうとするモノ（人・力）を許すことはない、私（福沢）はこれに対して戦うと宣言する。福沢にとっての「実利益」とは何か。彼は言論人であり教育者であった。前者の例をとると、啓蒙主義者として喝采を浴びたことは誰もが知るとおりである。その華やかさは「明六社」の結成と参加、『学問のすゝめ』『文明論之概略』の執筆を通して不動のものとなった。

明治政府は明治八年六月二十八日、「新聞紙条例」と「讒謗律」を制定した。民権運動が展開される前に言論弾圧を打ち出したのである。この時、福沢は「実利益」が蹂躙される事態に遭遇している。この方策にいかに対応したか。激しく戦ったか。結果は否である。

「明六社」の機関紙『明六雑誌』を廃刊し、「明六社」を解散させるにいたる。『明六雑誌』廃刊の提議は、箕作秋坪（「明六社」会長）・福沢諭吉によるものであった。議論の結果、その会合に参加していた十三名中九名の多数、さらに欠席者三名の賛同を得て、結局、十二票対四票を以て廃刊に決したのである。福沢の記した「明六雑誌の出版を止るの議案」[45]は次のようにいう。

本年六月発行の讒謗律及び新聞条例は、我輩学者の自由発論と共に両立す可らざるものなり。此律令をして信に行はれしめば学者は俄に其思想を改革する歟若しくは筆を擱して発論を止めざる可らず。我明六社設立の主旨は社則第一条に記する如く（第一条 主旨「社を設立するの主旨は、同志集会して意見を交換し、知を広め識を明にするにあり」[46]引用者 注）、同志集会して意見を交換することなり。又此意見を談論演説して之を雑誌に出版することなり。而して設立以来社中に行はれたる談論演説の趣を見て今後を察するに、今後の出版必ず律令に触れざるを期す可らず。加之社員十に八九は官吏たるを以て七月九日第百十九号の官令に拠れば、発論の制限益窮屈なるを覚るなり。譬へば前日の雑誌に出版したる西周先生の内地旅行論、神田孝平先生の金貨外出論の如きも、今日にありては発兌す可らざるものならん。故に此際に当て我社の決議す可きは、第一社員の思想を俄に改革し、節を屈して律令に適し、政府の思ふ所を迎へて雑誌を出版する歟、第二制律を犯して条例に触れ自由自在に筆を揮て政府の罪人と為る歟、唯此二箇条あるのみなれども、目今社中全体の有様を察すれば両様共に行はれ難かる可し。蓋し節を屈すると云ひ、発論を自由にすると云ふが如きは、正に精神の内部に存するものにして、人々の一心を以て決す可き事なれば、社員の所見真に一に合して一社恰も一身の如くなるに非ざれば共に其進退を与にす可らず。然るに此社も設立日尚浅し。僅かに一月二度の集会を催すまでのことにて、未だ一社一身の如きものと視る可らざればなり。右の如く節を屈すること能はず。発論を自由にすることも亦能はず。然ば則ち単に雑誌の出版を止るの一策あるのみ。此一策決して上策に非ずと雖も、苟も学者の社中として今の律令の為に発論の自由を妨げられ、其の律令に触るゝことも能はず、亦甘じて節を屈することも能はず、曖昧の中間に在て進退不決の手本を世上に示すは、社の為に取らざる所なり。（下略）[47]

新聞紙条例、讒謗律の制定により、学問的集団にまでその弊害が及んできている。これら弾圧律法の制定目的は、民権派による政府批判を抑え込む意図のもとで制定された言論弾圧法であったことは先にも記した。

福沢は、この問題について三通りの考え方を示した。権力に阿《おもね》って雑誌発刊を継続するか、政府に抗戦して雑誌発刊と政府批判を展開するか、雑誌を廃刊にするかである。

「明六社」社員はその機関紙『明六雑誌』を廃刊に追い込み（明治八年十一月、第四十三号を以て廃刊）、自裁させてしまった。潔いといえば潔いのだけれども、また現実的対処と言えなくもないが、この影響（出版時の影響や彼の意識に及ぼす影響）は小さくあるまい。その証拠の一つに福沢が「学者安心論」（明治九年三月刊）を著した際、その表現に大層気を遣っている形跡があるし、政府に出版願を提出しなければならなかったことがあり、その掲載許可も簡単には下りなかった。大久保に許可の督促していることからも難儀した様子が窺える。この出来事（弾圧律法制定と雑誌廃刊）は、当時最大の言論人の一人と考えられていた福沢の思想力が試されるリトマス試験紙ではなかったか。

大久保と福沢の会談に話を戻す。この会談がもたれたのは明治九年二月末のことである。鋭敏な政治家大久保は福沢の出方を探ろうとしていたであろうし、その思想力をはかっていたことがみてとれないだろうか。

「緒言」の後部に、民権運動が蜂の巣をつついたような状況になったときには、私（福沢）はその蜂の仲間に入って一緒に飛揚するようなことはなく、却って「君等」（大久保や政府側）に与して歩調をあわすといい、「幾重にも安心あれ」といっている。福沢は権力側に躙《にじ》りよっているようにもみえる。大久保は福沢の意識と胆力を視るべく会食会談を意図したのだろうけれども、この言葉を耳にしたとき、彼の意識が奈辺にあるのかが読み取れたであろう。

最後に、福沢はこの話は「政府官吏」の虚勢をたしなめるために書いたといい、「官」と「民」はそれぞれの立場で最善を尽くせと語る。政治家は政策推進に尽力し、国民は文明の教育を志し邁進すべきであることを勧めた。人民は「政府と相対して譲る所なく、共に国事を分担して国運万歳ならんことを祈るのみ」と結んでおり、官民調和のうえにたって国家の繁栄を期待するのである。

明治十四年の政変と福沢諭吉

明治十四年の政変について概観しておこう。憲法制定・国会開設をめぐる路線選択や主導権をめぐる政府部内の対立が、開拓使官有物払下げ事件を背景として顕在化した政変で、参議大隈の政府追放、官有物払下げ中止で結末をみた政変のことである。

国会開設要求が日増しに盛んになるにつれ、政府もこれを黙視しえず、明治十二年十二月、政府は各参議に立憲政体に関する意見書の提出を求めた。国会開設時期尚早論から、華士族議院説、諮問機関的議会設置などの意見のなかで、大隈重信の意見（大隈参議国会開設奏議）が最も急進的なものであった。内容は、一両年の間に国会を開設し、政党内閣を導入せよとのものである。大隈案は矢野文雄（福沢門下）の起草するところから、大隈は福沢系の国会論をそのまま採用したという理解が政府部内でうまれた。この大隈案に対抗したのが井上毅で、プロイセン流の憲法構想の提示であった。明治十四年七月、岩倉具視・井上毅らにより大隈の政府追放を画策。十月、明治天皇の東北・北海道巡行からの帰京をまって決行するに至る。大隈追放とともに明治二十三年を期して国会開設の詔勅を出している。同時に、官有物払下げを中止し、世論の鎮静化をはかった。この政変を期に薩長藩閥の覇権が確立し、プロシア流の国家路線が確定することとなる。下野した大隈らは立憲改進党を結党し、自由民権運動に加わっていくこととなった。

この説明から明治十四年政変と福沢の関係が仄聞《そくぶん》できる。当時、慶應義塾の卒業生は官界に進んでいる。この「政変」で下野した官僚の多くが慶應義塾の卒業者であった。たとえば、矢野文雄（統計院幹事）、牛場卓造（統計院少書記官）、犬養毅（統計院権少書記官）、尾崎行雄（統計院権少書記官）、中上川彦次郎（外務権大書記官）らがおり、まさに福沢直々の門下生である。福沢と彼等門下生との親密さから推すと、政府部内の出来事や官界内部の事情は直接、福沢の耳に入るネットワークが仕組まれていたのである。自ずと福沢もここに関係していくこととなる。

明治十三年六月七日の日付のもつ「建白」書がある。「国会開設の儀に付建白」という。この「建白」は、相模の民権家であり慶應義塾の卒業生であった松本福昌の依頼をうけて福沢が執筆したものである。その主張は、世界と伍していくうえで必要なことは軍事力の充実と国家財源の潤沢にありとし、そのための要件は民心を収斂することであり、その方法が国会開設にあるのだとの見解を示していた。「国会開設今日已に晩しとするも尚早と云ふ可からず」[48]としてこの時点で国会開設の必要性を説いていた。大隈の国会開設論との時期的な近似性をうかがわせる。

この明治十二年から十四年にかけて福沢が民権運動に関連した書物を著している。『民情一新』（明治十二年刊）、『国会論』（明治十二年刊）、『時事小言』（明治十四年刊）などである。これら一連の著述活動は、福沢の政府動向（国会開設の意向）に並々ならぬ関心を抱いていたことのあらわれであった。

事実、明治十三年十二月、政府の開明官僚や政治家（大隈重信、伊藤博文、井上馨）から政府機関紙の発刊の誘いがあった。福沢はこれを承諾した。承諾理由は、政府の国会開設方針を井上から聞かされたことにあった。すなわち、政府は国会開設の意図があること、薩長藩閥政治を改変し政党政治の形態をとることを約束したことによる。井上のこの二つの提案はまさに「国会開設の儀に付建白」にいう福沢の意図や「大隈参議国会開設奏議」とも一致するものであれば反対する理由はない。福沢は三人の不退転の姿勢を聴き信頼を寄せることとなった。彼が、新聞発兌を引き受けた理由目的は何であったか。曰く、「老生の本意は、元来新聞紙発兌を以て名を得るにも非ず金を取るにも非ず、唯其発兌の主義の公明正大なるを悦び、此の一発を以て天下の駄民権を圧倒し、政府真成の美意を貫通せしめんとするの丹心」[49]のゆえであると語り、この政府新聞を利用して世間に流布する「駄民権」を圧倒するところにあった。

しかし、十四年十月の大隈追放でこの話はご破算となる。福沢をして政府（伊藤、井上）にたいして蟠《わだかま》りと不信感が募らせるのは当然のことである。この辺りの事情を彼の書簡（大隈、伊藤、井上宛）をみながら探ってみよう。

明治十四年十月一日付大隈重信宛書簡[50]には官有物払下げ問題が二ヶ月もの間燻っており騒然としてきたなかで、民権派はこれに乗じて「転覆論に性質を改めた」のではないか。「官民益離反して、其極度、或は流血の禍如何と心配の事に御座候」とその過激化に危惧の念を抱いている。さらに新聞発刊についてもその準備が遅れていて何等かの方途を考えなければならないことを訴えている。この段階ではまだ福沢は政府機関紙（新聞）発刊に意欲をもっており、その準備の遅れを気にしている模様である。大隈はこのとき、天皇に随行しており、東北に滞在していた。

政府の国会開設進捗状況や新聞発兌の件が、十四年の四月頃から停滞しはじめる。大隈・伊藤・井上の三者間に亀裂が入り始めていたのである。福沢はこの三者とそれぞれ面談して政府方針の進捗状況を問うけれども、判然とした答えは得られないままに時間が経過していく。

然るに昨日（明治十四年十月十二日　引用者 注）、大隈参議は免職せられたり。是に由て見れば、大隈君と伊井二君（伊藤博文と井上馨のこと　引用者 注）との間に政治上の交際は破れたること明なり。老生は其破れたる所以の原因を知らず、唯今日在ては過去十ヶ月の有様を想起し、昔日は三君膝膠の交際彼の如く、今日は則ち其政敵たること斯の如し、何ぞ夫れ変化の速なるや、神出鬼没は政治家の常態、迚も我々老朽書生の測る可き所に非ず（下略）[51]

政治家の変わり身の早さに呆れもし、揶揄っぽい言葉が並ぶ。この文章の後に福沢は迷惑を蒙ったことを記している。長文に及ぶので要点だけを拾うことにする。

新聞発兌計画は秘密裏に行われたことだから、多くの人に語ることは無かったが、人員（スタッフ）は必要であるところからスカウトしていた。この話が壊れたならば彼らの行き場が無くなってしまったではないか。福沢が彼らに嘘をついたことになる。その責任をどうとられるのか。

昨今の世評では、福沢が大隈と結託して民間を教唆して妄りに国会開設論を唱えている。また、福沢は土佐立志社との連携をもち、政府転覆を計ろうとしているという。このような流言飛語が蔓延するなかで、福沢宅への投書もしきりとなっている。迷惑千万なことで、事実でもない風評の処置は如何なさるや。

外務省出仕の津田純一（慶應義塾出身）が福沢の党類とされ辞職を求められている。津田のみならず福沢にあらぬ誤解が蔓延する。迷惑千万である。福沢の縁故にある人物（津田以外にも、中上川、牛場、小松原、矢野ら）が会計院・外務省を追放されたが、かかる不利益を被ることがあってはならぬはずである。保護を願うのは当然であるけれどもかかる不利益を被ることをどう考えるか。

この後の井上馨・伊藤博文に対する書簡は、明治十四年の政変で「国会開設」も明治二十三年にまで延期され、「新聞発兌」計画も未遂に終わったことを記し、福沢との約束をもこれを反故にした。伊藤・井上の両君はどのようにしてこの責任をとるのか、また説明責任をどう果たすのかを鋭く突きつけている。井上からは返事が二度ほどあったが、納得のいく返事ではなかったし、伊藤からは何も言ってこない。両者は福沢に逃げ腰であったことが窺える。

明治十四年十月十四日付の井上・伊藤宛書簡にある経緯は別の箇所でも述べられている。それが「明治辛巳紀事」がそれで、ほぼ内容的にはこの書簡と同じであった。ただこの「明治辛巳紀事」のなかで強調されている福沢の民権運動についての視点だけはもう一度確認しておきたい。

我輩竊に其内情（民権論者たちのこと　引用者 注）を察するに、彼の有志者なるものは悉皆血気の少年に非ざれば則ち無智無識の愚民にして、人の奇貨たる者に過ぎず。又都下の何社何会なるものも、大概皆免職官吏、無産の青年書生輩が、何か地位を求るの口実に国会論を唱る歟。又は雑誌新聞紙を発兌して其売捌の路を広くせんが為に心に思はぬ事をも喋々する者のみ。如何もに（にも）頼しからざるのみならず、其輩が口に談じ筆に記して主義とする所は、専ら政府の正面に向て直に之を攻撃するものなれば、到底其帰する所、腕力に訴えるの場合に至らざれば止む可らざるの勢を見る可し。此際に諸方の壮年書生輩が頻りに福沢の宅に来り、何か相談ヶ間布き事を申す者多かりしかども、諭吉は頓と取合はず、殆ど無主義の体を示し、唯学問上の話より外国の形成など語りて、詰る所彼等の熱気を冷にして国権論の方へ導かんとする意なれども、先方は甚だ悦ざるが如し[52]。

上記史料にあるように、福沢は端《はな》から「駄民権」を相手にしていなかったことが分かる。より地に足の着いた改革、実現可能な政治改革を模索していたといえるのかもしれない。

では、福沢のいう実現可能な政治改革とはどのような姿をとるのか。明治十二年、十三年頃に彼の民権・国権を問う著作があらわれる。『民情一新』『国会論』『時事小言』がそれである。

『民情一新』・『国会論』・『時事小言』

明治十二、十三年時の年表を紐解くと地方議会の開会、国会開設要求などが各所から起きてきていた。

明治十二年

3／20　東京府会開会　3／27　愛国社第2回大会、大阪で開催　5／9　政府、官吏の職務外の政談演説禁止を地方長官に布達　10／4　岡山両備作三国懇親会臨時大会開会、国会開設建白書提出決議、元老院に提出　11／7

愛国社第3回大会 大阪で開催、次期大会までに国会開設上奏署名を集めることを決議　12／8　頭山満ら筑前共愛会結成、条約改正・国会開設請願決意、請願書を元老院に提出　(この年の12月、政府は各参議に、立憲政体に関する意見書の提出を命ずる。明治14年5月までに、山県・黒田・山田・井上・伊藤・大隈・大木の七参議の意見書提出さる)

明治十三年

2／5　第3回地方官会議開会（区町村会法・備荒儲蓄法の審議）　2／12　下士官・兵・軍関係生徒の政談演説会傍聴禁止　2／22　府県会議員104人、東京中村楼に会合し国会開設建言を討議　2／　筑前共愛会本部、「大日本国憲法大略見込書」起草　3／15　愛国社第4回大会を大坂で開催　3／17　国会期成同盟結成（片岡健吉・河野広中を請願提出委員に選出）　4／5　集会条例制定　4／17　片岡健吉・河野広中、「国会を開設するの允可を上願する書」を太政官に提出（受理されず）　11／10　国会期成同盟第2回大会、東京で開催、次回（'81　10／1）には憲法見込案持参を決定　11／26　河野広中・杉田定一・内藤魯一ら愛国社の発展的解散と政党組織を考慮　12／15　沼間守一を座長に、松田正久・山際七司・河野広中・植木枝盛ら、自由党結成盟約4ヵ条定める　12／24　大隈・伊藤・井上の三参議、福沢諭吉と政府系新聞発刊を協議

（上記、略年表は『近代日本総合年表』岩波書店刊から作成した）

たしかに、地方からの議会開設要求から憲法案作成・条約改正要求など明治二十年代に争点となってくる問題が顕在化しつつあることが分かる。かかる状況のなかで、上記の三著が編まれていったものである。

『民情一新』は、明治十二年五月に起稿され、七月に脱稿されている。この書物の書かれた意図はどこにあったのか。「民情一新緒言」に、西洋の文明が開化しているといえるのは、学問・道徳が東洋世界に比して進んでいるからというのではない。西洋と東洋双方の違いは一例をとると、「交通の便」の有無によるという。「交通の便」がよくなることにより、往来が頻繁となる。単に国内のみならず外国往来への拡大にも繫がる。そのことは「人類を摩擦刺衝」することに役立つ。

刺激し合うことにより心身の活発を促す。その刺激は、学問・理論（科学）の発達をもたらすこととなる。例示すると、航海術の発展により西洋人は世界の海を航海し、到る所で貿易し、様々な地域（国々）を訪れ交際している。東洋人はかかる進取の気性を以て臨んだことがない。西洋人の進取性はいろんな物の発明とも繫がっている。例えば、蒸気船しかり、蒸気車しかり、さらに電信・郵便・印刷等便利を発明していく。この行為と意識は単にその物の発明に止まるのではなく、旧物（旧制度・旧慣）を打破・改革していく精神（意識）そのものである。そこに文明開化の根源があると語った。

第一章は「保守の主義と進取の主義とは常に相対峙して、其際に自から進歩を見る可し」との長い表題をもち、「保守」と「進取」の関係性について語る。

「保守」から「進取」（「改進」）、あるいは変革は一気に進むものではなく、相軋轢しあう中から生まれてくるものである。守旧の一例は、徳川時代の「古格先例」を墨守していたことを挙げるだけでも分かる。では、旧慣旧制度は全面的に否定されるべきものなのかといえばそうでもない。「進取」といっても全てが全て一新しうるものでもない。旧物のよい所は残して、進取の道に利用すればよいし、十数年の未来を予測して便利ならんと思うものを取ることである。いま、文明を語るのに、千年・万年の向こうのことは誰にもわからないのであって、僅々、十年余の時間幅で考えるのが妥当である。青年達や不学の者はしばしば急進に走るけれども現実的ではない。「時としては事実に行はんとするの念を発し、或は実に之を行はんと企て、之が為に其言行、往々迂闊なるものあればなり。今日、我国に於ても、少しく民権論の端を開けば、直に朝野の疑いを起し、或は之を目して共和政治論と云ひ、或は政府に敵するものと称して、一概に擯斥せらる、の弊なきに非ず。民権論の為には嘆かわしきことなり。論者の為には残念なることなり」[53]と政治論においても、漸進主義的かつ現実主義的選択を推奨する。ここでも福沢は観念的、悲憤慷慨型の民権論をたしなめはするけれども評価はしてはいない。

この『民情一新』の主張は、第五章の「今世に於て国安を維持するの法は平穏の間に政権を授受するに在り。英国及び其他の治風を見て知る可し」とするところにある。この表題そのものが結論であろう。福沢は、往々にして「官」と「民」がその政策と要求事が違ったならば、対立的状況、中には暴動の如き事態が招来するが、これは感心しうるものではないとの立場を堅持する。

「官」「民」の統治が最もうまく行われている国がイギリスである。この国の政治形態は、国会は二大政党制がとられていること、行政府は議院内閣制によっていることを語り、政権党の政策に不満であれば、人民は、次期選挙において他党を多数派にすればよいし、議会における多数党が政権を担当するわけであるから（進取と守旧の交代）、数年それに委ねたらよい。このように政府・政党・国民の相互関係（キャッチ・ボール）がうまく機能する国家システムを生み出すことが大事であるとし、我が国もそうなりつつある（国会開設の近い）ことに期待を寄せている。「第五章」の最後尾の言葉がそれを表している。

試みに見よ、我日本は開国二十年の間に二百年の事をなしたるに非ずや。皆是れ近時文明の力を利用して然るものなり。……古人、七十歳の寿《よわい》を以て為したる事業は今人三年の間に之を終る可しとは、蓋し是の謂なり。此長足進歩の時に当ては国勢更に復た一変して早晩国会を開くの日ある可き万々疑を容れず。唯其時に於て政権を得たる者が永世不変を謀ることなく、事の始より暫時の後には必ず復た交代するものと覚悟して、恰も政権の席上に長坐するの弊なきやう企望する所なり。本章の旨は唯この一点に在るのみ[54]。

『国会論』は、福沢自身その草稿を彼の弟子であった藤田茂吉・箕浦勝人に見せて、公にしてみたらどうかと話を向けたところ、藤田・箕浦は大いに乗り気で掲載した一文である。ただ、福沢の文言をそのまま使えば誰の原稿かがすぐに知れることから、その語句文体を変えて、明治十二年七月二十八日から八月十四日の間、『郵便報知新聞』に掲載したものであった。その経緯を福沢は次のように記しているが、国会開設の機運が昂ってきたタイミング（上記年表参照）を見計らっての行為であったことが見て取れる。

『福翁自伝』の「老余の半生」の章に、「一片の論説能く天下の人心を動かす」との一文がありその経緯を認めている。「西南戦争後、世の中が平穏になってきた。この平穏ななかで、思いついて国会論を投げかけてみたらどうかと思った。世の中は何らか反応するのではないかと思い、仕上げた草稿を報知新聞にいた、藤田茂吉と箕浦勝人に見せて、「社説にしたらどうか。世間の人たちが喜ぶに違いない。原稿そのままでは福沢が書いたことが知れるので、文意は変えずに文体を工夫して出してみたらどうか」ということで、二人はさっそく社説にこれを掲載しました。一週間ばかり、国会論の記事で社説欄を埋めて、二人が扇動的にこれを書いたところ、二、三か月もすると、東京市中といわず、田舎といわず、国会論議が喧しくなってきた。ヒョイとやったことが大騒ぎになってきて、少し怖くなりました」[55]と白状している。

福沢（藤田、箕浦）はこの『国会論』で何を言いたかったのか。

国会開設は国民の希求するところであり、機も熟しているにも拘わらず成就しないのには理由がある。その大きなものに「国会開設時期尚早論」が蔓延っていることによる。尚早論者のいうところは次のようなことである。

1．我が国の人民はまだ智徳に乏しいがゆえである。数百年来、人に依存する風が強く、自主自治の気風が無いことに問題がある。そのゆえに、「木石に等しき人物を集めて国会を開くも、唯一場の愚府」[56]になるだけである。

2．日本の人民の中には木石でない人物もあるが、その殆どは旧藩士である。彼らは、支配することを知っていても、治められることを知らない。したがって、他人の為に民権の論を唱えることも、自らのために権利を張る方法も知らない。彼らにあるのは権柄欲のみであり、権柄（官途）を得られなかったならば、裏を返したように不平分子となり、朝野の状態を罵詈する。このような人物を国会に送り、国会を開くこと自体が拙策である。

さて、このような理由で国会開設が時期尚早であるというが、人文を教えるのが学校ではあるけれども、学校は政治上のことを中心に据えて教える場ではない。政治思想を学ぶには、政治そのものに慣れることが肝心である。英米人の全てが学者ではない。ただ政治の事に慣れているだけのことである。最近、世間には庶民会議があるようだけれども、不学の民といえどもこれに慣れ、その趣旨を知るべきである。今年（明治十二年）になり府県会が開かれるようになった（年表参照）が、このことが参考になるであろう。次に尚早論者は、現今聊かでも政治上何等の思いを持つものは、これは不平の民権論者でひたすら政府を非議怨望して、いわゆる、非政府党と名付くべきものであるが、この輩を集合して国会を開くならば傲慢過激が蔓延り、温良従順の風俗が乱れるというが、この論も本当か。もし、彼らの不平の原因が、政権参与の一点にあるならば、この権利を付与するまでは決して収まるものではあるまい、という。

今夫れ政府は全国の人民貴賤貧富を一社会に集合し一定の政法を以て之を制御するものなれば、その政法の人々個々に適す可らざるは勿論、甲に便なる政は乙に不便なり、乙に適するの法は甲に適せず、其際には、何れか不便を蒙り不平を鳴らすもの無きを得ず。或は直ちに躬から不便を蒙らざるも、己れが所見と政府の所見と互に相齟齬するが為めに、政府の処置を見て隔靴の感を生ずるものなきにあらず。（中略）政府の要は唯、天下人心の向ふ所を察して、多数の人の不平を慰め、有智有力の人民を籠絡し、社会の先導をなすべきにあり。（中略）民権論者必しも悉皆傲慢過激なるにあらず。其然る所以のものは、即ち剛毅朴訥、田舎漢の弊のみ。或は奸佞狡猾、世と浮沈して却て民権の仮面を被り、以て世を瞞着せんとするものなきにあらずと雖も、是亦一部分のみ、以て全面の標準となすに足らざるなり。[57]

政府の施策は国民すべてに満足いくようにはならないのは当然のことである。いま、この国会開設時期尚早論者のいうようなことでは、何時、議会が開かれるのかラチがあかない。敢えて彼らに問うならば、戊辰の王政維新も時期尚早であったのではないか。「吾党は言はんとす、今の世に在りて、十二年前の王政維新を尚早しと云はざるものは、又、今日、国会尚早しの言を吐く可きにあらざるなりと」[58]と語るとき、時期尚早論の根拠が薄弱であることとみていた。因みにこの文中に「吾党」の語が出てくるがこの「党」は政党を意味するのではなく、慶應義塾あるいはその卒業生を意味しているものであろう。とくに核になる組織が無かったことから、十二年八月四日に同窓会を組織することが決まり、翌明治十三年一月二十五日に「交詢社」（「交詢社」は明治十二年八月四日、福沢が小幡篤次郎、阿部泰蔵、森下岩楠らに慶應義塾の同窓会を組織させることとなったが、その質は一学塾のみの結社としたのではなく、門戸開放のもと、日本の知識階級に知識交換の場を提供しようとの意図で創られた。その意味では普通の「同窓会」の意味より広い概念であろう。同窓会兼社交グループの意味をもつものかもしれない。発会式は明治十三年一月二十五日、会頭は長岡護美、副会頭は鍋島直大であった。なお、結社の名称は「知識交換」「世務諮詢」の文字が充てられ「交詢」とした）が発足している。

では、福沢（藤田、箕浦）らは具体的にどのような国会の在り方を是としたのであろうか。日本の政府（行政府）は官吏で占められているなかで、会（議会、国会）は人民をもって組織されることが一つの形として捉えられている。その一例が、「府県会」の姿がそれである。ところが、西洋諸国にその範をとるに、イギリスの議会の事例が最も優れていることが分かったとして以下のように言う。

……吾党頃ろ、如何に国会を開設す可きかの問題を考究して大に悟る所あり。今、我国に於て国会を開くに当り、其模範を西洋諸邦の中に取らんと欲せば、議員撰挙の一事に就ては英国の法に倣ふを以て最も便なりとす。英米両国の国会を比較するに、其会の体裁及び会議の勢力は固より相均しと雖も、米国は官吏を撰んで議員となすを許さず、英国は之れに異にして、政府貴顕の官吏は大抵議員たらざるはなし。此の法に拠れば、英国の官吏は政府に在りては行政官となり、国会に在りては議政官となり、恰も行議の両権を兼るものなるが故に、英政府は常に国会議員の多数を籠絡して事を行ひ意の如くならざるはなし[59]。

ここに福沢（藤田、箕浦）らはイギリスの政治制度、すなわち、議会における（二大）政党制と議院内閣制の有効性を強調する。この論は福沢の『民情一新』に説かれていることと同じであり、この後『民情一新』第五章一節を長文に亘るけれども引用している。この『国会論』が流布したことにより、より一層イギリス流の政治制度が人民のなかに知られる契機となったことが考えられる。
　イギリスでは国民に呼びかけ、自党の政策宣伝にあたり他党を圧倒すべく籠絡する。この行為は非難されるものではないとして次のように語る。

今日の社会は競争の一大劇場にして、開明は則競争の結果なりとするときは、毫も之を咎《とがむ》るにたらざるなり。且や其争は、私に一、二の人に依頼し陰に二、三の人を擯斥し、以て一身の地位を固くするが如き陰険卑屈なる小人の争をなすにあらず、天下の人心を籠絡して衆庶の方向を制するの精神に発するものなれば、恰も一国の政権を四通八達の大道に争ふものにして、則之を丈夫の争と謂はんのみ。其争也君子なり。之を争ふて勝てば則政権を掌握して天下を制し、勝たざれば則退て之を人に譲り以て異日を期す。之を争ふの間、権謀術策施して尽さゞる所なし。即ち智術材能を闘はしめ、機に投じ勢に乗じて、人心の多数即ち輿論を占有せんことを、天下の顕場に競争するものなり。一勝一敗、固より命の存するあり。嗚呼、其争や公然たり。其之を争ふの心事、亦快然として洗ふが如きものなりと云ふべし[60]。

ここにいう「籠絡」とは、自らの政策を人民に訴え、その賛同を得る手段のことをさすもので、所謂、選挙運動のことである。選挙活動の正当性を堂々と訴え、自党が勝利したならば、政権を獲得する。敗北したならば自ずと政権の座からは退くものである。このように、政党政治の在り方を示し、人民の理解に供したのである。

次に『時事小言』の要点を示してこの項を閉じることとする。

この『時事小言』が出版されたのは明治十四年の九月、発売されたのが翌十月のことであった。『通俗民権論』『通俗国権論』『民情一新』『国会論』と一連の福沢の著作のテーマは『文明論之概略』に提示されている主題を基本的に繰り返している。

「時事小言緒言」には福沢は、昨今、民権論が人民の間に知られて口の端に上っていることを喜ぶとともに自らの位置をも宣言する。彼は、自らを民権の敵ではないとし、それを大いに欲するという。民権の伸張は何によって示されるかといえば、国会開設そのものにあると見做した。ただ、国会開設、民権を張ることは最重要かつ必要なことではあるが、日本の周囲を見回してみるに、外国の力が強く「国権を圧制するもの」がある。これは愉快なことではない。「国権を圧制する」とは、日本の独立を脅かすことをさしている。列強の圧力をいかにして抑えるのかが福沢の終生の課題であった。「国権を圧制する」外国と如何に対峙するか、その大きな力となるのが人民の国政参加にあるとしたのである。

そのためには「内安外競」(第一編)が必要であり、その準備(国づくり)が必要である。仮に「天然の自由民権論」というものがあるならこれを「正道」と位置づけるが、現実社会に眼を転ずると、そこは善人ばかりが住まいするものではなく、善悪が混在している。家を一歩出たならば「兇徒、窃盗、掏摸《すり》」の類が雑居している。人を欺く者もあれば、約束を守らない輩もいる。その故に法律や刑罰が必要となる。だとすると「天然の民権論」などということは絵空事でしかなく、無益であり、論ずるに足りないという。この関係は「個人―社会」のことだけではなく、「国家―国家」の間にあってもいえることで、「条約書」を交わしたところでこれを遵守されたためしがない。その約束を破る要因が「金力と兵力」の多寡強弱によるものである。

福沢は自身の立場を、「国に政府を立て、法律を設け、民事を理して軍備を厳にし、其一切の事務を処する為には大小の官吏を置き、其一切の費用を支弁する為には国税を納め、以て国内の安寧を求むるの説を説く者」[61]の立場にあるという、「我輩の主義とする所は、内国の安寧に在り」[62]と同様の主旨を繰り返す。ここにいう「国内の安寧」とは秩序維持のなされている様をさしているのであり、すでにこの主張は『文明論之概略』「第十章 自国の独立を論ず」に語られていた。「第一編 内安外競之事」に「天然の自由民権論」と対になるものに「人為の国権論は権道なり」という言葉がある。意味は以下のようである。

> 余曽て云へることあり。金と兵とは有る道理を保護するの物に非ずして、無き道理を造るの器械なりと。蓋し本文の意なり。危険も亦甚だしからずや。彼の正論家は、坐して無戦の日を待つことならんと雖ども、我輩の所見に於ては、西洋各国戦争の術は、今日漸く卒業して、今後益盛なることとこそ思へ。近年各国にて次第に新奇の武器を工夫し、又、常備の兵員を増すことも日一日より多し。誠に愚なりと雖ども、他人愚を働けば、我も亦愚を以て之に応ぜざる得ず。他人暴なれば我亦暴なり。他人権謀術数を用れば我亦これを用ゆ。愚なり暴なり又権謀術数なり、力を尽して之を行ひ、復た正論を顧るに遑あらず。蓋し編首に云へる、人為の国権論は権道なりとは是の謂にして、我輩は権道に従ふ者なり[63]。

「権道」の意味を説くとともに、福沢が「民権論」のみならず「国権論」(「権道」)にも応じるという意味は、一国の独立(国権維持)を成就するには、「富国」と「強兵」を併せ持ってはじめて可能であるとの認識によっている。

世にいう戦争は火器兵力を使用する熱戦であるけれども、「太平無事」のうちの戦争も存在する。すなわち、「工業商売の戦争」である。一国の生産力、工業力の成果と貿易がそれである。詰まるところ、それは一国の「物理力」の差異がそうさせる。この「物理力」が「工業商売」に向けられたならば、生産性を高める工夫(蒸気力の使用・交通運輸の便)となり、軍事に向かうとこれが軍艦・大砲・弾薬製造に転化しうるものである。西洋列強はこの「物理力」を十分に駆使し得ているが、日本はそれに比べるとまだまだの感は免れえない。「外の艱難を知て内の安寧を維持し、内に安寧にして外に競争す。内安外競、我輩の主義、唯この四字に在るのみ。内既に安し、然らば則ち、消極を去て積極に向ひ、外に競争する所以の用意なかる可らず」[64]と結論する。

福沢は自らの主義を「内安外競」の立場にあると言った。内にあっては「富国」化を図るということであろう。具体的にはどのような青写真をもっていたのか。「第二編　政権之事　附国会論」の冒頭部に三点の策を挙げている。「第一　政務の権力を強大にして護国の基礎を立ること、第二　この大義を実際に施行するが為めに国庫を豊にすること、第三　全国資力の源を深くするが為に農工商を奨励保護して殖産の道を便ならしむること」[65]といい、この三策は「至急の急」[66]を要するものであるとした。

第一策の「政務の権力を強大に」するとはいかなる意味か。福沢は、「政体」と「政務」という語を用いてその違いを説明している。そもそも「国会の開設」とは「政体（コンスチチューション又ガーウルメンタル・ヲルガニジェーション）の変革にして、政務（アドミニストレーション又ガーウルメンタル・ミジュール）の変革に非ず。政務の変革、或は政体の変革に由て生ずることもある可しと雖ども、開設第一着の目的は政体に在て、政務は第二着の事なり」[67]という。では政体とは何か。

> 政體とは政府の仕組にして、例へば独裁の政體と云へば君主の独権を以て政務を制裁することなり、立憲の政體と云へば、国に憲法を作り、此国の主人は何人にして此国民は何人の臣民たる可し、此臣民は此国の法に対して何等の義務ある可し、行政の権は何人に帰す可し、議政の権は何人に帰す可し、其人物を撰定するには斯の如くす可し、其新陳交代の法は斯の如くす可し云々とて、国民の政治に関係する権限を規則に由て定ることなり[68]。

政体とは国家の政治体制そのものであり、政治上・統治上の組織として、国家の根幹となるものである。政務とは、政府の事務と規定し、具体的な政策（方策）となって表出される。行政上の人物（長官）のもとで、財政に関して、課税の仕方について、兵制、外国交際はかのように、など実際の事務を処理することであるとして、政体と政務とは異なるものとしたのである。然るに、民権論者はしばしば、この政体と政務を取り違えて、「国会開設」の目的を「政務」上の事柄に置き換えてしまう。国会開設を説く論者が、国会開設さえ成就されたならば、租税軽減も可能になるなどと聴衆に語りかけるとき、自ずと衆庶は「減税」に幻想と期待をかける。すでにここに「国会開設」の目的が、「政体」を造るのか「政務」を語るのかが混同されてしまっている。いま必要なことは、政体の確立にあるとし、福沢はその原則を繰り返し語る。「国会開設の目的とする所、政務に在らずして政体に向ひ、今の政体を改めて立憲政体に為さんとすることならば、固より我輩の主義にして毫も異議なし。殊に我輩は此改革を以て内の安寧を維持して外に競争せんとする者なれば、公明正大に之を唱へて、毫も憚る所あるを覚へず」[69]として本来の目的に立った国家建設の必要性を説く。その最終目的は、「外に競争」せんがために国内の充実と安寧強化が計られなければならなかったのである。

立憲政体を確立することにより、何が利点として見えてくるか。「政体」確立についてつぎのように見ている。福沢は、日本にイギリスのような国家（立憲君主国）の誕生を夢見ていた。

早く政体を改革して立憲国会の政府と為し、三藩（薩摩藩・長州藩・土佐藩のこと　引用者 注）とも云はず薩長とも云はず、唯衆庶の望を属する人物を撰挙して之に国事を托し、日本国の国事を日本国人の手に執り、人を用るに地理に由らずして主義と才徳とに由り、其才徳乏しければ人望爰に去らん、其主義相異なれば政党これに由て相分れん、政党爰分るれば、上は天皇陛下を戴き下は三千余万の人民に対して、公明正大、白昼に前後を争ひ、其一進一退は兵器に拠らず腕力を藉らず、唯天下人心の向背に任ずるのみにして、恰も争ふて戦はず競ふて乱れざるものなれば、競争活発の間に安寧の大義存す可し。政体一変、以て国を泰山の安に置て帝室を無窮に伝へ、其事情期せずして自から英吉利の風に效ひ、東洋新に一大英国を出現して世界万国と富強の峰を争ひ、他をして三舎を譲らしむるの愉快を見ること遠きにあらず。之を一個人にすれば真に丈夫の事なり、之を一国にすれば真に独立国の事なり。我輩の考案は斯の如きのみ。論者以て如何とす。必ず大なる異論もなきことならん。即ち我輩と所見を同ふする者なり[70]。

ここに福沢の考える国家イメージが浮き彫りにされている。先にも記したが、イギリス型の立憲君主制国家を目標としているのである。

福沢は、政府は強力でなくてはならないことを語る。ひとたび出した施策政令は朝令暮改されるべきではない。何故か。施政の要は厳正であることにある。施策や政令に対する批判や異論に右顧左眄すべきではないのは勿論のことで、逆に批判や異論を圧倒することがなければ具体的に政策実現は不可能である。形式的にも、約束を履《ふ》んで人を制しているからである。これを厳正という。また、国家の基礎を強固にするには政権の力が大きくなければならない。そのためにも国会開設が必要なのである。維新政権誕生後、新政権は封建遺制を解体させていったことは周知のことである。廃藩置県、地租改正、徴兵制採用などこれらの政策を断行するには、ともすれば不平士族や農民たちの反乱一揆が考えられ、維新政権の転覆さえも考えられるなかで、薄弱な政府にあっては、改革は不可能であったことは明らかである。

第四編は「国権之事」として福沢のいう「内安外競」の「外競」部分に焦点をあてる。今や我が国は国内政治の安寧化が進んできている。よって次に眼を向けるべきことは「外国」との関係性にある。

論旨はこうである。今や日本は、万国と並び立つ一国となった。自国を保護し他国からの侮りを受けないためには軍艦銃砲を備え、海陸軍の兵備を厳格にする必要にせまられている。とはいうものの、日本は不平等条約の下に独立を蹂躙されている。国民が挙ってこの状況を打破する必要がある。商人は団結して貿易の弊風を改めなければならないし、工業に従事する者はその製品を高度なものにして外国の商品を凌駕しなければならない。法学士は内外の法律を研究して、訴訟の権利を主張もしていくことが肝要であり、このようにして各部署からの工夫の積み重ねが西洋列強からの軽侮を防ぐこととなる。西洋文明諸国の軽侮を跳ね返すには、その背後には軍事力の威力が必要であるのだが、国民の中にその用意はあるかと語りかける。

独り怪しむ可きは近年我国全体の気風として武備の事を等閑にするの一事なり。今我国の陸軍海軍は、果して我国力に相当して果して我国権を維持するに足る可きもの歟、我輩万々之を信ぜず。然るに海陸軍備盛大にす可しとの論は、新聞紙に見ること少なく演説に聴くこと稀なり。論客曽て語らず、著書亦多からず。古来我日本は尚武の国と自称しながら、今日頓に其反対の相を現はしたるは怪しむ可きに非ずや。蓋し文明の文に酔て之を忘却したるもの歟。彼の法律上の勝敗なり、商売上の損益なり、之を争ふは文明の争なりと雖ども、其文に実力を附するものは武なり。苟も今の世界の大劇場に立て西洋諸国の人民と鋒を争はんとするには、兵馬の力を後にして又何物に依頼す可きや。武は先にして文は後なりと云はざるを得ず。仮令ひ或は先後軽重なしとするも、正に之を同一様の地歩に置くの緊要なるは論を俟たず。我国の如きは、或は此先後軽重を逆にしたるものと云ふ可し[71]

自国の独立を最終的に担保するのは文（言葉、著作、演説）ではなく武（一隻の軍艦、一台の大砲、一丁の銃砲）が全てとなる。西洋列強の外交態度は、「握手と微笑み」の背後に「軍事力」が控えている。その認識に立つならば、我が国も列強と同様の準備があって初めて同じ舞台に立てるのである、との主張である。

終章「第六編」に「国民の気力を養ふ事」が語られてこの『時事小言』は閉じられる。その主張は、軍事・国家財源が準備されても、国民が国を護る気概がなければ、「天下泰平」や「国土富有」という言葉は画餅に等しい。隣国清国がその例であるという。

この「国民の気力を養ふ」には、「士族の気力を維持保護する」ところにあるというのがその趣旨である。ここにいう士族とは、徳川時代の旧士族のみをいうのではなく、「浪士、豪農、儒者、医師、文人等、都て其精神を高尚にして肉体以上の事に心身を用る種族を指すもの」[72]として、士族的精神やその気概（向上心）を有する人格であるとする。というのも、日本社会において事を成就してきたものは士族であったし、戦に出向いたのも士族、政事を執ったのも士族であった。また、近来西洋文明を取得し、維新の新政を施したのも士族であった。百姓町人はこれを傍観していただけである。これからは百姓町人がその心事を改めて士族と相謀って、共に進歩したらば農商も士化されるであろうという。

最後に「国民の気力」を涵養するには、日本人民の身体を強壮にすること、日本の学術、商売、工業を西洋の技術依存から独立すること、そして、「国民の気力」を養成する実際的な面では、徴兵令の兵役免除規定（戸主嫡子、代人料支払者）を改正して兵役操練させることが第一である、としている。この主張は、明治十六年十二月に出された「改正徴兵令」の先鞭をいくものであることに意外な思いがする。

②立憲君主制度

明治十四年の政変時、政府は十年後を期して国会開設を約束した。民権派は政党を組織し、立憲主義を標榜して新たな活動を展開する。ことに顕著であったのが種々の私擬憲法草案の作成に熱心であったことである。福沢も私擬憲法案（所謂、交詢社案）作成に理解を示していた。他方、福沢が政体の在り方をイギリス型の立憲君主制に認め、これに傾斜していたことは先に見たところである。この項では、議会の在り方と皇室の関係を彼がどのように捉えていたのかを訊ねようとするものである。

私擬憲法案

いわゆる、「私擬憲法案」[73]（以下、「交詢社案」と呼称）は、中上川彦次郎、小幡篤次郎、馬場辰猪、矢野文雄らによって作成された。『交詢雑誌』第四十五号誌上に掲載されたのは明治十四年四月のことである。欧米には立派な憲法があるが、我が国は我が国の国情に見合った憲法を造るべきであるとの意向の下で編纂された。

この「交詢社案」は形式的には七章、七十九の条文を持つものであった。

「第一章」は「皇権」とあり天皇規定をはじめに置いている。「天皇ハ宰相並ニ元老院国会院ノ立法両院ニ依テ国ヲ統治ス」（第一条）と天皇の統治について規定する。第二条は「天皇ハ神聖ニシテ犯ス可ラサルモノトス政務ノ責ハ宰相之ニ当ル」とあり、天皇の尊厳を規定するとともに政務執行権は内閣にあることを明確にしている。ここで注目すべきは、天皇の権限が絶対視されているのではなく、「宰相」「元老院国会院」の制約をうけ、また、政治上の責任は「宰相」に帰すことを規定していることである。このことはイギリス流の議院内閣制度の採用により、天皇の実質的権能を制限的に捉えようとの意図がうかがえる。また、行政権は天皇に属しはするが、行政官吏がその事務を執行し（第四条）、司法権も天皇に属しながらも、裁判官による裁判執行を司る（第五条）ことを規定した。陸海軍の統率権・宣戦と講和・条約締結権・官職爵位授与権・貨幣鋳造権・議会招集権と解散権（第六条）などは天皇権限内のこととしている。

天皇神聖の規定は、沢辺正修の「大日本国憲法」にも見ることができる（第二条）[74]し、植木枝盛「東洋大日本国国憲按」には、天皇の兵馬の権、宣戦講和の決定権を規定している（第七十八条）[75]ところをみれば、民権派の憲法草案には普通のように天皇権限を容認していることが分かる。稲田正次は「これら（「交詢社案」のこと　引用者 注）の条の殆んどがイギリス憲法によっている」[76]としている。

「第二章 内閣」は第八条から第十七条までの規定である。注目すべき項目を拾ってみよう。内閣の組成については、「各省長官内閣顧問ヲ以テ之ヲ組成スル」（第八条）とある。当然の規定であろう。第十二条「首相ハ天皇衆庶ノ望ニ依テ親シク之ヲ撰任シ其他ノ宰相ハ首相ノ推薦ニ依テ之ヲ命スヘシ」、第十三条は「内閣宰相タルモノハ元老議員若シクハ国会議員ニ限ルヘシ」とある。第十七条は「内閣ノ意見立法議院ノ衆議ト相合セサルトキハ或ハ内閣宰相其職ヲ辞シ或ハ天皇ノ特権ヲ以テ国会院ヲ解散スルモノトス」とあり、この三ヶ条が議院内閣制の具体的な規定におよんでいるものである。

「第四章」に「国会院」の規定があり、第三十九条から第六十三条まで及んでいる。選挙の仕方については、国会議員の任期は四年間（第四十条）であること。選挙区は人口で割り振られている。「国会議員ノ選挙区ハ各州ヲ以テ一区若シクハ数区ニ別チ人口八万人毎ニ一人ノ割ヲ以テ公選スルモノトシ八万人ニ満タサル端数四万人ニ満ル分ハ同シク一人ヲ公選シ四万人ニ満タサル分ハ之ヲ除クヘシ但シ一州ヲ成スモノニシテ人口二万ニ満ル分ハ一人ヲ公選スヘシ」と。また、選挙権者については、地租五円以上あるいは三円以上支払った者（第四十三条）として制限選挙制を採用している。被選挙権者は二十五歳以上の日本人にその資格を有する者（第四十四条）とした。

「第六章」は「民権」と題して国民の権利（自由権）規定がなされる。第六十九条から第七十八条までである。これらの自由権規定は「大日本帝国憲法」の「臣民の権利義務」規定よりはるかに進んだ規定であったことを知りうる。第六十九、七十、七十一条には「国安ヲ妨害スルニ非サレハ」、「国安ヲ妨害シ若シクハ人ヲ誹謗スルニ非サレハ」、「兵器ヲ携ヘスシテ静穏ニ」などという制約言語が散見するけれども、「教法ヲ奉スルノ自由」、「其意見ヲ演説シ及ヒ出版公布スルノ自由」、「集会シ其疾苦ヲ政府ニ訴フル」自由や権利を容認している。「国安ヲ妨害スルニ非ザレバ」とする一連の制約言語は社会秩序維持を第一とする福沢にしてみれば当然の前提であったものであろう。さらに第七十二条は、「財産所有権」の侵害を禁止しており、第七十三条から七十六条の内容は、令状主義（第七十三条）、勾留の四十八時間制規定（第七十四条）、保証金による保釈制度規定（第七十五条）、拷問禁止条項（第七十六条）などである。最終章（第七章）が「憲法改正」条項である。改正には「元老院国会院各議員総数三分ノ二以上ノ同意」（第七十九条）を以て改正すべきものとしている。

矢野文雄らの「私擬憲法案」（「交詢社案」）の概要を見てきたけれども、総じて言えることは、天皇の政治関与を抑制的に規定するとともに自由権規定も「帝国憲法」に較べればまだその許容範囲は大きかったといえる。おそらくこの「憲法案」は福沢の吟味するところであっただろうから、彼の意思も働いていることは想像できる。福沢のいう「議院内閣制」の具体的記述が「第十二条」「第十三条」「第十七条」に描かれていることからもそれがうかがえる。さらに現在の「日本国憲法」規定の先駆的内容が多々みられるのも興味深い。例えば、「第七十三条」「第七十六条」「七十九条」などがそれである。

「帝室論」「尊王論」

福沢諭吉が理想とした政治形態は、立憲主義・二大政党制・議院内閣制にあったことは既に記してきたところである。ところで、「立憲主義」にも共和立憲政体もあれば、君主立憲政体もある。福沢が容認した政体は「立憲君主制」であった。

では福沢は「君主」の在り方をどのように捉えていたのであろうか。この場合は、「天皇」存在の把握の仕方が如何であったかの問題となってくる。彼の天皇について記したものとして最も纏まったものに『帝室論』と『尊王論』がある。両書は基本的には同じ主旨を語っている。「帝室」という語を用いているが、ここでは天皇、皇室の意味で捉えることとする。

この『帝室論』は、明治十五年四月二十六日から五月十一日まで、都合十二回にわたって『時事新報』の社説として発表されたもので、五月に「福沢諭吉立案、中上川彦次郎筆記」の一冊として出版されたものである。『帝室論』冒頭部は以下のように語る。

帝室は政治社外のものなり。苟も日本国に居て政治を談じ政治に関する者は、其主義に於て帝室の尊厳と其神聖とを濫用す可らずとの事は、我輩の持論にして、之を古来の史乗に徴するに、日本国の人民が此尊厳神聖を用ひて直に日本の人民に敵したることなく、又日本の人民が結合して直に帝室に敵したることもなし[77]。

福沢は「帝室」の位置づけを「政治社外のもの」とし、政治世界に関与しないで、そこからは超越した存在としてとらえられている。何故「政治社外のもの」と位置付けるのか。

すぐ後の記述に、ともすれば日本国民が「帝室」を遵奉するか否かで忠臣義士、乱臣賊子に腑分けされ対立が生じる。「帝室」からみれば、忠臣義士も乱臣賊子も同等に「日本国内の臣子」に変わりがないにもかかわらずである。「帝室」を政治の具として自己の有利不利に供すべきではないとした。これは、「日本国に居て政治を談じ政治に関する者は、其主義に於て帝室の尊厳と其神聖とを濫用す可らず」に通ずる。

「帝室」は「政治社外のもの」とする所以は、国会開設問題ともリンクする。

去年（明治十四年のこと　引用者 注）十月、国会開設の命ありしより、世上にも政党結合する者多く、何れにも我日本の政治は立憲国会政党の風に一変することならん。此時節に当て我輩の最も憂慮する所のものは、唯帝室に在り。抑も政党なるものは、各自に主義を異にして、自由改進と云ひ、保守々旧と称して、互に論鋒を争ふと雖ども、結局政権の授受を争ふて、己れ自から権柄を執らんとする者に過ぎず[78]。

明治十四年政変後、政府は十年後を期して国会開設を約した。これを契機に民権派、皇学者流がそれぞれの立場から政党を組織していく。明治十四年には自由党、十五年には立憲改進党、立憲帝政党がつくられることとなったが、ここで問題となるのは、それぞれの党派の政治対立とその論争が政争の坩堝となることは火を見るよりも明らかなことである。福沢は、このような権力争いの場に「帝室」を位置付けることを是としなかった。

政党が権力争いを展開するのは当然のこととして、仮にある党派が政権を担当したとしてもせいぜい三年あるいは五年程度で新陳交代するならば、政権交代毎に一方の政党が「帝室」に向かい、これに背くようなことがあれば「帝室」は政治社会の塵埃にまみれることとなる。そのようなことが、「帝室」の「無上の尊厳」を害し、「無比の神聖」を損なうことになる。これは憂慮すべき事柄となる。

他方、皇学者流も「帝室」尊崇をその主義として堅守するのは結構なことではあるが、そのあまりに社会の百事に、政治の細事にいたるまでこれに帰一させることは首肯しえない。というのも「帝室は、万機を統《すぶ》るもの」であり「万機に当るものに非」ざる存在であるがゆえである。皇学者流の「帝室」への尊崇主義は往々にして宗旨論的となり偏狭なものとなる可能性があるとして、これを採るところではないとした。

気になるのは、「統ぶ」の意味である。辞書によると「統ぶ」には「統一」「統治」という言葉があてられ、「一つにまとめる」あるいは「すべおさめる」の意味が付されている。「統治」をひくと、「主権者が、国・人民をおさめること」とあり、「国・人民をおさめる」には、主権者（この場合は国王・天皇）の実質的支配権能が作用してくるのではないかと考えられる。

この『帝室論』中にしばしば「帝室は万機に当らずして、万機を統べ給ふ者なり」という言葉が散見する。また、類する表現に「帝室の独立を祈り、遥に政治の上に立て下界に降臨し、偏なく党なく、以て其尊厳神聖を無窮に伝へんことを願ふ」[79]という言葉もある。「帝室」の「独立」、「政治外的存在」、「下界への降臨」、「偏なく党のない存在」、「無窮の尊厳神聖」を祈願する。これが福沢の「帝室」の位置づけのキー・ワードである。イギリス国王の位置づけは「君臨すれども統治せず」であるけれども、福沢は果たしてこのイギリス流の位置づけを一つの理想として設定していたのであろうか。

では、日本の「帝室」は如何なる機能・役割を担ったのであろうか。

福沢に言わせると、人生を両断すれば、形体と精神の二様に分れる、という。すなわち、政治・社会の事柄は形体に属し、人民を心服させうるものではない。精神・心情に訴えるべきものが必要である。福沢は「帝室」の役割を次のようにみていた。

殊に我日本国民の如きは、数百千年来君臣情誼の空気中に生々したる者なれば、精神道徳の部分は、唯この情誼の一点に依頼するに非ざれば、国の安寧を維持する方略ある可らず。即ち帝室の大切にして至尊至重なる由縁なり。況や社会治乱の原因は常に形体に在らずして、精神より生ずるもの多きに於てをや。我帝室は日本人民の精神を収攬するの中心なり。其功徳至大なりと云ふ可し。国会の政府は二様の政争相争ふて、火の如く、水の如く、盛夏の如く、厳冬の如くならんと雖ども、帝室は万年の春にして、人民これを仰げば悠然として和気を催ふす可し。国会の政府より頒布する法令は、其冷《ひややか》なること水の如く、其情の薄きこと紙の如くなりと雖も、帝室の恩徳は其甘きこと飴の如くして、人民これを仰げば以て其慍《いかり》を解く可し。何れも皆、政治社外に在るに非ざれば行はる可らざる事なり[80]。

ここに福沢のいう「帝室」の機能や役割が奈辺にあるのかを聴こう。「帝室」のもつ最も大きな機能・役割は「国の安寧を維持する」ところにあるとみていることである。このことが「帝室」の存在を「至尊至重」ならしめている所以のものである。「帝室」存在は、国家安寧（政治的安定機能、社会秩序維持機能）の条件（手段）として必要であり、「日本人民の精神を収攬する中心」的存在であるとみている。

政治世界が齎す方策（法令）は酷薄であるのに対して、「帝室」の存在や恩徳は「常春《とこはる》」であり「甘い飴」であるという。一種、「平穏な国家」「安寧な国家」形成のための緩衝帯・必要条件として把握していることがわかる。

ここでは、「帝室」存在の役割の一つが、国家秩序（「国家安寧」）の維持機能にあることを確認しておこう。

『帝室論』に興味深い記述もある。政党と兵力（軍部）が対応した場合を想定した箇所がそれである。「国会の政党に兵力を貸すときは其危害実に言ふ可らず」[81]と政党（政治）と軍人が結託すると容易ならざる事態が生ずるがゆえ、これには否定的である。政党が軍隊と結んで、軍人を利用するようなことにでもなると、「国会は人民の論場に非ずして軍人の戦場」[82]になってしまう。混乱と軍人の無道が跋扈するけれども、そのような場合、軍人を統括する陸海軍卿の命令に従うべきものである事、外面上の進退の問題が生じた場合には、陸海軍卿がその責を負うべきで、帝室はあくまでも内面的収攬につとめるべきである。

ここに「帝室」の「政治社外」的存在が、壮大な自由、あるいは無限の無責任となるのかが問われることとなろう。後年、日清・日露戦争での天皇大権発令、第一次大戦への参戦、昭和時代の所謂、十五年戦争の天皇・政治・軍部のトライアングルを形成する。この事態を福沢はどう捉えるのか聴いてみたい気がする。すでに福沢存命中に日清戦争が起こり、その結末を彼は知悉している。「私擬憲法」（交詢社案）において天皇は宣戦布告・講和締結権をもち、帝国憲法においても「統帥大権」を規定していることから、「帝室」が「政治社外」的存在などと超然としておれなかったのである。

人心収攬は国家秩序を維持するうえで重要な要因である。西洋の碩学の説に、そのために利用しうるものは、「宗教、学事、音楽、謳歌等にして、殊に立君の国に於ては王室を以て人心収攬の中心たる可しと云へり」[83]といい、国家秩序維持のための「帝室」のもう一つの役割を語る。すなわち、秩序維持の手段として、精神的文化的中核として存在せしめるところにある。また、「学術技芸の奨励も亦た専ら帝室に依頼して国に益すること多かる可し」[84]として、全国の教育、学術の直轄機関を文部省から帝室がこれを管掌してはどうかと提唱する。

我輩の大に冀望する所は、帝室に於て盛に学校を起し、之を帝室の学校と云はずして私立の資格を附与し、全国の学士を撰て其事に当らしめ、我日本の学術をして政治の外に独立せしむるの一事に在り[85]。

ここでいうところのテーマは、教育・学問の文部省（国家）からの解放であろう。すなわち、「学問の独立」[86]である。「我学術を政治社外に独立せしめて其進歩を促すは、内国の利益幸福のみならず、遠く海外に対して、日本の帝室は学術を重んじ学士を貴ぶとの名声を発揚するに足る可し。国の一美事なり」[87]という。

現在においても皇室を教育学問の中核に置くというイメージは持ちづらい。福沢は私立学校の設立を期待しており、学術界も国家からの独立をのぞんでいたといえる。その原型はやはりイギリスに求められていた。福沢の抱いたイメージはパブリック・スクール、王立科学院（ロイヤル・アカデミー）などであろう。

方今英国等に於て大学校の盛なる者は、悉皆独立私立の資格なれども、其本を尋れば在昔王家の保護を蒙るもの多しと云ふ。又近くは同国の皇婿アルバルト公は、在世の間、直接に政事に関せずと雖ども、好んで文学技芸を奨励し、国中の碩学大家は無論、凡そ一技一芸に通達したる者にても、親しく公の優待を蒙らざるものなし。蓋し数十年来、英国の治安を致して今日の繁栄を極るも、間接には公の力与りて大なりと云ふ。王家帝室の名声を以て一国の学事を奨励し、其功徳の永遠にして洪大なること以て知る可し[88]。

ここに出てくる「アルバルト公」とは、Francis Albert Augustus Charles Emmanuel,Prince Consort England（1819～1861）である。ヴィクトリア女王の夫君であり、エドワード七世の父であった。法的には国政上の権限を持たなかったが、ヴィクトリアの妊娠・出産のため、職務代行権を正式に与えられた。政治的判断力もさることながら、美術・建築の造詣が深く、王立芸術協会の会長を務めるほどでもあった。ロンドン万博（一八五一年五月一日～十月十五日まで開催）を企画し、成功に導いた人物でもあった[89]。

福沢の「帝室」論は、その政治機能（国家秩序維持）にしても、文化的機能にしてもイギリス国王の在り方をモデルに採用していたことがわかるが、このイギリス型の「帝室」観が現実の日本的状況に合致していたかの判断は難しい。その後の「大日本帝国憲法」の天皇規定がそれを示している。国王は「君臨すれども統治せず」との認識（あるいは制度化）は近代イギリス史における、「人民」対「国王」の権利・権力争いの中で、人民の勝ち取った成果であることを考えると、その歴史的事実は重い。言葉でこの制度や意識がベターだとしても、横滑り的に扶植したとしても日本の政治風土に根付くものではなかったといってもよいのではないか。

最後に「尊王論」を簡単に紹介してこの項を締め括る。

この「尊王論」は明治二十一（一八八八）年九月二十六日から十月六日まで九回にわたり『時事新報』社説として発表されたもので、十月に単行本として出版された。

「尊王論」で目立つ記事は「帝室」の尊厳神聖なる所以を尋ねると、我が国は勿論のこと、古今東西に無比の由来をもつことにあるという。まさにこの「帝室」は悠久の時間を経過し連綿と継続しているところにあるとしている。次のようにいう。

我日本国には帝室なるものあり。此帝室は日本国内無数の家族の中に就て最も古く、其起源を国の開闢と共にして、帝室以前日本に家族なく、以後今日に至るまで国中に生成する国民は悉皆その支流に属するものにして、如何なる旧家と雖も、帝室に対しては新古の年代を争ふを得ず。国中の衆家族は、おのおの固有の家族姓なるものを作りて、相互に自他を区別すれども、独り帝室に於ては其要を見ず。何姓とも云はず、何族とも唱へず、単に日本の帝室と称するの外なし。其由来の久しきこと、実に出色絶倫にして、世界中に比類なきものと云ふ可し。（中略）然らば則ち、帝室は我日本国に於て最古最旧、皇統連綿として久しきのみならず、列聖の遺徳も今尚分明にして、見る可きもの多し。天下万民の共に仰ぐ所にして、其神聖尊厳は、人情の世界に於て、決して偶然に非ざるを知る可し[90]。

福沢が帝室の時間的悠久性を強調する理由は、ここでも政権のもつ短時間的なことと対置させていることによるものである。そして、「帝室」のもつ悠久性は古今東西例をみない比類稀なる家柄であり血族である。そのゆえに、その「神聖尊厳」は守られなければならない、という。その主張の基調は『帝室論』のそれと同じである。この『帝室論』『尊王論』の論理、ことに「帝室」「神聖」観は、天皇制国家揺籃期にあって政治利用される可能性は十分にあったと言えよう。

③外交問題

福沢の課題であった「民権」と「国権」を充実させることによって日本の列強に対する独立維持が可能とする論理は、ともすれば「国権」の強化に傾斜する可能性を含ませていた。福沢がしばしば口にした「内安外競」の語はそれを彷彿させる。

ここでは、福沢が隣国朝鮮・清国をどのようにみていたのかを検討していくこととする。明治初期にあっては、日本・朝鮮の関係は、アジアにおける列強と弱小国の関係であった。それが証拠に、維新政権誕生後わずか六年にしかすぎない国（日本）が隣国朝鮮に難題を吹っかけ（征韓論）、事件化（江華島事件）し、強引に朝鮮を開国させた（日朝修好条規）。その条約は、西洋列強が日本に突きつけた不平等条約と同質のものであったれば、幕末期日本と西洋列強の関係と相似形をとる。このような弱肉強食を容認する世界にあって、この事態を福沢はどのように見ていたのか、さらに日本が軍事強大化する（「外競」）過程のなかで、その見方はどのように変化するのかを検討したい。その際、壬午事変、甲申事変、日清戦争の三項に限って検討することにする。

福沢諭吉の朝鮮観

壬午事変・甲申事変以前における福沢の朝鮮観はいかなるものであったのだろうか。早い時期の朝鮮観を示す記事に「朝鮮の交際を論ず」がある。これは『時事新報』に掲載（明治十五年三月十一日）された論説である。『時事新報』が同年の三月一日に発刊されていることから、この朝鮮論は『時事新報』に掲載されたものとしては早いものである。

「日本と朝鮮と相対すれば、日本は強大にして、朝鮮は小弱なり。日本は既に文明に進みて、朝鮮は尚未開なり」[91]との見方は、仕方のないものとしても福沢の朝鮮への見方は高所からのものであることがみてとれる。「強大」「小弱」の分界は、「文明」「未開」の差異として捉えられているところにある。

明治政府は、明治八（一八七五）年江華島事件を引き起こし、強引に朝鮮開国の手綱を牽いた。翌九年、「日朝修好条規」を締結する。その内容を全て紹介する紙幅は無いのでいくつかの条文を紹介しておこう。第一款は「朝鮮国ハ自主ノ邦ニシテ日本国ト平等ノ権ヲ保有セリ。嗣後両国和親ノ実ヲ表セント欲スルニハ彼此互ニ同等ノ礼義ヲ以テ相接待シ、毫モ侵越猜嫌スル事アルヘカラス。（下略）」[92]とあり、日朝間の開国和親を謳うけれども、「朝鮮国ハ自主ノ邦」、両国は「毫モ侵越猜嫌スル事アルヘカラス」との文言は、朝鮮国の自主を強調することによって日本以外の他国による朝鮮国への覇権的影響を牽制していることを窺わせる。その外国とは清国であろうことは容易に推測できる。第十款は「日本国人民朝鮮国指定ノ各口ニ在留中、若シ罪科ヲ犯シ朝鮮国人民ニ交渉スル事件ハ総テ日本国官員ノ審断ニ帰スヘシ。若シ朝鮮国人民罪科ヲ犯シ日本国人民ニ交渉スル事件ハ均シク朝鮮国官員ノ査弁ニ帰スヘシ。（下略）」[93]「治外法権」を規定するものであった。僅かな条文ではあるけれども、この条約は平等なものでないだけでなく、日本の朝鮮への侵犯意図のあることが垣間見えるのである。

このような朝鮮開国の経緯を福沢は以下のような捉え方をしている。

明治八年我使節黒田井上の両君（黒田清隆・井上馨　引用者 注）が軍艦に搭じて直に其首府漢城に至り、一朝の談判に和親貿易の道を開きたるは、啻に二君の功名のみならず、我日本国の栄誉にして、聊か世界中に対して誇る可きものなきに非ず。即ち我日本国人の活発力を人に示して其伎倆の程を知らしめたるものと云ふも可ならん。斯る事の行き掛りなるを以て、今後朝鮮国が他の西洋諸国と条約を結ぶことあるも、我日本に限り最旧の和親国にして、交際上の事に就て常に其首座を占るは自然の勢なる可し[94]。

朝鮮の開国にどこの国よりも早く日本が関与し、それを成功させたことを誇り、西洋列強が今後朝鮮国と条約を結ぶことがあったとしても、「最旧の和親国」としての地位を占めるのが日本であり、朝鮮の外国交渉についてその「首座」をしめるのは当然であろうとの見方をとる。首座を占めるとは、日本が朝鮮の外交について種々相談にのり、アドバイスを施すことを意味するものである。福沢の朝鮮への態度は自ずと強烈な指導者意識に彩られていることを見落としてはならない。しかし、冷静に考えた場合、「日本の文明化」も欧米諸国に較べたならばどの程度のものであったのだろうか。いわば日本も西洋列強の軍門に降っての開国であったのであり、早くに開国したからといって、文明化の実質を獲得しえていないことを知る必要がある。

さて今、福沢のみる日朝関係は、アメリカが日本に対するものと同様であるとの認識から、朝鮮の文明化に、より一層日本が関与しなければならないとの意識をもつまでにエスカレートする。次の文章は、そのことを示して余りある。

既に此関係（米国が日本に対する関係は日本が朝鮮国に対する関係と同一であるとの認識　引用者 注）あり然ば則ち朝鮮国との交際は我国に於て之を等閑に附す可らざるのみならず、其国内の治乱興廃、文明の改進退歩に就ても、楚越の観を為す可き場合に非ず。彼の国勢果して未開ならば之を誘ふて之を導く可し、彼の人民果して頑弄ならば之に諭して之に説く可し。其誘導説諭に就ては、我日本人は心身を労することならん、又銭財をも費すことならんと雖ども、之を顧るに遑あらず、事の勢こゝに至れば、亦た退く可らざるなり[95]。

福沢にとって「文明化」は正義である。日本は当然のことながら、隣国の「文明化」にも着手しようとする。その実現のためには朝鮮への介入をも是認しうるとしている。朝鮮の近代化・文明化は朝鮮国の問題であり、当然、朝鮮国人民が取りあげるべきはずものである。にも拘わらず、諸外国と「朝鮮国との交際」について、我が国はこれを「等閑に附」すべきではないとした。朝鮮の「治乱興廃」「文明の改進退歩」についても然りであると語る。ではどうするのか。「彼の国勢果して未開ならば」、日本（人）が誘導説諭しなければならないし、朝鮮国の文明化を成就するには、日本人は心身を労し、金銭をも惜しむべきではないと、その声は大きい。「事の勢こゝに至れば、亦退く可らざるなり」と、朝鮮国の文明化に日本が不退転の姿勢で臨まねばならないとした。果たして、朝鮮国が自国の近代化（文明化）を成就するために、福沢に助けを求めたが、福沢は明治十四年、この申し出を受けいれている。この時期の朝鮮国は、攘夷主義者・鎖国主義者として知られていた李昰応（大院君）が実質的権勢を揮っていた。

福沢が斯くまで朝鮮の近代化、文明化に力を入れる理由は何か。単に隣国の近代化そのものへの期待ばかりではあるまい。それを示唆する一文がある。

我輩が斯く朝鮮の事を憂て其国の文明ならんことを冀望《きぼう》し、遂に武力を用ひても其進歩を助けんとまでに切論するものは、唯従前交際の行き掛りに従ひ勢に於て止むを得ざるのみに出たるに非ず。今後世界中の形勢を察して我日本の為に止むを得ざるものあればなり[96]

世界情勢を視野に入れた捉え方をしていたのである。福沢のみならず当時の識者たちは、清国がアヘン戦争・アロー号事件を契機に西洋列強の餌食になっていることを知悉していた。清国の中華思想が西洋諸国の文明を拒否していたことの負の側面がアヘン戦争に象徴されたのである。日本は、西洋列強（アメリカ）の軍事力の前に鎖国策を放棄した。次に鎖国策を続ける朝鮮国が、清国のあるいは日本の二の舞を踏まないとの確証はない。ともすれば西洋列強の力尽くの（最悪の場合は戦争で）開国を強要される可能性があった。砲火による開国は日本に影響を与えないとも限らないことからこれを阻止しなければならない。上記史料の最後の一句「我日本の為に止むを得ざるもの」とは如何なる意味であろうか。福沢は言う。

方今西洋諸国の文明は日に進歩して、其文明の進歩と共に兵備も亦日に増進し、其兵備の増進と共に呑併の慾心も亦日に増進するは自然の勢にして、其慾を逞ふするの地は亜細亜の東方に在るや明なり。此時に当て亜細亜洲中、協心同力、以て西洋人の浸凌を防がんとして、何れの国かよく其魁を為して其盟主たる可きや。我輩敢て自から自国を誇るに非ず、虚心平気これを視るも、亜細亜東方に於て此首魁盟主に任ずる者は我日本なりと云はざるを得ず。我既に盟主たり。其隣国たる支那朝鮮等は如何の有様にして、之と共に事を與にす可きや。必ずや我国に倣ふて近時の文明を與にせしむるの外なかる可し。若しも然らずして其国の旧套を存し其人民の頑陋に任したらば、啻に事を與にす可らざるのみならず、又随て我国に禍するの媒介たるに至る可し。（中略）今の支那国を支那人が支配し、朝鮮国を朝鮮人が支配すればこそ、我輩も深く之を憂とせざれども、万に一も此国土を挙げて之を西洋人の手に授るが如き大変に際したらば如何。恰も隣家を焼て自家の類焼を招くに異ならず。西人東に迫るの勢は火の蔓延するが如し。隣家焼亡豈恐れざる可けんや。故に我日本国が支那の形勢を憂ひ又朝鮮の国事に干渉するは、敢て事を好むに非ず、日本自国の類焼を予防するものと知る可し。是即ち我輩が本論に於て朝鮮国の事に付、特に政府の注意を喚起する由縁なり[97]。

西洋列強の文明進歩の度は目覚ましいものがある。その一つとして軍事力の進歩が然りである。そうなると他国を併呑したくなるのも自然の欲望であろう。いまそのターゲットとなっている地域が東アジアである。清国、朝鮮、日本が協力して西洋の侵略に備える必要があるが、日本が開国していることから、アジアの盟主となって侵略防禦の魁となり得よう。清国、朝鮮の国事に干渉するつもりはないのだけれども、西洋諸国の侵略を防禦する行為は、隣家の火事の蔓延類焼を防ぐことと同一であるという。

この「朝鮮の交際を論ず」は、朝鮮国に対する、日本の指導者的立場にあること、あるいはその視点を一貫して述べていることが特徴であり、福沢の態度であったと言いうる。この態度は、はたして朝鮮への理解の表現なのか、あるいは朝鮮を食い物にする意識だったのであろうか。

壬午事変と福沢諭吉

明治十五（一八八二）年七月、朝鮮において反閔妃派の兵士や民衆の反乱と大院君一派によるクーデターが勃発した（壬午軍乱）。この軍乱に清国、日本が出兵し国際的紛擾事件となった。開化政策をとろうとする閔氏政権下で、旧式軍隊の改革（この軍制改革に日本軍が関与）に不満を持つ兵士や生活難に喘いでいた民衆の不満が、衛正斥邪運動（鎖国・攘夷派の運動）と連動した。七月二十三日、兵士らは閔氏の邸宅を焼き打ちし、日本公使館を襲撃（公使花房義質は仁川から長崎に遁走）、翌二十四日には兵士たち（大院君派）は、閔妃氏派の高官要人を殺害。国王の命をうけて大院君が入闕し政権を掌握した。花房義質遁走の際、日本政府は兵力を附けて花房帰任を決定したが、清国も出兵を決定。日本に対して調停を申し入れるとともに八月十日、丁汝昌率いる軍艦で馬建忠（李鴻章の幕閣）が仁川に入港している。日本は清国の調停を拒否して直接の交渉をめざし、花房は十二日に仁川上陸、十六日に兵を率いてソウルに入り損害賠償などの要求を突きつけるが回答は得られなかった。一方、呉慶長率いる清国陸軍は二十日、馬山浦に到着、二十三日には花房が退去したあとのソウルに入京した。清国軍は二十六日、大院君を捕らえて馬山浦から軍艦で天津へ連行し、さらに二十八日夜から翌日未明にかけて兵士・民衆の拠点への掃討を行い、反乱は完全に鎮圧されることとなった。これにより、大院君政権は崩壊し、閔妃政権が派遣した李裕元・金弘集が仁川で花房との間に済物浦条約を締結した。開国開化の方向性が確立するとともに、朝鮮をめぐる宗主権争いが、日清の対抗を鮮明化させていくこととなる。

これが壬午事変の概要である。

福沢はいち早くこの事変に反応した。「朝鮮の変事」「朝鮮政略」「喉笛に喰付け」「朝鮮政略備考」などが矢継ぎ早（明治十五年七月三十一日〜八月十四日）に『時事新報』社説として発表された。勿論それ以外にも多くの記事が書かれている。「朝鮮の変事」は、壬午事変の概要を述べた後、政府の迅速な行動を促す。「我政府は令を海陸軍に伝へ、軍艦陸兵外征出陣の準備を為さしむ可し。同時に遣韓特派全権総理大臣を命じ、和戦文武の全権を委任」[98]すべしとした。朝鮮への軍事派遣と日本政府の出張所を設定せよとの提言である。そして、朝鮮の事変が平定されたならば、日本政府の影響力を大きくすべきであるとした。

　事既に平ぎたる後は、花房公使を以て朝鮮国務監督官に兼任し、同国万機の政務を監督することと為し、飽くまでも開国主義の人を輔翼保護し、之に同国の政府を委す可し。斥和鎖国の党類に至ては大院君とて容赦はあらじ、法を假さず譴責懲罰し、政治社会の外に退かしむ可し。而して朝鮮人心の恃む可らざる、兵力を以て眼前に其約束を維持せしむるに非ざれば、百事徒労に属す可きを以て、此監督官を置き、全国政務の改良を監督する間は、短くして六、七年、長くして十数年間、一隊の護衛兵を京城に駐屯せしめ、衣食住等總て朝鮮政府の供給する所とす可し。（中略）弁理大臣渡韓の上、速に此等の処分を了り、朝鮮国の幸福を増し文明を進め、兼て又我日本国の名誉を全くして、秋風初雁と共に再び東京に帰来せられんこと、我輩全国人民と共に深く希望する所なり[99]。

福沢の認識がここまでに至っているとき、すでに朝鮮の文明化を支援・援助する立場ではなく、朝鮮国の政治・軍事・経済にまで干渉し、日本政府がこれに取って代わることを是認しているといわざるをえない。明治四十三（一九一〇）年、明治政府は韓国を併合するが、その先駆的な意識と提言が福沢によってなされていることに驚きを禁じ得ないし、すでに国家主義者としての福沢の貌が表れている。そして、福沢が次のように駄目押しするとき、彼の意識が如何なる方向に向かっているかが自ずと知りうるのである。

我日本は両国交際の情誼のため又宇内文明の保護のために、暫く我兵力を貸して彼の国土全面の迷霧を掃除せんこと、我国の徳義上に於て辞す可らざるの義務なり、又假令ひ頑冥無智の暴徒とは云ひながら、我大日本国の公使館を犯して我日章旗を汚辱したる者は朝鮮国民たること明白なれば、其国の政府に向て満足す可き処分を求ること、国際の法に於て当然の道なり（下略）[100]。

この壬午事変後の日本の課題を取り上げて一編の記事としたのが「東洋の政略果して如何せん」（『時事新報』明治十五年十二月七日～十二日記事）である。この壬午事変後、清国が主導権を握って朝鮮に軍艦と陸軍を送り込んできた。清国軍の朝鮮派遣目的は朝鮮の「廃国置省」にあった。福沢の定義によると、文明化を果たした日本こそが朝鮮国にリーダーシップを果たしていくべしとしたが、現実は清国にそれを委ねてしまっていることに焦慮の念を抱いたことはこの「東洋の政略果して如何せん」に表れている。

福沢の焦慮とは何か。一言でいえば、清国の朝鮮派兵に対抗する日本の行動は無いのかという焦慮であり、さらにその対抗的方策として、日本の軍事力の至急整備と拡充にあったのである。東洋の政略について福沢は二つの方法を提言する。「我東洋の政略は、支那人の為に害しられたりと云はざるを得ず。然ば則ち之に処するの法、如何して可ならん。我輩の所見に於ては唯二法あるのみ。即ち退て守て我旧物を全ふする歟、進て取て素志を達する歟」[101]の二者択一の場に立たされている。福沢は後者の「素志を達する」途を選ぶ。では、その「素志」とは何か。

我日本国が東洋に在て文明の魁を為し、隣国の固陋なる者は之を誘引するに道を以てし、狐疑する者は之に交るに直を以てし、文を先にして、之に次ぐに武を以てし、結局我が政略と我が武力とに由て、東洋の波濤を其未だ起らざるに鎮静するの一法あるのみ。抑も外交の政略に就ては、我国人の知見も漸く発達して次第に変通に慣れ、廟堂に当局者あり、民間に人物乏しからず、決して十年前の日本に非ずと雖ども、結局、文に属する政略にして独り其働を逞ふすること甚だ易からず、必ずや武力の之に伴ふ者あるに非れば、政略の目的を達するに足らずとのことは、朝野一般の明知する所ならん。然るに我兵備は十年来大に其面目を改めたるを見ず。元来兵備の改進も人の知識に由り、兵学術の進歩と共に上達するものとは雖ども、学術進歩するも、之を実施するの方便を得ざれば、机上の空談たるに過ぎず[102]。

ここにいう「素志」とは、「我が政略と我が武力とに由て、東洋の波濤を其未だ起こらざるに鎮静するの一法あるのみ」とするものである。福沢は「外競」のためには形振《なりふ》り構わなくなっている。外交における当事者国の平穏が保持されるのは、「文」で保たれればよいのだが、実はその背後にある「武」が力をもっているとするのであり、国力＝軍事力であるとする。然るに、今の日本は、兵士は充分整備されているけれども肝心の武器・軍艦の類が不足している。「我輩は今より銭を投じて武器を拡張せんと欲するものなり。……唯この上は有形の銭を投じて有形の軍器を作るの一事のみ」[103]と言い切る。そのための増税にも耐えなければならないとした。この兵備拡張の行方を何処に設定しようとしたのか。

吾人が平生より対等と云はるゝも聊か不面目に思ひし所の支那人にまで先鞭を着けられて、東洋の政略に牛耳を執る者は北京の政府なりと云ふが如き奇観を呈することもあらん。我輩の最も楽しまざる所なり[104]

として、清国の台頭を危惧し、それを不快極まりないことと捉えている。また、福沢は清国が日本を攻略する可能性もありうると見ていた。兵備拡張の延長線上に清国との対峙を想定していたのである。

甲申事変と「脱亜論」

明治十七（一八八四）年十二月四日、朝鮮において再度クーデターが起こる。「甲申事変」である。朝鮮の近代化を進めようとした金玉均、朴泳孝、徐載弼、徐光範、李圭完（独立党）らが、日本公使竹添進一郎らとはかって閔妃氏一派の保守派（事大党）政権を打倒しようとの計画であった。このクーデターは事大党を支援した清国軍の救援のゆえに失敗に帰した。金、朴らは日本に亡命する。また、京城の日本公使館も灰燼に帰し、さらに数十人が殺傷された。京城条約、天津条約が締結されたが、朝鮮策が回復されず対清国強硬論が台頭する契機となった。

「甲申事変」の簡単な説明であるが、まず、福沢はこの「甲申事変」をどのように受け止め、亡命した金玉均・朴泳孝らにどのように接したのであろうか。

アメリカにあった長男一太郎に宛てた書簡がヒントとなる。

> 本月初四日より朝鮮の事変、い才は新聞紙にて承知の事ならんが、実に不容易事にて、……右の事変は迚もこのまゝにて相済候譯けには不参、詰り日本と支那との取合可相成、（下略）[105]

この「事変」が「不容易事」であるとするのは、朝鮮をめぐり「日本と支那との」間にあって「取合可相成」がゆえであるとみていることによる。日清間において朝鮮を巡る対立が激化するとみていた。甲申事変に支那人の奸計が日本国への名誉をいたく傷つけたことへの憎悪が増殖していく。曰く、「今回京城に於て我日本国の名誉、権理、利益に大恥辱大損害を加へたる其首謀は支那人なり、其教唆は支那人なり、其実働は支那人なりと云ふことは明々白々火を視ると一般の事実なるが故に、我々は決して斯る児戯同様の言訳を聴聞して手間を費すことを好まず」[106]と。

この「甲申事変」を通して、間違えば清国と一戦を交えることも致し方あるまいとの地点にまで到達している。その前提は、清国と朝鮮は加害国で日本は被害者であるとの立場に立っていることによる。長くなるが引用する。

> 日本人も亦黙して彼等が暴悪に服従すべきにあらざるが故に、事こゝに至り、止むを得ず口舌を以て理非を弁明することを廃し、断然兵力に訴へて速かに此局を終るの工夫を為さゞるべからず。斯の如きは双方国民の不幸此上なき事なりと雖ども、国の恥辱には換へ難く、萬止むことを得ざるなり。扨斯の如く我日本は支那朝鮮両国を相手に問罪の師《いくさ》を起したりとせんか、朝鮮は固より論ずるに足らず、我目ざす当の敵は支那なるが故に、先づ一隊の兵を派して朝鮮京城の支那兵を鏖《みなごろし》にし、朝鮮政府をして我正当の要求を承諾せしむると同時に、我兵は海陸大挙して支那に進入し、直ちに北京城を陥れ、皇帝熱河に退き給はゞ熱河に進み、如何に剛愎の支那人も詮方盡きて止むを得ず我正当の要求を承諾して低頭其罪を謝せしむるの処置を為さゞるべからず。（中略）支那と戦ひて勝たざれば、我日本は自今永く支那の凌辱を蒙るのみならず、世界各国のために軽侮せられ侵凌せら

れ、到底国の独立を維持すること能はざるべく、これに勝てば我日本の国威忽ち東洋に耀くのみならず、遠く欧米列国の敬畏する所となり、治外法権の撤去は申す迄もなく、百事同等の文明富強国として、永く東方の盟主と仰がる〻なるべし。即ち日本国存亡興廃の関する分け目の軍にして、仏清事件の類と決して同日に論ずべきにあらず。随て我士気の振ひ我軍事の激烈なるべきは固より疑を容れざるなり[107]。

日清朝の三国間に戦争が起きた場合、朝鮮をその国力からして慮外に置き、清国を日本の戦の相手と仮想する。そして、「京城の支那兵を鏖」にするという。また、日本の陸海軍を北京に派兵して陥落させ、皇帝を熱河に退去させる。この意識は、清国（中国）への侵略を意味しているのであって、決してアジアの連帯などということにはなってこない。清国に勝利することによって、列強国に日本の国威を発揚することができ、富国強兵を自他ともに了承することとなろう。この言葉を聞くと、すでに福沢は中国・朝鮮との友好を築こうとするものではなく侵略是認に形振《なりふ》り構わなくなっていることがわかる。

朝鮮への蔑視と中国への侵略を肯定する福沢は、「朝鮮の近代化」に苦闘する金玉均や朴泳孝らにどのようにして理解を示し得たのだろうか。

金玉均らのクーデターが勃発したのが一八八四（明治十七）年十二月四日、そしてこの政変が三日目には失敗に帰し、金等九名が日本に亡命したのが同年十二月十三日のことであった。まことに目まぐるしい展開である。そして、ほぼ十年もの間、日本での亡命生活がはじまる。一八九四年三月二十八日、上海にあった彼は、日本人の経営による旅館（東和洋行）において、洪鐘宇の凶弾に斃れることとなる。四十四歳であった。

金玉均等の改革派は日本に何を期待したか。金玉均は井上馨を通じて日本政府側の協力と福沢諭吉を通じての民間側の協力を受けることにあった。具体的には何か。財源確保が大きな目的であり、三百万円の借款を申し出るが、日本政府はこれを拒否する。竹添や井上の裏切りのゆえである。では福沢の対応はどうか。壬午事変後、朴泳孝は、福沢の門下生牛場卓造、井上角五郎、高橋正信らを連れて帰国した。朴は一八八三年より新聞発刊による朝鮮民衆への開化思想の普及と啓蒙化を図ろうとする。同年、金晩植と井上角五郎（朴は左遷され、牛場・高橋は日本に帰国していた）の手により『漢城旬報』が創刊されている。福沢は開化派に新聞発行に関して協力をもって臨んだのである。しかしながら、福沢の「朝鮮の交際を論ず」「朝鮮の変事」「東洋の政略果して如何せん」にある朝鮮認識を見るとき、すでにその意識は協力者から指導者的立場に転換し、さらには強硬策を提言するに至っていることをみておきたい。

甲申事変後、福沢は「脱亜論」を『時事新報』に掲載する（明治十八年三月十六日）。ここでは、西洋の文明は東漸しており、我が国はすでに「国中朝野の別なく一切万事西洋近時の文明を採り、独り日本の旧套を脱したるのみならず、亜細亜全洲の中に在て新に一基軸を出し」[108]た国となったとの認識を前提にする。そこで福沢が次に掲げる主義は「脱亜」にあるとした。何故「脱亜」を必要とするのか。

然るに爰に不幸なるは、近隣に国あり、一を支那と云ひ、一を朝鮮と云ふ。（中略）此二国の者共は、一身に就き、又一国に関して、改進の道を知らず、交通至便の世の中に、文明の事物を聞見せざるに非ざれども、耳目の聞見は以て心を動かすに足らずして、其古風旧慣に恋々するの情は、百千年の古に異ならず。此文明日新の活劇場に、教育の事を論ずれば儒教主義と云ひ、学校の教旨は仁義礼智と称し、一より十に至るまで外見の虚飾のみを事として、其実際に於ては真理原則の知見なきのみか、道徳さへ地を払ふて残刻不廉耻を極め、尚傲然として自省の念なき者の如し。我輩を以て此二国を視れば、今の文明東漸の風潮に際し、迚も其独立を維持するの道ある可らず。（中略）若し然らざるに於ては（日本の維新のような大変革や政治改革がなくてはの謂　引用者 注）、今より数年を出でずして亡国と為り、其国土は世界文明諸国の分割に帰す可きこと、一点の疑あることなし[109]。

福沢によると、文明国が最上であることを前提に、文明化が図られない国家はいまや列強の餌食となることは必定であるという。清国、朝鮮はその危機にあり、数年のうちに亡国化する可能性を秘めるものであると見做した。

日本と朝鮮の間柄は元来唇歯の間柄であるにもかかわらず、今やその相互援助が困難な状況を迎えている。

輔車唇歯とは、隣国相助くるの喩なれども、今の支那朝鮮は、我日本国のために一毫の援助と為らざるのみならず、西洋文明人の眼を以てすれば、三国の地利相接するが為に、時に或は之を同一視し、支韓を評するの価を以て、我日本に命ずるの意味なきに非ず。例へば、支那朝鮮の政府が古風の専制にして、法律の恃む可きものあらざれば、西洋の人は、日本も亦無法律の国かと疑ひ、支那朝鮮の士人が惑溺深くして、科学の何ものたるを知らざれば、西洋の学者は、日本も亦陰陽五行の国かと思ひ、支那人が卑屈にして恥を知らざれば、日本の義侠も之がために掩はれ、朝鮮国に人を刑するの残酷なるあれば、日本人も亦共に無情なるかと推量せらる﹅が如き、是等の事例を計れば枚挙に遑あらず[110]。

西洋人が日本を含めて、東アジアを見る視点は、支那朝鮮の専制君主治下の政府の如く、野蛮極まりないものと視られること自体迷惑千万なことであるとする。この意識は、東アジア三国にあって、我が日本は突出した文明国であるとの自負が作用している。この段にいたって未だ開明化の進まない、あるいはそれを拒否する国とは手を繋ぎともに歩くことはできないとしたのである。

左れば今日の謀を為すに、我国は隣国の開明を待て共に亜細亜を興すの猶予ある可らず、寧ろ其伍を脱して西洋の文明国と進退を共にし、其支那朝鮮に接するの法も、隣国なるが故にとて特別の会釈に及ばす、正に西洋人が之に接するの風に従て処分す可きのみ。悪友を親しむ者は、共に悪名を免かる可らず。我れは心に於て亜細亜東方の悪友を謝絶するものなり[111]。

福沢にあってはすでに、東アジア隣国の人々と共に文明化を推し進めていこうとする姿勢のないことがわかる。「甲申事変」は、朝鮮の近代化を推進すべくおこされた政変劇であったが、朝鮮、清国の保守派および日本政府の干渉のゆえにこの政変は失敗に終わる。朝鮮の近代化を阻害した朝鮮政府そのものへの絶望であったのかもしれない。朝鮮政府自体の頑冥固陋のゆえに朝鮮を見限り、西洋諸国に与していくことの宣言がこの「脱亜論」であった。文明化と隣国との関係の一つの結論が、弱者切り捨ての論として現実となった。

彼のもう一つの命題「国権伸張と国家独立」がどう展開されるのかが現実問題として浮上してくることとなる。

日清戦争と福沢諭吉

『時事新報』紙上に掲載された福沢の論説が、しばしば中国への警戒とそれに向けての軍備強化を提言するものとなっている。実際に、日清戦争に遭遇した福沢はこれにどう関与し、その捉え方はいかなるものであったのか。言論人福沢の姿勢を探ってこの項を閉じることとする。

明治二十三（一八九〇）年六月、首相山県有朋は第一回帝国議会において、かの有名な「主権線」「利益線」の用語をもちいた施政方針演説を行った。山県は、国家独立の維持と国勢伸張を図ることが最緊急課題と述べたのち、次のように続けた。

大凡帝国臣民タル者ハ協心同力シテ、此ノ一直線ノ方向ヲ取ツテ此ノ共同ノ目的ニ達スルコトヲ誤ラズ、進マナケレバナラヌト思ヒマス、蓋シ国家独立自営ノ道ニ二途アリ、第一ニ主権線ヲ守護スルコト、第二ニハ利益線ヲ保護スルコトデアル、コノ主権線トハ国ノ彊域ヲ謂ヒ利益線トハ其ノ主権線ヲ保護スルコトデアル、其ノ主権線トハ国ノ彊域ヲ謂ヒ、利益線トハ其ノ主権線ノ安危ニ密着ノ関係アル区域ヲ申シタノデアル、凡国トシテ主権線及利益線ヲ保タヌ国ハ御座リマセヌ、方今列国ノ間ニ介立シテ一国ノ独立ヲ維持スルニハ、独主権線ヲ守禦スルノミニテハ決シテ十分トハ申サレマセヌ、必ス亦利益線ヲ保護致サナクテハナラヌコトゝ存ジマス、今果シテ吾々ガ申ス所ノ主権線ノミニ止ラズシテ、其ノ利益線ヲ保ツテ一国ノ独立ノ完全ヲナサントスルニハ、固ヨリ一朝一夕ノ話ノミデ之ヲナシ得ベキコトデ御座リマセヌ（下略）[112]

「主権線」は国境を意味し、「利益線」は勢力圏を意味した。この山県有朋の「主権線」とした国境は日本全土のみならず、朝鮮半島から台湾諸島にいたるラインを想定していたし、以後ほぼ半世紀にわたって守護することとなったのである。

山県の演説が現実のものとなってくる。すでに壬午事変、甲申事変を経て、日清両国の朝鮮半島への関心は鋭くなっていた。その妥協点が天津条約であったといえる。

一八九四年一月、全琫準率いる民衆蜂起が起きた。東学党の乱である。「斥倭洋唱義」をスローガンに反侵略・反虐政を鮮明にした蜂起軍は李朝軍を撃破した。李朝は清国に援軍要請したことに日本も朝鮮半島に出兵。ここに一気に軍事緊張がたかまり、日清戦争が開始されるにいたった。日本は、朝鮮居留の日本人保護の名目のもと、八千人にも及ぶ大量の兵力を送り込んだ。

日清戦争がはじまった直後、福沢諭吉はどのような反応を示したのか。すでに福沢には、「戦争となれば必勝の算あり」（『時事新報』明治十七年十二月二十七日付 社説）において「京城の支那兵を鏖《みなごろし》」にするもやぶさかでないとの強い発言があるが、日清戦争勃発後に彼は『時事新報』紙上、矢継ぎ早に社説を掲載している。「支那朝鮮両国に向て直に戦を開く可し」（明治二十七年七月二十四日）、「大院君出でたり」（七月二十五日）、「閔族の処分に就て」（七月二十六日）、「我に挟む所なし」（七月二十七日）、「支那人に勧告す」（七月二十八日）、「日清の戦争は文野の戦争なり」（七月二十九日）、「直に北京を衝く可し」（八月五日）などである。表題からも福沢の日清戦争に懸ける意気込みが伝わってこようというものである。具体的に彼の意識を聴いてみよう。

「支那朝鮮両国に向て直に戦を開く可し」[113]では、朝鮮政府が日本に内政改革を依頼してきたにも拘わらず、その言を左右にして取り消しを求めてきた。日本は「文明人道の保護者」を任じてのことであったが、朝鮮が前言を翻したのには「支那政府の後楯」のゆえである。支那政府は「世界に類なき頑固守旧の腐敗国」であり、朝鮮も同様である。支那はいまや日本の朋友として見做すことは不可である。「今日に至りて押問答は無益なり。一刻も猶予せず断然支那を敵として我より戦を開くに如かざるなり」として積極的好戦態度を鮮明にした。その場合の根拠はやはり文明化による正当性のゆえであった。

「日清の戦争は文野の戦争なり」[114]では、この戦争原因は「文明開化の進歩を謀るものと其進歩を妨げんとするものとの戦に」あるとして、文明対非文明の対峙と位置付けている。「思ふに陸上の牙山にても既に開戦して彼の屯在兵を鏖にしたることならん。彼の政府の挙動は兎も角も、幾千の清兵は何れも無辜の人民にして之を鏖にするは憐れむ可きが如くなれども、世界の文明進歩の為めに其妨害物を排除せんとするに多少の殺風景を演ずるは到底免れざるの数なれば、彼等の不幸にして清国の如き腐敗政府の下に生れたる其運命の拙なきを自から諦むるの外なかる可し」として、「無辜の清兵」を鏖することに憐憫を示しながらも致し方なしとするのである。

ここまで見てくると福沢が支那・朝鮮に対して文明化しない限りその隣国との戦と殲滅は仕方のないことと見做したといえる。

日清戦争に対する積極姿勢は別の局面においても表明される。「大に軍費を醵出せん」[115]（七月二十九日）では、日本軍の大勝報告に太閤秀吉の朝鮮征伐以来の快挙と称え、「軍人の労を謝すると共に国運の萬歳を祝して唯感泣するのみ。……国民たるの分を盡す可きは正に此時にして、如何様やうにも其工風なかる可らず」といい、「我輩は茲に一歩を進め、大に資金を募集して、今回の外戦に付き其軍費の全部を一時に償はんと欲するものなり」と戦費の募集を呼びかける。クールな視線で事物を見ていた福沢の感性はどうなったのであろうか。日本国民の資力の乏しいことは知悉しているとして、全国一般の人民が誠心誠意、思いを込めた資金を出しその国を思う心の一端を示し、ますます国威発揚せんことを望むと言った。福沢の日清戦争にかける熱量はこの一点だけでも並々ならぬものを感じさせる。

日清戦争は日本の勝利で終戦となった。彼はこの戦勝を如何に捉えたか。福沢は、日清戦争は我が国に損害を齎すものではなく大幸福を齎したものと絶賛する。開戦当初から清国に負けるなどということを想像さえしなかったといい、「我軍は連戦連勝、破竹の勢を以て敵地に侵入し、支那の軍人等が命の綱と頼み切つたる旅順口も一撃の下に陥れたれば、是れより進んで北京城に迫るは甚だ易く……戦局を結ぶの日も蓋し遠きにあらざる可し」[116]とその勝利を確信していた。そして「多年来隣国を蔑視して傍若無人の挙動を逞ふしたる老耄国を、思ふ存分に打懲して低頭平身、其罪を謝せしむるは、誠に一大快事なるのみならず、今後彼我交際上の都合を謀りても、此際彼等をして我実力の程度を知らしめ置くは非常の利益なる可ければ、単に此一事にても戦争の報酬は充分なる其上に、茲に今一つの大報酬として見る可きものは、近来欧米諸国の前面に日本の名声を轟かしたるの一事なり」[117]と、清国（支那国）を「老耄国」といい、この大国を「低頭平身」させ「謝罪」せしめたことを「一大快事」と嘯いた。のみならず、この日清戦争の結果、日本の外交上の地位を上昇させることを見越して「大報酬」であるとしたのである。要するに福沢は、日清戦争に諸手を挙げて賛成したのであり、この戦での勝利は日本の文明化の勝利とみなし、この戦勝は日本の国際的地位の階段を一歩のぼったことを確信したのである。

日清戦争が文明化した日本の朝鮮・清国に対する勝利であったれば、いきおい、敗戦国への蔑視観が強くなっていく。このことは多くの人たちの語るところである。『時事新報』紙上における福沢の社説・漫言にも「蔑視」的言語や視点が見られるようになる。

『文明論之概略』『通俗民権論』『通俗国権論』『民情一新』『国会論』『時事小言』などの福沢の主張は、基本的に日本の独立維持とそのための方法提示であった。とくに、独立維持のための仕方は、『学問のすゝめ』に描かれた「一身独立して一国独立す」のテーマが「内安外競」にまで変化することにより、文明遅滞国に対する力尽くの開化＝侵略をも是認するに至った。福沢流の定理が、現実の歴史の時間・状況の中で大きく整合性をなくしてきている。すでに一般に知られている啓蒙主義者・天賦人権論者福沢の輝かしさを見いだすことが難しくなっているのである。

4　福沢諭吉と宗教

最後に、福沢の宗教観についてふれて「福沢の文明論」の節を擱くこととしたい。新島は西洋近代精神の根底にキリスト教が作用していることを見いだした。事実、西洋近代の起点を宗教改革に置く見方が普通である。ローマカトリックの形式的・桎梏的支配から、個の信仰の獲得、信仰の自由の獲得はすぐれて個人的内面に属する事柄であり、権力からの自由・解放を意味するものであった。

福沢の宗教的発言についてはあまり耳目に接することがなかったが、福沢の宗教に対する姿勢はどのようなものであったのだろうか。後節において新島を論ずるに先んじて、福沢の宗教的態度についても触れる必要があろうと考える。

最近、この問題については慶應義塾関係者による成果が多数存在する[118]。ここでは小泉仰『福沢諭吉の宗教観』、白井堯子『福沢諭吉と宣教師たち―知られざる明治期の日英関係―』に依拠して概観しておこうと思う。関心は、福沢の宗教に対する姿勢、就中、キリスト教観はどのようなものであったか、である。

①福沢諭吉の宗教に対する態度

幼少期の宗教体験

『自伝』中にいくつか福沢の幼少期の宗教体験が語られている。ここでいう「宗教体験」とは福沢自身が神仏に帰依するといった「体験」ではなく、周囲の人々が素朴に信仰するものにどのような態度で臨んでいたのかということをさしている。「稲荷様の神体」が石であることをみた彼は、代りの「石ころ」をその祠に入れたり、近隣宅の「稲荷様」の「木の札」を捨て去ってしまうなどの悪戯をこころみ、得意然としていた。初午の日に件の祠に皆が幟を立て、太鼓を叩き、御神酒を上げて騒いでいる様をみて嗤っている。後年「幼少の時から神様が怖いだの仏様が有難いだの云ふことは一寸もない」と嘯いている。また、伝法寺屋某の娘がお稲荷様をつかう術を知っているということで、御幣を持たして祈禱するとその人に稲荷様が憑依するというので福沢が実験台になって憑依させてみろと迫ったところ、その女が辟易した話が語られている。

これら幼少期の話から、福沢は信仰、迷信とは遠いところに存在したことを象徴的に語る逸話である。『自伝』が書かれた時点（福沢 六十五歳）での回想とともに「幼少の時から神様が怖いだの仏様が有難いだの云ふことは一寸もない」と語るところから、晩年近くになっても神仏への信仰を持たなかったことを告白しているようでもある。

福沢のこのように宗教に対する乾いた見方はどうして生まれたのか。

まず、大坂から中津に移った一家がその気風にあわなかったところに、中津の風習、文化に拒否反応を持っていたこと。このことによって中津での事柄を客観視することができ、自らの意識を別途に位置付けさせたものともいえる。さらに青年期に入り、適塾で学んだ事柄（自然科学・語学・医学など）が過度の観念的な要因を排除させることともなったのではないかとも考えられる。また家庭環境、ことに母親が過度の信仰心を持たなかったことも一つの要因になっていよう。

福沢の宗教的態度

それでは福沢諭吉は宗教を全く容認しなかったのか。結論的には否である。自ら神仏への信仰を獲得する積極性はもたなかったが、宗教そのものを否定することは無かった。福沢は自身と宗教との位置をどのようにとっていたのか。以下の文章が参考になる。

宗教不信なりと雖ども、単に不信の点に止まるのみにして、殊更に之を蔑視するにも非ず、又敵視するにも非ず、結局これを度外に放却して顧みざるのみ。宗教の外に逍遥してよく幸福を全ふするは、我日本の士人に固有する一種の気風にして（中略）…されば文明開化は必ずしも宗教の種類如何に由らず、人文少しく進歩すれば、今の所謂宗教の如きは、之を度外視して差支なきこと明に知る可し[119]。

福沢自身は、宗教を蔑視することも敵視することもないと語り、自らを「宗教の外に逍遥する」ものとして位置づけている。また、文明が進むにつれ、宗教の社会的役割や機能が今よりも小さくなるのではないかとの見通しをたてているのは興味深い。ある意味で福沢が文明化と宗教の関連を如何に把握しているのかを知ることができる。「通俗国権論　二編」末尾の一文にも同様の趣旨を記す。

方今は人文大に進歩して宗旨家の中にも往々卓識の人物を生じ、如来の掛物の無益なるを知り、耶蘇堂の虚飾なるを歎息する者なきに非ざれども、如何せん、虚飾も亦今の世に処して今の人に接するの方便なれば、之を止むる可らず。宗旨の説の次第に佳境に入て無味淡白の点に達するは、蓋し年月を費すの外に手段なきことならん。唯歩一歩を進めて旧を棄て新を工夫するの路あるのみ。余輩の所謂今の宗旨を度外視するとは、無知文盲の愚民を煽動して之を蔑視せよと云ふには非ず。偶像を拝する者もあらん、寺院の壮麗に心酔して木造の十字架を戴く者もあらん、蛇を崇む者もあらん、象を念ずる者もあらん。人々の勝手次第、又智恵次第なれば、蛇も甚大切なり、十字架も亦必要なり。之を以て今の愚民の品行を維持するの方便とならば、何ぞ之を棄ることを為んや。余輩は自から今の宗教を度外視すれども、人の為には之を度外視せざるものなり。[120]

この一文の最後に、宗教の衆庶への役割を記しているが、「今の愚民の品行を維持するの方便」となるなら云々するものではないとの態度をしめす。

福沢における宗教は、（福沢）自ら回心し信仰を獲得するとの宗教の本質の問題にかかわるものではなく、外から眺めその社会的機能、役割を容認するものであった。福沢の宗教的態度とは、社会的秩序維持との関係が大事なのであって、そのための手段でしかなかったといえる。

②キリスト教への態度

明治六年二月二十四日、政府はキリスト教禁教の高札を撤廃した。すでにその以前から外国人居留地ではキリスト教礼拝は守られていたし、民間にあっても、隠れキリシタンの信仰が密かにもたれていた。

ペリー来航後の開国を期に西洋文明が日本に流入する。キリスト教（プロテスタント各派、カソリック、ロシア正教）もその一つであった。江戸時代の仏教界は精彩を欠いていたのみならず、明治政府が神道を国家宗教の基礎におく政策をとるなかでますますその地位が窮地に立たされていくこととなった。ここに新たに参戦してきたキリスト教（プロテスタント）に人々はどのような反応をしめしたか。本書「第2章」において「同志社英学校」誕生の困難性や同志社への偏見はみたとおりであり、参考に資せるものである。

では、福沢はキリスト教にどのように対処したか。

キリスト教批判

福沢は、キリスト教は歓迎すべき宗教ではないとみていた。というよりもその流入、拡大を危険視していた。それを示す史料は以下のようなものがある。よく知られた史料であり、福沢のキリスト教批判（嫌悪）を語るときには必ずといってよいほど紹介されている。

> 1. 如何にもブリッチシインフレンスは恐るべし。外国人の乱暴も追々増長いたし、先日より強姪の公事も両度なり。誰れか西洋諸国の白人を文明と云ふ。正是れ人道外の白鬼なり。耶蘇の宗旨もクソデモクラへ、無用の坊主を我国へ遣していらざる人を教化するより、人間らしき公使コンシュルでも置て、泥坊と強姪の始末などする方、遥に優るべし。堂々たる英亜文明の政府にて、其人民が他国にて強姪を働き、其始末をせざるのみか、公使コンシュルは強姪者に左袒して正に我日本を抑圧せんとせり[121]。

アメリカにあった冨田鉄之助に宛てた書簡に、国内にある外国人（イギリス人）の所業についてその状況を記すとともに、キリスト教圏の倫理観に疑問を呈するものであり、キリスト教のもたらす結果が暴行であるならば、これは不要であるとしている。

> 2. 在留の外国人は不行状、醜聞聞くに不堪、ミニストル其外の官吏は唯日本に対して威張るのみ。お雇の外人は金さへ取れば外に望はあらず。此様子にては行先き如何可相成哉。外国人は日本の成生を待たずして青喰にする積歟。金の玉子を生む鵞鳥を殺すとは此事なるべし。ミッショネル抔も沢山渡来いたし居候得共、何の役にも立不申、キャッ等も今の有様を見れば唯生計の為に来りし者とこそ思はれ候[122]。

やはりアメリカにあった高木三郎（高木は当時、サンフランシスコ副領事を務めていた）に宛てた書簡であるが、在留外国人の行状の不届きを記す。この場合は、経済上のあさましさを揶揄したものである。宣教師たちといえども全く役に立たず、生計を目途に日本にやってきているに過ぎない。

「1」の史料中に「白鬼」「クソクラへ」、「2」においても「キャツ等」などという捨て科白的な言葉を吐く福沢は余程の不快と不信を募らせていたことを推測させる。

3. ○耶蘇の教に基て広く人を愛し自ら堪忍して人の為にするものを愛人の宗旨と名け、今日の人事に於て身の為にし妻子の為にし家の為にし国の為にし、専ら他を損じて自から益するものを愛身の宗旨と名く。此両様の宗教、事理に於て互に相容可らざるは固より明白なるに、今文明の世界と名る西洋諸国の人民が、共に二教を奉じて共に之を信じ、日曜は愛人の経文を聴聞して涙を流し、月曜には愛身に改宗して鬼の如しとは怪し［む］可きに非ずや。一日は仏の如く六日は鬼の如く、今日の芋虫は明日の胡蝶、其変形の循環際限あるなし。実に俸［捧］腹にも餘あり[123]。

ここでいうところの福沢のキリスト教への批判（揶揄）は、「愛人」の宗旨と「愛身」の宗旨とが交互に存する宗派であるとするならば、相矛盾する宗派であることから「捧腹絶倒」の対象となるとみているところにある。キリスト教とは所詮その程度の宗教であるとの見方をとっていることがわかる。

福沢の見方に反して、キリスト教はそのようには捉えない。人間の日常生活は「俗」にまみれた日々であるからこそ、せめて一日（日曜日）だけでも「聖」なる日を迎えて「罪」の購いを得ようとするものである。すなわち、「愛身」の自己から「愛人」への拡がりをもつ人になることが課題として設定されるのである。エゴな自分から人類愛的精神をもつ自己変革が問われる宗教である。

福沢はこれを理解しえなかった。さらに同様の見地から、キリスト者の「祈り」の行為についても嘲笑している箇所がある。

○今の西洋人の考には、上帝の所在を近きに見るが如し。飯を喰ふにも上帝を念じ、婚礼をするにも上帝を念じ、師《いくさ》を出すも議事の席に就くにも、ゴッドゴッドと唱立る其有様は、府下の愚民が水天宮様を信じ、田舎の百姓が御門跡を願て、心事の裁判を為すに異ならず[124]。

このように福沢のキリスト教に対する批判ないしは嫌悪感が相当の強さを持っていたことを知りうるのである。

この福沢（あるいは交詢社）の批判や嫌悪感は一つの行動となって現れてくる。明治十四年に入り排耶蘇運動として現れる。『六合雑誌』[125]によると、キリスト教（とくにプロテスタント）がこの年「始めて我日本の社会に出現したり」との認識を示した。というのも、キリスト教の「大説教会」や「大演説会」が京都を皮切りに全国的に展開されたがゆえである。京都における「大説教会」は、同志社が中心となって「耶蘇教大説教会」[126]が催された（明治十四年五月十七日、於 四条北劇場）。聴衆は四千人とも五千人とも伝えられている。いずれにしても大人数を集めた集会であった。昼夜二度に及ぶ演説会に延べ二十人もの弁士が立ち演説している。主な弁士を列記すると、宮川経輝、金森通倫、浮田和民、不破唯次郎、W・デニング、山崎為徳、ラーネッド、新島襄ら（以上昼の部）、また夜の部では、森田久万人、宮川経輝、本間重慶、伊勢時雄らである。

その評判は賛否交々であったが、仏教勢力に与えた衝撃は大きかった。新たに同志社への反発が大きくなり、排耶運動に火を注ぐこととなる。その排耶運動に仏教界（本願寺）の要請をうけて交詢社社員[127]らが加担している。明治十四年六月十四日、金蓮寺（四条新京極）で排耶目的の演説会が催されている。弁士と演題を示すと、高木喜一郎（外教論）、竹下康之（困った世界）、桐原捨三（外教妄信者の迷夢を覚す）、高島小金治（文明諸国又国教のあるあり）、波多野承五郎（人を以て結合すべき論）などであり、これら弁士は悉く慶應義塾の卒業生であった。このように福沢は自らの影響下にあった人物を駆使して、キリスト教拡張阻止に加わっていたことを指摘しておこう。本願寺勢力に福沢が与して排耶蘇の行動に協力した背景は、福沢家の宗旨が浄土真宗（中津での菩提寺は明蓮寺）にあったことも関連していよう。

ところで、福沢はどうしてキリスト教を嫌悪し排除しようとしたのだろうか。

『自伝』中に次のような箇所がある。

維新前後無茶苦茶の形勢を見て、迚も此有様では国の独立は六かしい、他年一日外国人から如何なる侮辱を被るかもしれぬ……いよいよ外人が手を出して跋扈乱暴と云ふときには、自分は何とかして其禍を避けるとするも、行く先きの永い子供は可愛さうだ、一命に掛けても外国人の奴隷にはしたくない、或は耶蘇宗の坊主にして政事人事の外に独立させては如何、自力自食して他人の厄介にならず、其身は宗教の坊主と云へば自から辱しめを免かる、こともあらんかと、自分に宗教の信心はなくして、子を思ふの心より坊主にしやうなど、種々無量に考へたことがあるが、三十年の今日より回想すれば恍として夢の如し、唯今日は世運の文明開化を難有く拜するばかりです。[128]

幕末維新期の混乱した政治状況のなかで、西洋列強（キリスト教国）が力尽くで日本を蹂躙するならば、これを許すことができるはずがないとの立場を堅持する福沢は、同時に列強のもたらす宗教にも拒否反応を示したものであった。内容に踏み込む以前の段階でキリスト教を排斥したものといえる。福沢のキリスト教蔓延の危惧が奈辺にあったかを引いて参考に資することとする。

是に於てか耶蘇宗教と国権論と相互に撞着して両立し難きの勢を見る可し。（中略）耶蘇宗教の蔓延は、後世子孫、国権維持の為に大なる障害と云ふ可し。今日の信者にして其蔓延を助成する者は、自ら国権を殺滅する人と云ふ可し。[129]

キリスト教の受容

福沢のキリスト教批判は、明治八年頃から始まり、そのピークが十四年までであったが、その後の福沢はこの宗教を受容していく。その現れは早いものとしては、明治四年に二人の息子、一太郎と捨次郎に「ひゞのをしへ」を書き与え、躾（心の拠りどころ）のテキストとしたこと。一太郎と捨次郎を米国の大学（オベリン大学）に留学させたこと。さらに慶應義塾に英米の宣教師を招聘させていることなどを挙げられる。その態度が百八十度転換することとなる。

ここでは先ず福沢のキリスト教受容の姿を紹介しながら、態度転換の理由を考えることにしよう。

i 「ひゞのをしへ」

この「ひゞのをしへ」はその注によると、「明治四年福沢の子息一太郎、捨次郎の兄弟のために、福沢が半紙四ツ折の帳面二冊をこしらえ、毎日一箇条ずつを書き与えたものである」[130]とある。十月に書かれたものを初編、十一月に記されたものを二編としている。子供向けに平易な言葉で記されているけれども、その趣旨は人として守らなければならないことを教え諭した手引書である。

「初編」冒頭は「おさだめ」があり、子息が守らなければならない約束事を記している。ごくあたりまえの事柄である。「一、うそをつくべからず。一、ものをひらふべからず。一、父母にきかずしてものをもらふべからず。一、ごうじやうをはるべからず。一、兄弟けんくわかたくむよふ。一、人のうはさかたく無用。一、ひとのものをうらやむべからず」[131]などである。

「二編」の冒頭部は聖書の「十戒」より採ったと思われる文言が並ぶ。

だい一　てんとうさまをおそれ、これをうやまい、そのこゝろにしたがふべし。たゞしこゝにいふてんとうさまとは、にちりんのことにはあらず、西洋のことばにてごつど、いひ、にほんのことばにほんやくすれば、ざうぶつしやといふものなり。　だい二　ちゝはゝをうやまい、これをしたしみ、そのこゝろにしたがふべし。　だい三　ひとをころすべからず。けものをむごくとりあつかひ、むしけらをむゑきにころすべからず。　だい四　ぬすみすべからず。ひとのおとしたるものをひらふべからず。　だい五　いつはるべからず。うそをついてひとのじやまをすべからず。　だい六　むさぼるべからず。むやみによくばりてひとのものをほしがるべからず[132]。

この「だい一」から「だい六」までは、「聖書」中の「出エジプト記―十戒」に該当するものである。筆者なりの要約を記しておこう。

まず、「だい一」に描かれている「てんとうさま」を「ごつど」「ざうぶつしや」と捉えており、「ごつど」を畏敬し、御心の為すがままに従うべきことを教え諭している。これは、「十戒」の第一の唯一神信仰を平易に表したものであろう。

福沢はキリスト教の教えを了解して、子息にその倫理観を説こうとしたことが知れる。聖書の「十戒」は以下のようであった。一、神が唯一の神である。二、偶像崇拝の禁止。三、神の名をみだりに唱えるな。四、安息日を守れ。五、父母を敬え。六、殺すことなかれ。七、姦淫してはならぬ。八、盗んではならぬ。九、偽証してはならない。十、隣人のものを欲してはならない。この「十戒」に該当する「ひゞのをしへ」は、「だい二」（「十戒」では五　以下「十戒」との関連を（五）と表示する）、「だい三」（六）、「だい四」（八）、「だい五」（九）、「だい六」（十）である。

明治四年段階では政府はキリスト教を解禁してはいない。にも拘わらず福沢が子息の教育にキリスト教倫理（この場合は「十戒」）を用いる理由をどう考えればよいのか。小泉仰は以下のようにいう。「彼は、政府の政治的禁止令が家庭生活にまで及ぶべきものではなく、特に精神的次元においては各家庭が独立して自由でなければならないという視点に立っていた。むしろ国家の独立は、家庭の独立に掛かっており、家庭の独立は個人の独立に掛かっているという信念に裏打ちされていた福沢の教訓書は、政府の禁止令を無視するのが当然であるとしたように思われる」[133]と。

前項においてみたようにキリスト教への嫌悪感・批判を有し、なんらこれを信仰することのない福沢がどうして家庭教育の手引きとしてキリスト教を援用したのであろうか。明治四年段階でのそれを知る手立てを探ることは難しい。少し後のものになるが、明治十七年六月六日、七日の『時事新報』紙上において「宗教も亦西洋風に従はざるを得ず」が掲載された。この社説にそのヒントが隠されているようである。冒頭部に、動物のなかに保護色をもって外敵から自己を護るものがあるが、それと同様に人事経世上の事柄もそれに酷似している面があるとして、以下のようにいう。

社会にも亦自から一種の色相あるが故に、其色相に蔽はれて其身を保護せざれば、少なくとも他の疎斥を免る、能はず。蓋し其色相とは世上有力の風尚にして、其間に立つものは自から之に浸染せざるを得ず[134]。

この一文は、列強の弱肉強食の世の中にあって、自国の自主独立を堅持していくことの知恵として、「保護色」を纏うことの必要を説くものである。今や欧米の文物、制度、習慣などが席捲しているならば、これに合すのが一策であるとした。

文物制度も彼れに似せ、習慣宗教も彼れに似せ、一切万事、西洋と其色を同うして其間に異相あるを覚へざらしめ、彼をして其互に区別する所なきを視て我を疎外するの念を絶たしむるに若かざるなり。即ち文明の色相に蔽はれて西洋諸国との交際上に疎外を免る、の方法にして、今の時に国を立て、文明国間に介在するには、この外別に策なきが如し。（中略）文明国に独立するものと覚悟する以上は、文明の色相に蔽はれて其国を保護するの外なかる可し。単に此主義より観察すれば、人間交際上最も有力なる宗旨の如きも欧米に盛行するものをして我国に行はれしめ、我国をして耶蘇教国の仲間に入社せしめ、東西同一の色相を呈して共に文明の苦楽を與にするの策を定むるは、今の経世上に一大要事ならんと信ずるなり[135]。

福沢の課題はなんとしても日本の近代化を成就することにあった。その目的は、自国の国権維持のゆえである。文物制度の近代化の必要性を説くのはよくわかるが、「宗教」においてもこの際、「西洋と其色を同う」せよという。キリスト教導入も「近代化」のためには致し方なしといったところであろう。彼の宗教的態度は「宗教の外に逍遥する」わけであるから、教理や教義に積極的な関心をもつものではない。あくまで、技術的手段的なものでしかなかった。この論説の掲載される三年前まで目くじらを立ててキリスト教を批判していた彼にとってその整合性はどこにあるのか。

身を経世の点に置き、今の時勢に於ては退て守るの方略ある可らず、唯我れより進て大に国を開くの利益あるのみと覚悟するときは、我人民が耶蘇教を信ずるが為に内外の区別を等閑に附し、或は護国の気力を傷くるならんなどの考は、唯之を一時の過慮なりしとして、更に今日の時勢に適するの工風なかる可らず[136]。

一言でいってしまうと、「一時の過慮」とのことであった、で片付けてしまっている。交詢社社員らは福沢の言葉に振り回されていたのではないか。福沢にどのような思いを持ったのであろうか。

ii　一太郎、捨次郎の米国留学

福沢のキリスト教受容意思は明治十七年六月の「宗教も亦西洋風に従はざるを得ず」にみられたが、子息にたいする「ひゞのをしへ」のなったのは明治四年のことである。この時間（明治四年〜十七年）のなかにキリスト教批判から受容への振幅があった。

福沢にあっては、キリスト教受容への契機が実感として捉えられたのは子息の米国留学中にあったのではないかと思われる。

福沢諭吉の長男一太郎と二男捨次郎の米国留学は、明治十六年六月十二日から明治二十一年十一月四日の帰国までであった。駐米公使寺島宗則、書記官鮫島武之助（慶應義塾の卒業生）の斡旋でオベリン大学（オハイオ州）に留学している。

オベリン大学は一八三三年、長老派教会牧師ヨハン・フリードリッヒ・オーベルリーンによって創立されたリベラルアーツの大学であった。男女共学の実施、黒人の入学も可能とした非常に進んだ一面を持った大学でもあった。また、「特定宗派に属さないキリスト教主義大学であり、……厳格なカルヴァン主義を若干修正した神学を標榜していた」[137]大学であるとも紹介されている（余談になるが、卒業生にアカデミー俳優のオーソン・ウェールズ、駐日大使であったエドウィン・O・ライシャワーがいる）。

小泉仰によると、この兄弟のオベリン大学滞在は語学習得のためであり、その後、専門学修得を目論んだものとの紹介している。長男一太郎は幼いころから繊細で、人と交わることが苦手であったようである。オベリン以外にポーキプシーの商業学校、コーネル大学の農学部に学ぶがいずれも合わずに退学している。また、捨次郎は最終的にはマサチューセッツ工科大学で土木工学を専攻してそこを卒業する。

アメリカにあった二人の子息に福沢諭吉は多くの書簡を送っている。一太郎・捨次郎宛の書簡は都合二十八通、一太郎宛は六十四通、捨次郎宛は十四通の多きにわたっている。ことに一太郎個人宛の書簡の多いのが特徴的である。これらの書簡中に表れるキリスト教関係の記述から、福沢の意識の変化を跡付けてみたい。

二人の息子が寺院に通っていることがわかったのは明治十六年十月十七日付の書簡によってである。この寺院とは教会のことであるが、「郷に入らば郷に従え」の古諺のように、オベリンにあってはその風俗に馴染んだらよろしいとし、寺院にいくばかりでなく、ダンスをする機会があれば勉めてダンスに興じたらよろしいという。ひとつは「散鬱」のため、また帰国後もダンスは「無益ならず、彌々開国と決定する上は、ダンシングの一事に至るまでも俗を共にすること緊要也」[138]とその理由を述べている。帰国後に舞踊の必要性を語るのは、この年に鹿鳴館が完成していることと関連していよう。ここでは福沢は、二人の息子が教会に通っていることを知ったのだが、そのことを確認しておく。

キリスト教に関して、注目しうる福沢書簡を二種紹介する。一つは、明治十七年五月十二日付一太郎宛書簡である。

> 其地の新聞紙に耶蘇教の事を記し、慶應義塾云々、是れは在日本の宣教師等が本国の教会に報告したるものならん。抑も慶應義塾は依然として旧に異ならず、耶蘇を咎るに非ず、仏法を誹るにあらず、宗教上の事は一切自由自在に任して曽て之に干渉したることなし。サバススクール（日曜学校のこと　引用者　注）云々は全く虚伝なるべし。尤も現今雇の教師は英人二名米人貳名、何れも耶蘇信者か又は耶蘇教師なるがゆえに、在日本の外国宣教師等が、大造らしく本国に報じて自分達の功名立に、福澤の塾は云々と申越したることならん。本塾素より耶蘇教を嫌はず、生徒等が之を信ずるも信ぜざるも、塾にては頓と軽重不致、自由自在の独立郷なるが故に、十五名の生徒がコンヴェルト致したなどは、塾には知らざる所なれども、或は然ることもあらん。吟味すれば分り可申、併し或は宣教師の法螺にはあらずやと少しく疑ひ居候[139]。

この書簡には興味深い事柄が記されている。列挙すると、i．米国オベリン地域の新聞に慶應義塾がキリスト教との関連で報道されていることである。一太郎が福沢にどのように報告してきたのか、あるいは宣教師たちがどの様な記事を該地方の新聞に書き送ったのかを知ることができないのが悔やまれるが、何らかの形で慶應義塾がキリスト教と関わりを持ったことをその記事は吹聴した可能性を感じさせる。その故に福沢は「慶應義塾は依然として旧に異ならず」と強調しなければならなかったのである。ii．「サバススクール」をもっていること、「十五名の生徒がコンヴェルト致した」との記述により、結果的に慶應義塾（あるいは福沢）がキリスト教に大きく傾斜したと見做されていることである。また、英米の宣教師が二名ずつ赴任しているなどのことを考え合わせると慶應義塾内での変容を疑われても不思議でない。

福沢の宗教に対しては自から「宗教の外に逍遥する」と嘯《うそぶ》いていたし、「本塾素より耶蘇教を嫌はず、生徒等が之を信ずるも信ぜざるも、塾にては頓と軽重不致、自由自在の独立郷」とする姿勢の中に、かかる風評（慶應義塾のキリスト教への傾斜）がでる一種の間隙（?）ができていたのではないか。このことは決して非難されるべきことではないのだけれども。さらに、教員に英米の宣教師が招聘されていることもそれを強く印象付けるものとなったはずである。この件については、次項「宣教師の招聘」で触れる。

二つめの書簡は、明治十九年七月三十一日付一太郎宛のものである。ここでは、一太郎の学問について「文学」を目指したらどうかとの示唆を与えているのであるが、その末尾の方に一太郎が、キリスト教に帰依したいとの思いを有していたことへの返書である。

或は耶蘇宗に入るの意あるが如し。是亦決して禁ずる所にあらず。勝手に可被致、酒色の不品行を慎むは人生の一大事、宗教以て本心を正し、推して今日の品行に及ぼす、甚以て宜しき事と存候[140]。

一太郎の意図に福沢は微妙な反応を示している。彼の宗教的スタンスは「宗教の外に逍遥」するといい、その故に宗教にたいして慶應義塾は「自由自在の独立郷」であると宣言した。結果、塾生の十五人の改宗があり、我が子一太郎のキリスト教帰依への思いを知る。

これらの現象に対して福沢は最早反対する理由は見いだし得ないはずである。にもかかわらず、福沢の反応は憮然としている様子がこの短文からも伝わってくる。「勝手に可被致」「酒色の不品行を慎むは人生の一大事」のなかに「勝手にしろ」という突き放すような思いと、「酒と女に溺れるよりはましか」という思いが交錯している。手段として、他者がキリスト教を信仰するのは「自由自在」と語りながら、我が子がキリスト者になることへの複雑な思い、あるいは福沢の意想外の心的重圧を忖度できる。このことから、キリスト教に対する福沢の本音（身近にキリスト者を出すことへの躊躇）

が見て取れる。因みに身内からは多くのキリスト者が出ている。福沢の姉（中上川婉―キリスト信徒、服部鐘―日本ハリストス正教会）、三女清岡俊（聖アンデレ教会信徒）、四女志立滝（聖アンデレ教会信徒 のち、東京YWCA会長）らはキリスト者となっている。

ⅲ　宣教師の招聘

福沢諭吉の宣教師招聘問題ついての研究上の白眉は、白井堯子『福沢諭吉と宣教師たち―知られざる明治期の日英関係』（一九九九年　未来社刊）と、ユニテリアンについて多くを教えてくれるのが、土屋博政『ユニテリアンと福沢諭吉』（二〇〇四年　慶應義塾大学出版会）である。これらの先行研究を参考に「宣教師の招聘」について検討しよう。

白井研究は、オックスフォード大学のロウズ・ハウス・ライブラリィ（Rhodes House Library）所蔵の英国国教会の宣教団体SPG（The Society for the Propagation of the Gospel in Foreign Parts　英国海外福音宣教会）の史料を精査してのものである。今まで全く未知の史料であった。この『福沢諭吉と宣教師たち―知られざる明治期の日英関係』に福沢が宣教師たちを招聘した経緯などが詳細に語られている。詳細は、該著作に委ねなければならないが、筆者はここでは「なにゆえ福沢は宣教師を慶應義塾に招聘したのか」との点に限定して考察したいと思う。

慶應義塾に宣教師を招聘した理由

いつ頃から、どのような宣教師が慶應義塾に招聘されたのか。白井堯子『福沢諭吉と宣教師たち』の表紙を数ページ繰ったところに、「福沢諭吉をめぐる宣教師たち」との図表が掲載されている。都合十九名の宣教師たちが入れ替わり立ち代わり慶應義塾内（三田）や周辺に居住していたのである。最も早い事例は、米国長老派教会宣教師のカロザスである。彼は明治三年頃、その夫人とともに築地に最初のミッション・スクールA六番女学校（のちの女子学院）を開校する人物である。明治五年には慶應義塾の語学教師をしていたし、塾生に宗教の講話をほどこし日曜日には教会に誘引し入信をすすめている[141]。ここに一つの疑問が生じてくるのであるが、新島が明治八年段階で同志社英学校創立に難儀するのだが、慶應義塾においては明治五年段階（キリスト教は未だ解禁されていない段階）で宣教師の赴任とキリスト教の講話（説教）が可能であったこと、さらにキリスト教への入信勧誘がなされていること等に政府の干渉がなかったのだろうか。ここではテーマが違うことから触れることは避けるが、大きな課題のように思える。また、彼は明治九年以後は、お雇い外国人となり、新潟英語学校、大坂英語学校、明治二十八年から翌年にかけて第二高等学校（仙台）の英語教師をつとめた。

話を戻す。福沢と深い親交のあったのが、A・C・ショー（英国SPG宣教師）、A・ホア（英国SPG系女性宣教師）、A・ロイド（英国SPG宣教師）、A・M・ナップ（米国ユニテリアン宣教師）であろう。ここではA・C・ショー（A.C.Shaw）と福沢との交流を通して上記の問題を解いていくこととしよう。

白井はその書のなかで、福沢が意外と早くから宣教師との関わりをもっていたことを記している。「福沢は、一般的には無神論者、宗教否定論者、そしてキリスト教排撃論者として知られている。しかし実際には、……少なくとも十九人のキリスト教各宗派の宣教師と関わりをもち、特に三十九歳以降最晩年に至るまで英国国教会の宣教師たちと密接な交流を続けてきた。彼らに慶應義塾キャンパス内の自宅の部屋や、同じく学内の福沢所有の家を貸し与えたり、近隣の土地を住居用に選んでやったりして、家族ぐるみの親交を結んでいたのである。（下略）」[142]と、福沢はオープンかつ親切に宣教師に接していることを語る。

福沢と宣教師たちとの交流については石河幹明『福沢諭吉伝』（第四巻）にも記されており、明治七年、A・C・ショーが子息の語学教師として来日し、福沢にキリスト教について語っていたことを記している。ことにショーが家を建築するとき、大工に約束の日限までにでき上がらなかったならば違約金をとるとの契約を結んだところ、福沢はショーに「郷に入らば郷に従え」との忠告をほどこした話がのっている。日本の民情を知った上での布教活動が必要であろうと助言している[143]。さらにA・ホアの熱心な宗教活動ぶり、A・M・ナップ（A.M.Knapp）の来日（明治二十年）後の活動援助などを紹介している[144]。

福沢諭吉とＡ・Ｃ・ショー（Alexander Croft Shaw, 1846-1902）との関わり[145]はどのようなものであったのか。ショーは一八七三年にSPG（英国海外福音宣教会）から派遣された宣教師であり、在日英国公使館付の牧師であった。以後、二十九年もの長きにわたり宣教活動に従事する。他方、来日して五ヶ月で福沢と邂逅しており、福沢から住宅を建ててもらい厚遇をうけている。そして子供たちの語学教師のみならず、明治七年四月から三ヶ年の契約で慶應義塾の教壇にも立っている[146]。この年から二十七年もの間、福沢家と親交を持つことになった。

さて、福沢は慶應義塾にショーを招くことになったが、ショーは何を教授するのか。つぎの書簡がそれを教えてくれる。

此度外人壱名を雇入れ英語并に英文の伝習致し候積り、略人物の心当りも有之、其人物若し来ることなれば午後二時か三時の後なるべし。月金（俸給のこと　引用者 注）凡弐、三両なるべし。生徒の「コンジーション」次第に由て或は別段の取計もあるべし。大凡そ右の次第にて当時塾中伝習所望の人多寡如何。拙宅え兼て頼置候英人ミストルショー、一周の内ニ夕壱時間童子を集めモラルを教るの趣にて、先づ英語を授け可申相談出来たり。此人はミッショネルの義に付、教授料なし。此教授席に出でんとする大人童子共凡幾人なるべき哉。右両様共大凡御取調可被下候[147]。

外人教師（Ａ・Ｃ・ショー）に「英語」教授と「モラル」教授の目的で依頼している旨を「塾監局」に届け出た書簡である。福沢が塾生に英語教授を目的とする意図は理解できるが、「モラル」教授、しかも、「ミッショネル」の人物にそれを依頼するとある。ショーはこれを引き受ける。この「モラル」教授の中身はキリスト教であるのは明らかである。

いま福沢とショーとの家族ぐるみの付き合い、例えば、ショーの結婚、ショー夫人による福沢の長女阿三（里）のピアノ練習、英語学習、聖アンデレ教会（St.Andrew's Church,Tokyo）の創立と活動のこと、福沢の娘たちの入信などについては白井『福沢諭吉と宣教師たち』に詳しく紹介されている[148]ことからここでは述べない。

「慶應義塾塾監局宛」の書簡に、福沢は宣教師ショーの雇用とともに「英語」および「モラル」の教授を明らかにした。福沢のキリスト教批判が強くなるのは明治八年から十四年のことであるとすると、このショーへの「モラル」教授依頼は説明不可能となる。なぜ「モラル」（キリスト教）教授を依頼あるいは許可するのか。

「宗教の外に逍遥する」福沢にあっては、仏基いずれの教義に深入りすることはあるまい。彼の課題は「国権の維持」にあったれば、あくまで国家独立の堅持が大目的となる。だとすると、宗教的教義とは別の目的で接触を図ったのではないか。すなわちショーとの交際から得られる英国事情に注目したのではないか。ショーから聴かされる英国事情（政治、外交姿勢、軍事など）と慶應義塾における「モラル」教授とがgive and takeなものとして交換的に存在したのではなかろうか。この時期の福沢は、白井が指摘するように『文明論之概略』執筆構想を練っていた最中にあった[149]。「福沢は、先ずは英国に対する旺盛な知識欲、さらには単なる寛容の精神や個人的友情以上の国際感覚と、近代化構想をもってショーと接したのではないだろうか。別の言い方をすれば、キリスト教排撃期に宣教師を自宅に住まわせて厚遇するという福沢の一見矛盾した行動も、実は、その頃福沢が執筆していた『文明論之概略』の最期の章にいみじくも強調されている「自国の独立」に資するためであったろう」[150]との見方は的を射ている。ここでも福沢の目的的、手段的な側面は貫徹されているといえる。さらに英国国教会が、「国家権力と表裏一体の関係にあり、現実には国家を支えている」[151]組織であり、「教会のトップに国王を戴くだけでなく、上院に議席を有し、王族、政界、官界、軍部、学界、教育界などのなかに強力なエスタブリッシュメントを形成し、まさに英国をリードしていた」[152]政治勢力であるならば、「福沢は、信仰の対象としてのキリスト教よりもキリスト教のもつ政治的な力の方により一層興味をもっていたであろうから、国家権力と結びついた国教会には大いに関心を抱いた」[153]との指摘に同意するものである。

ショーが福沢と懇意であったことから齎される利益は何か。当代きっての言論人であり、教育家であった福沢のもとにあることで、外国人に降りかかる批判的な言辞、眼差しの隠れ蓑となったことは想像できる。また、慶應の優秀な学生がキリスト者となって日本国内に教勢拡大の手段となることを見越していた点も見逃せない要因であったろうと考えられる。

福沢諭吉とユニテリアンとの関係

最後に、福沢とユニテリアンの関係について考えたい。福沢は宣教師招聘の中心に、英国海外福音宣教会（SPG）の宣教師をおいていたが、大学部設置に際し、米国ユニテリアン派の宣教師がその中心を占めるようになる。その背景になるものを探ってみたい。

慶應義塾が大学部（文学科、理財科、法律科）を設置するのは一八九〇（明治二十三）年一月のことである。この時、福沢がその学識を高く評価したA・ロイド（英国国教会SPG宣教師）に大学部の主任教授あるいはその人選を委ねることはなかった。

福沢は、アメリカ・ユニテリアン派宣教師のA・M・ナップ（Arthur May Knapp）にそれを任せた。結果、三人の米国人学者が選ばれる。W・リスカム（文学科　William S. Liscomb）、G・ドロッパーズ（理財科　Garrett Droppers）、J・H・ウィグモア（法律科　John H. Wigmore）である。リスカムはウィリアムズ大学を卒業しており、他の二人はハーヴァード大学の出身者であった。この三人の学者はいずれもユニテリアンではなかったが、その扇の要にA・M・ナップが位置していた。

まず、「ユニテリアン」とは何か。土屋博政によると「正統派キリスト教の信じる三位一体（Trinity）を否定し、神の唯一性（unity）を信ずる人々（Unitarians）である。従って三位一体論者（Trinitarians）と異なり、キリストが神であることを認めない人々である」[154]との定義づけをしている。

ユニテリアンの歴史は十六世紀半ばころから後半期にかけて、ポーランド、トランスシルバニア（現ルーマニア）に生まれたキリスト教の異端宗派であった。この宗派が十七世紀にイギリスに入り、十九世紀のジェームズ・マルティノウ（James Martineau, 1805-1900）の登場により大きな影響力を示すようになる。マルティノウの主張は、「三位一体、キリストの贖罪、永遠の刑罰の教義を棄て、霊感であっても理性に反するなら受け入れられないとした。……自由意思と良心、愛情を重視した。また奇跡も本質的でないとし、イエスのメシア性を否定した。神と人間の霊的交流を擁護し、神からの超自然的な教えとしての啓示ではなく、人格の達成としての啓示を強調」[155]するものであった。マルティノウはアメリカのチャニング（William Ellery Channing1780-1842）の影響をうけていたのみならず、英国のユニテリアンたちは長老派路線をとっていたが、これはチャニングの影響によるものとされている[156]。ここに英国ユニテリアンのマルティノウと米国ユニテリアンのチャニングとの交流の糸口があった。

アメリカにおけるユニテリアンの形成はどのようであったのか。一六二〇年、メイ・フラワー号でアメリカ・マサチューセッツ・プリマスに上陸した人たちは、本国イギリスの宗教的拘束を嫌い、信教の自由をもとめ、新天地ニューイングランドに会衆派の教会（組合教会）を形造った。「この会衆派（Congregationalism）とは、各教会が独立して、教会員である会衆（Congregation）が役員選びや礼拝方式、牧師選定など教会運営の決定を行う教派であ」[157]った。しかしながら、時の経過にともないマサチューセッツで圧倒的な勢力を誇った会衆派教会も翳りをみせはじめる。彼らピューリタンの子孫たちがこの会派から離脱しはじめる。禁欲的教義を嫌ったからである。危機感をもった聖職者たち、例えば、J・エドワード（Jonathan Edward, 1703-1758）らの起こした大覚醒《リバイバル》運動も奏効することはなかった。リベラル派の批判を浴びることとなる。リベラル派の採る回心への方法は、弛まぬ「自己検討」であり、「自由意思」[158]によるものであることを確認させたのである。

では米国ユニテリアンたちの主張はどのようなものであったのだろうか。W・E・チャニングの説教（「ユニテリアン・キリスト教」）によると以下のような主張である。「彼は（Channing のこと　引用者注）理性に基づくと、神は三位ではなく、単一（unity）で、イエス・キリストも神ではなく、人間として単一であると言う。また道徳的に完全である神が人間に原罪を負わせるはずがなく、永遠の裁きを定めることもないと主張し、キリストの使命は、神が唯一であり、父であり、人間に道徳的であることを教えることであり、従って贖罪信仰に頼らず、自分の事は自分で責任を負い、神を愛し、神に倣い、人格を高めるよう努めるべき」[159]であると語った。この説教がユニテリアン派のマニュフェスト[160]となり、チャニングは「米国ユニテリアン主義の精神的父」[161]と評されるようになるのである。

このようにみてくると、マルティノウやチャニングに共通した主張は、キリスト教、特にカルヴァン主義のもつ古典的伝統的教義の見直しであり、それは三位一体の否定、キリストの神性否定、神の単一的存在信仰、回心への自己検討と自由意思の確認を主張するものであり、聖書に記されている奇跡の排除などとして挙げられる。古典的カルヴァン主義の見直しは時代や社会の発展、学問の進歩に見合う神観念の創出の必要性が問われていたのである。

福沢はこの「合理的」に判断しようとする宗派（ユニテリアン）に興味をもったのも宜《むべ》なるかなである。では、福沢は「ユニテリアン」をどう見ていたのか。

一八九〇（明治二十三）年三月、米国ユニテリアンのA・M・ナップらは雑誌『ゆにてりあん』（一号）を発行する。その中に福沢の執筆記事がある。「ユニテリアン雑誌に寄す」と題した。

> 余が親友なる米国の碩学ミストル・ナップは、一昨年始めて日本に渡来して、始めてユニテリアン教の主義を公示してより、我士人中に此新主義を悦ぶもの多く、短日月の間に無数の朋友を得て渡来の労空しからざるのみか、前途の望み甚だ大なるが為め、今回は更に雑誌を発兌して広く公衆の注意を促し、益々其教旨を明かにせんとの企てあり。蓋し其発兌の趣意は、一党一派の機関に供するにあらず、唯哲学の学理を根拠にして、日本国民の社交、道徳、宗教に於ける事情を評論し、以て人類の智徳発達を謀り、以て其現世の利益を進めんとするものなりと云ふ。……今の宗教の教る所にて、仏を頼み上帝を信じて未来を重んずるは至極妙なれども、第一に人に清浄を教ゆるものは、其身先づ自から清かならざるべからず。未来の天上極楽に往来して霊魂不死ならんとするには、其初歩として現在の生活を極楽にせざるべからず。吾々凡夫の眼にも其道理は明白なるに、然るに宗教の信者、否な時としては其教師の中にも、此道理に暗くして、専ら天に事ふるの儀式義務を説て、人に交わり家に居るの法を等閑に附するものあり。甚しきは現在の家を地獄にして、一蹶直ちに未来の極楽往生を期するものなきにあらず。感服せざる所なり。ミストル・ナップの言に従へば、ユニテリアン教は必ずしも一派の宗派宗門にあらずして、洋語にしてムーヴメントと称し、邦言に譯すれば、運動、動勢、運機とも云ふべきものなりと云ふ。其果して宗教なると然らざるとは余が関せざる所なれど

も、教の目的は人類の位を高尚にして、智力の働きを自由にし、博愛を主とし、一個人一家族の関係に至るまでも、之を網羅して善に向はしむるにありとのことなれば、都て是れ現在の人事にして、余輩宗教不案内の者にも甚だ解し易く、果して其実効を奏せんには、人間至大の幸福これに過るものあらず、就中一個人一家族の関係を善に進るとは、今日我日本社会の急要にして、遠きに至るは近きよりするの諺に違はず、現在の家を極楽にせんことを偏に希望する處なり。[162]

福沢は言う。天上極楽を説くのも結構だけれども、人に「清浄」を説く人物こそその身を清浄にしておかなければなるまい、と。また、未来の極楽を説くより「現在の生活を極楽に」したほうがよいのではないかともいう。今の日本の宗教（この場合、仏教か）の頽廃を難儀なことと捉えていた。そこには何を道徳的倫理的規範にしてよいのかが無かったことを意味していよう。

新しくもたらされてきた宗教（ユニテリアン教）は、宗門宗派の抗争にとらわれるものではなく、「哲学の学理を根拠に」日本の状況（社交・道徳・宗教）を知ったうえで「現生の利益を進めんとする」現実的なものであり、今を大事にしようとの提言を基本とする。その教えの目的は、「人類の位を高尚にし」「智力の働きを自由にし、博愛」を旨とする。また、「一個人一家族の関係に至るまで……善に向」わせるならば、「人間至大の幸福」をもたらすものといえる、との主張であった。

その教えが分り易いこと、その目的が福沢の実利的功利的精神に共通することを知ったことにより、ユニテリアンを受け入れることになったのであろう。慶應義塾内においても「我士人中に此新主義を悦ぶもの多く、短日月の間に無数の朋友を得」ることとなるのである。

話を戻して、A・M・ナップと福沢の関係を概観してこの項を擱くこととする。

ナップの来日と滞在は、一八八七（明治二十）年十二月二十一日から一八八九年五月三日の間であった。さしあたっての滞在は一年半の時間である。その目的は、日本でのユニテリアンの教勢拡大の可能性を探るものであった。具体的には、「第一に、教育レヴェルの高い日本人が信じる宗教の実情視察、第二に、米国のユニテリアニズムや自由な運動についての情報提供、第三に、日米の協力体制の確立を目指すこと」[163]にあった。

この短時間にあっても福沢は何かとナップに心を砕いたようである。ナップの帰国は、第六十四回ユニテリアン協会年次総会において日本の視察報告を行うためであった。福沢はこのナップの帰国時に慶應義塾大学部設置にともなう教員選任を要請したのである。ナップは年次大会において、日本がユニテリアンの教勢に有利な国であることを報告するとともに、これを支持する人たちをもあげている。福沢諭吉、徳川義礼《よしあきら》、金子堅太郎、矢野文雄（龍渓）らであった。

このような有力な人士の支援をうけるなかでユニテリアンの組織は発展するかにみえたが、政府部内の有力者の死亡、離脱が原因で失速する。森有礼の暗殺、徳川義礼《よしあきら》（この義礼は第十八代尾張徳川当主。高松藩主松平頼聡《よりとし》の次男として文久三年九月十九日に誕生。明治九年五月慶勝の養子となり、同十三年九月二十七日に家督相続。明治十七年九月、ロンドンに留学し二十年十月帰朝している。留学中にユニテリアン派のキリスト教に傾倒。帰京後、聖書研究会の開催や、A・M・ナップを支援したが、内村不敬事件の影響から親族間の強い反対に遭っている。明治四十一年五月十七日没）・金子堅太郎の離脱、これは排外主義の風潮を忖度しての行為であった。矢野文雄の日和見などが一つの原因をなしており、日本におけるユニテリアンの活動を支えていたA・M・ナップの病気帰国が大きなマイナス要素としてとりあげることができる。そして、最後に福沢自身がユニテリアニズムに関心を示さなくなったことが大きい。時代状況が、帝国憲法の制定、帝国議会の開会、教育勅語渙発、内村不敬事件と西洋文化への反動が明確化されてくる時期でもあった。上記の森有礼から金子堅太郎までの事柄はその様な雰囲気の中での事柄であった。とくに教育勅語の渙発による「道徳」涵養への傾斜は宗教を不要とし、その代替と考えられるようになる。

福沢の問題はどうしてか。興味深い話がある。慶應義塾にユニテリアンの神学校（先進学院といった）を合併させようという計画が持ち上がる。その要因の一つに福沢が教育勅語に否定的であったことから別途の道徳を教授する機関の必要性をもとめ、この「先進学院」を設定した。具体的になっていくのは一八九七（明治三十）年のことであったが、この時期日本におけるユニテリアンの監督を務めていたマコーリィがアメリカに帰国していた。来日していたナップ（一私人としての来日であった）と福沢の間でこの話が進んでいく。しかし、監督者マコーリィの留守のなかでは公的な話となってこないのは当然であり、アメリカユニテリアン協会の返事も色よいものではない。また、ナップの提唱した、慶應義塾とハーヴァード大学との提携交流の話も進むことはなく、福沢にしこりだけを残すこととなった。福沢はユニテリアンに疑問と落胆だけが残った。ここに福沢とユニテリアンとの蜜月は終わる。ナップ、マコーリィ、福沢のなかに蟠《わだかま》りだけが残り、その関係性も霧消していく。

③福沢諭吉と宗教

最後に、先述したけれども、福沢諭吉の宗教的態度についてまとめておきたい。

彼の宗教に対する姿勢は、幼少期から信仰や迷信といったものから遠いところに位置していた。その距離感が後年になっても、自らの宗教的態度を「宗教の外に逍遥する」者として確認させている。

「宗教の外に逍遥する」からといって、福沢自らからは宗教を蔑視したり、敵視したりすることはないとした。のみならず、ある意味で宗教の必要性は認めていた。その際、宗教の役割を信仰そのものにあるというより、「愚民の品行を維持するの方便」であり、社会的秩序維持のために必要としたのである。宗教の機能論、役割論的意味合いからその存在を容認するものであった。

福沢の宗教に対する一般的態度は上記のようなことであったが、キリスト教については厳しい姿勢で臨んでいた。批判、嫌悪感をあからさまにする。冨田鉄之助や高木三郎に宛てた書簡には、イギリス人の暴行やお雇い外国人の金銭的執着に手厳しい批判が語られる。このようなことが続くと、国内の秩序が大きく損なわれ、秩序混乱をもたらすのは必定としてキリスト教に対する、西洋諸国への警戒感がその批判、嫌悪感と相俟ってキリスト教排除に踏み出していくこととなった。

このキリスト教への嫌悪や排除は一つの行動となって現れる。京都にあった同志社の生徒たちがキリスト教大演説会を開催させたとき、慶應義塾の卒業生（交詢社社員）と京都仏教界勢力が一丸となってキリスト教教勢拡大を阻止し、反対運動を展開するにいたっている。この時、福沢は黒幕として交詢社社員をコントロールしていた。後年、彼はこの行為を「一時の過慮」の一言で終わらせている。

キリスト教に厳しい姿勢で臨んでいた福沢は、その態度を一変させる。彼の大命題は、日本の独立維持（「国権の維持」）にあったことは縷々述べてきたところである。西洋列強と伍していくには、西洋の制度、文物の導入はさることながら、「宗教」においてもその必要性を認めるのである。「西洋と其色を同う」することが肝要としたのである。ここでも、キリスト教の教義に関心を示すのではなく、保護色的機能論が優先されているところにその特徴がある。

このキリスト教受容の一つの現れかたが、子息への家庭教育（躾教育）の手引書として「ひゞのをしへ」がある。この手引書は聖書の「十戒」を参考にしていることから子供にはキリスト教的なものへの接近を試みているものなのだろう。

さらに、二人の子息のアメリカ留学先に「オベリン大学」を設定したのもその現れであろう。

また、慶應義塾に多くの外国人宣教師を招聘していることも予想外のことであった。その宣教師たちは、英米のユニテリアン協会の宣教師であった。彼らの影響の下、慶應義塾の生徒たちの中からキリスト教に帰依するものが出てくるし、福沢の姉や娘たちもキリスト者に成長していく。

このような現象は、慶應義塾が「耶蘇」の学校になったのではないか間違われるようになる。事実、ユニテリアン協会の主催する神学校を慶應義塾に併合させる話があったほどである。

ここに福沢が大きくキリスト教に理解を示し、傾斜していった一端が垣間見える。彼が理解を示したキリスト教のグループは「ユニテリアン」派とされるものである。古典的カルヴィニズムを否定し、絶え間ない自己変革の中に神への信仰を見いだそうとする、ある意味、人間中心の「神学」を目指すものであった。この「ユニテリアン」派は、時代、社会の変化に対応しようとするし、学問の発達にも即応しようとする合理的判断に立つ宗派であった。カルヴィニズムが、三位一体論、贖罪論、イエスの奇跡譚など、非合理的な教えに対して批判的な位置に立つものであった。その故に福沢はこの「ユニテリアン」に肩入れしたのである。A・C・ショー、A・ホア、A・ロイド、A・M・ナップらを慶應義塾内に住まわせたり、その土地に家を新築したり、何かと親切にしている。

この「ユニテリアン」を支持したのは福沢だけではなかった。森有礼、馬場辰猪、矢野文雄、徳川義礼、金子堅太郎ら錚々たる人物が名を連ねていた。

しかし如何せん。時代が欧化主義に逆風が吹き荒れるなか（ノルマントン号事件、条約改正問題、帝国憲法制定、教育勅語制定、内村鑑三不敬事件など）、一人減り、二人減りして「ユニテリアン」への支持者が先細りする。福沢もそれへの関心を無くしていったのである。

福沢諭吉の仏教についての見方を簡単に述べてこの項を終わることにする。

彼の取り巻く仏教環境は、一つに福沢家の宗派が浄土真宗（本願寺派）であったこと（菩提寺は中津・明蓮寺であった。福沢の死後、墓所は常光寺から麻布・善福寺に移っている）さらに、母親於順の宗教的態度は、真宗でありながら説法や阿弥陀信仰には積極的な関心は示さなかったが、仏法は嫌いでもなかったようであったといわれている。どちらかといえば、篤信の家庭に育ったとはいえない。

すでに福沢の立場は「宗教の外に逍遥する」側にあったから、彼自身強いて信仰上の問題を語ることはなかった。ただ、秩序維持のために仏教をも必要としたのである。秩序維持の観点から、キリスト教蔓延がもたらす秩序混乱を阻止するためにも排耶蘇運動に協力したことは先述したところである。

明治初期の仏教勢力の姿は衰退を極めていた。仏教界は、はやくから政治権力の下にあり、自立した宗教として存在するとは言い得なかった。福沢のみる仏教の位置づけは、無知無学の「田夫野嫗」を撫育する役割を担わされただけの道具であった。文盲世界の人心緩和のための方便にしか過ぎなくなっていた。

明治初期の仏教衰微は目を蔽いたくなる状態ではあったが、その要因は、廃仏毀釈にあると同時に、僧侶自体が教理を説くことに自信喪失している時期でもあった。

新島襄が大阪から京都に入る際、坂本―比叡山―京都のルートで入洛するが、比叡山の荒廃は想像以上であったことを語っている。廃仏毀釈は仏教界（寺院、僧侶）の経済力にも深刻な影響をもたらしていた。だとすれば、僧侶も何らかの活動（労働）による財源確保が必要となってくる。

キリスト教の流入はある意味、仏教界の見直し、再建を喚起する契機となったといいうる。仏教界にその課題が突き付けられたのである。この時期の仏教界は内部紛争（例えば、曹洞宗派内の権力闘争）や、名誉獲得競争（本願寺爵位授与問題）などに関心事が移ってしまっており、衆庶に教理を説くこととは異次元の出来事となっていたのである。

福沢のみる宗教は、「深く人の感情を動かして、其胸中に畏敬の念を喚び起し、要を見ては震へて縮み、善を見ては勇で進ましむるもの」でなくてはならないものであった。そして、経世家のとるべき態度は、宗教を尊重かつ隆盛し、「民徳の進歩を促して世安を維持する」ところにあるとして、あくまでも、秩序維持の方便としての宗教機能を変えるものではなかったのである。まさに、『自伝』の最後の一文にまで彼の宗教観は一貫していたのである。

> 私の生涯の中で出来《でか》して見たいと思ふ所は、全国男女の気品を次第々々に高尚に導いて真実文明の名に愧かしくないやうにする事と、仏法にても耶蘇教にても孰れにても宜しい、之を引立てゝ多数の民心を和らげるやうにする事と、大に金を投じて有形無形、高尚なる学理を研究させるやうにする事と、凡そ此三ヶ条です[164]。

第2節　新島襄の文明論

1　文明論

新島襄には「文明論」として体系的に記された記録は残されてはいない。しかしながら、彼の膨大な書簡や諸資料はこの課題を封印することを困難にしてきている。前章において、福沢、新島の教育思想の比較を試みたが、そのさい、新島が考える「文明の主体」「文明の概念」「国家観」を簡単に素描しておいた。新島襄の思想的骨格を探るうえで、文明についての認識を探る必要がある。その方法として、文明論についての基本概念を検討したのち、具体的諸相について考察を加えたいと思う。

筆者は「第2章」において、新島襄の教育思想を検討したなかで彼の文明論の素描を試みた。要約すると、

①文明を担う主体を「自由ノ民」に求め、国民が国家形成にさいして「平民主義」を基礎とした国家を形成するところに文明国たる要件の一つが存すること。

②「文明ノ民」「自由ノ民」を形成する前提には教育や学問が存在するのであり、その目的は皮相な技術主義や功利主義に陥るものではなく、「人ノ徳」を涵養し得るものでなくてはならないこと。すなわち、「知徳兼備」の人物の育成が必要とされる。

③「知徳兼備の人物育成」というとき、その「徳」はキリスト教を基本とする。何故ならば、神の意を体した人こそ一国の元気、精神、柱石たりうるからである。

ということになろう。

ここでは、上記の素描に導かれながら、細部にわたって検討してゆきたい。問題を次のように設定しておく。

第一に、新島襄における東洋文明と西洋文明の把握はどのようであったのか。これは儒教とキリスト教の問題の把握として置換することもできる。

第二に、新島の西洋体験、とりわけ、アメリカ体験のもつ意味についての考察である。

東洋文明と西洋文明―儒教とキリスト教―

江戸時代における儒教道徳の実践的側面は、五倫の道の実現とその遵守にあった。すなわち、「父子の親・君臣の義・夫婦の別・長幼の序・朋友の信」の五倫の徳目を成就することである。

すでに幕末の儒教倫理は、佐久間象山の「東洋道徳・西洋芸術」の言葉に象徴されるようにその絶対遵守が動揺あるいは崩壊してきている時期である。西洋の知識・技術が東洋のそれよりも優れていた事例を医術の逸話から拾ってみよう。

一例を横井小楠の経験に探ると、朱子学の塾を開いていた小楠が、兄の病気を治療するのに漢方医術を施すのではなく、蘭方医に治療を託したという。「弘化四年に横井の兄が病気になった。横井は福間某と云うふ蘭方医に治療を託した。当時元田永孚などと交わって、塾を開いて程朱の学を教へてゐた横井が、肉親の兄の病を治療してもらふ段になると、ヨオロッパの医術にたよった。横井が三十九歳の時の事である」[165]との逸話は西洋文明（西洋医術）の優秀さが東洋文明（漢方医術）の技術力を凌駕していることを示すものであり、小楠はこのことを身をもって示したものである。

このように、儒教世界のもつ文明の動揺は、西洋文明の大波が儒教文明圏を呑み込むかたちで現れてくる。西洋列強のアジアへの接近到来は軍事的行為や威嚇をともなってアジアに深刻な影響を及ぼす。清国のアヘン戦争がそれであり、日本においてはペリー来航として、さらにそれ以後の列強の圧力として襲ってきたのである。

かような状況のもとで新島襄を位置付けていく必要がある。

①新島襄の家庭環境

はじめに新島襄を育てた家庭環境を瞥見しておく。すでに「第1章」においてこの問題について触れたが、行論上必要なので重複をおそれず述べることをお許しいただきたい。

新島の手記「青春時代」[166]では、新島家長男の誕生を家督相続者の誕生として位置付け、家内の寵児として扱われていることを記録する。父民治は安中藩祐筆であるとともに書道師範をも務めていた。新島もすんなりいけば、これらの職務を継承していくはずであった。新島家の職務については鏑木路易の研究[167]に詳しく、その経済生活もどちらかといえば裕福なほうであった。

民治は十歳で出仕（足軽として茶之間出仕）して以来、御用部屋書役助・書役手伝・書役見習・御書方書役・御祐筆見習・御書方御祐筆と、祐筆の階段を上りつめていった。最後は「中小姓」で終わっており、下士の最高ポストにまで上り詰めたのである[168]。

このことを通して父民治の仕事に対する倫理観、すなわち、真面目に勤めあげることは善であり、そのことにより相応の地位をも獲得しうるとする意識が醸成されていったものとみることができる。当然このことは、藩ないしは藩主に対する忠誠を意味したし、そのこと自体、封建社会を生き抜く方便でもあった。

したがって、新島七五三太（新島襄の幼名）に対する家族の期待はその途を教育することから始まる。新島は、母親から礼儀作法の塾に通うことを強制され、そこではお辞儀の仕方、優雅な立居振舞い、丁重な言葉使いを習得することとなる。このことが安中藩で成功する知恵であり、生きる方便でもあった。

他方、父民治の新島への期待はどうであったか。彼は七五三太には祐筆職と書道師範の継承を願ったことはすでにしるした。藩主が勝明から勝殷《かつまさ》にかわった際、民治は七五三太が「勉学指向」の度を強めつつあったことに賛意を示していない。状況に合わせた選択を欲したからである。

徳川幕府崩壊期は、新島にこれまで見たこともなかった光景をその眼前に用意する。新島七五三太の実見した江戸湾上に浮かぶオランダ軍艦への驚き、日米修好通商条約締結後の諸物価高騰への疑問、西洋列強諸国の政治的経済的要求に対する幕府の弱腰、実学を基調とした西洋科学知識の流入などなど。

新島のなかでは両親の学問に対する姿勢への疑念、藩での職務への疑問や不満は日増しに増大する一方であった[169]。この日常性への疑問と不満を止揚させたものは何か。学問、とくに西洋学（蘭学、航海術、数学）とキリスト教との出会いではなかったか。この自覚は「作られてきた七五三太」から「自らを創っていく七五三太」への転換を画したものである。では、新島はこの「西洋学」と「キリスト教」をどのように受け入れていったのであろうか。

②学問修業

新島襄の洋学受容を語る前に、彼が幕末の日本をどのように見ていたのかという問題から検討していこう。「青春時代」[170]を基礎史料として検討する。「ペリー提督の来日」の項に以下のような記述がある。

ちょうどこの頃、日本は最も苦痛にみちた状態にあった。人民は徳川家の治下三百年の太平に慣れっこになっていた。幕府の掟はきびしく定められていた。幕府の為政者たちは極度に疑い深く、また恐るべき圧政を敷いてきた。人民の希望は完全にふみにじられた。多くの武士はほとんど刀の使い方を忘れる始末であった。鎧は骨董品として倉庫にしまわれており、腐って用をなさなかった。事実、人民は臆病になり、腐敗しており、無気力になっていた。淫蕩の気風がほぼ全国にみなぎっており、まことになんらかの改革が迫られていた。小数の先見の明のある愛国者たちはこの悲しい状態を嘆き、当然起こるべき改革に希望を抱いていた。けれどもその実現はほとんど彼らの期待を越えたものだった。

ここには徳川幕藩体制の「三百年の太平」が、為政者による善政や仁政によって支えられているのではなく、「掟」のきびしさや「恐るべき圧政」のうえに成り立っていたことを語っている。「掟」「圧政」を守り維持せんがために為政者は独創性や工夫を凝らすことを怠り、形式に堕していく。そして人民の疑心暗鬼に陥る様子を記す。武士は戦を忘れ、堕落頽廃は全国を覆うようになったという。徳川幕藩体制（日本社会）の大改革の必要性を誰しもが考えざるをえない時期にきていたのである。しかしながら、現実は、為政者や人民の頽廃、一部の突出した志士たちの行動があるのみで、改革の統一見解のとれない迷路に陥っている状況を呈していた。

このようななかで、新島の洋学（蘭学）への接近が計られる。ただその接近の仕方は、安中藩主板倉勝明の命によるものであった。というのも、安中藩の蘭学導入は、藩政改革のひとつとして存していたからである。

板倉勝明の藩政改革、なかんずく、教育政策については伊藤彌彦の研究[171]があるのでここでは触れないが、新島との関連で記すと、藩主勝明は蘭学者田島順輔を招聘し、藩から三人の青年を（菅沼総蔵、岡村喜四郎、新島七五三太）を選抜したという。新島はそのうちの一人に選ばれたのである。田島順輔のもとで蘭学に励みだした新島であったが、田島が幕府の命により長崎に赴任することとなった。以後、新島は「徐々に蘭学に対する興味を失っていき、一時はまったくオランダ語を中断していた」というから基礎を習得する以前の段階で挫折したのかもしれない。その後、手塚律蔵門で蘭学を続けるがあまり成果が上がらなかったようである。

安政四（一八五七）年、板倉勝明が死去し、弟の勝殷《かつまさ》が藩主になると藩内の様子が徐々に変化しはじめる。新島の勝殷評は厳しい。新藩主勝殷は「どの点から見ても、なくなった兄君にはるかに劣った」存在であり、「家来たちの情況を改善するために何一つかまうところがな」い人物であった。「殿様のたのしみは主として食うことと飲むこと」以外に無く「部下を昇進させたり罷免したりするのに、お気に入りの妾の意見を」採用するような人物でもあった、とみている。

新島にしてみれば、先の藩主勝明のもとで「勉学」を基調として舵取りしようとしていたけれども勝殷のもとでは「学問を続けようという望みが一切ふっとんでしまったように感じ」られるほどの衝撃を受けることとなる。

新藩主のかかる姿に父民治の対応に変化のあったことを指摘したが、次のような事柄を指してのことであった。

父は私がこれ以上学問を続けることが賢明なことかどうか疑いをもつようになった。父としては書生たちの間にしばしば見出されるあの不作法で不注意な連中に私が影響されはしないかと恐れたからである。その上なお、父は依然として私に書道の塾で自分の後継者になってほしいという希望を失わないでいた。そういうわけで父は私の学問に口をさしはさみ、書道の教授を手助けせよといい始めた[172]。

父民治が七五三太の学問に干渉する理由の一つに、藩主の交代により藩内の空気が変化したことへの反応であり、一つに「不作法で不注意な連中に」「影響されない」ことを願ったが故であった。

時に安政四（一八五七）年は、T・ハリスが通商条約調印要求に幕府に圧力をかけている時期であり、政情は条約調印派と攘夷派との対立が激化する頃である。ハリスによる通商条約交渉の開始（十二月十一日）から二日後、幕府は条約締結の意向を朝廷に伝えている（十二月十三日）。アヘン戦争（一八四〇～一八四二年）やアロー号事件（第二次アヘン戦争一八五六～一八六〇年）が大きな影を落としている。そして、翌安政五年は大老井伊直弼の活動が目立つ。その強権政治が通商条約締結後、矢継ぎ早にうちだされる。将軍継承問題の落着後、反対派の一斉弾圧にのりだしている（安政の大獄）。攘夷運動が激化し始めるのがこの頃からで、その極点をむかえるのが文久年間（一八六一～一八六三年）のことである。

ところで、父民治が危惧した「不作法で不注意な連中」とは、この通商条約締結に異を唱える尊攘派志士たちを指していることは容易に想像がつく。七五三太が勉学を続けることにより、過激な攘夷派との往き来を心配し、彼にブレーキをかけようとする。民治はあきらかに安中藩の体制（もっといえば、勝殷体制）の流れに沿うべく舵取りをする。封建的家父長制のもとでは父の決定に子供が抗うことは不可能にちかいのだが、七五三太にとって父親の申し出は「気乗りのしないこと」には変わりがなかった。すでに新島にとっては父の「親切」は桎梏でしかなくなっている。新島は父の介入があったからといって勉学を放棄することはなかった。

ここに彼の洋学修業について整理しておくと以下のようである。

藩主板倉勝明の死去と勝殷の新藩主就任（安政四年四月　新島　十五歳）→蘭学教師田島順輔、幕命により長崎遊学（同年八月）→やむなく蘭学塾手塚律蔵塾に入門するも成果上がらず（同年十二月　蘭学を中断し漢学に傾倒）→杉田玄端（あるいは杉田廉卿？）に蘭学を学ぶ（安政六年四月頃）→幕府の軍艦教授所に入学、航海術を学ぶ（万延元年

十一月　十七、八歳頃キリスト教関係の中国の書物読破）→高島流砲術を習う（文久二年一月。六月から九月にかけて麻疹に苦しむ。）→快風丸にて玉島行（文久二年十一月）

となり、安政四年から文久二年の五年間の推移を記したが、たえず学問に関わろうとする姿勢がうかがえる。文久二年の玉島行は「航海術」の実践編と見做しうる。新島襄の『年譜』[173]によると、新島の西洋学（蘭学、航海術、砲術、算術、代数学、幾何学など）への記述が多くなるのは文久年間である。この間、世上では過激攘夷主義者が跳梁跋扈する時期であることをかんがえると大胆な行動をとっていたことがわかる。

ところでこの新島の学問への執着は何に起因しているのだろうか。安中藩城代家老尾崎直紀宛書簡にその胸中を語っている。

敬幹慎呈書、此比聞四方風談、恐天下有大乱、此比亜夷数来請交易、天下評議紛々更不決、今于茲有二人、一人曰為交易一四海安人民、亦一人曰亜夷土広、日本地狭、以狭土之物、易広土之物、往々狭土之物尽、如此日本之利物少、彼之鈍物満日本、利物少、鈍物多、天下共乏、今若シ日本取彼物、与日本物、所謂如棄蘇合丸、而取蜣蜋転也、今誤為交易、彼尽取日本利物而使日本満彼鈍物、若如此則諸侯朝衣羅紗乎、酒店入酒用金剛鑽乎、是雖匹夫可歯切事也、今早不為之所、後恐噬臍、是此二人有異心況乎幾万人乎、故恐有内乱、若諸侯割拠四方各争権、天下之勢必弊、天下之勢弊、亜夷必将諸種攻来、如此僕不能学書、然今幸乱未起、今不学恐失時、故託儒家欲学書、然未受俸、無俸不能託儒家、故迷惑不知所為、願君贈手書于幹父、使幹学書、其詞願如此書、此比亜夷数来請交易、日本騒動紛然将有乱、若及乱敬幹不能学書、今不学恐失時、宜使敬幹入塾開朦目、是僕之以赤心願也[174]

この書簡は安政五年七月に認められたもので、尾崎を介して父の民治に学問許可をとってほしいとの依頼状である。新島のおかれていた状況は、父親から学問への干渉をうけていることは既に記したところであるが、新島の後ろ楯となっていた藩主板倉勝明の死去、蘭学の師田島順輔の長崎遊学による実質的な蘭学停止、さらに漢学の師添川廉斎の死去と、「勉学指向」をめざす新島が孤立感を深めていく最中にあったことである。したがって、この書簡は新島にとっては自己救済の意味をもつ窮余の策であったといえる。逆にいうと新島七五三太にとってはそれほどまでに学問が必要であったのである。何故か。安政五（一八五八）年七月段階にあってはすでに日米修好通商条約が締結されていた（六月十九日）のであるが、この書簡によるとその影響が経済上の混乱のみならず、政治上社会上にも現れてきたことをみている。

たとえば、新島は、交易について二様の考え方があるという。一つは、交易を展開していくことによって四海の人民が安楽に暮らせるというものであり、他のそれは、日本の「利物」が「亜夷」の「鈍物」に支配され経済が破壊されるというものである。事実、後者の憂いのごとく西洋列強との交易は猛烈な諸色高騰となって民衆の生活を難渋の渕に追い込んだ。「是此二人有異心況乎幾万人乎」。わずか二人においてこのように考え方が相違するならば全国の幾万もの人民の考え方の相違は収拾がつかないほどであり、それぞれの思惑が内乱を誘発する可能性をもつものである。

通商問題について「天下評議紛々更不決」状況が底流にあるなかで、また、各藩が尊攘派だの佐幕派だのと、その対立を激化させ「若諸侯割拠四方各争権」などということになると「天下之勢必弊」することとなる。そうなれば「亜夷必将諸種攻来」る状況を招くこととなろう。「日本騒動紛然将有乱」とする危機意識が勉学や学問の動機となっていることがわかる。学問によってこの「朦目」状況を「開」かせよという。

では、新島にとって「開朦目」かせるべき学問の質とは何か。「亜夷」「攻来」への危機意識が強くなる時、儒学より洋学を強く意識したことは蘭学、西洋学への接近によってみることができる。

安政六年から万延元年にかけて新島は杉田玄端（あるいは杉田廉卿か？）に蘭学を学び、軍艦操練所に通っていることはすでに記した通りである。「青春時代」に次のような体験を書きとめている。

或る日のこと私はたまたま江戸湾べりの海岸を歩いていたとき、おらんだの軍艦が停泊しているのをみつけた。それは堂々として、威容あたりを払うものがあった。これら威厳のある海の女王たちを不細工で不釣合な日本の小船とくらべてみたとき、このような軍艦を建造した外国人たちは日本人よりも知識においてはるかにすぐれた、優秀な人々であるに違いないことをいやというほど確信したのだった。これはわが国をよくし、改革していかなくてはならぬという叫びへと私の野心を燃えあがらせるための強力な実物教育のように思われた。まずなすべきことは海軍をこしらえること、外国貿易を用意にするために外国風の船を建造することだと考えた。この新しい考えが航海術の勉強へと私を駆りたてたのである。[175]

オランダ船が初めて品川沖に来航したのは安政六年四月一日のことであり、新島がその軍艦を江戸湾にみたのは翌万延元年十一月頃であった。この記述は巨大さと威容を誇るオランダ軍艦への衝撃を記している。ここに瞬時にして西洋と日本の力の差異を見てとったことであろう。眼前にある要塞、城壁、砲台としての軍艦の存在は、開鎖論争などに終始している観念論を一挙に破砕させてしまったに違いない。「実物教育」はまさに「百聞不如一見」であった。

ここに西洋の知識に傾斜し、「わが国をよくし、改革」の必要性を痛感させたのである。新島の西洋学への接近はこの「オランダ軍艦」の実見による衝撃がその要因の一つとなったと考えられよう。

ただし、この場合の「改革」はまだ可視的なものに限られていた。彼自身、日本を「よくし、改革」しようとした思いは自ら「航海士として幕府に雇われ」ようとしたことであったが、海軍軍人（航海士）の「堕落した淫蕩な生活」のゆえにこれを思い止まっている。

当初、新島七五三太の西洋学への関心は実学にあったのである。

③玉島行

青年期の新島襄の精神的地平を拡大したきっかけは快風丸による玉島行にあった。この玉島行に関する彼自身の記録は「玉島兵庫紀行」（以下「玉島紀行」と略称）として全集（『新島全集⑤』）に収録されている。この玉島行は文久二年十一月十二日に江戸を出帆し、その途中、浦賀・下田・紀州橋杭を経て大坂・兵庫さらに下津井へ、そして玉島沖に投錨停泊したのは十二月一日のことであった。江戸に帰ったのは翌年の一月十四日のことである。後年、新島はこの経験を次のように語っている。

この航海は私にとっては非常な喜びだった。私の青春時代のすべてをそこですごした方形の江戸藩邸、したがって天は小さな四角形であると思うようになっていたあの場所から遠く離れて生活しえたことは、とてもためになった。いろんな人々と交わり、さまざまな場所を見るというはじめての経験をした。この航海によって私の精神的な視野がうんと広がったことはあきらかである[176]。

さらにこの文章のあとに「自由に対する新鮮な考え方に満たされた私は、幕府と関係することによって私の藩主への義務から免れることを目論んだ」と記している。この玉島行は「精神的な視野が……広が」り「自由に対する……考え方」を獲得した旅であった。この場合の「自由」とは、親元を離れ、その桎梏から解き放たれた開放感であったとみてよい。江戸藩邸内での煩瑣で些末なことがらに辟易していた新島には新鮮な空気を吸う必要があった。そのようなチャンスが備中松山藩の帆船快風丸によってもたらされたのである。

「玉島紀行」には、港の深浅や天候の記録、町の様子などが記されているなかで、興味を引く箇所がある。文久二年十二月六日に兵庫に上陸したさい、楠木正成の墓に詣でている。

……楠廷尉の廟あり。此ニ於て手洗ひ口そゝき廟前に拝すれば何となク古を思ひ起し、嗚呼忠臣楠氏之墓と記したるを読みて一拝し、又読みて一拝、墓後に廻り朱氏の文を読めば益感し涙流さぬ計なり[177]

楠公への思い入れは深いものがある。同日、平清盛の墓を訪ねるけれども「……甚大なる者なれ共、一拝する気はなかりけり」とする意識とは大きな差がある。何故だろうか。新島七五三太にとって、楠木正成は天皇への忠誠を体現した人物であり、この姿は武士のあるべき態度として理想化されていたのではあるまいか。それは七五三太の武士像と関連していたのではないか。彼の接した人物のなかで大きな影響を与えた一人に安中藩江戸詰家老尾崎直紀がいた。七五三太は尾崎のことを「気骨のある人」とみている。「彼は乗馬の名手であり、弓術においても達人だった。その上、彼は気骨のある人物だった。藩主の極端な気まぐれと過度の飲酒のゆえに、彼はしばしば藩主に諫言した。そこで藩主は彼を側に置いておくことが面白くなくなり、城下町安中に送り、城代家老とした。それを藩主は昇進と称したのであった」[178]。

新島七五三太にとって、自己の利害に拘泥することなく、藩主にたいしても事の是非善悪、理非曲直を「諫言」におよぶ人物こそ「気骨のある人」であり尊敬対象となるものである。そのような人物の言辞や行為が「忠誠」であるとみなしているのである。逆に新島が最も嫌悪した人物（武士）の類型は、堕落している武士、上司に媚びへつらう武士、「家来たちの状況を改善するために何一つかまうところ」のない藩主などである。だからこそ、清廉の士をなによりも評価したのである。それを楠木正成に求めたのであろう。世は幕末の争乱の最中にある。時代は人物と精神を必要としていた。ここに新島は言葉とそれにともなう行動の一致を求めている姿がみえてくる。

④天父の発見

さて、新島の精神的地平はいかに拡大されたのであろうか。以下の一文は新島の精神的状況を語っていて興味深い。

当時、国内には戦雲が急を告げていた。藩主は力を得つつあった尊皇派に対抗して、不幸な将軍の側に加担して立ち上ることを余儀なくされた。私としては尊皇派の方に十分な共鳴を感じていて、それに参加したいと思ったことが時々あった。しかし両親と祖父に私を結びつけていた親愛の絆は私を同時にまた彼らの主君にも結びつけていた。これは私にとって今一つのきびしい試練であった。私は極度に神経がとがり、苛立ちを覚えるようになった。この悩みの中から私を救い出して慰めてくれる一人の友達を見出さなかったならば、私は完全にだめになっていたであろう[179]。

新島七五三太にも転換期がおとずれていた。

時に文久三年、新島数えで二十一歳の頃である。尊攘運動が熾烈を極めていた。この年、将軍家茂の上洛、孝明天皇の賀茂社・石清水八幡宮への行幸と戦勝祈願、下関戦争、薩英戦争、八月十八日の政変、天誅組の乱など、枚挙に遑がない。

新島は自らの行動が、藩主―父―七五三太の紐帯のゆえに制約され、出口を失ったなかで煩悶していたとみてよい。

このようななかで、一人の蘭学仲間（杉田廉卿か？）が手をさしのべてくれなければダメになっていたという。彼は、七五三太に多くの書物を貸してくれ、窮地を救ってくれた。貸してくれた書物のなかに、ロビンソン・クルーソー（『漂荒記事』）、『聯邦志略』、漢訳聖書などが含まれていた。

興味深いことにこのころ、杉田廉卿、吉田賢輔、津田仙らは聖書の会（読書会）のようなものを開いており、新島もその会に参加していた。新島の「西洋学」への関心が「人文学」に傾斜しようとしていた。

この頃、はじめて聖書（聖書からの抜粋した冊子）を読んでいる。その印象をつぎのように記した。オランダ語の書物を通して、すでに創造者という言葉は知っていたが、神の宇宙創造の物語を読んだ時ほどこの言葉が胸に響いたことはなかったといい、つぎのように続ける。

私たちが生きているこの世界は神の見えない御手によって創造されたのであって、単なる偶然の産物でないことを私は知った。同じ書物から私は神の別名が「天父」であることを知り、そのことは私の内部に神に対するさらに大きな尊崇の念をかきたてた。なぜなら私にとって神は単なる世界の創り主以上のものだったからである。これらの書物は、この世に生れてから二十年間にわたって目隠しされたままだった私の心の目に、おぼろげながらも、一つの存在を見ることを得させてくれたのである[180]

新島が読んだ聖書の箇所は、おそらく創世記と四福音書のどれかであったと思われる。「脱国の理由」[181]に天地創造譚、三位一体論、イエスの磔刑、救い主イエスの存在の記述があることからもそれを推測しうる。

七五三太にとって聖書をはじめ、その他の書物の果たした役割は大きかった。上記資料中にもあるように、「これらの書物は、この世に生れてから二十年間にわたって目隠しされたままだった私の心の目に、おぼろげながらも、一つの存在を見ることを得させてくれた」のである。今まで新島七五三太を囲んでいた世界（家・藩主・同僚・仕事・儒教倫理など）に対し、根源的な疑問・懐疑がもたらされた。七五三太自身を創りかえる時期にきていたといってもよかろう。そのことを彼の言葉で語らせよう。

神をわが天の御父と認めた以上、私はもはや自分の父母にわかちがたく結ばれているとは感じなかった。孝行に対する孔子の教えが、いかに偏狭で偽りがあるかということにはじめて思い当った。そのとき私は、「もはや自分は父母のものではなくて、神のものだ」と断言した。父の家につよく私を縛りつけていた強い絆は、その瞬間にばらばらになった。その時私は自分自身の道を進むべきだと感じたのだ。私は地上の両親よりも一層天の御父に仕えなくてはならぬ。この新しい考えが私を力づけ、私は断然藩主を見捨て、また一時的に家をも祖国をも離れる決意をしたのであった[182]。

⑤キリスト教への接近

元治元年三月、快風丸で玉島行をともにした加納格太郎に偶然出会った新島は、快風丸が近日箱館にむけて出帆する知らせを耳にした。新島の行動は迅速である。安中藩目付飯田逸之助に藩主からの箱館行許可を得べく協力依頼をする一方、備中松山藩の塩田虎尾を訪ね、塩田を介して備中松山藩の家老・藩主への箱館行了承と本家板倉家（備中松山藩）から安中藩主への許諾を得るように依頼している。結果、新島七五三太の箱館行は可能となった。飯田逸之助からその報告をえたとき新島は、「喜欣ニ堪兼不覚大声をして曰、嗚呼天我を棄てさるか、我業の成否此一挙にあり」と快哉を叫んだ。「我業の成否此一挙にあり」の一句に彼の思いの全てがこめられている。

三月十二日、品川を出帆した快風丸は四月二十一日に箱館に入港した。新島は当日の午後に上陸している。

彼の箱館滞在は五十四日間という短いものであった。その間、箱館の町を「注意深く観察」している。将来的にはこの港町は大都会になるであろうことを予見している。薬師山（函館山）の麓にはロシア、イギリス、アメリカ、フランスの領事館が居並び、白壁や国旗が風情をそえる。

また、妓楼が三十軒も立ち並び、風俗道徳の荒廃の様も記録した。さらに、江戸に較べてその物価の高さにも驚いている[183]。

新島七五三太の箱館行の目的は、武田斐三郎塾にはいり、航海術・兵学・英学などを学ぶことにあった。ところが武田斐三郎は、このとき江戸に帰っており箱館にはいなかった。ちなみに武田はこの年の七月には開成所教授並となっている。武田塾の菅沼精一郎（長岡藩士）から「塾生四五人ニして格別に読む人」のいない様子や、「武田氏は江戸へ」帰っていることを聞き、武田塾に懸けるものがないことを知った。そこで外国人の家に下宿できるか否かを菅沼に尋ねている。

菅沼は、ギリシア正教の僧侶ニコライ（Ioan Dimitrovich Kasatkin　一八三六年～一九一二年）が日本語の教師を求めていることから、彼のもとでの下宿は可能であろうとして新島とニコライとを引き合わせた。菅沼はニコライを鋭敏にして博学な人物であるとみており、「其故か魯帝の命を受け茲に来り日本語を学へり。此人近来日本学の師を失ひし故頻に其師を求めり、汝なんそ魯僧の家ニ至らさる哉、且此人英語ニも通セし故、汝の英学を学ふに少しハ助けとならん」[184]とサジェスションを与えている。

新島は五月五日にニコライの家に移った。「彼予ニ十畳敷き計の一と間を預け、のみよけの如き高き床と、大ゐなる読書机を貸せり。彼、予の英学に志し遠路を嫌わす単身此地に来るを喜ひしにや、予を遇する事実ニ至れり尽セりと云ふへし」[185]と、ニコライの遇し方を記している。

ニコライは新島七五三太自身がはじめて接する外国人であった。新島は彼に眼病で難渋している様子を語ると、ニコライは病院や医師を紹介し、治療を促したりしている。また、英学の勉強意思を語ると彼はロシア士官のピレルーヒンを英語教師として紹介してくれている。このように外国人（ロシア人）のフランクで親切な態度は江戸では考えられないことであった。

つぎの一文は、ロシアの病院での観察であるが、ロシア政府の施策と徳川政府の無策ぶりを鋭く見抜くものである。長文になるけれども引用しよう。

> 扨此病院は魯国の天子より総の賄料下るニ依而、日本医師（十中の八九迄）の病家之貧富を見分け薬を差別すると違ひ、乞食の如き貧なる者ニも病気次第にて高価の薬を与へ、唯病気全快し其者の魯人を慕ふ事を望む計なり。右様の手厚き取扱なれど一切謝金を要セす、全く施しの為なり。然し人々皆全快を得ば、或る品物にて医者へ謝する由

○日本政府立置きし病院は、魯の病院とハ相反し、喰物宜しからす（俗吏是ニ依而糊口をなす）、病人第一要する所の薬宜しからす（医者是ニ依而糊口をなす）。其はさて置、薬を調合し病を視察す肝心なる医者は竹林より来るゆへ、院中甚寥々の由（掃除行届かす、衣類も時々変へず、施しの主意何にあるや）、其レに相違し魯の病院には、病人院に満充し、通病人は凡五六拾程なり。予切に嘆ず、函楯の人民多年魯の恵救を得ば、我か政府を背にし却て汲々として魯人を仰かん事を。嗚呼魯の長久の策を我政府察セさるは何ぞや。茲に堤堰あり、水是を破る事少許、然し少許なるを以て早く是を収めされば、遂に全堤を破り、田地を荒らし、人家を流かし、人民を害するに至らん。嗚呼我政府早く函楯の少しく欠けし堤を収めされば、遂に魯国の水全堤を潰ヤし、人民水に順ひ流れ、百万《ママ》［百方］其レを塞ぐ能わさるに至らん（嗚呼我の嘆息はゴマメの歯切と同し事か）[186]（傍点はママ　引用者注）

ロシアの病院運営の在り方や病人に対する姿勢の公明正大かつ親切は、日本のそれに比べると雲泥の差のあることを指摘し、日本の遅れた状況の放置はロシアにたいして人々の思いが移行するであろうことも指摘した。

新島のこの体験は決して小さな事柄ではなかった。というのも、貧富のかかわりなく、平等に病人を看病するという当たり前のことを当たり前のようにしている国と、病人を貧富により差別する国の相違は何によるのかという問題を根本から考え直さなくてはならない質をもっていたと思われる。

では、この両者の違いは何か。元治元年五月二十四日付のニコライ宛書簡[187]がヒントになる。

抑私の西洋学をいたし候ハ、日本の地ハ尽く海岸なる故、航海術を開らき無事なるときハ諸国へ参り交易いたし、事ある時は海軍をもて敵をふせぎ候ハヽ、一としほ国家の為に相成候半とぞんぜしに、近ごろ政府の政事益たゝす、国家益みだれ、物価益高登し、万民益困窮いたし候、さて国の有様かくなりしは、全く教のたゝずして、国人神の道を知らさるより然らしむるとそんし候、嗚呼国のしか成りませしに、無理おしに兵を練り船を造る共、欧羅巴国にハ敵しがたし、欧羅巴各国の強兵も敗り難きハ唯一ツの道理なり、然れば航海術は些末の事ニ而、私共は第一に「クライスト」聖教を学ひ己をみかき、而して後其教書を釈して国中に布告いたし、国人をして尽く欧羅巴の強兵もやぶり難き独一真神の道を知らしめば、教政もおのつから立ち、国も自らふるひ候半とそんし候。

この書簡から窺えることは、新島の西洋学の対象が変化していることがみてとれることである。はじめは航海術の習得であり、交易方法の樹立であり、海軍結成への関心であった。しかしながら、そのようなことはすでに瑣末な事柄であると言いきる。

ペリーの来航後、さらに通商条約締結後、日本の政治は成り立たず、国家の安寧秩序は乱れ、物価は高騰し、民衆の困窮のみが先行している。このバラバラになっている国家状況を何らかの原理で一体化しなければ、西洋列強に喰物にされてしまう。新島は西洋文明を支える根源的原理を「クライスト聖教」に求めようとしたものと考えられる。何故、いきなりキリスト教を国家統一の原理としたかについては理解しがたい。彼のキリスト教への知識はわずかなものであっただろうことは容易く推測できる。考えられることは、上に記したロシア病院の事例やニコライの質素ながらも人に対する親切心の底流には、今でいうヒューマンなものや平等なものが流れていることに漠然と感じ取っていたのかもしれない。そのような具体的な姿の根底にキリスト教の存在をみたのではないか。ここに新島において、「西洋学」を学ぶ方向性がおぼろげながら形をとりだしたのではないかと考えられる。

新島のキリスト教への傾斜については「第1章」で述べているので重複はさける。

2　新島襄のキリスト教把握

①儒教とキリスト教

いま、新島襄の西洋学、就中、キリスト教への接近について概観を述べたけれども、新島を育てたもう一つの思想、すなわち、儒教道徳とどのように対峙したのであろうか。この問題は、新島がアメリカに渡ってから、その文明の落差に戸惑いながらも西洋文明と東洋文明の相違について立ち向かわなければならない課題でもあった。アメリカ生活のなかで儒教問題は彼の脳裡を離れることはなかったに違いない。

この問題を考えるヒントは弟双六《そうろく》宛書簡[188]にみることができる。新島は双六に八カ条にわたって守るべき事柄を書いて寄こした。その中で以下のような文言がある。

一　日本て申君に忠ハ我至聖救主ジィェージュスの論する忠と大に違ひ候故、一朝夕にかたり難し、去なから信義を以て主君朋友に接し、愛敬を以て父母諸姉に接せは可ならむ、只々今日偽を以て人に接せぬ［様］いたし度候

二　漢学は只支那歴代の事を窮むるによろしく候得共、孔孟の道を以て国を立てんとするは大なる誤りなり之に依て予か哲望む所は洋学 尤も英をよろしとす を攻むるにあり、若し解西所［開成所］にて洋人に付き学ぶを得ば、先つ英語に而話事を専務とすへし、其より文法書、算術、点算、幾何学、度量学、西洋一般の歴史、かつ各国の歴史を攻むへし　但し、洋書の義は飯田君へ相談いたし、君公より御買上に相成候様いたし度候、且杉田君に相頼み解西所より拝借すへし、然し右之数術に打越る一書新旧約全書を攻むるを尤もよろしと［す］、此は日本ニ而禁制なれ共、上帝（造物宰主）の造を受たる我々共是非共読まねばならぬ書なり（右の事は他人に談する勿れ）

「一」では、忠について日本でいうところの忠とキリスト教でいう忠とは相違するという。ただ、双六には、主君朋友父母諸姉たちへは信義愛敬をもって接し、偽りを排除し誠実に接せよと儒教倫理の遵守を語る。これは日本社会にある家族や弟のおかれている環境を配慮してのアドバイスであったといえよう。

「二」においては、「孔孟の道」を立国の基礎におくことはすでに誤りであることを指摘し、これからの学問は西洋学、とりわけ、英学に基礎をおき、語学、数学、西洋史、各国史の研究および聖書の講読にその努力を傾注すべきことを説いた。眼を世界に置くことを示唆している。この時（慶応三年十一月）、双六は昌平黌に学ぶ逸材であった。

アメリカにいた新島からすると、儒教そのものの通用しない限界がみえていたのである。

新島のいう「忠」の空間は「天とは一片の四角形に過ぎない―囲い地―」であり、そこには濃密な人間関係と守旧的

世界だけが息づいている。新島にとって、窒息しそうな状況への答えが脱国であったのである。

では、キリスト教における「忠」とは何か。本来、キリスト教において「忠」という語は馴染まない。双六にわかるように彼の日常語を用いたものであろう。新島がキリスト教における「忠」と儒教の「忠」とは同一でないというならば、それなりに理由があるはずである。一つは彼の具体的経験を通しての人間的あり方のなかに窺えようし（この点については後述する）、二つにこの「忠」を「愛」という言葉に置換すれば理解できるのではないか。新島はこの「愛」をどのように捉えるのか。この二番目の問いかけから語ることとしたい。新島の「愛」概念を探るうえで参考になる説教草稿がある。「愛トハ何ゾヤ」との仮題をもつ一文である。この草稿が記されたのは明治十九年五月、押川方義の仙台教会での説教のためのものであった。時間的には後年のものになるが、贖罪論を獲得している新島にはこの主題が早くから基本をなしていたと考えられる。

愛トハ何ソヤ曽テ我カ日本ニ神ノ愛ト云教ナキ所ヨリ、愛ト云ヘハ只々君臣ノ愛、夫婦ノ愛、親子ノ愛、兄弟朋友ノ愛位ニ限リ、兎角狭キ偏頗ノ愛ノミ行ハレ、此聖書ニ説ク所ノクリストノ愛ノ如キハ、此教ノ日本ニ入リ来ラサル内ハ我耳以テ聞ク事モ得サリシ。耶蘇教ハ何ソト人問ハレタレハ答テ曰ハン、愛以貫之　キリストノ愛ハ広ク深ク高ク、此愛ヲ以テ此世ニ来ラレ、此愛ヲ以テ神ノ道ヲ説カレ、此愛ヲ以テ吾人ヲ救ハンカ為棘ノ冠ヲ甘ンシ、十字架ニ磔セラレ、又此愛ヲ以テ吾ヲ引キ、此愛ヲ以テ今モ尚吾人ノ心ニ働ラク[189]

新島は、日本社会での「愛」の姿は君臣・夫婦親子・兄弟朋友の狭い関係の愛に限定されているという。したがって、その「愛」のおよぶ範囲はせいぜい上司・同僚・家族関係で終始するところでしかない。家父長制を前提とした社会にあっては上意下達のまたは男性優位の意向が中心となるなかで、婦女子への思いは副次的に取り扱われる。その意味では「狭キ偏頗ノ愛」なのである。これに対してキリスト教の「愛」は「広ク深ク高」いという。イエスはこの愛を説くべくこの世に遣わされた。イエスは古代ローマ帝国治下、ポンテオス・ピラト政権の弾圧にも屈せず民衆の軽蔑嘲笑にも耐え、神の愛と許しを説いた。結果、磔刑に処せられるにいたる。このイエスの行為は「神はその独り子をお与えになったほどに、この世を愛された。独り子を信じる者が一人も滅びないで、永遠の命を得るためである。神が御子を世に遣わされたのは、世を裁くためではなく、御子によって世が救われるためである」（ヨハネ伝三章十六―十七節）との聖句を成就するための行為であったのである。まさにキリスト教は「愛以貫之」く宗教なのである。「愛」を説くキリスト教は、イエスの行為によってすべての人々への解放と許しを約束する宗教である。新島のキリスト教信仰の底流にはこの贖罪論があったといっても過言ではなく、早くから「ヨハネ伝」三章のこの聖句に傾斜していたことは周知のことであった。

つぎに第一の問題、すなわちキリスト教を通しての人間的あり方について新島がいかに見ていたのかを考えていこう。この問いかけは新島のアメリカ文明の把握がどのようなものであったかという問いかけにもなる。

慶応三（一八六七）年三月二十九日付の父民治宛書簡はアメリカの様子を詳細に報告している。まず、新島の庇護者となってくれたA・ハーディーについての記述を紹介しよう。

彼人深く小子の志に感し、一昨年十月下旬よ衣服等をよきに買呉れ、ボストンの東北十里余の一邑アンドワと申所の大学校へ遣し呉、且つ月俸筆墨紙料等も尽く払呉候故、小子今は安楽に学問修行仕、少しも早く帰錦海山の恩を奉ぜんと楽しみ居候、扨此「ハルディー」と申人のかく小子を世話致し呉候は全天上独一真神（後に委くしるし候）への勤め、かつ日本の為とて仰山の雑費を払ひ呉、一文一事の報酬をのそます、小子を重き客分の通りニ取扱呉、其上五年なり十年なりとも小子の為に修行料を出し呉候と兼而約束いたし呉候間、何卒ご安心可被下候[190]

A・ハーディーは新島を我が子のように遇していることがわかる。学校に入学（すでにこの頃新島はフィリップス・アカデミーに在学中であった）させてくれるだけでなく、生活費や学費を保障し一銭の金銭要求もなかった。新島には学問への思いがあったけれども、無一物の青年であり、この男に金銭要求しても不可能である。また、A・ハーディーはボストンでの名士であり資産家であったことも作用している。しかしながら、無償の精神で異教国の男の面倒をみることは普通に考えて困難であり異様でもある。にもかかわらず、A・ハーディーはこの困難と異様をやってのけていく。新島は

Ａ・ハーディーの行為や彼を囲むアメリカ人たちの在り方をみるとき、キリスト者の善意・行為を通して、その背景にあるキリスト教精神やその「愛」について思いを深くしたに違いない。新島にあって、この恵まれた体験はアメリカを称賛すべき国家として映り、内村鑑三のキリスト教国の今の神は「金銭」であることを深く知らしめさせたアメリカ体験[191]とは大きな開きがあった。しかし、Ａ・ハーディーの好意はアメリカン・ボードの教勢拡大の目論見もあったことは「第1章」においても指摘しておいた。

このように「独一真神」の「愛」をもったアメリカ社会がどのような国家体制を有しているかが次の報告対象となってくる。

厳冬期のアメリカ人の暖の取り方とその工夫、学校制度の行き届いた様子、交通手段の利便性と道路の整備状況など社会資本投下の充実を語り、さらに農業生産の方法等も報告している。ここではその一例として学校制度や学生の様子については、ボストン郊外アンドヴァーに種々の学校のあることを記した。神学校、大学校（フィリップス・アカデミーのこと）、自由学校、女学校が備わり、読み書きのできないものが無いほどである。福祉医療施設として貧院、病院の完備していることを紹介する。学生の日常的姿についても以下のように報告する。

……聖学校に罷在候書生は多分正直信実にして一切酒烟艸等を不用、強而邪淫を避け決し而女色の事抔は不談、……天上独一真神の道を修め此世の罪を償へる聖人ジイエジュスの教を守り……[192]

禁欲的生活をおくる。新島自身もこのような生活に矛盾無く溶け込んでいることを吐露した。

アンドヴァーでは弱者に対するケアーも行き届いている様子をみて、新島はこれこそ仁政ではないかと問いかける。中国や日本では「仁政」を声高にさけぶけれども実際に政策化されなければただの画餅でしかない。アメリカにおいて「仁政」がほどこされていることに驚きを禁じえなかったに違いない。

アメリカの政治的平等についての報告も飯田逸之助（安中藩目付）宛の書簡[193]にみることができる。ここでも日本の政治状況や人間観とアメリカのそれらとの違いを確たる思いを込めて語る。そして、彼の心境の変化（新島自身の平等観の獲得）も認《したた》められている。「国家の為に寸力を竭さん事は、僕赤心望む所」としながらも、いまさら「藩邸に帰り、僅かの俸禄を甘ぜん事を嫌ふ」と断言し、「敢而富貴功名を望むに非ず、富貴功名は花上草頭の霜露なり」と語り、世俗的権勢欲を否定した。

皇国の形勢、大に変換せし由、長州畔く伐之不克由、昭徳公薨じ、一橋公拝将軍せし由、新帝立給ふよし、（僕が○○○○将軍の為に欠字せぬは我輩共造化の工を受けたる者にして、乃○○と同等の人間なるによる）朝議幕論、弥開国に帰せし由、兵庫も開港のよし、兵制の変ぜしよし、承知仕候、熊若君の早世給ひし由、僕に於而実に長大息の至に御座候……米利堅文物の盛なる事、筆端に尽くし難候得共、少々此国の教育の盛なる事を左に記し候

何れの都会、何の邑、何の村落なりとも、フリー学校と申し、一切謝礼を払はぬ学校なり、此は人々の家財に応して、年貢を金にて取上げ、此学校の雑費とせり、（但し当国にては、人民の産に応じ、年貢を助〔取〕上候故、日本の農夫より重き年貢を取て、商人より格別税金を取らぬに比すれば、万々寛容なる仕方也、女子も男子に斉しく学校へ遣し、算術、地理、窮理、天文等の学を教へ候間、此国にて夫人の役に立つ事おびたゞし……[194]

この部分をみると、此の時期の日本の状況が新島の耳に達していたことがわかる。興味深いのは「僕が○○○○将軍の為に欠字せぬは我輩共造化の工を受けたる者にして、乃ち○○と同等の人間になるによる」との認識を示す箇所である。この伏字の部分にそれぞれ「天皇の為」「天皇」という語を当て嵌めてみると、天皇や将軍を一般人民と同等であるとの認識に達していることが分かる。その根拠は、天皇・将軍といえども神の前にあっては平等であるとの考え方に導かれていることによる。学校制度、徴税法などにあっては女子教育の男子と同様に施されている様子、税制度にあっては家財に応じての課税が基本となっており、日本のように農民にのみ負担が偏することのない様子を語っている。

この書簡の別の箇所にも同様の記述があり、教育制度の一端や農民への考え方が披露されている。

……小児は四五歳より最早学校へ罷越し候故八九歳の比には通例の書を読むに差支なし、如何なる窮人の子なり共、誰も自在に

学校へ入る事かなひ候故、読み書きの出来ぬ者甚だ少なし、右に付日本の農夫を考ふれは、甚気の毒千万なり、農夫も矢張〇〇と斉しき人間なり、然るに日本にては農夫を愚になし、豚犬の如く取扱ひ、重き租税を取上候事、実に理外にして、暴なる政道と云つべし、かつ日本の士人の格式を論する等の事、実に笑ふ可き事なり……[195]

書簡を通して慶応三年段階における新島の認識がどのような位相にあったかが知りえたのではなかろうか。一実業家の善意と行為、弱者の子弟をも視野にいれた教育制度のあり方、国民全体を課税対象とする税制度などを知りえた。新島にとって、このような善意や意識、制度の根底に流れる意識や倫理観を考えざるをえなかったであろう。

②アメリカで出会った人々——A.Hardy 夫妻とアメリカの人々——

新島襄が箱館を出奔するのは元治元年六月十四日の夜陰、彼の搭乗したワイルド・ローヴァ号がボストン港に投錨したのは翌一八六五（慶応元）年七月二十日のことであった。この日から十月十一日まで、すなわち、この船の持主A・ハーディー氏に逢うまでは新島は不安と焦慮のなかにあった。この間の新島の思いはテイラー船長への書き物に窺える[196]。結果的にA・ハーディー氏の好結果が新島に齎された。新島を安堵させたA・ハーディーとはいかなる人物であったのであろうか。

辞書的な書き方をすれば、彼はボストンの実業家として海運業・貿易商として財をなした人物であった。彼は単なる実業家としてあったのではなく、ニューイングランドのピューリタンとしてまた、実業家としてその責務を果そうとしていた。彼は若いころ牧師を志し、フィリップス・アカデミーに入学したけれども病気のため中退せざるをえなかった。

明治二十年十一月二十日、新島は、A・ハーディーの訃報に接したときに同志社英学校の生徒たちを前にひとつの追悼説教をおこなった。以下はその一節である。A・ハーディーの人となりをよく伝えている。

予ノ恩人ハーデー君カ予ノ心ニ Yet live 尚存スル感情ヲ惹起シマス。扨予ノ如ク君ノ恩顧ヲ受ケタルモノハ申迄モナケレド、米国ノ学者社会、宗教社会、殊ニ世界ニ出張サレタル宣教師社会ニ於テモ、君ノ容貌、言語、事業等ハ、生キテ尚存シ長ク消滅スベカラサル記念碑トナルヘシト信シマス……君ハ……幼キヨリ深ク学ニ志シ村落ノ小学ニ於テ著シク頭角ヲ顕ハシ、十四年ノ比ニ及ヒテ遂ニ意ヲ決シアンドワ、フイレプス・アカデミーニ趣キ、古代ノ文学并ニ数学等ヲ修メ、以テ大学ニ入ルノ用意ヲ為シタレトモ、不幸ニシテ多病又資金モ乏キヲ告クルノ故ヲ以テ、卒業ノ時期ニ至ラス空シク其ノ校ヲ退キマシタ。若シ君ヲシテ素志ノ如ク学術海ノ港ニ達スルヲ得セシメシマシタナラ、君ハ如何ナル鴻儒トナラレシヤ、又如何ナル芳名ヲ学海ニ轟カセシヤ知ルベカラサルモ、賢キ天父ノ摂理ヲ君ヲシテ直ニ学海ニ航セシメス、却テ君ヲシテ学海ニ航スル人ヲを導カシメタル様ニ見エマスル……

予一日君ト共ニ波士頓府ノ華盛頓街上ヲ歩み、其ノ街ノ漸ヤ広キ所ニ来タリシトキ、君ハ足ヲ止メ予ニ語テ曰、余少年ノ折アンドワ、フイレプス・アカデミーヲ去リ茲ニ来ツタトキ、余ノ嚢裏残ス所ハ僅ニ五十銭ナリキ、故ヲ以テ余ハ此ノ街頭ニイヅミ手ヲポケットノ内ニ入レ、今夕ハ何レノ家ニ往キ宿スベキヤ、前途何事ヲ為シテ己ノ立身ヲ計ルヘキヤ種々心ノ裏ニ思案シオリシニ、一ノ貴人余ノ思案スル有様ヲ見懸ケシニヤ余ニ問テハル、ニ、少年ヨ爾ハ何ヲ思案シオルカ、余ハ語ルニ実ヲ以テセシカハ其ノ貴人ハ余ヲ雇イテ其見世ニ連レ行キ、簿記ヲ預カ〔ラ〕シメタリ、余ハ其ノ時ヨリ商法ヲ見習初メタリ、又余カ今日ノ身代ハ五十銭ヨリ初メタリ云々[197]

A・ハーディーの生い立ちの一端がうかがえる文章（説教）である。彼は決して順風満帆の人ではなかった。病身と経済的理由からフィリップス・アカデミーを退学した後、路頭を彷徨う生活を送り、明日への不安、嚢中の金銭枯渇と厳しい生活様態を余儀なくされていた。豊かな才能の持ち主であったA・ハーディーの苦難の時期であった。辛うじて一人の実業家に拾われて会計係の仕事にありついた。

このA・ハーディーの経験は、不安と焦慮、孤独にかられる新島の姿と同じものである。彼は新島に若いころの自らの姿をダブらせて見ていたことは想像に難くない。新島への惜しみのない支援の理由のひとつがこの自己経験にあったのではないか。

つづけて新島はA・ハーディーを語る。

扨君ノ人トナヲ論シマスレハ、君ハコモンセンスト判断力ニ富ミタルモノニシテみ、其ノ言語挙動一々宜シキニ適ハサルナク、又実地ノ点ニ出サルハナシ、其ノ性謙遜ナルモ快濶ニ、簡易ナルモ卑浅ナラス、閑雅ナルモ自ラ威厳アリ、温柔ナルモ決シテ侵スベカラス、真ニ君子ノ風ヲ備ヘリト申スベシ
或人君ノ顔ヲ評シテグラッドストニャン・フェースト云ヒ、又或人ハ君ノ写真ヲ見テ君ハ詩人ノ相アリト申シマシタ、君ハ常ニ口ヲ結ヒオリシモ自ラ微笑ヲ含ミ、名状シ難キ程ノ柔和ナル顔色ヲ呈シタレハ、老イタル人モ若キモノモ君ニ逢ハ、直ニ近ツキ一言ヲ交ヘン事ヲ望ミマシタ[198]（傍線はママ）

新島はA・ハーディーを威厳と柔和さを備えた君子の風貌を具備した人物として捉えている。「或人」の言辞として「グラッドストニャン・フェース」と紹介し「詩人の相」をも持っていると評した。この「グラッドストニャン・フェース」は、N・ホーソーンの作品「Great Stone Face」からのイメージであったろう。

さて、新島はこのA・ハーディー夫妻からどのように遇され、それにどのように応えようとしたのか。ハーディー夫妻は新島をフィリップス・アカデミーに入学させ、勉学への途を開かせた。新島は夫妻の好意に努力を以て応えたのは当然であろう。

新島の下宿先のM・E・ヒドゥンからA・ハーディーへの手紙にその様子が記されている。

ジョゼフは紳士です。……ジョゼフの飾りけのない会話によって私たちは、彼が自分の道に投げかけられた誘惑にいかに抵抗してきたか、またいかに模範的な生き方をしてきたかを見ますときに、私むたちは、神の御手が彼の上にあり、彼が自分の民を暗黒と偶像崇拝の中から、祝福の神の輝かしい福音の中へとあがない出していくために選ばれた器になるであろうことを感じる次第でございます。

ジョゼフはこの休暇中も勉強で非常に忙しくしております。しょっちゅう何かを説明したり、訂正してあげたりする必要があり

ますので、私たちは彼に相当の関心を払わずにいることはできません。彼は親切を示されると非常に感謝し、お返しに、何でもしたい気持ちにすぐなります。……彼はあなたが彼のためになさいましたことに対し、深甚な感謝の念を抱いており、あなたが平穏無事であられますようにとのみ願っているようです[199]。

新島は夫妻に深い感謝の念を忘れずにいる様子がよくわかる。ヒドゥン家には新島以外にE・フリントというアンドヴァー神学校に通う学生が下宿していた。彼はすでにウィリアムズ大学を卒業し教職に就いていたが、牧会こそが天職として神学を学んでいたのである。

実は彼にはもう一人の先生があって、この方が毎夕彼のおさらいをして下さっており、彼が非常に急速に進歩しているとの評価を頂いております。……ジョゼフは学校生活と絶えず接触していく必要はありますが、実際のところ彼がフリント氏から得ている利益は高等学校の先生から得ているよりもはるかに大きいといえます[200]。

一八六六年一月一日付、新島のA・ハーディー宛書簡には「私は非常に元気でとても快適に新年を迎えました。ああ、私は自分の生涯でこれほど快適な新年を迎えたことはないと申し上げてもよいほどです。なぜなら私は今何の困難も苦労もなしに、ほしいと思っていたすべてのものを十分に所有しているからです。ハーディ様、私は頭のてっぺんから足の先まであなたのご親切とご好意を感じています」[201]。

また、別の書簡では、「あなたに対する私の深い感謝をどのように表現したらよいのかわかりません。ただ心の中で感謝を唱えるのみです。勉強をやめて休息するとき、私はいつも神のめぐみとあなたのご親切を思い出し、神に感謝を捧げ、ハーディ様のために「あなたの御名のために貧しい者たちを助けている人を祝福してくださいますように」とお祈りいたします」[202]。

新島の周囲にはA・ハーディー夫妻をはじめ、M・E・ヒドゥン姉弟、E・フリント夫妻、フィリップス・アカデミーのS・H・テイラー博士らがいて、親切にあふれた人たちが彼を育むことになった。

この頃にはすでに新島はフリント夫人から聖書の多くの箇所を学んでいる。新約聖書では、「さいわいなるかな」(マタイ伝 五 - 三～一二)、主の祈り、黄金律(山上の垂訓の一節「だから、人にしてもらいたいと思うことは何でも、人にしなさい」マタイ伝 七 - 一二)、マタイ伝二二章三七節(イエスは言われた「心を尽くし、思いを尽くして、あなたの神である主を愛しなさい」)、ヨハネ伝三章一六節(神は、その独り子をお与えになったほどに世を愛された。独り子を信じる者が一人も滅びないで、永遠の命を得るためである)、詩篇第一篇と二三篇と多岐に及んでいる。ルカ伝も十七章まで読み進んでいる。旧約聖書においても「出エジプト記」「ダニエル記」「士師記」などその学習を捗らせていた。

キリスト教への理解と信仰の度合いの深さはこの年の十二月三十日の受洗となって現れてきたのである。

③ニューイングランド神学

新島が在米中に属した高等学校、大学、神学校はニューイングランド(マサチューセッツ州)にあり、そこに育まれた精神土壌を成就すべく実践化されていた。その精神土壌を「ニューイングランド神学」という。

そもそもこのニューイングランド神学はその名が示すように「ニューイングランド」に発した神学運動であるとともにその過程でうまれた神学理論である。地域的には、メイン、ニューハンプシャー、ヴァーモント、マサチューセッツ、コネチカット、ロードアイランドの各州で展開されていた。その提唱は、ジョナサン・エドワード(Jonathan Edward 一七〇三～一七五八年)にはじまり、エドワード・アマサ・パーク(Edward Amasa Park 一八〇八～一九〇〇年)で終わるほぼ百五十年間の神学運動と理論であった。したがって、新島が影響を受けたニューイングランド神学はその後半期に属するものであった。

十八世紀初頭から十九世紀末にかけてのこの神学運動は何をその課題とし、主題としたのであろうか。

一六二〇年のピルグリム・ファーザーズ(the Pilgrim Farthers)のプリマス(Plymouth)入植のきっかけは、イギリス流の国教会《アングリカン》に残るローマン・カソリック的制約や形式に抵抗したピューリタンたちが新大陸(北米大陸)に宗教的政治的新天地を拓くところにあった。一〇二名のピルグリム・ファーザーズたちは、いわば、庶民階級の人たちであり、職業的階層は様々であった。羅紗織職人、帽子製造、梳毛職人、撚糸工、綾織工、彫工、石工、大工、鍛冶職人など勤労階級的生産者であった。時間の経過とともに、入植者たちも多岐にわたる。その中核は自営農民層や商工業者となり、資本主義形成の中心階層を形成してゆく。彼らは宗教的には国教会の信仰と慣習に従う人々（Conformist）に対して、不服従を宣言する人々（Nonconformist）と呼ばれ、国王や教会権力に敢然と抵抗し、自らの欲する思想、信仰、行動の自由を獲得する人々であった。彼らの信仰的根拠は十六世紀半ばにスコットランドに伝えられたカルヴィニズム（Calvinism）にあった。少し古い研究になるが、阿部行蔵はイギリスのカルヴィニズムについて以下のように述べている。「カルヴィンにおいては、全能の神はつねにめざめ、つねに活動し、不断の作用性において力強く働く神である。しかもそこには、神以外にいかなる副次的な原因の存在もゆるされない。一切は神の意志によって決定され、救いに入れられるも、滅びに落とされるも、ことごとく人間みずからの内的な可能性にもとづくものではなく、神の絶対的な自由なる選択によって決定される。それゆえ人間と世界との運命は堕落のかなた supra lapsus よりすでに決定されているとみるべきであろう。しかも神の意志は絶対的なものであるゆえに、恩恵への選択も、滅亡への運命も、本質的には変更不可能なものとして理解されている。恩恵に予定されたものが自己の運命をみずから誇り得ぬごとく、滅亡に選択されたものも自己の運命について告訴することは全く不可能である。むしろ呪詛の運命を悲しみ嘆く人々の慟哭こそ、そのまま神の全能を賛美する声にすら変奏されることであろう。そしてここにカルヴィンの荘厳な予定説は成立するのである（下略）」[203] 阿部の説明によるとカルヴィニズムは、神の意志の絶対性を強調し、救済も滅亡も神の意志により決定されるという。この教えを遵守するならば、人々の信仰が禁欲主義的なもの、純粋無垢なものでなければならなくなり、信仰そのものが硬直するきわめて困難な事柄に転化していきそうである。すなわち、神の意志が十全に作用することがあっても、人間の意志は無化されることになる。

ピルグリム・ファーザーズの新大陸入植から百年を経ると、この古典的カルヴィニズムへの疑念が生じ、これからの離反者が現れても不思議ではない。禁欲主義的信仰に生きるより、営々と努力し開拓してきた成果を謳歌しようとする現実主義者の増えるのも自然である。だとすると、古典的禁欲主義（古典的カルヴィニズム）に基礎を置く信仰態度を遵守する立場と、現実主義に依拠する改革派（ユニテリアン）の対立が生じてくる。
このような時代背景のもとに生まれてきたのが「ニューイングランド神学」であった。いまここにその中心的役割を担った神学者の主張を紹介し、新島がこの「ニューイングランド神学」をどのように受容していったのかを検討しよう。

ジョナサン・エドワード（Jonathan Edward　一七〇三〜一七五八年）

Ｊ・エドワードの活躍した時期のニューイングランドのキリスト教の潮流はすでにピルグリム・ファーザーズの時期（一六二〇年）から百年余りの時間が経過しており、この時に培われた禁欲的な古典的カルヴィニズを堅持することが困難な状況にあったことは先に記した。古典的カルヴィニズムを守ることよりも自由を求める空気が支配的になってきていたのである。そこには入植者たち＝ピューリタンによる営々とした開拓と努力、そしてその結果としての生活の安定や事業の成功と繁栄がもたらされきつつあるもので、いきおい自己努力による成果を喜び謳歌する傾向、すなわち、自己肯定と現実謳歌として現れてくるのは自然の勢いでもあった。結果、信仰心の希薄化といった現象が生じるのも時間の問題である。

このころの人々にあっては、カルヴィニズムのもつ厳格主義、禁欲主義、神のもとでの人間の無力性の教義はそれ自体で入植者たちの精進、努力、成果、気概を剥いでしまう以外のなにものでもない教え（ドグマ）として映ってきていたのである。ここにニューイングランドにおけるピューリタニズムの危機と課題があった。

この課題の焦点は、大塚節治によると[204]カルヴィニズムを堅持しながらも民衆の要求する現実謳歌（自由）をいかに生かすことができるかということにあった。いわば「禁欲」と「現実謳歌」という全く異質な事柄をいかに捉え統一化するかという困難に直面することとなる。

問題点を掲げると、

①神の絶対支配に対して人間の自由の確保は可能か。

②人間に善をなす自由があるのか。
③現実肯定派（ユニテリアン）に対して三位一体論を擁護する必要性のあること。
④万人救済論と神の選びの信仰をどうとらえるのか。
⑤キリスト受難についての正義観念の適応の問題などである。

これらの問題点をみただけでも現実とキリスト教教義との乖離がいかに大きいかがわかる。どちらかといえば神学サイドが現実の側に歩み寄っている感がある。あるいは、三位一体派の窮地と苦悩が浮上している。

そのような中で妥協的教義がでてくるのも自然であろう。ソロモン・ストッダード（Solomon Stoddard 一六四三～一七二九年　彼は、J.Edward の母方の祖父）がそうであった。ノーサンプトン教会の牧師であった彼は、「半途誓約」(half way covenant) を採用して民衆の側ににじり寄った。この半途誓約とは幼児洗礼を受けた者をも聖餐に参加しうる、すなわち、信仰告白した信徒と同様に見做すとする教勢拡大の一手段のことで、S・ストッダードは積極的にこれを採用していった。

これに対してJ・エドワードは「半途誓約」には批判的で、その改革に乗り出す。厳格な教会の再建をめざすこととなる。J・エドワードは、神の絶対意思と人間の自由意思について以下のように考える。人間の精神は自らの意思によって動かされる。その意思は欲望や目的によって動かされる。彼はこれを「動力原因」と呼んだ。人間はこの「動力原因」によって選択する自由を有している。では、人間の行動自由（選択の自由）と神の支配との関係をどうとらえるのか。

J・エドワードによれば、
一、神は、人間の行為（自由）を予知する存在であること。
二、人間は、神の予知する行為（自由）を採るためには神の支配をうけること。
三、このことは、神の支配のもとでは人間は自由な行為を採ることとなる。

これらのことから人間の意思は問題にならなくなる。そこで、J・エドワードは言う。救いに選ばれた者には神は救いに入る条件を与える。すなわち、福音に接する機会を与え、入信の機会と環境を与えるのである。人間がこれを受け入れるか否かはその人間の自由に属することである、と。Ｊ・エドワードはここに神の意思と人間の自由意思との調節を可能にしたのである。

エドワード・アマサ・パーク（Edward Amasa Park　一八〇八～一九〇〇年）

簡単にＥ・Ａ・パークの経歴を記すと、彼はブラウン大学、アンドヴァー神学校を卒業した後、アーモスト大学の哲学教授を経て、母校アンドヴァー神学校の聖書修辞学、組織神学の教授（一八三六～一八八一年）として教壇に立った。なお、パークの夫人はＪ・エドワードの曾孫であった。新島がアンドヴァー神学校に入学したのが一八七〇年であるから、彼はパークの講筵に列していたことになる。

さて、Ｅ・Ａ・パークは神の絶対性と人間の自由意思の問題をどのように捉えていたのか。パークは、神が人間の罪行為を止めることができなかったのは「神の許し」のゆえであると考える。神は人間の罪行為を阻止しようとすれば、それは可能であったけれども敢えてそうしなかったのは人間の主体的選択を重視したためであり、その本質は自由にあるとした。

では、この「神の許し」を受けた「人間の自由」は全く何の制約や束縛も受けないものであったか。パークは、人間の自由は良心によって拘束されるものであるとした。「良心は神意に従うことを要求しかつ隣人の自由を害せず、隣人に仕えることを要求する」[205]のである。すなわち「真理はあなたたちを自由にする」（ヨハネ伝 八章三二節）のみならず、良心は神の意思＝真理に束縛されることとなる。人間の自由＝良心は真理＝神の意思に束縛されることになるのである。パークは、自由と良心の問題をこのように大きな神の束縛のもとにあるものと考えたのである。その意味では、パークの信仰はカルヴィニズムの伝統に連なるものといえる。

④新島のニューイングランド神学解釈

新島がアメリカにおいて接した人々の行為や善意の根幹には、例えば、Ｅ・Ａ・パークのいう自由論、良心論、贖罪論が影響していたし、彼の講義を受けていた新島にしてみれば当然のようにそれを受け入れることとなる。

ニューイングランド神学の焦点は、「神の絶対性」と「人間の自由意思」の調整をどう対処しうるのかという問題、換言すれば、人間の罪と神の許しの問題が課題となっていたといいえる。

古典的カルヴィニズムでは「神の絶対性」のもとで「人間の自由意思」が機能することはないとの立場を採っていたことは上述のことから明らかである。マサチューセッツ、ヴァージニアをはじめとするニューイングランドではカルヴィニズムの影響が色濃く残っていた。

その証拠に、Ｅ・Ａ・パークの罪論は一つの方向性を示唆している。

新島は、マタイ伝六章十二節の聖句（「わたしたちの負い目を赦してください、わたしたちも自分に負い目のある人を赦しましたように」）をひきながら、その意味は信者（人々）の「贖罪」を願うものであると言う。そこで、この人々の罪とは何をいうのか。

扨罪ト申ハ他ニ非ス、乃チ神ノ命令ニ背キ、或［ハ］人倫ノ道ヲ乱シ、或ハ己ノ心ニ於テ済マサル［ト］思フ事ヲ犯スヲ皆罪ト云テ、若シ神ノ命令モ無ク人間中ニモ一切人倫ノ道不立スハ、己ノ心中ニ於テモ犯シテ済マズト思事モナキトキハ、罪ト申事ハ一切無キ事ナリ（下略）206

ここに新島は「罪」とは、神の意に背くこと、人倫の道に悖ること、自己の心に背くことをその要件に挙げている。人倫の道に背くこととは、所謂、「法三章」を指しているものと考えられる。また自己の心に背くとは「良心」に背くことをいっているものであろう。では「神の意」に背くとは如何なる意味か。新島は罪を犯すには二種類の違反があるとして、一つは「外に顕れる」罪＝殺人、窃盗に代表される。これを罰するのが政府（法律・警察）である。二つめは「天地ノ宰主、人ノ霊魂ノ審判主」への罪＝「我等ノ心ノ罪ヲ正ス者」への罪を指す。この二つめの罪は新島のいう三つの罪の自己の心に背く罪＝「良心への罪」に該当する。「神の意」に背くとは、自己の「良心」に背くことと同義と考えてよい。もちろんその罪は自らに降りかかってくる。すなわち、「己レノ犯シタル罪ヲ以テ己ヲクルシムル」[207]こととなる。この魂の煉獄からの救いはいかにして可能となるのか。「祈り」こそがその救いにいたる方途であるという。

では、儒教や仏教はこの「救い」についてどうみているのか。儒教では、この救いの道は閉ざされているという。「耶蘇ノ妙教ヲ知ラザル者ハ唯々孔子ノ云レシ所ノ事ヲノミ取リ、一［タ］ヒ犯シタル罪ノ贖ベキ由ナキ事ヲ信セリ」[208]として救済の無いこととみている。

ひとたび罪を犯したならば救われることは困難であるとする立場をキリスト教の盛んなアメリカでさえ採る人がいることを語る。「此教ノ盛ニ開ケ大ニ行ル、アメリカノ如キ国ニ於テスラ、立派ナル窮理学者（パーカ）孔子ノ如キ説ヲ唱ヘテ、一［タ］ヒ罪ヲ犯セシ上ハ必ス神ヨリ罰ヲ受ケザルヲ不得、又犯シタル罪ナラバ其罰ヲ受ベキガ当然ナリト申セシ事モアリ」[209]。ここにE・A・パークの贖罪論が古典的カルヴィニズムの延長線上にあることを指摘しており、この点については、神のもとでの人々の救済を採る新島とパークとの差異をみることができる。

ニューイングランド神学のもう一つの課題、「神の絶対性」と「人間の自由意思」の関係を新島はどう捉えているのか。E・A・パークは「人間の自由意思」を否定的にとらえたけれども、新島は「人間の自由意思」を肯定的に捉えた。新島は一八七四年五月、マサチューセッツ州レキシントンのハンコック教会で「神の愛」（God's love）という説教を試みた。その説教中に以下のように語っている。

神の贖罪によって、神と罪人との間にあった壁は破壊された。牢獄の扉は大きく開かれ、囚人たちは神の国に招き入れられた。この自由な招きによりキリストは如何なる個人、如何なる国民をも制限しない。神はすべての人々にこの招きを提供し、全ての人々を迎え入れる準備ができている。徴税吏であろうと、娼婦であろうと、貧乏人、目や足の悪い不遇な人たちであろうと、白人や黒人であろうとなんの問題はないのです。個々の人に求められることは受容し、信ずることなのです。受容するというシンプルな行為によってのみ、すべての人々にキリストの王国の扉が開かれるのです。そう、全ての人々にです。[210]

新島の神についての把握はこうである。神の赦し（救済、贖罪）は、特定の個人や国民にたいして向けられているものではなく「いかなる人物」「いかなる国民」にも開かれている。職業的貴賤、貧富の差異、身体上の健常者不具者の相違、人種による選別など何らかかわりない。文明の民も未開の民も神の前では許されるという。

ここに新島は、神は全ての人々にその門戸を開いているという。ただし、この「神の愛」を得るには一つだけ条件がある。その条件とは個々人が「神を信ずること」「神を受容すること」の一点に収斂される。すなわち、ここに「人間の自由意思」が作用する部分を容認するのである。E・A・パークが「神の愛」を限定的に捉えようとする認識とは違っているといえる。

新島は「ニューイングランド神学」のもとで学んだなかで、その焦点となっていた「神の絶対性」と「人間の自由意思」の関連を、神の絶対性（神の愛は広くて高い）を容認しながらも「人間の自由意思」をも尊重する立場を採った。

全ての人民に「神の愛」を得ることを待つ（啓蒙し教育する）行為でもあり、自らこの部分に参加していくことは、学校設立行為として現れていたことで十分に理解可能である。

最後に新島の「文明」論がキリスト教といかなる関わりをもったのかを検討してこの節を閉じることにしたい。

3　新島襄の「文明論」とキリスト教

①キリスト教と文明

新島が一八六五年七月、ボストンに到着し、以後、ほぼ十年ものあいだA・ハーディー夫妻の庇護のもと、能う限りの高等教育を受け、日本の開化に寄与すべく一八七四年十一月横浜に帰国する。

その間新島はアメリカ文明の中に身を置き、政治・経済・教育状況をつぶさに見聞してきた。新島はアメリカ文明をどのように見たか。一八六七（慶應三）年三月、父新島民治に宛てた書簡[211]に具体的な記述があり、新島がアメリカの文物に注目していたことが窺いうる。

はじめに、Ａ・ハーディーなる人物の依って立つ精神的基盤に注目する。Ａ・ハーディーが彼の庇護者として何かと面倒をみてくれ、高等学校（フィリップス・アカデミー）に通わせてくれ、その費用や生活費までの総ての面倒をみてくれていることを父に報告する。このような行為（あるいは好意）は日本では考えられないことであり、このＡ・ハーディーの行為を支える精神に言及している。それは、「天上独一真神への勤め」のゆえであるという。この「独一真神」とは、天地に一人の神であること、この神は、天地星辰人間鳥獣魚類を創造し、世人の善悪をもみそなわす存在である。善をなす者には未来の幸福と不朽の生命を得、悪をなす者には罪を加え困苦を与える存在であるという。

西洋文明はこの「独一真神」への信仰を前提に成り立っている。西洋の人々（この場合アメリカの人々）の日常生活のなかにこの「独一真神」が息づいており、「独一真神」への感謝と祈り、教えに従うものであるとする。

事実、アメリカにあった新島は恵まれていた。彼を受け入れた人物、学ぶ環境、生活様態など、まさに天から豊かなモノが降ってきたのである。感謝はあっても、不服批判は生まれてこようはずがない。

その他に、アメリカの風俗・習慣等についても記録している。気候はきびしく、とくに厳冬を過ごす種々の工夫も記す――湖上の交通の仕方（スケートの利用、馬車橇の利用）、暖の取り方（頭巾・襟巻・外套・手袋の着用、ストーヴの利用）など。

あるいは学校制度のこと（聖学校、大学校、自由学校、婦人学校など）。福祉施設のこと（貧院、病院など）。蒸気機関を用いた毛織物工場施設、蒸気機関車、果物・食料など目に見えるものの記述（報告）も豊かである。ことに聖学校の生徒の姿にも関心をしめしている。

扨此聖学校に罷在候書生は多分正直信実にして一切酒煙艸等を不用、強而邪淫を避け決し而女色の事抔は不談、唯天地人間艸木鳥獣魚虫を造りて永々存在こゝにもかしこにも被為在候あらたかなる神、乃ち以前に申せし天上独一真神の道を修め、此世の罪を償へる聖人ジイェジュスの教を守り日夜不怠祈禱致し、其恩恵扶助をのそみ、己に克ち慾を禦き、父母に孝を尽し兄弟姉妹朋友隣人を愛する事己に斉しく、偽詐佞弁を辱ち、悪口怒言を嫌ひ候故、其風俗の美し事、（下略）[212]

聖学校の生徒の禁欲的な生活態度を肯定的に受け入れている様子がわかる。

このようにみると、新島はキリスト教を無理なく受容するものであり、その「文明」論はキリスト教の受容を前提としていることがわかる。

しかしながら、新島はアメリカ生活を経験するなかで、キリスト教が全面的にアメリカ文明を支配しているのではないことを知るとともにその危惧を感ずるようになる。一八六九年十月二十四日のハーディー夫人宛の書簡に次のような一節がある。

今朝アメリカ伝道協会の主事が説教し、アメリカ人が現在どのような恐るべき状況に立っているかをいきいきと描いてみせてくれました。アメリカには八百万人のアイルランド人、沢山のドイツ人とフランス人、南部には四百万人の黒人、太平洋岸には何千人かの中国人と若干の日本人がいます。アメリカ人がこういった人々をキリストの真理でもって啓蒙し、高め、教育するのに手を貸さなければ、この人々が、この国の誇りである自由な制度を破壊していくでしょう[213]。

ここにはアメリカ人のキリスト教離れと異邦人（異教徒）の増加問題、この課題にアメリカが率先してキリスト教化を推進していかなければアメリカの誇りである「自由な制度」が破壊されると認識していた。このようなアメリカの窮地に新島は「祈ろう」という。というのは彼には、アメリカこそが異邦人にとって「キリストの光の中心地」[214]であるという思いがあり、「光の中心がたいして強烈でないとすると、どうしてこの国が遠い暗い隅々に住んでいる人々に光をもたらすことができる」[215]のかとの認識はアメリカへの思いや期待感の裏返しでもある。なぜなら、異邦人やマイノリティー（例えば、ネイティヴ・アメリカン）の開明化・文明化をなしとげるにはキリスト教布教を第一の要件であると見做していたからである。この新島の文明化とキリスト教の関連は、まさに、この認識は、アメリカン・ボードの戦略にかなうものであり、そのライン上に依拠するものである。日本の文明化を推進するうえでも必須のこととして意識された。以下のような言葉が新島の思いの中核をしめていた。

「私は主のために自分自身をささげたのであり、同時にまた祖国のために献身するつもりです」[216]

「新たな経験とともに私の国民の間に福音をのべ伝えたいという欲求が私の中に生まれました。自分自身をこの事業にささげたいという動機は、私の国がそれを必要としていることを感じたからであり、滅びゆく魂を見逃すことができないからです」[217]

「われらに能う限り最高かつ最良の、正真正銘のキリスト教学校を与えよ。これこそは武士たちを満足させ、彼らの心を勝ち取る唯一の道である。日本における私の十年間の経験が確信させる。最高のキリスト教教育こそが、国を救う力となるのである」[218]（傍点はママ）

などの発言は文明化を推し進めるのにあたりキリスト教が如何に大きな働きを為すかとの思いが強かったことを示すものであろう。では、何故そういえるのか。次の一文は新島の意識を知るのに有益である。

吾人の見る所を以てすれば、欧洲文明の現象繁多なりと雖も、概して之を論ずれば、基督教の文明にして、基督教の主義ハ、血液の如く、万事万物に皆注入せざるはなし、而して我邦に於ては、唯た外形の文明を取って之れを取らざるハ、是れ猶ほ皮肉を取って血液を遺す者に非すや、今まや我邦の青年ハ、皆な泰西の文学を修め、泰西の科学を修め、我邦を扶植する第二の国民とならんとせり、然れとも、其教育たるや、帰着する所なく、皆な其岐路に彷徨する者あるに似たり、吾人ハ之を見て、実に我邦将来の為めに告歎に堪へざる者あり、吾人の不肖決して為す所なしと雖も、皇天若し吾人に幸ひを下し、世上の君子、吾人が志を助くることあらば、吾人不肖と雖も、必す今日に於て此の不肖を忘れ、此の大任に当らんと欲す、之れを要するに吾人は敢て科学文学の知識を学習せしむるに止まらず、之れを学習せしむるに加へて、更に是等の知識を運用する品行と精神とを養成せんことを希望するなり、而して斯くの如き品行と精神とを養成するハ、決して区々たる理論、区々たる検束法の能く為す所に非

す、実に活ける力ある基督教主義に非ざれば、能はざるを信す…（下略）[219]

西洋文明はキリスト教文明であるといっても過言ではなく、キリスト教は、いわば、血液の役割を担い、西洋文明の隅々にまでいきわたっている。然るに日本の場合は、西洋文明の外形のみを摂取して、キリスト教を採用しないのは皮肉をとって血液を遺すにひとしい。その意味では文明の一端を担っているにすぎないのであって、文明の生命ともいえる倫理道徳（キリスト教）を無視していては文明化するとはいい難い。とくに青年学生層に対して倫理道徳涵養の必要性を強調する。彼らは西洋の学問科学を受容修得することは速い。そして、国家改革の新しい世代を代表しつつある。しかしながら、その教育が最後の着地点を見いだし得ない状況にある。教育は学問科学の術を修めるのみならず、その人物の品行と精神を涵養することにある。品行と精神の涵養にはキリスト教が必須である。文明化を推進するにあたり、西洋文明の血液にあたるものを注入することがなにより肝要であるとしたのである。

②文明のもたらすもの

では、新島にあって文明は何を齎すというのであろうか。

新島は、文明社会を形成する元素は四つあるという。「智識、財産、自由、良心」の四元素がそれである。「此内一モ欠ヘカラサル事恰モ卓ノ四脚アルカ如シ、此内誰ヲカ重シ誰ヲカ軽スルヤ、君子国ヲ為スニハ「天国ヲ為スニハ」良心ヲ養生スル事ヲ最モ貴重［ト］スレトモ文明国ヲ為シ、文明ノ社会ヲ組成スルニハ、此四大元素ノ内一モ欠クヘカラ」[220]ざるものである。そして、「未開ノ人」が開化するにはどうすればよいか。それには「智識ノ開発」「財産ノ増殖」「自由ノ皇張」「道心ノ発育〔神ノ愛スル所ヲ愛シ、神ノ悪ム所ヲ悪ム〕」[221]を必要とするという。この四つの元素をもう少し詳しくみていこう。

「智識ノ開発」について以下のようにいう。「昔時ハ木ノ葉ヲ編ミ衣トナシ、木ノ枝ヲク、リテ家トナスモ、智識弥進ムニヨリ遂ニハタ織機械ヲ発明シテ衣装ヲ製シ、木ヲ切リツケリ、漸見ルヘキニ足ル家ヲ構造ス」[222]といい、「智識ノ開発」

による衣と住の発達変遷を紹介している。ほかにも「智識ノ開発」は、道具の発達（石具―木、漆器―金銀銅鉄）をもたらし、道路の発達は天然の道―道路開鑿―トンネル開発―鉄道敷設にまで発展したことをあきらかにした。また、工芸技芸においては電気を利用した金属識別法の開発があったことを述べる。何よりも知ることにより工夫をこらし技術の開発に繋がる。まさに道具から機械の発明へさらに産業革命へと展開することを示唆する。そして、「智識ノ開発」は財の蓄積に連動するという。

「財産ノ増殖」では、智識の進展にともない人はよいもの好むし、また財を得たならばますます財を得んことを望むのは人の常である。そしてその財を元手として工業、農業、商法などの産業化が図られるようになる。財が元手の倍になればそれだけ事業拡大が可能となる。その結果、「大ナル財産家トナルニ至ル」のである。社会（国家）に財が無ければ、「決シテ文化ノ車ヲ運転セシムル能ワ」ざる状況が生ずることとなる。いわゆる、社会資本の投下（学校設置、道路の整備開鑿、鉄道敷設、汽車汽船製造、電線架線、港湾建設など）は不可能となる。「財産ノ増殖」は、「蓄財トカ云テ唯之ヲツムカ功能ニアラス、之ヲ活用シ社会ヲモ益シ、又己レヲ益シテ初メテ財産ノ人間ニ必要ナルヲ見ルニ至ル」[223]ところにあるとし、蓄財の目的は、その財の社会的活用、個人的活用がなされてはじめて意味をもつものとした。

さらに「自由ノ皇張」については、自由を以下のように定義する。「人知識アリ財産アリ、而シテ自由ヲ好マサルモノアラン、乍去自由ト申シテ我儘ニ我カ銭ヲ費シテ、酒ヲ飲ミ乱暴スル等ノ類ニアラス○自由トハ束圧ヲ受ケサルヲ云ナリ○一身上ニ束圧ヲ受ケス○我カ財産ニ土地ナリ一身ニ関スル事々物々ニ束圧を受サルヲ云ナリ」といい、自由とは我儘放縦に陥ることではなく他者（国家や権力）から「束圧」を受けないものと私有の自由があるとした。さらに、自由には二種ありとして「外物ノ束圧ヲ受ケヌ事」と「心ノ真理ニ叶ヒ、真理ヲ自得シテ自由ナル事」であるとする。また、別の箇所では同様のことを「外来ノ自由、心中ノ自由」[224]と表現している。自由には「身分上ノ自由、財産土地所有ノ権ノ自由、国民タルノ自由、公平適宜ノ法アリ克ク自由ヲ獲ル」[225]として身分的自由、財産所有の自由、国民としての自由（参政権）、さらに内心（信仰・言論）の自由を容認（獲得）のために「公平適宜ノ法」を求めようとする。まさに未開・異教徒の文明化に導く分界と考えていたのである。

最後に「道心ノ発育」について。新島のいう「道心ノ発育」とは、「良心ノ働キヲ養成スル事 道徳 」とし、「良心ノ働キヲ鋭クスル事、真理ニ順ヒ真理ニ反カヌ事」が必要であり、そのことは「神ノ愛スル所ヲ愛シ、神ノ悪ム所ヲ悪ム」[226]ことであるという。良心とは真理に順うことであるとし、真理とは神の言葉であるとすると、これを信頼することによって良心を獲得しうるものである。もし良心（道徳）を欠いたならば「智識、財産、自由アリ以テ社会ヲ進ムヘシト云類モアルベケレトモ、恰［モ］卓ニ三脚アリ一脚ヲ欠クカ如シ……四元素中尤大切ナルモノト云ヘシ」[227]といい、この道徳心は宗教より獲られるものであり、「宗教ナケレハ自由モエス、財産ヲモ散シ、易ニ智識ヲモ進ムル能ワス」[228]という。

文明を形成するには「智識」「財産」「自由」「良心」の四大元素が必要としたことは理解しうる。この四元素が文明に何を齎すというのであろうか。具体的な姿が記されていることから推測可能である。「智識ノ開発」の齎すものは、知ること―考えること―工夫することへの個人の発展があり、物を作るに際して、はじめは道具を創りさらに生産性を高めんがために機械を発明するにいたる。機械生産は大量生産を可能とすることから、一国の経済力を豊かにしていくことが考えられる。物の生産と流通とは不可分となり流通の具として貨幣の発明がなされる。また、流通の一つの面として、大量輸送が必要となる。道路整備・拡幅さらに鉄道敷設、港湾建設、汽車汽船の発明と原動力としての蒸気機関の発明、鉱山開発と生産性向上のための要件が連綿と続くこととなる。いわゆる物質文化をもたらす大きな要因となる。さらに「財産ノ増殖」は工業、農業、商業のみならず諸産業を発達させる。まさに一国の富国策の根幹をなすものとなる。また、「智識ノ開発」のもう一つの貌は、教育、学問の発達を齎す。教育学問のジャンルも実学的なものから人文学的ジャンルにまで及び、前者は経済産業界に直結するであろうし、後者は宗教道徳に影響を及ぼすこととなろう。

国民の「智識ノ開発」への関心も、「財産ノ増殖」（経済活動）も権力の命令でなされるものではなく、自由が一層それらを飛躍させるのであり、「自由ノ皇張」はさらに国民の権利保障（自由権保障）をうながし、政治文化（立憲主義、議会制度、参政権など）を豊かにするものとなる。これらの個々の営為が国民の共通基盤に息づかなければならない。その共通基盤こそ、良心（道徳心）なのである。この「道心ノ育成」には宗教、就中、キリスト教が必要不可欠なものとしたのである。「文明ヲ組成スルノ四大元素」は相互に関連しあいながら、一国の文明化（近代化）を可能とするものであることを説いたのである。

おわりに

喋々と福沢諭吉および新島襄の文明論について述べてきた。最後に両者の「文明論」について纏めてこの章を擱くこととしたい。

はじめに、福沢諭吉の文明論について筆者からみた特徴を紹介したい。『学問のすゝめ』冒頭の意識が福沢の終生のテーマのように見ている人たちには本章を読み進むに従い驚かれたに違いない。福沢には明治十年代ころから初期の啓蒙主義者の貌はなくなっている。とくに、一国の独立維持を前提とした「外国交際」論（外交策）にあって国権主義的色彩を強くしていることは顕著である。

『文明論之概略』の大きなテーマは最終章（第十章）の「自国の独立を論ず」にあったと考えられる。幕末期、三度の欧米行によって、西洋列強と日本の国力の差異を厭というほどに味わった福沢は、その時点で日本の課題が見えたはずである。文明化（近代化）と日本の独立維持（国権確立）がその課題である。文明力の無い国の独立維持はありえないことを外国視察した彼の答えであった。「一身独立して一国独立す」の命題は、明治のはじめには同義として存在したと考えられたが、明治八、九年にかけて朝鮮半島をめぐる状況が変化しはじめるにしたがい、江華島事件・日朝修好条規調印などは日本が朝鮮に仕掛けた強引な朝鮮策であり、朝鮮の独立を謳いながら、虎視眈眈とその侵入を狙っていたことはあきらかであった。朝鮮の宗主国であった清国はこの事態に穏やかでない。明治十五年、十七年の壬午事変、甲申事変に関わり日清両国が朝鮮へのヘゲモニー争いを露わにするとき、福沢は東アジアにおける日本の位置を西洋諸国（とくにイギリス、アメリカ）と同じ関係に位置付けようとした。福沢の対朝鮮への態度は対等平等から、指導者意識に転換していた。

「朝鮮の交際を論ず」に表された態度がそれであるとともに、朝鮮への政治・経済・軍事への干渉は清国を意識してのことであった。「東洋の政略果して如何せん」がそれを語る。また、甲申事変以後に記された「脱亜論」は、清朝両国の文明化策の遅滞に、日本が提携して共同歩調をとることを拒否し欧米と手を結ぶことを宣言したものであった。

福沢の朝鮮認識が形を変えて、中国への侵略論に転化することとなる。自国（一国）の独立を尊重する人物がいかにしてその（独立）国を支配し得ることになるのか。文明か否かがその分界点とするならばあまりに容易すぎる理屈ではないか。

福沢の外交策（「外国交際」）が「力の論理」を強調するのと同様、国内の課題も「一身独立、一国独立」から「内安外競」という語に置き換えられる。一国の独立維持（国権伸張）は自国の富国強兵を基礎とする。「富国強兵」こそがその「国の力」である、というにいたった。また、「内安」を維持せんがためには、「百巻の万国公法」「幾冊の和親条約」よりも「数門の大砲」「一筐の弾薬」が効を奏するといい、そこには「理のためにはアフリカの黒奴にも恐入り、道のためには英吉利、亜米利加の軍艦をも恐れず」（『学問のすゝめ』）とした意識や姿勢はもはや福沢にはない。

福沢にとって、「内安」「文明化」は「外競」「一国独立」のための手段として位置づけられたと言っても過言ではなかった。

彼の「宗教論」においても手段的であったことが貫徹している。当初はキリスト教受容に批判的であったが、西洋列強に伍していくのには、その宗教においても「西洋と其色を同う」しなければならないとの理由で容認していく。しかも最も当世的な「ユニテリアン」（理神論を説く）においてこれを承認しようとしたのである。

つぎに「新島襄の文明論」についてその特徴を拾ってみたい。「東洋文明と西洋文明」の項については、新島は結果的には西洋学への接近を遂げていくが、その背景にあったのは幕末期日本のおかれていた国家的危機をいかに克服していくかという危機意識に押されてのことであった。

ある意味で恵まれた家庭環境のもとにあった新島が長ずるにおよんで封建秩序に懐疑を抱き、そこからの解放を求めた時に出会ったのが西洋学であった。オランダ軍艦を江戸湾上に実見したときの衝撃は大きく、西洋文明の技術力、工業力、軍事力の大きさに圧倒されたのである。この経験が新島の西洋学への扉を開かせたのである。

この実学志向の青年が、キリスト教へとその関心を転換させる契機が箱（函）館行にあった。江戸にいるころ漢訳のキリスト教関係の書物は読んではいたけれどもニコライとの邂逅が転機となったことは否めない。そしてこの延長線上にアメリカへの脱国があり、ボストンに投錨した新島は、実業家Ａ・ハーディーの庇護のもとで能う限りでの高等教育をうけることとなった。ニューイングランドは少しずつ変化しつつあったとはいえ、ピューリタニズムがまだ色濃く残っていた土地柄であり、彼の接した多くのキリスト者たちは、偏見的差別的に彼を遇することはなく平等かつ愛情細やかに接していたのである。新島はこのような人間存在のあり方により一層、キリスト教のもつ倫理性の高さや「広ク深ク高」い愛（アガペー）を認識したはずである。

新島はＥ・Ａ・パークの講筵に列することができたけれども、彼にはニューイングランド神学に関する著述はみられない。彼は、神学理論を抽象的に語るのではなく、具体的な形に変えて表現していった（例として自杖事件）。

新島はアメリカでの生活体験を経ながら新しい倫理、信仰、精神を獲得していったのである。儒教倫理への批判がその一つで、儒教精神の中核をなす「忠」観念に、キリスト教における「愛」を対置させることによって一層明確化される。上意下達を強制する政治的手段として用いられる儒教的「忠」は、アガペーを説くキリスト教的「愛」とは何ら関係のないことを看破していたといえよう。

新島の課題の一つは、日本の近代化を如何にして成し遂げるかという課題があった。新島の「文明」論にその問題を解く鍵がありそうである。文明化を成し遂げるには「智識」「財産」「自由」「良心」の四元素が必要であるという。「智識ノ開発」は工夫力を富まし、一国経済の工業化、産業化を推進し、富国化の基礎を築くこととなり、自ずと一国、個人の財力が大きくなっていく。さらに「自由ノ皇張」は経済的側面のみならず、個人の権利保障（自由権保障）に繋がり、政治文化、法律文化、内心の自由を齎すこととなる。所謂、現今の民主主義をもたらす基礎になることを指摘したのである。

さらにこれら個々の現象、活動を一つの共通基盤のうえに齎されるものとみなしている。「道心ノ育成」として宗教、就中、キリスト教がその役割を十分に担いうるとする。西洋文明は、物質文明に終始しているのではなく、キリスト教を抜きにしては考えられないこと。すなわち、宗教文化（キリスト教）の導入が必須の要件であるとしたのである。

この二人の大きな違いを指摘して終わることとする。福沢は「自由」「権利」の旗手として登場してきたかに見える。ところが彼の主張を聴くと、算術的符号でしめすと、「個人∧国家」ということになるのではないかと考えられる。国家独立の前に個人の自由・権利など（謂わばソフト・ウェアー）が手段化されているところにその特徴の一つがあるのに対して、新島は、西洋の威力を見たときに、その物理力の大きさ（ハード・ウェアー）に魅かれたけれども、十年のアメリカ生活の中で獲得したものは、個人の「自由」「権利」の保障がいかに重要必須なものかにあった。まさに、その保障への闘いこそが、一身の独立⇕一国の独立の相互性を見ようとするのである。徳富蘇峰が両者を紹介して、「二君は実に、泰西文明の二大元素を、我邦に輸入せんとするの案内者にして、泰西表面の文明たる、物質的の知識は福沢君に依って案内せられ、泰西裏面の文明たる、精神的の道徳は、新島君に於て案内せらる。而して既に福沢君の案内に依って、我が邦に来たれり。後者は新島君の案内によって将に来らんとす」[229]との比較はいまさらのように言い得て妙である。

注

1　「文明ノ基」「文明ヲ組成スルノ四大元素」「文明ノ元素」いずれも『新島全集①』所収
2　『文明論之概略』（以下、『概略』と略称）「第二章 西洋の文明を目的とする事」『福沢全集④』一七頁
3　注2に同じ。『福沢全集④』一九頁～二〇頁
4　『概略』「第三章 文明の本旨を論ず」『福沢全集④』四一頁
5　『概略』「第二章　西洋の文明を目的とする事」『福沢全集④』二〇頁
6　『概略』「第六章 智徳の辨」『福沢全集④』八三頁
7　注6に同じ。『福沢全集④』九〇頁
8　『概略』「第六章　智徳の辨」『福沢全集④』九一頁～九二頁

9・10　『概略』「第十章 自国の独立を論ず」『福沢全集④』一八三頁
11　同　上『福沢全集④』一八三頁〜一八四頁
12　岩波文庫版『文明論之概略』の注（三五九頁）によると、この言葉はギゾー『ヨーロッパ文明史』の第十一講「国民と政府の集権化」に登場する語で、「ヴァロア朝のもとでのフランスという国民の形成を論ずる箇所で、諸身分を一つの国民に結びつける絆としての「モラル・タイ」に論及している」とある。
13　『概略』「第十章　自国の独立を論ず」『福沢全集④』一八四頁〜一八五頁
14　同　上『福沢全集④』一九二頁
15　同　上『福沢全集④』一九〇頁〜一九一頁
16　『福沢全集④』一九三頁
17　同　上『福沢全集④』一九三頁〜一九四頁
18・19　同　上『福沢全集④』一九七頁
20　同　上『福沢全集④』一九八頁
21　同　上『福沢全集④』一九九頁
22　同　上『福沢全集④』二〇〇頁
23　同　上『福沢全集④』二〇三頁
24　同　上『福沢全集④』二〇六頁〜二〇七頁
25　同　上『福沢全集④』二〇七頁
26　「通俗国権論緒言」『福沢全集④』六〇三頁
27　「通俗民権論　第一章　総論」『福沢全集④』五七三頁
28　同　上『福沢全集④』五七四頁
29　同　上『福沢全集④』五七五頁
30　同　上『福沢全集④』五七七頁
31　「通俗民権論　第四章　知識見聞を博くする事」『福沢全集④』五八四頁〜五八五頁
32・33　「通俗国権論 緒言」『福沢全集④』六〇三頁

34　「通俗国権論　第一章　総論」『福沢全集④』六〇七頁
35　「通俗国権論　第二章　国権を重んずる事」『福沢全集④』六〇八頁
36　同　上『福沢全集④』六一三頁～六一四頁
37　「通俗国権論　第六章　国を富ます事」『福沢全集④』六二一頁
38　「通俗国権論　第七章　外戦止むを得ざる事」『福沢全集④』六三六頁～六三七頁
39　同　上『福沢全集④』六四一頁
40　同　上『福沢全集④』六四三頁
41　「福沢全集緒言」『福沢全集①』六三頁～六四頁
42　『大久保利通日記』下巻（侯爵大久保家蔵版 昭和二年刊）四七〇頁～四七五頁　なお、二月三日条の「鮫島氏入来」が「高嶋氏入来」とある。
43　伊藤博文書簡　明治六年十一月二十一日付『木戸孝允関係文書　一』二五五頁
44　木戸孝允書簡　明治六年十一月二十二日付『伊藤博文関係文書　四』二一八頁
45　「明六雑誌の出版を止るの議案」石河幹明『福沢諭吉伝』第二巻　三四五頁～三四九頁
46　「明六社制規　明治八年五月改定」『明六雑誌』下　四三〇頁　岩波文庫版
47　石河幹明『福沢諭吉伝』第二巻　三四五頁～三四六頁
48　石河幹明『福沢諭吉伝』第三巻　三二一頁
49　明治十四年十月十四日付 井上馨・伊藤博文宛書簡『福沢全集⑰』四七五頁
50　『福沢全集⑰』四六七頁～四六九頁
51　『福沢全集⑰』四七七頁
52　「明治辛巳紀事」『福沢全集⑳』二三三頁～二三四頁
53　「民情一新　第一章　保守の主義と進取の主義とは常に相対峙して、其際に自から進歩を見る可し」『福沢全集⑤』一七頁～一八頁
54　「民情一新　第五章　今世に於て国安を維持するの法は平穏の間に政権を授受するに在り。英国及び其他の治風を見て知る可し。」『福沢全集⑤』六〇頁～六一頁
55　『福翁自伝』『福沢全集⑦』二四七頁～二四八頁
56　「国会論」『福沢全集⑤』六七頁～六八頁

57　同　上『福沢全集⑤』七三頁〜七五頁
58　同　上『福沢全集⑤』七八頁
59　同　上『福沢全集⑤』八六頁
60　「時事小言　第一編　内安外競之事」『福沢全集⑤』一〇六頁
61・62　同　上『福沢全集⑤』一〇七頁
63　同　上『福沢全集⑤』一〇八頁〜一〇九頁
64　同　上『福沢全集⑤』一一八頁
65・66　「時事小言　第二編　政権之事　附国会論」『福沢全集⑤』一一九頁
67・68　同　上『福沢全集⑤』一二一頁
69　同　上『福沢全集⑤』一二六頁
70　同　上『福沢全集⑤』一二八頁
71　「時事小言　第四編　国権之事」『福沢全集⑤』一六九頁
72　「時事小言　第六編　国民の気力を養ふ事」『福沢全集⑤』二三二頁
73　石河幹明『福沢諭吉伝』第三巻　一一一頁〜一二四頁
74　沢辺正修「大日本国憲法」『日本近代思想体系9　憲法構想』一二五頁
75　植木枝盛「日本国国権按」『日本近代思想体系9　憲法構想』一八九頁
76　稲田正次『明治憲法成立史』上巻　三八三頁
77　「帝室論」『福沢全集⑤』二六一頁
78　同　上『福沢全集⑤』二六二頁
79　同　上『福沢全集⑤』二六三頁
80　同　上『福沢全集⑤』二六四頁〜二六五頁
81・82　同　上『福沢全集⑤』二六八頁
83　同　上『福沢全集⑤』二六九頁
84　同　上『福沢全集⑤』二八一頁

85　同　上『福沢全集⑤』二八二頁
86　福沢は、「学問の独立」と題した社説を『時事新報』に明治十六年一月二十日から二月五日まで八回にわたり掲載した。のち同名の冊子となり発刊されている。
87・88　「帝室論」『福沢全集⑤』二八三頁
89　『岩波 世界人名大辞典』アルバート項参照。
90　「尊王論」『福沢全集⑥』一六頁～一七頁
91　「朝鮮の交際を論ず」『福沢全集⑧』二八頁
92・93　大久保利謙編『近代史史料』一八二頁～一八三頁　吉川弘文館 刊
94　『福沢全集⑧』二八頁～二九頁
95　「朝鮮の交際を論ず」『福沢全集⑧』二九頁
96　同　上『福沢全集⑧』三〇頁
97　同　上『福沢全集⑧』三〇頁～三一頁
98　「朝鮮の変事」『福沢全集⑧』二四六頁
99　同　上『福沢全集⑧』二四九頁
100　「朝鮮政略」『福沢全集⑧』二五六頁～二五七頁
101　「東洋の政略果して如何せん」『福沢全集⑧』四二八頁
102　同　上『福沢全集⑧』四三〇頁～四三一頁
103　同　上『福沢全集⑧』四三一頁
104　同　上『福沢全集⑧』四三四頁
105　明治十七年十二月二十一日付福沢一太郎宛書簡『福沢全集⑰』七〇八頁～七〇九頁
106　「朝鮮事変の処分法」『福沢全集⑩』一五〇頁
107　「戦争となれば必勝の算あり」『福沢全集⑩』一五九頁～一六一頁
108・109　「脱亜論」『福沢全集⑩』二三九頁
110・111　同　上『福沢全集⑩』二四〇頁

112　大久保利謙編『近代史史料』二六七頁　吉川弘文館 刊
113　「支那朝鮮両国に向て直に戦を開く可し」『福沢全集⑭』四七九頁～四八一頁
114　「日清の戦争は文野の戦争なり」『福沢全集⑭』四九一頁～四九二頁
115　「大に軍費を醵出せん」『福沢全集⑭』四九二頁～四九四頁
116・117　「戦勝の大利益」『福沢全集⑮』一六頁
118　単著として見ることのできるものとしては、白井堯子『福沢諭吉と宣教師たち――知られざる明治期の日英関係』一九九九年　未来社刊、小泉　仰『福沢諭吉の宗教観』二〇〇二年　慶應義塾大学出版会刊、土屋博政『ユニテリアンと福沢諭吉』二〇〇四年　慶應義塾大学出版会刊が便利である。
119　「通俗国権論」『福沢全集④』六二六頁
120　「通俗国権論　二編」『福沢全集④』六七三頁
121　明治八年四月二十九日付　冨田鉄之助宛書簡『福沢全集⑰』一八四頁
122　明治八年九月八日付 高木三郎宛書簡『福沢全集⑰』一八八頁
123　「覚書」『福沢全集⑦』六六〇頁　なお、この「覚書」は『福沢全集⑦』の後記によるとその「本文は明治八年秋九月から書き始め、明治十一年五月頃まで書き継がれたもののやうである」と記されている。
124　「覚書」『福沢全集⑦』六六七頁
125　「明治十四年の進歩」『六合雑誌』十七号　明治十五年一月十六日
『六合雑誌』は、明治十三年十月一日に創刊されたキリスト教系の総合雑誌であった。同年三月、キリスト教青年会（YMCA）が結成され、その機関誌として刊行される。キリスト教関係の論考のみならず、哲学・学術・政治・教育関連の記事をも掲載。小崎弘道・植村正久・内村鑑三らが初期の編纂に携わったが、のち安部磯雄や村井知至らに編集がうつると、社会主義の啓蒙主義的性格をみせることとなった。大正十年二月一日、四八一号で終刊している。
126　なお、「耶蘇教大演説会」については本井康博「同志社基督教演説会――一八八一年のキリスト教と仏教――」『同志社談叢』第十一号　に詳しい。
127　交詢社社員の排耶運動についても、本井「前掲論文」参照。
128　『福翁自伝』『福沢全集⑦』一六二頁

129 「時事小言」『福沢全集⑤』二一四頁〜二一六頁
130 「ひゞのをしへ」初編『福沢全集⑳』六七頁
131 「ひゞのをしへ」初編『福沢全集⑳』六七頁〜六八頁
132 「ひゞのをしへ」二編『福沢全集⑳』七三頁〜七四頁
133 小泉仰『福澤諭吉の宗教観』五一頁〜五二頁
134 「宗教も亦西洋風に従はざるを得ず」『福沢全集⑨』五三〇頁
135 「宗教も亦西洋風に従はざるを得ず」『福沢全集⑨』五三一頁〜五三二頁
136 「宗教も亦西洋風に従はざるを得ず」『福沢全集⑨』五三三頁
137 小泉仰『福沢諭吉の宗教観』六三頁
138 明治十六年十月十七日付 福沢一太郎、福沢捨次郎宛書簡『福沢全集⑰』五九一頁
139 明治十七年五月十二日付 福沢一太郎宛書簡『福沢全集⑰』六六六頁
140 明治十九年七月三十一日付 福沢一太郎宛書簡『福沢全集⑱』四九頁
141 石河幹明『福沢諭吉伝　第四巻』六〇頁
142 白井堯子『福沢諭吉と宣教師たち』一四頁
143 石河幹明『前掲書』六一頁
144 石河幹明『前掲書』六一頁〜六二頁
145 この項については白井堯子『福沢諭吉と宣教師たち』六八頁
146 白井堯子『前掲書』七八頁
147 明治七年？五月一日付 慶應義塾監局宛『福沢全集⑰』一六九頁〜一七〇頁
148 白井堯子『前掲書』八三頁〜九三頁
149 白井堯子『前掲書』一二二頁〜一二三頁
150 白井堯子『前掲書』一二一頁
151・152・153 白井堯子『前掲書』一二一頁
154 土屋博政『ユニテリアンと福沢諭吉』慶應義塾大学出版会刊　一九頁

155　土屋博政『前掲書』二四頁
156　土屋博政『前掲書』二五頁　およびその「注」参照。
157　土屋博政『前掲書』二八頁
158　土屋博政『前掲書』二九頁
159・160・161　土屋博政『前掲書』三二頁
162　「ユニテリアン雑誌に寄す」『福沢全集⑳』三六七頁～三六九頁
163　白井堯子『前掲書』二二八頁
164　『福翁自伝』『福沢全集⑦』二六〇頁
165　平川祐弘『西洋の衝撃と日本』一〇〇頁（講談社学術文庫　一九八五年）
166　「青春時代」『新島全集⑩』二二頁～二六頁
167　鏑木路易「安中藩制と新島家の人々」北垣宗治『新島襄の世界』所収　晃洋書房　一九九〇年
168　鏑木路易「前掲論文」
169　伊藤彌彦「新島襄の脱櫪」北垣宗治編『前掲書』所収
170　「青春時代」『新島全集⑩』二九頁
なお、「青春時代」は、一八八五（明治十八）年になったもので、新島四十二歳の手記である。したがって、ここでは彼の経験や意識が整理され、多分に潤色されて描かれているかもしれないことをも考慮にいれて読む必要がある。
171　伊藤彌彦「前掲論文」
172　「青春時代」『新島全集⑩』三二頁
173　『新島全集⑧』年譜編
174　尾崎直紀宛書簡　安政五年七月上旬『新島全集③』四～五頁
175　「青春時代」『新島全集⑩』三五頁
176　「青春時代」『新島全集⑩』三六頁
177　「玉島紀行」『新島全集⑤』五頁
178　「青春時代」『新島全集⑩』二八頁

179 「青春時代」『新島全集⑩』三六頁～三七頁
180 「青春時代」『新島全集⑩』三七頁～三八頁
181 「脱国の理由」『新島全集⑩』一〇頁～一八頁
182 「青春時代」『新島全集⑩』三八頁
183 「函館紀行」『新島全集⑤』一八頁～一九頁
184・185 「函館紀行」『新島全集⑤』二〇頁
186 「函館紀行」『新島全集⑤』二三頁
187 『新島全集③』一六頁
188 「慶応三年十二月二十四日付　書簡」『新島全集③』四〇頁～四一頁
189 「愛トハ何ゾヤ」『新島全集②』一七八頁～一八〇頁
190 慶応三年三月二十九日付 新島民治宛書簡『新島全集③』三二頁
191 内村鑑三『余は如何にして基督者となりし乎』岩波文庫版　一一二頁
192 注190に同じ『新島全集③』三三頁～三四頁
193 慶応三年十二月二十五日付 飯田逸之助宛書簡『新島全集③』五一頁
194 同上『新島全集③』五二頁
195 同上『新島全集③』五三頁
196 新島はテイラー船長に宛てた手紙に、アメリカでの学問修行ができないのではないか、学校に通うことは不可能なのであろうかとの恐れ、経費がかかることへの不安、密出国の代償として自らは学問を成功させ「故郷に錦を飾」らなければならないが、学問成就しなければ、ただの犬猫にしかすぎない、などの思いが胸中を去来している。『新島全集⑩』一八頁～一九頁
197 「ハーディー氏ノ生涯ト人物」『新島全集②』四〇九頁～四一〇頁
198 注197に同じ『新島全集②』四一一頁～四一二頁
199 『新島全集⑩』六〇頁
200 『新島全集⑩』五九頁～六〇頁
201 『新島全集⑩』六一頁

202　一八六六年一月二十日付ハーディ氏宛書簡『新島全集⑩』六二頁
203　阿部行蔵「ピューリタニズム」七二頁　思想の科学研究会編『アメリカ思想史』第一巻所収
204・205　大塚節治「新島先生の背景をなす新英洲神学について」『新島研究』第三十五号
206　「罪トハ何カ」『新島全集②』二八四頁
207　「罪トハ何カ」「新島全集②」二八五頁
208・209　「罪トハ何カ」『新島全集②』二八六頁
210　「神の愛」（God's love）『新島全集⑦』一二四頁
211　慶応三（一八六七）年三月二十九日付　新島民治宛書簡『新島全集③』三一頁～三八頁
212　注211に同じ。『新島全集③』三三頁～三四頁
213　『新島全集⑩』一〇三頁～一〇四頁
214・215　『新島全集⑩』一〇四頁
216　一八七一年九月十七日付　A・ハーディー夫人宛書簡『新島全集⑩』一二五頁
217　一八七四年四月三十日付　アメリカンボード主事宛書簡『新島全集⑩』一八四頁
218　『新島全集⑩』一八九頁
219　「同志社大学設立の旨意」『新島全集①』一三九頁
220　「文明ヲ組成スルノ四大元素」『新島全集①』三八七頁
221　注220に同じ。『新島全集①』三八七頁～三八八頁
222　「文明ノ元素」『新島全集①』三八九頁
223　注222に同じ。『新島全集①』三九〇頁
224　「文明ヲ組成スルノ四大元素」『新島全集①』三八八頁
225　注224に同じ。『新島全集①』三八七頁
226・227　「文明ノ元素」『新島全集①』三九一頁
228　「文明ノ元素」『新島全集①』三九二頁
229　徳富蘇峰「福沢諭吉君と新島襄君」『国民之友』第一七号　明治二十一年三月

第Ⅱ部

新島襄

——時代と思想——

第4章　草創期の同志社と槇村正直

はじめに

明治八年十一月二十九日に同志社英学校は誕生するがその成り立ちは困難の連続であった。要因はいくつか考えられるが、その一つに京都府第二代知事槇村正直の存在を挙げることができる。槇村正直は開明的先進的な行政官との評価の高い人物ではあるが、他方ではなかなか狷介な人物でもあった。その狷介性がひとつ。同志社設立についての槇村の対応はその両者の相貌を見事に浮かび上がらせる。

二つ目の要因は、同志社の本質的問題であるキリスト教主義に基づく学校設立と、行政側との相剋がそれである。キリスト教主義を標榜する同志社の焦点は、学内での「キリスト教」教授が可能か否かにかかってくる。具体的には、「外国人宣教師雇い入れ」問題と「聖書教授」問題である。この二項目が当時の京都府の文教政策との間にどのような関連をもつのかが問われることとなる。「外国人宣教師雇い入れ」「聖書教授」問題については排耶研究にうかがうことができる[1]が、新島の理念と京都府の教育政策との関連についてはあまり語られることがなかったのではないか。それぞれの理念がどこで交差し、また岐路となったのか「草創期の同志社と槇村正直」の表題のもと、一私立学校の誕生の経緯を槇村正直（京都府）の近代化策、就中、文教政策との関連で検討するのが本章の目的である。

第１節　槇村正直

１　経歴

槇村正直の評伝は少ない。古いところでは寺尾宏二「槇村正直小考」[2]、最近の研究では鐐木路易「同志社の開校―山本覚馬と槇村正直を中心に―」[3]と西田 毅「槇村正直―京の文明開化の「牽引車」」[4]にその人物紹介と事績がしるされているのみである。

槇村正直は、天保五（一八三四）年五月、羽仁正純の次男として長門国美祢郡大田村に生まれた。通称を安之進、半九郎と称した。安政元（一八五四）年二月、槇村満俊の養子となり、安政五年九月に嫡子雇として分限帳役を皮切りに長州藩に勤仕しはじめた。文久年間（一八六一〜六三年）には、当分密用聞次役、裏判所頭取助勤、地方密用聞次役、公務坐筆者に任ぜられている。慶応元（一八六五）年に家督を相続し、密用聞次役、国政方内用、右筆役などに就いている。槇村家の家格は決して高くはなく、下級武士のそれに属していた。例えば、「密用聞次役」は、情報活動の元締め役を担うが、長州藩にあっては無給通（知行地をもたない下級武士の家格をいう）の武士の役職で封録からいえば三十六石以上四十石以下の家格の武士が就いたものであった[5]。

槇村正直は明治元年、議政官史官試補の資格をもって京都府に出仕することになった。

２　トラブルメーカー

槇村正直が入洛したのは明治元年八月三日のことで、議政官史官試補をもって京都府に出仕している。十月には徴士議政官史官、翌年三月には大阪府への兼務を命ぜられている（四月には罷免）。明治二年七月には京都府権大参事に任ぜられた。

槇村は京都府在任中にしばしば大きな事件を引き起こした。その最初のものが明治二年の「停刑事件」である。この年九月四日、おりしも京阪地方の軍事施設を視察していた大村益次郎が三条木屋町の旅宿で刺客の襲撃をうけ、その傷がもとで二ヵ月後に亡くなった。十二月二十日、捕縛中の犯人処刑がとりおこなわれようとしたしたところ、弾正台から横槍がはいり、刑の執行が延期された。二十九日に処刑執行されたが、この停刑事件糺問のために長谷《ながたに》信篤、松田道之、槇村正直の京都府幹部が東京に呼び出された。結果、長谷に謹慎三十日、松田、槇村に謹慎二十日の処分が言い渡されている（明治三年三月二十八日）。明治四年には京都府参事に就く。そして、六年の小野組転籍事件[6]で渦中の人となる。

事件の概要はこうである。当時、御用商人が銀行業・為替業を営む場合、戸籍謄本を必要としていた。すでに東京で為替業を営んでいた小野組（小野善助）は、必要なたびごとに京都から戸籍謄本を取り寄せる煩わしさを解消せんがため、東京への転籍を決定した。これに対して京都府（この頃すでに実質的に知事としての権能を揮っていた槇村正直）は小野組の転籍に不許可決定を下した。小野組はこの決定に不服を申し立て、京都府を訴え出た。京都裁判所（北畠治房裁判長）の裁定は小野組の勝訴としたが、京都府はなおも転籍を拒み続けたため問題処理は中央政府に移ることとなった。十月十七日、槇村が拘留された。この事件の結末は知事長谷信篤、参事槇村正直に懲役一〇〇日、罰金をそれぞれ四十円、三十円を課すことによって落着している。

ただ、この事件の判断をめぐっては司法部と行政部の深刻な対立が伏在していた。当時、司法省を牛耳っていたのは参議江藤新平で、岩倉具視を筆頭に遣米欧使節団が長期にわたって政府を留守にした間、西郷、板垣らとともにその留守政府をあずかり辣腕を揮った。明治六年は征韓論が廟堂を揺るがしたが、十月二十四日、征韓派は下野することとなった。まさにその日、岩倉の命により槇村の拘留が解かれることとなる。木戸孝允も槇村解放に画策していたことはもちろんである[7]。行政部の司法当局への対応に司法大輔福岡孝悌らが総辞職している。

このような事態を潜り抜けながらも槇村正直は明治八年権知事、十年一月京都府第二代知事に就任し、十四年一月十九日までその職にあった。知事時代の槇村には「地方税追徴布達事件」[8]が起こり、彼のワンマン政治に議会が「ノー」を突き付ける事件が起こっている。これは、槇村の専制的政治手法が通用しなくなっていることを示すとともに、京都府における彼の役割もこれによって幕引きがはかられることとなった。

第2節　京都の近代化と槇村正直

1　京都と槇村正直

明治二年三月の東京奠都（事実上の東京遷都）は京都にしてみれば一夜にして千年の王城が潰え去った出来事であり、その衰微が予想されるものであった。事実、京都は衰微の一途を辿るようになる。

槇村正直が徴士議政官史官試補となったのは「慶応」が「明治」に改元された明治元年九月八日のことで、以後明治十四年一月十九日、元老院に転ずるまで十三年間にわたって京都府に在職することとなる。

槇村の長州藩における本務は「密用聞次役」であったことはその経歴から知りうる。新政府は、討幕以降の混乱した京都の民情把握の必要性のゆえに槇村正直に白羽の矢をあててその派遣が決められたのであろう。槇村が明治二年、権大参事となったときの京都府の要人は、知事長谷信篤《ながたにのぶあつ》（公卿）、大参事松田道之（因幡藩）、権大参事大山彦八（薩摩藩）らであった。明治四年九月、参事となり知事長谷信篤の次席ポストを得ており、知事にかわり実質的に京都府の実権を掌握していくこととなった。課題は、凋落衰微する京都を如何に活性化するかにあった。

2　勧業振興策

京都の近代化政策のことを「京都策」といった。明治元年から大正年間を通じて三期にわたって展開された。第一期の京都策は明治元年から十四年までのことで、その主たる政策は殖産興業と人材育成（教育政策）の振興にあった。この第一期京都近代化策に槇村は深く関わることになる。第二期は明治十四年から二十八年で、琵琶湖疏水建設が主要事業であった。第三代知事北垣国道がこれに尽力している。第三期は明治二十八年から大正年間にかけてで、水利・水道、道路拡幅、軌道敷設のいわゆる三大事業が完成する[9]。

槇村正直はこの第一期「京都策」を演出したプロデューサーであった。この槇村をサポートした人物に山本覚馬とその弟子の明石博高《ひろあきら》がいた。いまこの二人の人物について簡単に紹介しておこう。

①山本覚馬

山本覚馬は文政十一（一八二八）年一月十一日、会津若松米代四ノ丁に、父権八母佐久の長男として誕生している。没年は明治二十五（一八九二）年十二月二十八日、享年六十五歳であった。

山本家は代々会津藩の砲術師範をつとめる家柄であった。覚馬も江戸に出て蘭学や西洋砲術をものしている。若いころは藩校日新館に学び武道一般をこなし、ことに槍術剣術の技量は卓抜したものをみせた。学問にも秀でた力を発揮している。彼の人生の岐路は何といっても、九代目藩主松平容保が京都守護職に任ぜられた（文久二年十二月）ことに伴い、藩主に従い上洛したことにある。幕末の攘夷派との争いに巻き込まれていく。文久三年八月十八日の政変、禁門の変、倒幕後の戊辰戦争参戦、とくに、鳥羽伏見の合戦に参加した覚馬はこの戦の最中、薩摩藩の兵士に捕縛され薩摩藩邸の牢屋敷に幽閉された。この幽閉中に認《したた》めたものが「管見」である。これは、慶応四年五月に執筆、翌月、薩摩藩の「御役所」宛に提出され、要人（西郷隆盛、小松帯刀ら）の目にとまることとなった。内容的には、西洋列強の攻勢に窮地に立つ日本の近代化を如何に進めていくべきかの青写真を描いてみせた。思想的系譜としては、佐久間象山、勝海舟、坂本竜馬、福沢諭吉、赤松小三郎らに連なるものがある。

「管見」中の項目を挙げると、政体、議事院、学校、変制、国体、建国術、製鉄法、貨幣、衣食、女学、平均法、醸酒法、条約、軍艦国律、港制、救民、髪制、変佛法、商律、時法、暦法、官医の二十二項目の多岐にわたっている。この二十二項目には、政治、外交、軍事、貿易、教育などのジャンルに分類し得る。いま仮に七種ほどのジャンル分けを試みた。

政治法律─政体、議事院、変制、国体、平均法、醸酒法
外交軍事─国体、製鉄法、条約、軍艦国律
経済税制─国体、建国術、製鉄法、貨幣、港制、商律
商業貿易─建国術、港制、商律
殖産興業─建国術、製鉄法、商律
教育風俗─学校、国体、衣食、女学、髪制、変佛法、時法、暦法
医療福祉─衣食、救民、髪制、官医

このように見てくると覚馬の提言は、一つのプランが様々なジャンルに連関しあっているのがわかる。

覚馬に「管見」を書かせた動機は一体何であったのか。「管見」の「小引」（序論にあたる）にそれをみることができる。

覚馬は早くから列強の動向を注視していた。特にロシアは蝦夷地開拓にのりだそうとしているし、対馬にも侵犯してきた（ポサドニック号事件─一八六一年二月）。これを退散させたのが英国であったが、その理由も対馬にロシアが拠点をもつことが英国にとって不利益を齎すがゆえであった。覚馬は列強が虎視眈々と弱者の様子を窺っていることを見てとっていた。ロシア、イギリス、フランスは同じ土俵の上に立って日本を狙っている。これらの強国と対峙していくのには日本の富国強兵化が必須の要件であるとの認識に達していた。「小引」は以下のようにいう。

本邦通信外国ノ情状ヲ察スルニ魯西亜日ニ強大ニ至ルベク近来北蝦夷地ヲ彼ヨリ開拓依テ去ル寅年元幕府元扱ニハ彼此ノ経界論ニ及ビシニ従来混茫不毛ノ地ナレバ各随意ニ開キ所領トセバ天地ノ道理ニモ叶フベシト彼ノ議論ニテ其説行ノ由且先年来箱館ヘ番兵ヲ置ク譬ヘバ碁ニ先手ヲ下ス如シ或人曾テ魯人ニ対話セシニ彼レ地球ヲ指シテ曰ク日本モ遂ニ黄地ニ変ズベシト魯国ハ元黄

地ニ属スル者ナレバ斯ク言ヒシナリ是ニヨリ之ヲ観レバ我国ヲ併呑スルノ萌ナランカ去ル子年魯ヨリ対州ヲ侵セシ時英人ノ力ニテ之ヲ取戻セリ英人ハ上海ヲ根拠トシ友邦本邦ト交易ヲナス故対州魯ニ属スルニハ英ノ不利ナリ且魯英仏トモ我国ヲ覬覦《きゆ》スル勢アレドモ必兵ヲ以テセズ其意人心ニ基キ戎弊ニ乗ズルナルベシ元来仏欺偽ヲ以テ関東ニ親メバ英之ヲ西ニ訐《あば》キ英私意ヲ以テ関西ニ結メバ仏之ヲ東ニ誹ル方今仏ノ「ナポレオン」ハ前「ナポレオン」ノ甥ニシテ……魯ヨリ「トルコ」ヲ侵シ「セバストボル」ニ戦フ時ニ英仏「トルコ」ヲ援ク其国ノ利不利ヲ謀テ也我国彼三国トノ交際ニ於ケルモ亦大ニ之ニ類スベシ之ヲ防グハ確乎不易ノ国是ヲ立テ富強ヲ致スニ如カズ。国家騒擾ノ際会ニ乗ズレバ、変制モ仕易キモノニ追々文明ノ御政体御施行ナルベク、余憂国焦思ノ余リ兼テ愚考ノ拙口ヲ述ブ。然ルニ眼ガ不明執筆不能依テ人ヲ雇ヒ之ヲ認ム疎漏杜撰多ケレバ只識者ノ取捨ヲ待而已《のみ》[10]

覚馬の提言は、京都府において採用されていくこととなる。その事情は、京都府が「兵部省食客」の山本覚馬を招聘したいとの伺いを太政官に提出したことにはじまる。その許可の下りたのが明治三年四月のことで、覚馬が京都府に正式採用されるのが明治五年一月のことである。京都府からは「十《ママ》当官員之取扱」をうけることとなり、よくいわれる「京都府顧問」の肩書は使用されていない[11]。この山本覚馬を京都府に招聘したのが大参事兼留守判官の河田佐久馬（景与　因幡藩士）であった。覚馬の「管見」をもとに京都府は殖産興業および教育に力を注いでいくが、これについては後述する[12]。

②明石博高《ひろあきら》

明石博高は天保十（一八三九）年、京都四条堀川西入ルの薬種屋の息子として生まれた。西洋医学、物理学、化学、蘭学に秀で、明治にはいってハラタマ、ボードイン、ヘルツらに医学や理化学を学んだ。覚馬が入洛後、会津藩洋学校を設立した際、門下生の一人としてこの明石が入門している。明石博高は京都に招聘される前に大阪舎密局にいたが、覚馬の招きに応ずる。明治三年十月から十四年一月まで京都にあり、勧業掛、療病院掛、博覧会品評管理、化学校校長などを歴任した。明治四十三年、七十二歳で没している。

③殖産興業策

槇村正直が、京都府の近代化を推進するにあたって最も力をそそいだのが勧業策と教育振興策であった。山本覚馬の「管見」が富国強兵を強調し、殖産興業と人材育成を重視した内容に呼応しているといえよう。

明治四年二月十日、勧業政策を推進する拠点として元長州藩邸（河原町二条下ル一之船入町）に勧業場を設けた。「勧業場事務章程」[13]の第一条にその目的を記している。

浮華遊惰ヲ戒メ正業勉励ヲ進ムルハ、経世ノ要務、況ヤ京都府下ハ、御東幸後日ニ衰微ニ趣ノ地、是ヲ挽回繁盛ナラシムルハ、農工商ノ三業カ勧誘作新スルニアリ。故ニ此場ヲ設ケテ専ラ工職ヲ勧奨シ、物産ヲ興隆シ、会社商店ヲ保護シ、諸工場ヲ起シ、食力益世ノ道ヲ開示スルヲ以テ主務トス

京都府の再興をかかげ、殖産興業を目指すことがその目標とされている。ではどのような殖産興業策がとられていたのか。「勧業場事務章程」につづく「起業進歩」[14]によると、舎密所、授産所、洋蚕所、製糸場、牧畜場、女紅場、栽培試験場、鉄具製工場、製靴場、製革場、製紙場、博覧会社、物産引立会社、西陣物産会社、南山城茶製社、市中女紅場、遊所婦女職工引立会社、生糸改会社、開商会社などの企業設置が計画されたり実際に開設されたりした。事実、上記舎密所から南山城茶製社までの諸企業の設置は明治二年から六年の間のことで、短期間に伝統産業の保護育成のみならず、化学薬品製造の新しい産業分野にまで手を広げている。いま、上記の諸産業の全てに触れるゆとりはないが、舎密所、製紙場、博覧会を取り上げ、その意図するところを紹介しよう。

舎密所については「起業進歩」は次のような目的をもって設置されたことを述べる。

舎密所ハ明治三年庚午十二月開業生徒ヲ集メ専ラ理・化ノ学ヲ実地ニ施シ薬物飲料等ヲ製練シ及舶来飲食ノ類ヲ検明シ贋造偽薬ノ憂ナカラシム尚舎ヲ分テ石鹸氷糖等ヲ製造ス

舎密《せいみ》とは「化学」（オランダ語の chemie に由来する）の意味で、舎密所とは理化学研究の推進母体としての役割を担っ

た部局として設けられた施設であった。明石博高、ケールツ、G・ワグネルらによって指導されたが、明治十四年頃までが最盛期であった。当初は、薬、飲物、石鹸、氷糖の製造や舶来飲食、毒薬の検査といった程度のものであったが、ワグネルの着任後、化学工業品の製造、陶器、七宝焼き、ガラス、漂泊粉、顔料製造、石版、写真等の実験をおこなう化学校を設けて理化学教育の中核機関ともなった。

製紙工場。明治六年五月、洛西梅津にドイツ人ルドルフ＝レーマンの指導のもと、製紙工場（パピール・ファブリーク）の建設にとりかかった。さらに技師としてやはりドイツ人のオースタイン＝エキスネルを満二年間雇い入れ、九年一月に創業開始した。最初は洋紙の需要も少なく販路も開けない状態であったが、襖紙、新聞紙、半紙版など工夫しながら販路拡大を企てた。技術者も日本人技術者を養成することで外国人の雇用はなくなる。この製紙工場は明治十三年に磯野小右衛門に払い下げられた[15]。

京都の商工業活性化の方策の一つとして博覧会が催されている。明治五年三月十日から五月三十日まで、本願寺、知恩院、建仁寺の三ヶ所を会場に第一回京都博覧会が開かれた。この博覧会の発起人は、三井源右衛門、小野善助、熊谷久右衛門ら京都在住の大商人たちの提言に京都府が全面的にこれを支援したものであった。

西洋諸国ニ博覧会トテ新発明ノ機会古代ノ器物等ヲ普ク諸人ニ見セ知識ヲ開カセ新機器ヲ造リ専売ノ利ヲ得サシムル良法ニ倣ヒ……和漢古器珍品ヲ書院ニ陳列シ広ク貴覧ニ供センコトヲ思フ……[16]

意図はまさに人心の開明化にあったわけで、「新発明の機械古代の器物」を実見することによって新知識、技術の啓蒙を図ろうとするものであったことがわかる。

3　槇村正直の文教政策

博覧会開催の意図にみられる「器物」の実見による知識、技術の啓蒙だけでは不十分であり、なにより肝心なことは、新しい時代、社会を拓き対応し得る人材の育成こそにあった。

槇村正直は逸早く教育の充実に意を注ぐことになるが、これも山本覚馬『管見』中の「学校」「女学」項の具体化であった。

①小学校設立

槇村正直の京都策のもう一つの焦点は教育振興策にある。それは全国のどこよりも早く小学校建営というかたちで具体化していく。明治三年、槇村は「京都府施政の大綱に関する建言書」[17]（以下「施政大綱」と略称）を太政官に提出したが、その第五項に「小学校を建営し町組会所を兼ね人知を発明し政令を演達し以て政教一致の旨を示す」とその意図を明らかにした。京都府はこの「施政大綱」を太政官に提出する前に学校建設を先行させていたのである。

京都府内における教育振興策についての提言は慶応二年に出てきている。西谷淇水が教学所設立を勧める一文を起草して、幼児からの教育の必要性を説いているし[18]、明治に入ってこの西谷（彼は慶応四年八月、（明治元年）十月にも府に対して小学校建設の急務について建言している）以外にも、山本覚馬が人材育成の必要性をその著作『管見』に記していることはすでに述べた。また、ある書肆経営者でさえ小学校設立についての意見を訴えていた[19]のである（慶応四年八月）。民間の間でも学校設立について建白があったことも、京都府がどこにもまして教育振興策を推進させる要因となったものと考えられる。京都府は明治元年の九月と十月に「小学校設立計画について示達」[20]「小学校建営につき告示」[21]を出し、小学校の概要や小学校設立につき議事に付したことを明示した。

小学校設立目的はこうである。

小学校ハ追々ニハ一組町ニ一ヶ所宛モ取建ツヘシサレハ左程路遠キ事ニモ非ル可シ夫此小学校ノ搆ト云ハ学文而已之為ニアラス便利ノ地ニ建営シテ手跡算術読書ノ稽古場ナリ儒書講釈心学道話之教諭処也組町集議之会所ナリ又或時ハ布告之趣意ヲ此処ニテ委細ニ説キ聞セ多人数之呼出シモ態々当府ヘ罷リ出終日ノ手間隙ヲ費サス共府ヨリ此処ヘ出張シ申渡ス事モアルヘシ一ツ之小学

校成就セハ数多之便利叶フヘシ況ヤ善キ人物出来立ハ商法自ラ正路ニナリ都繁昌シ人々渡世易カルヘシ京中ノ力ヲ以テ京中ノ一ヲ取立終ニハ銘々共子孫ノ為トナルナリ[22]

京都府の想定する小学校は子供たちに学科を教授する場以外に、町衆の集会所や役所の出張所の機能をも兼ね備えた施設であった。

子供への学科教授は「手跡算術読書」とあり、いわゆる、「読み書き算盤」を基本とした実学重視にあったといってよく、その他に道徳の重視（「儒書講釈心学道話」）が目を引く。実学教育と道徳教育を基本とする方針を提示したものとみてよい。

「小学校建営につき告示」にみる学校建設計画は町組ごとに一校の割合で設立しようとの意図があった。

明治元年段階における京都の町組は三条通りを境に上京・下京に区画され、同二年一月には、上京三十三番組、下京三十二番組の六十五番組の町組が成立している。この六十五の町組にそれぞれ小学校を設置していこうとするもので、この策を推進していったのが槇村正直である。

明治二年五月二十一日、上京二十七番組小学校（柳池小学校）の開校を皮切りに、京都市中に六十四もの小学校が誕生した。明治五年に公布される「学制」に先んじて小学校が設立されたことは京都の官民こぞってその再生にかけた意気込みを示すものであった。

この意気込みは、小学校建設費用の出所からもうかがえる。明治元年十一月十日、書肆村上勘兵衛ら十名の町衆が小学校建営資金として千両の献金を行っている[23]ことからもその熱意がいかほどのものであったかがわかろう。このような町衆の行為に行政側も弾みがついたに違いない。京都府は十二月十八日には「かまど別小学校建営出金の達」[24]を布達し、世帯ごとに出資金を負担させた。

小学校の運営はどのようになされていたのだろうか。「小学校規則（京都府初例）」[25]によると、始業時間および終業時間は「毎日暁六ツ時ヨリ夕七ツ時迄諸学修業之事」とある。今の時間でいえば、朝六時から夕方の四時までの授業ということになる。さらに「但心掛之者ハタ七ツ時以後之修業モ可為勝手次第事」とあることから向学心のあるものへの学習時間が保障されていたことになる。休日は「毎月朔日十五日休日之事」とあるから月に二度のことであった。年間スケジュールは、「毎年正月十五日稽古始十二月廿日稽古終リ之事」とある。学科指導は、「筆道（初等―三行書、中等―複文、上等―作文）、算術（初等―乗除術、中等―初傳定位、上等―皆傳天元）、読書（初等―孝経小学、中等―四書、上等―五経）」があり、春秋の二度試験を実施し、そのできばえによって進級する方法を採っていた。成績優秀者には褒章をもって臨んでいる。もちろん学科目ごとに指導者が就く。読書師・同助教、筆道師・同助教、算術師・同助教、さらに「儒書」「心学」を講じる儒者や心学道話師らである。

②道徳教育

以上述べてきたようなかたちで小学校の運営がなされていたが、そのような中で注目されるのは、頻繁に「儒教」「心学」の講和がなされていることである。「二七之日儒書講釈三八之日心学道話之事」とあり、少なくとも月に十二回は道徳教育が施されていることになる。当然、その講師も儒教心学に詳しい人物が選ばれることとなる。この「小学校規則」中の「講師教師助教撰挙規則―講師」項に「宮堂上家来諸藩士社人社寺家来其他庶民之内ニテモ有名之者並講師願出ル者ハ中学校へ呼出知府事判府事出席四書五経孝経小学之内一二章ヲ講セシメ以テ其業撰挙之」とある。また、「心学道話師」も「試業ノ法儒書講師ニ同シ」ように選出されているのである。

槇村の道徳教育重視の意図は、地域における徳育重視にもむけられる。明治三年一月、「小学校稽古始式」[26]が出された。それには、町組の年寄たちをまえに、「知府事大参事権大参事其外掛ノ有司出席」のもと「儒書講釈」し「聖像菅原神・孔宣父拝」とあり、京都府は小学校を建営する町組の有力者に儒教講釈、聖像礼拝を実施させている。小学校では児童に儒教心学が教授されていることを考えると、地域―学校―家庭の生活圏全体を通して道徳の浸透に力を注いでいたようである。維新混乱期の経験のゆえであろうか。

同年五月、学校現場から儒教道徳の必要性を説いた規則書が京都府に提出されている。「下京第二三番組小学校規則」[27]がそれである。同校句読師田中栄三郎の提言である。この「規則」は全項十五項目からなっているが、はじめの四項目は理念的にその方向や目的を示す。

一、学業漸相進候付而者動レハ異学ニ泥ミ宇内絶倫之天朝ヲ軽ヘツシテ異域ヲ尊崇シ謾ニ中華又ハ聖国ナト、号シ彼ヲ敬尊シテ我ヲ卑シムニ至ル如此大僻見ニ相泥ミ候而者所謂獅子身中之虫ニ候抑受胎之始ヨリ一粒半縷トイヘトモ總朝廷之賜恩ニテ育ナカラ如此次第ニ而者神州之列祖ニ奉対シ不忠之義ハ申迄モ無其学フ所ノ儒道ニモ相背候間急度相心得可申候段初ニモ如此大僻見を相立其儀ニ僻シ自己之見識ヲ立ヘカラス明者之指南を受可候事

一、修学ト申者稽古所ニ罷出素読ヲ致シ聴講而已ニテハ無之其学フ処ヲ実行ニ質シ平日行状ヲ正敷シ温厚和順ニシテ徳義専トシ可申候兎角僅ニ学ヲ開キ候ニ随ヒ而ハ人ヲ見下シ上ヲ軽ジ終ニハ己之識ヲモ考ヘズ御政事ヲモ誹議シ豪邁ノ風ニ相似甚敷ニ到テハ党ヲ結ヒ人気ヲ動シ強訴等致シ候悪風之儀ニ不滔右相慎可申候初ニモ於稽古所ニ者御政事者勿論役員之議誉一切申間敷候

一、親ニ孝兄弟ニ友夫婦正敷他人ニ交リ候ニモ長幼ノ序ヲ乱サス朋友ニ信ヲ盡シ殊ニ士タル志ハ別シテ廉恥之心ヲ専トシテ非義之物ハ鴻毛之軽ヲモ不可受朝廷ニハ爵ヲ尊ヒタマフ事ニ候得者貴賤尊卑差別相弁ヘ格式ヲ不相失不遜之振舞無之ヲ宗トシテ礼譲ヲ盡可申候事

各項の要旨を簡単にまとめておこう。

第一項は、学業が進むに従い、朝廷を蔑ろにし、「列祖」にたいしても不忠をはたらくこととなる。そして儒道にも違背していくようになる。だからこそ「明者之指南」を必要とする。

第二項は、道徳的実践の必要性と教育の目指すところは「行状正敷シ温厚和順」なる人物の育成にあるとする。

第三項では、儒教の徳目を前面に表し、秩序遵守を強調する。全体として儒教理念の確認と朝廷尊崇を基調とした守旧的理念、目標を掲げているのがその特徴である。

第四項は紹介しなかったが、討論研究にさいしては、長幼の序を弁えつつも遠慮なく討論すべきを説いている。第五項

から十五項まではさきの「小学校規則」にそった方針が述べられる。

守旧的理念に彩られる「規則書」が京都府に提出されたことにたいして槇村は膝を叩いたに違いない。彼の学校教育に求めたものは学科教育の充実のみならず、道徳教育、なかんずく、儒教道徳に基礎をおいた教育を是認していたからである。これは、明治十三年の太政大臣宛の教育令改正建白に直結連動するものである。

明治五年の学制の発布以来、小学校の建設普及にともない、就学率は高まる。明治十二年九月には、Ｄ・モルレーや田中不二磨らが中心となって作成した教育令（第一次教育令）が発布された。この教育令は、学制で強調された強権的な啓蒙策を修正するもので、地方の実情にそった教育制度を目指すものであった。例を挙げると、学務委員の公選制の導入、児童の就学は父母の義務としたこと、児童に対しては少なくとも十六ヶ月の教育をほどこすことなどが規定されてあった。その特徴は、各府県の学務課の統制を避けたところにある。いわゆる、「自由教育令」と呼ばれた所以である。

翌十三年には、地方官らは「自由教育令」を批判し、より教育への干渉を推進すべきであるとした。その一つの批判が槇村らによって齎される。明治十三年二月、槇村は山梨県令藤村紫郎とともに太政大臣三條実美宛てに一通の教育令改正に関する建白[28]を提出している。この「建白」の政府提出の目的は、地方官の教育に対する監督権、管理権が制約されていることへの批判と改正を求めるところにあった。「建白」書の前文において、開明化の進行にともない「人ニ道徳ノ教ナク風俗浮薄ニ流レ暴言流言盛ニ行ハレ人心ヲ扇動ス」る状況を「今ニシテ救ハスンハ大政ヲ妨害シ国家ヲ擾乱スルニ至ラン」との認識を示し、道徳教育のさらなる必要性を強調する。この背景には、不平士族の反乱や自由民権運動などの騒然とした政治社会状況などがあったがためである。「建白」書は、道徳の衰退要因の一つに、政教分離後教学の中枢は教導職に移っているが、教導職は人々を指導する力に乏しいこと。第二に、武士道の衰退とともに「廉恥忠義ノ意気変シテ貪利卑吝ノ俗」が蔓延り、これが平民にも影響を及ぼしていること。第三に、儒教を排斥し、仁義忠孝を棄てたところにあるとしている。

槇村の教育策や建白を吟味していくと守旧的なものが色濃く留められていることがわかる。急激な近代化を遂げようとして獅子奮迅の活躍を光とすれば、この守旧的理念はその影を落とすものとなる。

③中学校設立

明治三年十二月七日、京都府中学（後の京都府立一中、戦後は京都府立洛北高等学校となる）が開校される。その設立目的は設立伺い[29]によると以下のようである。七項目の伺文があげられているが、主要な部分のみを選んでみた。なお、（　）内の数字は項目順である。

一（一）、府学ハ大学校ニ次キ小学校ノ上ニシテ西洋所謂中学校ニ相当候ト心得可申哉前段之通ニ候得ハ凡大学校ニ法リ其体裁之小ナルモノト心得可申哉

一（三）、学課ハ制度経済歴史天度地理算学究理舎密医学等ニシテ諸課都テ経学ヲ兼国典モ一ト通リハ通シ候様相定メ可申哉
但兵学之儀ハ他方ニテ不学候テハ府学ニテハ行届カサル儀ト相考候ニ付差除候

一（五）、諸学課都テ和漢ニ不限広ク海外之事ニ渉リ候様先府学ニオキテ其方向ヲ示儀ト相心得可申ス哉

京都府中学は、大学校と小学校の中間に位置づけられ、二（三）項にみられるように実学や自然科学を教授することに力点を置いていた。また、第三（五）項にみられるように「和漢ニ不限広ク海外之事ニ」視野を拡げ語学教育をほどこすべく留意する旨をしるす。

この「設立伺」をうけて、太政官は、明治三年閏十月その設立を許可している。そのさい、「華族始メ士庶人ニ至迄入学被差許候事」[30]と入学対象を幅ひろくとっている。これも人材育成が急務とする表れであろう。

京都府は、外国との交際（文化・商業・貿易等による交流）が必須のものになることをみこして、語学と数学（算法）の教授をほどこす計画をたてている。同時に外国人の雇い入れを計画している。

閏十月及布告置候通語学洋算習学之道相開キ則孛魯西人リュドルフレーマン雇入佛英蘭独逸之語学幷数学等令教授候條伝習望之モノハ書面ヲ以当府へ可願出候事[31]

語学や数学に力点をおこうとした中学校の組織はどのようなものとして設定されていたのであろうか。

まず、設置場所は旧京都所司代の屋敷（現、京都市立待賢小学校　京都市上京区猪熊通丸太町下ル）を利用してここに開学する。その後、学舎は寺町（寺町丸太町上ル 明治十八～二十一年）、新町（新町出水上ル 明治二十一～三十年）、吉田（吉田近衛町 明治三十年～昭和四年）、下鴨（下鴨膳部町 昭和四～二十三年）としばしば移転している。就学年齢は十六歳から二十二歳となっており、「子弟凡ソ二十二歳ニシテ中学ノ事訖リ乃チ其俊秀ヲ選ひ之ヲ大学ニ貢ス」[32]とさらなる上級学校への道を拓くべく配慮がみえる。教授科目は教科、法科、理科、医科、文科の五科[33]を設け、さらにそれぞれのもとに細分された科目をもうける。

教科—神教学、修身学
法科—国法、民法、商法、刑法、詞訟法、万国公法、利用厚生学、曲礼学、施政学
理科—格致学、星学、地質学、動物学、植物学、化学、重学、数学、器械学、度量学、築造学
医科—予科：数学度量、格致学、化学金石、動植物学
　本科：解剖学、厚生学、原病学、薬物学、毒物学、病屍剖験学、医科断訟法、内科外科及雑科、治療学、摂生法
文科—紀伝学、文章道、性理学

これら教科目をみるとかなり専門的分野への拡がりをもっているように思える。現在の大学のカリキュラムの一端をみるようである。

この京都府中学の淵源はどこにあったのか。二様の源流があった。明治元年三月に再興された学習院の流れが一つある。この学習院（大学寮代と呼称した）が三年七月に京都府に移管され、中学の名称を冠して経営することを許される。もう一つの流れは、明治三年から五年にかけて開設されたドイツ語学校、英語学校、フランス語学校がそれで、欧学舎と呼ばれていた。この欧学舎が京都府中学校の組織に組み込まれることになる。

京都府中学校においては語学や実学に重点が置かれた。語学および西洋学導入にあたっては、京都府雇員山本覚馬の助言が大きかったと考えられる。彼は、長崎に居たおり、カール・レーマンやその弟ルドルフ・レーマンらとの交流があ

り、学校教育や近代産業を京都に扶植するさい、彼らの力を借りたのであった。ルドルフは、カールスルーエ大学で機械学、土木学を学んでいる。また英語、フランス語にも長じていた。欧学舎にあって、ドイツ語・英語を教えたのも首肯しうる（ルドルフ・レーマンの雇用期間は明治三～六年）。ただ、後にはフランス語学校にはレオン・ジュリー（雇用期間明治五～八年）、英学校にはウェール・ボードウィン（雇用期間は明治三～七年）が赴任することになる。

さて、京都府中学校は全国の嚆矢としての意義をになったが、文部省による学制の発布を契機に大きな曲がり角を迎える。この学制の発布と京都府中学校の関連について記してこの項を終えたいと思う。

大きく見て全国的に「中学校」の設置は、たとえば、誠士館（福山藩）、明新館（福井藩）、明倫堂（名古屋県）のように旧藩校の系譜をとるものと、京都府中学校のように中学校を新設する場合とがあった。

明治五年八月三日、太政官より「学制」が発布された。その前日に出された「学事奨励に関する被仰出書」は「学制」の趣旨を説明するものであったが、学問奨励を文明開化策の一つと位置づけ、国民皆学をめざすとした。その学問的内容は実学にあり、学なったならば立身出世に有効であるとする福沢諭吉の意識が反映されていた。

「学制」の第一章は「全国ノ学政ハ之ヲ文部一省ニ統フ」[34]と宣言し、全国の文教政策を文部省の手中に帰し、一括掌握することとなった。京都府の教育策の試みは文部省の管轄に吸収される。全国の学区を八大学区に区分し、一大学区に三十二の中学区、一中学区を二百十の小学区に区分、それぞれ一大学区、中学区、小学区に大学校、中学校、小学校を設置するという理想を掲げたことは周知のことである。この「中学校」の位置づけは、さきの学区の区分からもわかるように、大学校―中学校―小学校の序列化の中位に位置づけられている。小学校を卒えた生徒に普通学科を教授する所と考えられていた。さらにこの中学校も上等中学（のちの高等中学校から高等学校へ）と下等中学（中学校へ）に区分けされる。

ところで、このように文教政策を国家機関に集中掌握されることとなった京都はいかにこれに対応することとなったのか。文部省は「学制」発布と同じ日、文部省布達第十三号で旧来の学校を尽く廃止する旨を通達している。これを受けて京都府は文部省（文部卿大木喬任）宛てに「府下中学之儀伺」[35]（以下「伺」と略称）を提出し、仮中学校に落としてもその存続を願い出た。少し長いが引用する。

第十三号御布令之通府下中小学一旦悉令廃止更ニ今般之学制ニ循ヒ建設可致ニ付テハ試ニ五畿七道　之人民ヲ三千万トシ之ヲ八大学区ニ割リ一区三百七十五万学制第五章ニ依リ之ヲ三十二中区ニ割十一万七千余人ニ中学校一所ヲ被置候儀ニテ当府下人民之数五十六万四千余人有之候ニ付四五所之中学設立可致割ト相考候然処第三十五号之御布令ニテハ即今御国内に中学之教師無之ニ付一大学区本部ニ於テ外国教師教授之中学一ヶ所ヲ被興此中学ニ入成業之者他日眞中学教師ニ相成候様トノ御趣意ニ候処同号ニモ有之候通齢十五歳以上ニ及已ニ筆算作文等之稽古相運居中学修業不致テハ不相成者之為中学設立無之候テハ悉本部一所之中学ニ為入候譯ニモ難至甚差支候ニ付当地旧大学校以来引続之中学一所自今仮中学ト改称シ其儘被存置当十月以後之分相当之費用金額御渡方相成度此段相伺候尚速ニ眞中学教師仕立四五所之眞中学追々御設立相成候様致希望候也

この「伺」差出人は「京都府知事長谷信篤」と「京都府参事槇村正直」の連署である。簡単に内容を記すと、日本国民の総数を三千万人と仮定して一大学区三百七十五万人に充当すると、一中学区の抱える員数は十一万七千人ばかりとなる。いま、京都府下には五十六万人余りがいるとなると府下には四校ないしは五校の中学校が必要となる。中学校は是非とも必要なのだが、文部省布達第十三号に従うとしても、すでにある「京都府中学校」を「仮中学ト改称シ」てでも存続させたい。そして国からの財政援助を要望し、眞中学校建設の為教員を整え、四つ五つの眞中学校を建設させていきたい、とその展望を語る。この「伺」の末尾に文部省からの返答が付け加えられている。それによると一大学区については地域的広狭、人口の多寡があるので京都府の算定のようにはいかない。一中学区を十三万人と推定すると四校ばかりの中学校の設立が妥当であろう。ただし、国家的財政支援は行わないとの返答であった。

明治六年二月二十五日、知事長谷信篤《ながたにのぶあつ》は中学廃止を布告する。しかしこの中学を「小学取締所」と改称し、これまで中学で取り行っていた事務（各校の諸々の願書、伺、届、教師検査等）をこの「小学取締所」に残し、ドイツ語、フランス語の教授に備え、欧学舎出身の人物を準備していた。さらに舎密局《せいみきょく》出身者をも「窮理舎密実測」などの自然科学的基礎を教授すべき教育を用意している。このような京都府の姿勢は時期を待って必ずや中学の復権を企図するものであった。

事実、明治六年七月一日、下立売新町の地（現、京都府庁の地—ここは過去に京都守護職、兵部省等の置かれた要地であった）に「仮中学」とはいえ、高い楼閣を中心に多くの棟を配置した新校舎（新町校舎）が設立された。

明治六年七月一日、京都府は新たに中学の設立を意図して「中学開業祝詞」が読み上げられている。この「祝詞」は参事槇村正直の筆による。その心意気が伝わる一文である。

国の盛衰は人材の有無による。人材の成否は幼児よりの教育による。広く知識を求め盛に経綸を行ふべしとは王政維新の聖諭なり。京都府下天下に先だち小学校を建営す。今や其数将に百を以て算ふるに至らんとす。其教ゆる所は人生日用の事より国家経済の道にいたる。已に海外文明の諸国より教師を迎へ、其長を採り以て短を補はんとす。文化日に開け月に進む。府庁の官員は能く其事に勉励して厭ふ事なく、府下の人民は能く其旨を遵奉して倦む事なし。朝旨果して如何。昨年御入京厚き御褒詞を賜ひ、弥官民一致勉強尽力すべき旨、仰出されたるは、府庁人民斉しく著しき誉たり。豈努めざるべけん哉。今茲に此場を開て益其学則を正大にし、奨勧進歩の実行を顕さんとす。四辺朗かにひらけ、大気清潔にして身体の健康を助くるによろしく、流水其外を繞り草木舒長して心目の倦労を慰むるに足る。斯の如くなるに、学に就かしめざるは父兄其子弟を捨るなり。斯の如くなるに学ばざるは子弟自ら其身を捨るなり。朝廷の至仁人をして各其志を遂げ、自由の権を守らしめんとす。学ばざれば誰かよく其志を遂ん。学ばざれば何ぞ自由の理を知らん。学て至らざるなく勤て成らざるはなし。嗚呼数万の生徒、近くは以て其身を修め、其力に食み其家を斉へ其業を盛んにし、天与自由の権を全ふし、遠くは以て土地を盛にし、世に益し国に報ひ、朝廷富強の御基礎を助け奉らん事、それ学是れ勤むるにあらん。今此場結構の善良なると開業の繁盛なるとによって、予め他日の進歩を想像し此祝詞を述ぶ[36]。

人材の育成は国家繁栄の礎となり、人材の成否は教育にありとして、その必要性を強調する。京都府にあっては小学校の建営は全国に魁てのことであり、官民挙っての協力の賜であった。学校での教授内容は「人生日用の事より国家経済の道にいたる」実学教育を目指すものであった。文化の進歩は日進月歩のものであり、世界に知識を求め、日本の文明開化を遂げる必要がある。じつにその開化こそが日本の富国化を遂げることができる基となる。そのためにはより高度な教育が必要となる。ここに中学を開業する所以である、とした。

明治十二年四月四日、曲折を経て「京都府中学」が復興した。前年十月に米国ペンシルヴァニア大学留学から帰朝した今立吐酔《いまだてとすい》が理科学校教授から校長となり、十三年四月、第一回目の卒業生を送り出している。

第3節　草創期の同志社と槇村正直

1　新島襄と槇村正直

①学校設立をめぐる駆け引き

新島襄はアメリカから帰国した翌年、明治八年四月五日、早くも入洛して学校設立運動に乗り出そうとする。すでにこれより先の一月二十二日に来阪しており、川口与力町三番の宣教師ゴードン宅に留まっていた。

新島が在米中知己となっていた木戸孝允を訪ねたのは一月二十七日が最初で、二月二十二日までの間に五度も訪問している（一月二十七日、二月三日―木戸不在、二月十三日、二月二十日―木戸不在、二月二十二日）[37]。新島の「木戸詣で」ともいえる行為は学校設立のために木戸の助力を得んがためであった。木戸は当時、大阪会議のため在阪しており、京阪を往来していた。二月二十日、新島は木戸を訪ねるが木戸は不在であったため両者の会見は実現していない。木戸孝允の日記（二月十九日条）を見ると、「槇村を訪ふ亦不在山本覚馬を訪ひ暫時相語る」[38]とあり、木戸は十九日には京都にあったことがわかる。山本覚馬との面談では種々の話の交わされたことが想像される。その話題の一つに新島の学校設立の一件が話されていたのではないかと思われる。というのも、木戸は早くから教育について関心を示していた。明治元年「普通教育の振興を急務とすべき建言書案」[39]を朝廷に建言していることからも明らかである。その趣旨は、富国強兵を遂げ、世界各国に伍していくのには国民の教化を要し、そのためには学校設立が急務とされるものであった。京都府では全国に先駆けて小学校を建設したことはすでに述べた。木戸は私立学校の設立についてもその必要性を感得していた人物ではなかったろうか。木戸の新島への助力が施されていることからでも推測可能である。大阪府知事渡辺昇への説得や磯野小右衛門への寄付金要請に木戸の助力が現れている。木戸の日記（明治八年二月十二日条）には以下のようにある。

> 晴七字鳥尾に至り過日来の大意を語れり其より井上に至り又大阪府に至り渡辺知事に面会す新島襄浪華え中学校民力以企つる一条に付余其志を賀し為に周旋せり磯野小右衛門二萬圓を出し浪華中へ遊園を開くの企てあり余倩《つらつら》今日の情態を見るに未日本内へ遊園を開くを不急依て是等の金も中学校設立の助力となさんと欲し過日磯野に説き又今日渡辺知事に説けり其より新島を訪ひ又大久保を訪ひ過日来の談予を盡す（下略）[40]

この史料を読むかぎり木戸は新島の意図に対し理解を示している。新島にしてみれば、学校設立に関して大きな支持者を得たことになる。

新島の京都滞在は四月五日から二十四日までであった。この間、新島は槇村にたびたび会っている。

> 少子西京逗留中ハ彼地の知事公ニ度々面会、学問を進むる等の事件相談いたし、其のみならす京都博物舘用懸被命候間、殊ニより候ハ、此夏ハ京都管内の山々の砿品類探索ニ参らねばならさる次第ニ相成候哉も難計[41]

ここにある「知事公」とは、時の知事長谷信篤ではなく、京都府政を実質的に掌握していた槇村正直である。ここで新島と槇村はお互い、教育についてあるいは学校設立について話し合われたことは想像できる。槇村が新島を了承したことは、彼を「博物舘用懸」に委嘱（この委嘱は四月二十八日のことである）していることからもうかがうことができる。この時点での両者の関係は良好である。槇村にしてみれば、洋行帰りの新知識の存在は喉から手が出るほどほしい人材であった。

新島の学校設立構想は京都府にしてみれば願ってもない申し出であった。というのもその前年、「京都慶應義塾」が閉校になっていた（「京都慶應義塾」は明治七年四月から同年九月までの短命であった）し、京都府中学もその維持に多大の経費を要したことから縮小化の方向に進みつつあった。槇村にしてみれば、新たに私立学校が京都に誕生することは京都府の費用を支出することなく高等教育機関ができるのであればこれに越したことはなく、何ら拒否する理由はない。

ここに新島と槇村の思惑が容易に成就するかにみえた。近代科学の教授や京都府の近代化推進についての認識は両者にあっては共通していた。違いは近代化を担う国民形成の精神的基盤をどこに置くのかについての認識にあった。新島はキリスト教にその基礎を置くのに対し、槇村は儒教道徳を根幹に置く。両者の決定的違いがここに伏在していた。

②邂逅―新島襄と山本覚馬―

明治八年四月上旬、新島襄は槇村の紹介で山本覚馬に会った[42]。すでにこの段階で山本はキリスト教の知識を有していた。ゴードンから贈られたマーティン著『天道《てんどう》溯源《そげん》』を介してのことであった。新島と山本との邂逅にあって、双方から学校設立やキリスト教についてが話題にのぼった[43]。

山本覚馬は「管見」中にその「学校」観を述べている。

> 我国ヲシテ外国ト並立文明ノ政事ニ至ラシムルハ方今ノ急務ナレバ、先ヅ人材ヲ教育スベシ、依テ京摂其外於津港学校ヲ設ケ博覧強記ノ人ヲ置キ、無用ノ古書ヲ廃止シ国家有用ノ書ヲ習慣セシムベシ、学種有四其一建国術性法国論表記経済学モ其中ナリ、万国公法ノ如キハ其二修身成徳学其三訴訟聴断其四格物窮理其他海陸軍ニ付テノ学術ヲ教諭セシムベシ。（当時之ニ医学ヲ加ヘ五種トセリ）[44]

要するに、世界に対等な文明国をつくるには何よりも人材育成を急がねばならないこと、そのためには学校を設立し、近代的学問をほどこす必要のあること、学問は実学を以て学ばすことを強調する。また、「無用ノ古書ヲ廃止シ」とは、儒教的道徳を廃止し、それにかわる倫理道徳（修身成徳）を据えようとしていたものである。

このような山本覚馬の意識は新島の学校設立の理念と共通するところがあり、両者が急接近する契機があったものと考えられる。

> 宣教師団はあの資金を養成所だけに使いたがっています。私としては宣教師諸君がわが青年たちの知識に対する激しい要求を満足させるためならどのような科目でも教えて下さる、ということであるなら、その案に喜んで賛成したいと思います。もし神学と聖書だけを教えるというのであれば、日本の最良の若者たちは私のところから逃げていくでしょう。彼らは近代科学をも欲しているのです。[45]

新島においても日本の課題がはっきりと見えていた。

このような意識的共通性のみならず、人脈の上から見ても新島と山本覚馬の間には不離の関係性が形成されていたといえる。ゴードン（新島襄）⇕山本覚馬、槇村正直（山本覚馬）⇕新島襄、木戸孝允（山本覚馬）⇕新島襄の人脈を見る限り、ゴードン・槇村正直・木戸孝允を巡って山本覚馬と新島襄が出会うべくしてその網の中にいることが分かる。新島と山本とが出会うのはこの事からでも必然であったといえる。

さて、新島は最初の入洛にさいして、槇村正直と山本覚馬というタイプの違う京都府の要人と知り合うことになった。

2　外国人宣教師雇用問題・聖書教授問題と京都府

①外国人宣教師雇用問題

新島襄の設立しようする学校は「神学・聖書」を講じ「近代科学」をも教授することを目指すものであった。したがってそこで教えるスタッフは専門分野に長じているのみならず、キリスト教的素養の深い教員ないしは宣教師を配置しなければならなかった。

明治八年二月二十二日付の新島襄宛の田中不二麿書簡は次のように記す。

両回之貴信相達恭誦候先以御無恙御着阪、爾後愈御安恬抃賀ニ不堪候、偖追々渡辺知府事ニ御面晤之旨、右等ニ付御諮問旨趣左ニ陳述候

初ヶ条　宣教師ヲ雇云々、右は学校教師ヲ教導職より兼勤セシメ候儀不相成旨ハ一般布告相成居候へ共僧侶ハ不苦事ニ候、文部省雇教師サヤなり、右ハ僧侶ニ付候へ共、宣教師ニは無之候

二ヶ条　私学校設立之節ハ諸規則等取調、本人より府県へ願出、府県ニて聞届候上、府県より文部省へ届出候上、府県より文部省へ届出候儀ニて、厳ニ束縛ハ不致候事

三ヶ条　修身学之方可然と存候事[46]

新島はこの年の二月、大阪にあって学校設立について大阪府知事渡辺昇と面談していた。その中で、宣教師雇用と学内における聖書講義が焦点となったことを窺わせる書簡である。渡辺の宣教師雇用についての否定的態度に新島は大阪における学校設立を断念することとなる。新島はこの話し合いでの問題点を田中不二麿に照会することによって文部省の見解を確認したものである。その回答は、宣教師の雇い入れは無理なこと、学校における聖書講義は修身学として広く設定したほうがよいことを示唆した。田中は新島に陰ながら力を貸そうとしている。田中の新島宛書簡（明治八年七月九日付）にみることができる。「学校の儀ニ付京都へ御出張之処、至極御都合好、既ニ校地ヲ御買得、槇村氏帰京次第御剏《そうりつ》立之由、右ニ付願書等此表へ相廻候ハ、可然取計可申旨委縷領承候」[47]とあり、新島が学校用地を購入したことにより具体的に動き始めた学校設立事業に支援を惜しまないことを申し出た。

新島の直面している問題について、二月段階での文部省の見解を見ることができた。宣教師が教壇に立つことに難渋を示したが、宗教者が学校教員になることが全く不可能であったのかというと必ずしもそうではない。僧侶が教壇に立つことが可能であった。明治六年三月十八日に出された「文部省布達第三十号」の「学制追加」第一五四章から一五九章

は「神官僧侶学校ノ事」の項目があり、神官や僧侶が学校を開設し生徒を教える場合についての規則を設けている。第一五四章は次のようにいう。

神官僧侶大中小学科免状ヲ得其神社寺院ニ於テ学校ヲ開キ一般ノ生徒ヲ教育スルコトアルトキハ都テ学制ニ準シ教則ニ従ヒ学科ノ順序ヲ踏シムルハ言ヲ不待而シテ其教旨ハ便宜ヲ以テ講説ストイヘトモ之カ為メ学科時間ヲ減スルコト一周四日間二時ノ外アルヘカラス宗教ノ為ニノミ設ル学校ハ此限リニアラス但教旨ヲ講説スル為メ学科時間ノ外便宜ニヨリテ更ニ幾時ヲ増スハ妨ケナシトス[48]

社寺が建営する学校についての規制は緩和されているように思える。神官僧侶による「講説」が許容されているのに対し、新島の目指す宣教師雇用が否定される態度とは大きな開きがある。

何故か。明治六年二月二十四日にキリスト教が解禁されたことを考慮する必要があろう。キリスト教への理解が官民こぞってほとんど皆無に近い状況にあった時期であり、キリスト教に対する理解どころか、偏見と嫌悪が支配していたといってもよい。その意味で、新島の問題提起は京都府や文部省は正面に据えて対応する必要の生じた課題であった。新島は、「宣教師雇用」について当局の態度を知ることができた（明治八年二月）。

明治八年二月から十月の間、外国人宣教師雇用に関し、文部省・京都府の新島への対応の推移を年表的に明示しよう。この［表Ⅰ］は『新島襄全集　八』をもとに作成した。新島は四月五日から二十四日まで京都に滞在中に、学校設立のための下交渉を行っていた。この表を一覧するかぎり、新島は中央政府（文部省）高官とのやりとりが頻繁であったことがみてとれる。他方、京都での足場固めにも怠りない。さらに六月七日に京都を再訪している。翌日付の父親宛書簡には京都定住を決めていたのか戸籍を京都に移してくれるように依頼した。

京師ニ於而学校建築之義相計候処、豈料らんや何之差遣ひもなく京師中指屈り之人物相談ニ及ひ呉、匆々六千坪程の土地を買受へき談判ニ相成り、当秋より学校造営ニ相懸るべき企ニ御座候、（中略）且当地ニ於而学校相建候ニ付私事も寄留人ニ而ハ万事

［表Ⅰ］

年・月日	事　柄
1875/2.22	宣教師雇用不可（田中不二麿書簡）。
4.5 ～ 24	この間槇村正直と度々面会。
4 月上旬	槇村の紹介で山本覚馬に面会。学校設立について相談。
4.27	2/22 の内容をシーリー教授に連絡。苦渋を訴える。（新島のシーリー宛書簡）
4.28	新島、京都府博物館御用懸に任命。
6.7	再入洛。山本覚馬と面談。六千坪の用地購入の話し合い。この秋に開校の見込み膨らむ（6/10 土地購入）。
7.9	田中不二麿より学校設立について支援・協力の来簡。
7.20	槇村正直、京都府権知事就任。
8.2	文部省の官僚から、キリスト教主義の学校開学に政府有力者に信教の自由の訴えの必要性を示唆される。（新島のデイヴィス宛書簡）
8.4	「私塾開業願」を書く。
8.9	田中不二麿が九鬼隆一と会ったとき、九鬼が新島に面会していること、また、槇村に面談したことを知らせる。（田中の新島宛書簡）
8.23	「私学校開業、外国人教師雇入れにつき許可願」を京都府に提出。夜、府知事（槇村？）宅を訪問、学校開設を依頼。府知事は請願書が府庁より政府に送達される前に新島自らが上京し請願するほうがよいと勧める。
8.25	新島、上京のため京都出立。
8.27	京都府、新島の宣教師雇入れての私塾開業の出願は文部省布達に抵触することから、書類を添えて文部省の指示を仰ぐ。
9.1	新島、東京着。文部省役人から、いずれ京都の学校において宣教師雇入れも可能であること、この心算であるべしとの回答を得る。
9.3	「文部大輔田中不二麿」名で宣教師雇入れを許可する。
9.4	私塾開業届出についてこの日「相済候也」。
9.15 ～ 27	この間に、上京第二十二組新烏丸頭町の岩橋元勇の持家に移転。
10.1	Ｊ・Ｄ・デイヴィスを英学普通科教師として雇用。月給百円。宿料十円。
10.19	Ｊ・Ｄ・デイヴィスとその家族入京。京都御苑内の柳原前光邸に落ち着く。

意之如くならす、是非々此地之籍ニ入不申候而は甚不都合ニも可相成候間、何卒安中之戸区長に御依頼、西京之籍ニ可入之方向御立被下候様奉願上候（下略）[49]

新島の戸籍移転の目的は京都における学校建設を本格的に展開していくためのものであった。六月三十日には再度依頼している[50]。この六月の京都再訪は新島に大きな成果をもたらした。山本覚馬との間に相互に信頼と協力関係が成立している（新島は六月から九月中ごろまで、山本宅に同居していた）。彼の支援のもと学校建設の骨格が整備しはじめていた。また、七月には田中不二麿からの支援の手紙の届いたことは先に記したところである。

八月四日、新島は「私塾開業願」[51]を認《したた》め、京都府に提出した。その内容は、「私塾位置」「教員履歴」「学科」「教則」「塾則」などからなり、結社人は新島襄と山本覚馬の連名となっている。この「私塾開業願」の後部に「廿三日出ス」とあり、「九月四日相済候也」とあることから、京都府はこの日に上記の「願」を受理したことがわかる。「私塾開業願」によると、「私塾位置」は「第三大学区京都府管下第番中学区上京第十番小学区相国寺門前町」とあることから、現在の今出川校地をさしている。

「教員履歴」には「合衆国新約克邦クロットン邑 宣教師ジェー デー デビス 当八月 三十七歳八ヶ月」「京都府上京三十一区四百一番 山本覚馬同居 平民新島襄 当八月 三十一歳七ヶ月」と、J・D・デイヴィスと新島襄の二人の教員を挙げている。この「願」にそってデイヴィスの履歴をもう少しみてみよう。彼は「千八百六十六年七月」「ウィスコンシン邦内之ベルート・コルレジ」を「卒業普通学科之免状を得、又同年九月シカゴ府内之神学校ニ入リ千八百六十九年七月卒業神学免状を受」けた人物であった。「千八百七十年十一月日本ニ渡航、神戸ニ在留せる殆四年、頗国語ニ通候間、私共義今度月給百円を与へ私共学校へ雇入教授被仕候」とあって「神学免状」を持ったアメリカ人教師を雇入れるつもりであることを申し出ている。

「学科」にあっては、「英語（綴字文法作文）支那学（史類本朝史　支那史）生徒ノ求メニ任ス　算術　点算　度量学　三角法　地理　天文　窮理　人身窮理　化学　地質学　万国歴史　文明史万国公法　文理学　経済学　性理学　修身学」

とあって、聖書学や神学という教科は記載されていない。もう一つの同志社創業関係文書に「私学校開業、外国人教師雇入につき許可願」[52]（以下「許可願」と略称）がある。「明治八年廿三日」に京都府庁に出されたもので、差出人は「新島襄」とある。この「許可願」はＪ・Ｄ・デイヴィスを雇い入れたいとの願書であるが、単に宣教師が必要であるからとの理由だけではなかった。その理由を「許可願」は語っている（趣旨にそって便宜的に番号を付した）。

1. 私義文部省御規則中に宣教師を雇入学校教師を兼しむる事ハ御許容無之様心得候得共、私義窮生ニし而未タ資金ニ乏しく、中々数千之金を差出し一教師を雇入候事ハ難相叶候

2. 私義京師近傍ニ於英学校之甚稀少なるを見受け、私学校開業之義一日なり共棄置候ハ、京師近傍ニ於文明之進歩ニ小関係なき共不被申ト存候

3. 当今物価高登せるに依り志ある少年生徒も学費欠乏せるにより已む事を不得志を屈し、遂にハ無用之廃物に属せんとする輩も往々相見えへ候、私義彼之有用物とも成るへき人材をし而空しく廃物に属せしむるを惜み、英学校を開き窮生徒をし而志を呈せしめん為月俸授業料大分下低にし、且生徒之自己を助くへき寸法を設け、彼等をし而普通学科に跋渉し且傍世聖賢之道をも研窮セしめ、仕官し而は正直之吏、退職し而は純良民となり我国家日新之一助たらしめん事を望（下略）

4. 然シ私義文部省当今之御定則を奉守候ハ、同人（Ｊ・Ｄ・デイヴィスのこと――引用者）雇入之義不相叶斯く申而此一則に関係し私之挙を棄置候ハ、当今文明維新之世に少しく不相当之事と存、敢而犯則之罪を不顧当御府庁へ申立、同人雇入之義願上候は右之情実已む事を不得次第、何卒御府庁に於而宜しく御商量被成下彼デビスなる者雇入之段文部省迄御懸合可被下様奉願候

学校開業と宣教師を雇い入れる理由は、
①経済的理由からであり、「多分之月給を貪らざる宣教師を雇入」れることにしたこと。
②英学校の開設は京都近辺の文明の進歩に寄与しうること。
③物価高騰の昨今、志をもった青年もともすれば「廃物」となる要因がある。これを惜しむ。有為なる青年の育成は、

良吏、市民の育成に寄与し、延いてはそれが日本の進歩の礎となること。

④これはデイヴィス雇い入れの理由というより、「敢而犯則之罪を不顧」、彼を協力者としてそのメンバーに加えようとする新島の不退転の姿勢を表明したものである。

すなわち、いま政府のとっている外国人宣教師の学校からの締め出し策は、日本が歩もうとしている「文明維新之世に」「不相当」であるといい、西洋文明社会成立の基礎にはキリスト教があること、そのゆえに社会の文明化を推し進めるためにはキリスト教に基づく教育の必要性、そのためには宣教師の資格をもつ教師雇い入れの必要なことを示したものである。

さらにこの「許可願」の後部は次のように語る。

> 扨右学校を開くと開かざるとハ、全く当御府庁及ひ大政府ニ於而、私より宣教師雇入之義御許容有之としからざるとに関候間、克々御穿鑿之上私学校ニ於而我国家文明進歩之為何之利害有る哉を御熟考被下、万一害ありとせば無論、若し利益ありとせば一日も早く御許容有之度候[53]

「国家文明進歩之為」一日も早く「宣教師雇入」の許可を下すべく要請している。もし、外国人宣教師の雇い入れが叶い、学校資金も増えてくるならば「外国より純粋の学士を雇入、生徒学業之進歩に応し遂而ハ大学之域に進ませ度奉存候」として、将来的には大学設置構想をも意図していることを語っている。

新島の「宣教師雇入」申請にみられる強引さは何らかの勝算あってのことだったのか。考えられることは中央政府要人との人脈上の繋がりがある。木戸孝允、田中不二麿、九鬼隆一などとの繋がりである。新島と木戸、田中の関わり合いは新島が岩倉使節団の通訳をつとめたことから始まっており、二人の新島への信頼は大きかった。さらに田中、九鬼は当時（明治八年段階）文部行政の中核にあり、田中は実質的なトップリーダーであり、九鬼は実務官僚として辣腕をふるっていた。このような人的ネットワークを背景にしての行為であったように思える。新島と中央政府要人とのかかわりに槇村正直が不快感をもたなかったといえば嘘になるだろう。

新島は「私塾開業願」と「私学校開業、外国人宣教師雇入につき許可願」の二種類の願書を八月二十三日、京都府に提出したのち迅速な行動をとる。二十五日の状況がそれである。八月に入って、文部省役人（九鬼隆一か？）の示唆、田中不二麿の配慮、槇村正直の指示（［表Ⅰ］中8／2、8／9、8／23の条）等をうけての行動であった。まさに「時が来た」ことを察しての行動ではなかったろうか。そして、京都府（槇村正直）は新島襄が上京した二日後の日付（八月二十七日）で外国人教師雇い入れについて文部省（田中不二麿）宛に伺いを立てている。

両者の動きが活発化してきた。京都府の文部省宛の伺いはこうである。

当府下平民新島襄儀外国宣教師ヲ雇入私塾開業之儀願出候処御省御布達明治六年第八十七号ヲ以西教伝士を学校教師トシテ不可雇旨ニ致抵触候ニ付何之次第哉相尋候処先般御省四等出仕九鬼隆一殿当地行之節願人襄ヨリ乃示談候儀モ有之旨申立候条如何取計可然哉願書並存寄書共進達仕此段相伺候宜御指導被下度候也[54]

この京都府の「伺い」によると、新島の申し出は明らかに文部省の規則に抵触するにもかかわらずすでに九鬼隆一と新島の間に話し合いがもたれていて中央政府の要人に接触すれば、外国人宣教師雇用の可能性が開かれるだろうとの事柄が話されていたのだから京都府側にしてみればこの処置に苦慮していた様子がよくわかる。法的には京都府の「伺い」に分がある。同じ事態を新島は次のようにデイヴィスに語っている。新島のデイヴィス宛の書簡である。意訳してみた。

私は東京（中央政府）で文教関係に携わる若手の某氏（九鬼隆一のこと　引用者）と興味深い会見をもちました。我々の京都の学校に宣教師を雇入れることにベストをつくそうと申しました。しかし学内でキリスト教を教えることについて余り強く要請する権限がないといいます。というのもキリスト教は大教院の所管だからです。私はこの問題を大教院に提出することは得策でないと考えます。というのも彼らはわれわれに好意的でないからです。この国にあっては、最上の方法は信仰の自由を獲得することにあるように思えます。私は政府内で影響力のある人物に手紙を書いて働きかけてもらいたく考えています。某氏は進歩的な政治家に働きかけることを約束してくれました。彼は私に東京に来て有力政治家に直接会うことを進言してくれました。[55]

当然、このような九鬼隆一の意向は文部大輔の田中不二麿に伝わるし、あるいは田中の意向が九鬼を通して新島に伝えられることも考えられる。文部省高官の意向は新島の申し出を受け入れようとする姿勢がみられる。八月九日付田中の新島宛書簡はこの件について簡潔に記すだけであった。

九鬼氏貴地ニて御対話之由、本人帰着之上万緒可承合候　槇村氏過般面談致置候[56]

新島は九月一日東京に着いた。文部省に直行するがその結果は期待の持てるものであった。新島は知人に次のように記した。

昨朝無滞当地到着、文部省之官員ニ面会し縷々相談仕候処、何レ宣教師雇入西京ニ於而学校を開候事ハ可相叶と存候[57]

新島の念願であった「外国人宣教師雇入れ」が文部大輔田中不二麿名で許可されたのは九月三日のことである。以下のようにいう。

書面西教伝教師ヲ私学校教師ニ相雇候儀事実無余儀相聞候ニ付許可相成不苦候事
明治八年九月三日
文部大輔　田中不二麿　印[58]

この許可の仕方は「許可相成不苦候事」とあって、「許可してもいたしかたなし」という認識ではなかったかと考えられる。京都府が危惧した「事柄の先行」に田中が苦しい判断を下したものかもしれない。新島の強引な申し出は文部省（田中不二麿）の超法規的措置によって落着したかにみえたが、京都府（槇村正直）にとっては規則遵守で臨んだことがいわば敗れたことになったわけであるから釈然としないものがあったろうし、新島襄（同志社）に対しても一定の距離をおいて対処する契機となったであろう。

この許可をえて翌日、「私塾開業願」が受理されている。明治八年十月一日、J・D・デイヴィスを英学校普通科教師として雇い入れている。月給百円、宿料一ヶ月十円の条件であった[59]。

②聖書教授問題

京都府の「外国人宣教師雇入れ」に関しての慎重な態度は、新島らによる「神学・聖書」教授に直結するからであった。一八七五年十一月二十三日の日付をもつ新島のハーディ夫人宛書簡に、京都府から新島にたいして学校内での聖書教授を禁止する伝達がなされたことが記されている。

意訳して紹介する。

京都政府の最近の動きについて述べましょう。私を府庁に呼出し聖書講義を止めるべく命じました。キリスト教問題について知事に会ったのはこれが最初でした。少しの緊張をもって彼の前に立ちましたが、予想に反してもの静かで温和な人物でした。彼は私に命令というよりもむしろ次のような要望を出しました。すなわち、学校でキリスト教を教授したり、保守的な人々や京都に集っている薩摩の若君の友人たちにキリスト教を語ることの無いようにとのものでした。いまのところ私はキリスト教を学校においてではなく、私たちの家において教授しております[60]。

京都府は学校内でのキリスト教教授の禁止を要望したことに、新島は自宅でその教授を行っていることを表明している。京都府は新島たちがキリスト教を教授することに初めから否定的に対応していた。このことは、新島の学校開業に伴う提出書類のなかにも示唆的にある。前項にあげた「私塾開業願」の「学科」の項には聖書という教授科目は記載されてはおらず「修身学」という科目の記述がある。また、「私学校開業、外国人教師雇入れにつき許可願」には「学科」の項に「修身学　聖経」とあり、聖書を講じようとする意図が明白にされていた。ところがこれは当局から許可されることはなく「私学開業存寄書」[61]の「学科」の項にはさきの「聖経」は除かれており「修身学」として残されている。同様にこの年の十一月に出された「同志社仮規則」[62]には「修身学　講説」とあり、「聖経」という表現はやはり削られている。聖書教授について、京都府の苛立ちと新島（同志社側）の遠慮（妥協）的姿勢が目立つ。

「聖書」教授は新島にとっても宣教師達にとっても大きな目的であったはずである。にもかかわらず、新島は自らの教育理念や学校の本質に関わる問題に対してこのような妥協的態度をとった理由はどこにあったのであろうか。

この問題はいくつかの要素が経緯となっていると考えられる。一つは田中不二麿の示唆[63]が作用したこと。第二に、明治八年の四月、六月の新島・山本との会談のなかで、諸般の事情からキリスト教教授に関しては徐々に推し進めていったほうが得策であろうとの話し合いがもたれた結果ではないかと推測する。三点は京都府のもっている固有の問題があった。槇村が「私塾開業」を許可するにさいし、キリスト教を正課として加えないこと[64]を条件としていることの背景には、神仏勢力の反対運動や市民の反応を考慮したからであった。この問題について少し紙幅を割きたい。

明治八年十一月二十九日、「官許 同志社英学校」が開校する。この前後に京都府（槇村正直）の新島あるいはその関係者への対応に変化が生じてきていた。表にしてみた。［表Ⅱ］も『新島襄全集 八』より作成した。この表を見るかぎり、槇村はできるかぎり新島やその関係者との距離をとろうとしている。逆に仏教寺院側の力に妥協的でもあり、その力を利用して新島（同志社）に圧力をかけている様子が窺える。市民も同志社の一挙一動に注目しており、密偵も送り込まれているほどであった。

槇村正直が考慮にいれなければならなかった仏教寺院勢力はいかなる要求を掲げて「宣教師雇い入れの不許可」を申し出たのであろうか。

仏教寺院側が京都府権知事槇村正直に「新嶋氏私学ニ外国人宣教師雇入候儀ニ付伺」（以下「伺」と省略）を提出した。明治八年十一月二十二日のことである。同志社英学校開校許可のでる一週間前のことである。長いけれども仏教寺院側の主張を聴く必要があることから引用する。

上京廿二区新烏丸頭町四十番地居住新嶋襄今般本府下ニ於而英学校設立致米国宣教師ジェーデーデービス相招近日開業仕候趣承及候然ニ右学校ニ於テハ教法ニ不関普通学科而已相授候申立候由伝聞仕候処此度頒布致候仮規則上ニ学科中聖書ト題シ候一項有之是彼徒之所謂聖書即新旧両約聖書ニテ耶蘇教法之本書ニ御座候へハ公然耶蘇教講説仕候義ニ可有之候元ヨリ外国宣教師ハ一般

其本国宣教会社ヨリ費用相給派出仕候者共御座候へハ教法ニ関係不仕学科而已相授候筈無之ハ必然理ニ御座候然処耶蘇教之義ハ開市開港場外人居留地ハ如何之御次第ニ御座候哉不奉存得共全国一般公然弘通御差許ト申義ハ公布モ不被為在且教部省御設以来従前本邦弘通之神仏各宗ト雖各自之教法検査推挙等之順序ヲ経教職補任之輩ニ無之而ハ説教御差許不相成義ニ候へハ彼耶蘇教ヲ以内地人民教誘不相成ハ勿論之義ト奉存候尚又明治六年八月文部省ヨリ学校教師教導職ヨリ兼任不相成旨御布告有之候へハ外国宣教師モ同様之義ニ可有之候ト奉存候処此度右様学校教員ト致剰公然彼教書講説ニ及候義御許可相候ハ如何之次第ニ御座候哉内外教法御処分ニ於テ牴牾仕候段門末之輩不堪疑惑種々申立候間何卒右御許可之御趣意明ニ預御示度此段奉伺候万一彼輩奉欺御府庁様之義モ御座候ハ、断然御差止相成人心疑惑不仕候様御取計被為度此段奉伺候也[65]

大意を示すとこうである。同志社は普通学科のみを教授する学校と承知しているけれども、「同志社仮規則」の学科中に「聖書ト題シ」た項目があり、公然と「耶蘇教」を講義しようとしている。「耶蘇教」の布教は外国人居留地ならばいざ知らず、全国一般での布教は許

［表Ⅱ］

年	月日	事　　柄	備　考
1875（明治8）年	11.18	山本八重、「女紅場権舎長並機織教導試補差免候事」	
	11.19	新島、槇村宅に訪うが「多忙」のため面会できず	
	11.22	槇村権知事に呼ばれ聖書を教科から外すように要望される。新島は当分の間キリスト教を学校ではなく、自宅で教えるようにする。同日、新島は京都府博物館御用掛を免ぜられる。	
	11.29	官許同志社英学校を開校する。	
	12.03	京都仏教教団は京都府に宣教師雇い入れの不許可を願い出る。	
	12.14	新島は槇村権知事と長時間協議する。槇村は神主や僧侶の動き、薩摩人のことを話し、これ以上あれこれと申請することは賢明でなく、今は事を起こさぬように、と忠告する。	
	12.29	同志社生徒、新島を中心に加茂河原で体操を行う。世間では「同志社のキリスト教が戦の稽古をしている。いまに天草騒動の二の舞をしでかすぞ」と噂し、府の密偵も調査する。	

可されていないのではないか。同志社が公然とその約束を破ろうとしている。神道、仏教各派の布教は教法を検査し推挙されたうえで可能となる。耶蘇教も同様の手続きを経るのは当然であろう。明治六年八月、文部省から学校教師が布教師との兼任は不可とされた。だとすると外国人宣教師においても同様でなければならない。もし、同志社において聖書講義が許されるのならば、文部省の布達に抵触する。末寺信徒たちに分かるように説明願いたい。同志社での聖書講義は禁止されるべきである。

仏教勢力の非難する「同志社仮規則」の学科の項は次のように記されている。「当今教授スル所ノ学科ハ左ニ記ス」とあって以下の学科を記している。

英学　綴字　文法　作文　正音　支那学　史類　本朝史支那史　但シ生徒ノ求メニ任ス　算術　度量学　三角法　地理　天文
窮理　人身窮理　化学　地質学　万国歴史　文明史　万国公法　文理学　経済学　性理学　修身学　講説

この最後の「講説」が仏教教団によって「仮規則上ニ学科中聖書ト題シ候一項有之是彼徒之所謂聖書即新旧両約聖書ニテ耶蘇教法之本書ニ御座候へハ公然耶蘇教講説仕候義ニ可有之候」と非難されたものである。「私学開業存寄書」中の「聖経」が削除されていることは先に記したが、「同志社仮規則」では「講説」として修身学のあとに付加されている。仏教教団側はこの「講説」を「聖書」と読み替えて大仰に騒ぎ立てようとしていたことは間違いのないことであった。その根拠を明治六年八月に出された「布告」に求めていたのである。

仏教勢力はさらに執拗にこの件に関して京都府にせまる。十二月三日、「外国宣教師雇入之義ニ付上申」（以下「上申」と略記）を京都府に提出する。その言うところを聴いてみよう。

今般別紙之通り新嶋襄同志申合セ米国宣教師ジェーデーヒスヲ招キ候ニ付門末之徒申出候ハ米国宣教師雇入御免相成候上ハ多年朶頤《だい》致居候魯国ニコライ希臘教　仏国ナリン耶蘇旧教　英国タムソン耶蘇新教其他本国教会ヨリ派出致居故右等之教師之ニ準シ

テ願出候ハ、御拒絶之次第ニモ難相成日ヲ不経シテ府下ハ其教師之巣窟ト相成リ彼我之教徒遂ニは大紛擾ヲモ可相醸殊ニ結社人ハ御府御雇之山本覚馬ニ候へハ陽ニ英学校教授ヲ名トシテ陰ニ耶蘇教宣布之為ニ御府ヨリ御内命ナラン抔ト愚昧之徒無謂流言モ致シ人心動揺致シ候由続々申出候此侭捨置候テハ紛乱之基ト相成到底不可救之勢ニ立至可申ト苦心仕候何卒明治六年八月文部省第百十五号之布達ニ準シタトヒ私学校タリトモ宣教師雇入之儀ハ断然御差止被仰付候ハ、門末之疑団忽然氷釈仕リ可申乍恐此段
御聞届被成下奉懇願候也[66]

ここでも先の「伺」と同様の趣旨が述べられているとともに、その法的根拠を明治六年八月の「布達」に求めているのも同じである。ことさらに強調されているのは、外国人宣教師の雇い入れを停止しなければいまに府下はギリシャ正教、カトリック、プロテスタントの宣教師で充満するとの危機感と、ともすれば神仏教団の信徒たちによる騒擾の可能性さえあるとして自らの憤懣をぶつけていることである。そしてそれが京都府への脅し、圧力となっていることは確かである。同志社に対する流言飛語さえ飛び交っているとして同志社にも圧力をかけることを忘れない。「表Ⅱ」の十一月二十二日条、十二月十四日条をかかる「伺」「上申」との関連で捉えると理解しやすいものになる。明らかに新島に強い圧力がかかってきている。

仏教教団の基本要求は二つである。①外国人宣教師の雇い入れを停止すること。②同志社学内での聖書教授を止めさせること。

この要求に京都府は何等かの回答を与える必要があった。「外国人宣教師雇入についての指令」がそれである。京都府の回答はどのようなものであったのか。

書面伺之趣教部省へ及進達候処新嶋同志社仮規則中聖書科更為差除学事ト教義ト不相混様処分ニ可及段指令有之右ハ既ニ先般於当府同人へ説論（諭ヵ）処分相済居候間其旨可相心得候事[67]

京都府が仏教教団の「伺」を「教部省」に進達したところ、「教部省」からは「同志社仮規則」中の聖書の箇所を削除

することと、学事と教義を混同させてはならないことを命じた。京都府はこれらの件について新島を召還して説諭におよんだのである。このように処分に及んだが故に「其旨可相心得候事」と仏教教団側に伝達したのである。この回答は、仏教徒集団の訴えの一つを成就しているが宣教師雇い入れについての抗議には触れられていない。

③京都府の干渉

京都府が仏教寺院側の第二の要求、すなわち、「外国人宣教師雇入れ」について明言しなかったことが即、同志社に対してこれを容認したことにはならなかった。京都府の態度は、どちらかといえば仏教寺院側に傾斜していた。「外国人傭入一件」中の「上京第廿二区俵屋町大工職沢野甚七所持地同志社新嶋襄江売渡之儀探索書」[68]（明治十三年　以下「探索書」と略記）と題する一文がそれを物語る。これは京都府が、新島や彼にかかわる人たちをどのような眼でみていたのかを知るうえで興味深い。簿書掛は土地購入費や住宅建設資金の出仕についても疑いの眼でみていることもわかる。

大意は以下のようである。

大工の沢野甚七は新島襄に土地を売却した。この沢野は三年ほど前から同志社に出入りし、同志社の建築向はすべて沢野の請け負うところとなった。そうこうする間に沢野はキリスト教徒となり、酒煙草を断ち日曜日毎に教会に通い説教を聴く生活をおくっている。また、私宅にデイヴィスを招き集会をもつなどして画策している。今般、新島に譲渡した土地（五百二十坪余）は出水町の内田伊三郎より甚七が買得したものであるが、甚七名義になったとたん普請に取り掛かり、新築の家が完成した。その新居をデイヴィスの家族が使用することとなった。

このような沢野のような行為は、「此上ハ該地所而已ナラス当地ニヲイテ西教場ヲ発開ニ付テハ米国耶蘇教会社ノ金ヲ以漸々地所家屋等ヲ買入此家貸料地貸料等ヲ以同志社耶蘇教場ヲ維推スルノ策ナル由ニテ可悪所業ナリ」[69]と語り家屋や土地買得の資金源は「米国耶蘇会社」にあるとみており、同志社はその前哨基地的役割をもっている。「悪《にく》むべき所業」であると見做しているのである。

続けて大意を記そう。

新島襄が帰朝したころ、彼は一介の貧書生でしかなく、また山本覚馬とて貧しい士族でしかなかった。したがって、彼らに大金があるはずもない。にもかかわらず明治八年、同志社を結社して以来、今日までの経費は万円を超えるものである。このような大金の出所を探るに、贋金を作っているのか、はたまた盗金を働いたのではないか。でなければ米国耶蘇会社からの出金であろう。新島や山本らは耶蘇会社の奴隷となって皇国の土地を外国人の所有に帰せしめ、耶蘇教あって皇国を知らざる行為である。国賊とも言えよう。奸物新島襄と文部省の田中不二麿、九鬼隆一とは昵懇の間柄であることから、彼等は外国人宣教師雇い入れを禁止した布達があるにも拘わらず、新島にこれを許可している。明治六年の「八十七号布達」は新島のために無効にされたのに等しい。文部省の長官次官は耶蘇教徒であるから真正の文部官僚ではない。「如此高位耶蘇人ノ下流ヲ呑モノ漸次ニ皇国ノ大切ヲ忘レ新島カ如キ不忠不義ノ売国者世界トナランコトヲ恐懼歎息スト風聞頻ニ相聞候ニ付添而上伸仕置候也」[70]と責めた。

この「探索書」は長文である。同志社に出入りした大工沢田甚七への行動穿鑿を皮切りに、土地購入住宅建設資金の出所、同志社運営費用への勘繰り、文部官僚への誣言、新島への罵詈雑言が畳みかけられている。これらの言辞は「探索書」の中だけに留まるものではなかったろうことは簡単に想像できる。仏教徒が新島宅や同志社周辺に圧力をかけることによってすぐさま市民の耳目に入る。それは一種政治的効果を持つこととなる。新島、デイヴィス、山本、同志社、キリスト教は排斥されるべき対象として観念されていく効果は絶大である。まさに「デイヴィス雇入の許容がたんに仏教寺院側の憂慮、反発をよんだばかりでなく、きわめて深い不快感や反感を伴った排耶感情を醸成せしめ」[71]ることとなったのである。

仏教勢力による動き（圧力）に京都府（槇村正直）の新島ら（同志社）への態度は一変していく。

新島襄が「外国宣教師雇入についての指令」において京都府から「説諭」と「処分」をうけたのが明治九年二月のことであった。同年の二月から四月にかけての間に京都府に提出されたとおもわれる新島の弁明書が残されている。これには宛名・日付が無くしかも後欠の資料である。内容的には、デイヴィスが聖書講義をしきりに行っているとの報告に、新島が弁明を試みているものである。引用する。

私義昨明治八年十一月中ヨリ官許ノ上御府下上京第廿二区寺町丸太町上ル松蔭丁十八番華族高松保実殿之屋敷間仕切を以借受英学校相開き米国教師ジェーデーデビスト申者雇入普通学校教授被仕候処何か御府下ニ於テ右教師頻々社校ニ於テ耶蘇聖経教授被致候と之風聞有之候趣承知仕乍然大政府ノ御旨令ヲ奉戴私共英学校内ニ於テ耶蘇聖経教授之義ハ固ク禁止仕候間右教師御配慮無之様仕度候　且右教師ハ私共ト之条約書第四条ニ倣ひ別紙之通同人より私共之許可無之学科ハ決シテ教授仕間敷之證書取置候間私共義大政府ヨリ御免許無之候上ハ決シテ右教師ニ聖経を以社校内ニ教授仕候ことハ相許申間敷候若私共万一右之誓詞ニ違背仕候上ハ私身分ニ於テ相当之御所置可有之右者為……[72]

同志社としては、J・D・デイヴィスを「普通学科」を「教授」すべく雇い入れたにもかかわらず、世間では、彼がしきりに聖書教授を行っているとの風聞の流れていることをよく承知しているが、「大政府」からの「旨令」を戴いている以上校内においてキリスト教、聖書の教授は禁止している。デイヴィスとは条約書を交わしており、「大政府」の許可の無いかぎり校内で聖書を教えることは許可させることはない。もし「誓詞」に違背したならば相応の処罰は覚悟のうえであるという。

同志社英学校創立から数か月しか経っていない。相当厳しい監視の眼が光っていたのである。新島の「聖書講義」は可能であるとする根拠は、中央政府の許可にあった。ところが京都府はそれに難癖をつける。明治十二年、京都府が二度（六月七日、十五日）にわたり新島に「弁明書」の提出を求めたこと自体が同志社にたいして如何に懐疑的かつ嫌悪的であったのかを窺わせる。

新島に京都府の圧力が加わる。この「弁明書」は「修身学講義中聖書を講じたとの注意に対する弁明書」と題するものであった。知事槇村はこの「弁明書」を受理せずに書き直しを命じている（六月九日）。

京都府は、「兼テ御府庁迄被差出候誓詞ニ違背スルハ如何」との疑義をもつもので、同志社の計画に執拗に食い下がる。新島が提出した「弁明書」（明治十二年六月七日付）は、次のような趣旨をもっていた。

「京都府は、学務課長横井忠直が同志社巡覧のさい、デイヴィスの授業が聖書を教授していることを咎めた。この事態は私（新島）が先に提出した「誓詞」に違背しているとし、私を京都府に召還し注意を喚起した。私は注意された事柄について以下のように考えている。「誓詞」には「耶蘇聖経ハ校内ニ教授為仕間敷」と申し上げたけれども、その趣意は「一ノ教科書トシテ校内ニ教授為仕間敷」と誓ったのであって「聖経ハ校内ニ於テ一切不相用」といっているのではない。その証拠に、「修身学」の授業中に「耶蘇之教誡ハ書中」に出てくるのであるからその教えの「奥義」を「耶蘇之教誡に添って教授していかねばならず、かえってこれを拒絶するほうが不自然である。他方、「修身学ニ関スル分耳ハ不苦ト被仰付候」との許可を得ている。その限りにおいて「修身学ニ関スル分ハ」同志社において聖書を講じても差し支えないものと考えており、「雇入教師」にもその旨を通知している。教師デイヴィスが聖書を援用したのは「教科書中不足之分」もあるので止むを得ずのことである」[73]。

上にも記したが、新島の「弁明書」を知事槇村は受理しない。再度の提出を命ずる。新島の言葉を聴いてみよう。

弊社創立之際ニ当リ耶蘇聖経ハ校内ニ於而教授為仕間敷旨書面を奉呈致し置候処先般学務課長横井忠直殿外一名教授巡覧之為弊校へ御越之節雇入教師デビス氏耶蘇聖経ヲ以テ生徒ニ教授仕居候ト御見届ケ有之趣ヲ以テ去六日御呼出之上兼而御府庁迄差出候誓詞ニ違背スルハ如何之事ト御尋有之候間早々取調候処デビス氏学務課長御巡覧之節ハホプキンス氏修身学ヲ教ヘ終リ候ニ生徒中ヨリホプキンス氏ノ論説基礎ト被致候耶蘇ノ教誡不審ノカド有之答問致候処教科書中不足之分有之候間不得止事聖教中ヨリ耶蘇之語ヲ引用シ答弁ニ及候旨申述候間私ヨリ向後之処精々注意可仕旨申渡置候

右為御受如此候也[74]

六月十五日の「弁明書」であるが、これは控えである。というのも後部に「但七日 差出セシニ其書付ケハ九日ニ槇村ヨリ下ケ渡シ書直スヘキコトニナレリ」とあり、日付・署名・宛名が「六月十五日　襄　槇村宛」となっており、府庁に提出する正式書類としては整っていない。この後部の記述からも新島の憮然とした心の動きが伝わってくる。

六月七日の「弁明書」では〝京都府の方も修身学の枠内では聖書教授を認めているではないか。その了承内の事柄である。何も違反はしていない〟といった気持ちが膨らんでおり、強い調子で弁明しているのにたいして、二度目の「弁明書」のトーンは強さを抑制して聖書引用の経緯を述べている。デイヴィスがホプキンスの修身学講義中、生徒からの質問にたいして聖書を引用したことを明らかにしている。授業の流れからすると、具体事例を挙げながら分かり易く解説をほどこしていたのであろうことが推測可能である。その一連の中での聖書引用は自然のことと考えられる。何ら干渉される筋合いがないように思える。にも拘わらず、今後については「精々注意可仕旨申渡置候」と言わなければならなかった新島の心情は察するにあまりある。

では新島の弁明は京都府の了承事項となったのであろうか。結論的には「否」といわざるをえない。というのも、京都府の探索方は執拗に同志社を監視する。明治十二年五月二十八日から明治十六年六月二十七日まで都合二十三回におよぶ監視記録を残していることからもその姿勢がうかがえる。「同志社視察之記」「同志社景況記」として残っている。いま、「同志社景況記」から一例を挙げよう。時期は明治十二年六月二十四日付であることから、新島の「弁明書」提出後の探索である。

（前略）然ルニ前月ノ視察記ニ述タル如ク其実ハ顕然ホーリーバイブルテフ聖書ヲ会読シ且書外ノ事ヲサヘ畳々トシテ講説セリ是豈不都合ノ甚キナラスヤ之ヲ社長ニ詰レハ則チ曰ク我豈誓ニ背ンヤ但当日ノ講説ハ正課ノ為メニ引用シタルナリ諸君ノ該場ヘ臨マルヤ正課ノ書即ホプキンス氏ノ修身学書即ニ畢リシ生徒其書ノ論説ノ基礎トスル処ノ耶蘇ノ教誡ニ付テ質問アリシニ右教科書中ニ不足ノ分アリシカ故ニ止ムヲ得ス聖経中ヨリ耶蘇ノ語を引用シテ及ヒタル而已ト嗚呼何ソ遁辞ノ甚キ吾曹ヲシテ目ナク耳ナク且神識ナカラシメハ則チ如何ニトモ云ヒ得可キナリ苟モ目アリ耳アリ神識アレハ何ソ其誣ヲ甘センヤ該社幹事市原某カ迎テ今修課スル所ノ教場一箇アリシト曰ヒシハ即チホーリー・バイブル輪読ノ席ニテ正ニ修課ノ最中タリ焉ンソ正課既ニ畢レリト云フヲ得ンヤ且若シ果シテ正課ホプキンスノ書ニシテ耶蘇ノ語ハ引用ノミナラハ該場ノ書籍ハ悉クホプキンスノ書ナルベキニ教員生徒ノ倶ニ手ニスル処ノモノハ悉クホーリー・バイブルニシテ一冊ノホプキンスノ書アルコトナシ況ンヤ巻ヲ掩フ後モ尚ホ来世

ノ事ヲ説キマホメット宗以下諸派宗教ノ事ヲ弁スル凡ソ廿分時間ニシテ曽ツテ一語ノホプキンスニ説キ及ボス無キニ於テヤ是新島襄カ答弁ハ不都合ナル者ト謂フベキナリ[75]

京都府が新島にたいしてその言辞と行動の間隙を突くのは、新島が京都府に提出した「誓詞」が桎梏となって作用しているからである。「聖経」教授にかんして京都府の飽くなき高圧的態度は、正課として同志社の聖書教授を困難にさせていったことは事実であったが、同志社はこれを自ら放擲したり諦めたりはしなかった。課外授業として、あるいは自由選択授業としてこれを実施している。明治九年九月、新島は相国寺門前の豆腐屋の家屋（現同志社アーモスト館）を購入し（この家屋を新島襄個人名義にしているのは、同志社英学校の校地とは別のものであることを示す）、ここで聖書講義、神学講義をおこなっているのは、校内で聖書講義が禁止されていた状況下にあっては致し方のない工夫であったと言うべきであろう。

おわりに

以上、草創期同志社と京都府のかかわりを述べてきた。槇村正直をリーダーとする京都府は、その近代化策の一環としての洋学校誘致策は実学的側面を必要としたのであって、西洋近代の根底を形成する精神や意識、ことにキリスト教教理や精神の普及やその涵養については理解を示すものではなかった。というよりも、それを邪なものとして排除に懸命となった。その背後には、明治初期の日本の保守的意識と神社仏教勢力のメッカとして確固たる位置にある京都の特異性があった。仮に槇村正直（京都府）の教育理念が先進的であるとしても社寺勢力の前には膝を屈してしまう質のものであった。

従来の日本にあった宗教とは全く異質なキリスト教精神を涵養すべく古都京都に登場した新島襄と同志社は困難な道程

を歩まざるをえなかった。というより荊の道が用意されていた。産声をあげた同志社英学校は誕生当初から排斥されるべき対象として捉えられていたといっても過言ではあるまい。具体的には明治十二年五月から十六年六月の間に同志社への監視が強化され、「同志社視察之記」、「同志社景況記」が二十三回にわたって記録されていることは先に述べたが、槇村正直の知事在任中は実に十六回に及んでいる。槇村のこのような偵察行為そのものが同志社に理解を示していたとは思われない。知事自身が圧力をかけた張本人であったとも考えられる。誕生当初の同志社にしてみれば産着のまま、雪の寒空に放り出されたようなものであり、いきなり「冬の時代」の洗礼を浴びたようなものであった。

同志社英学校に微かな光が射してくるのは三代知事北垣国道就任以後のことである。

同志社と京都府の戦い。すなわち、一私学と一地方政権（国家権力と直結している）との確執は象徴的な意味合いを持っているといえる。上に述べてきたことは、ひとり同志社に限ったことではなく、特徴的・個性的理念のもとに建学される私学がともすれば権力の思惑一つで、いかようにも風浪に曝される可能性を内包していることを示している。

この同志社と京都府の戦いは、遠い明治初期の話ではない。すぐれて今日的課題を提起していることを知りうるのである。

注

1　杉井六郎「排耶のなかの私学同志社の創業」（同志社大学人文科学研究所編『排耶論の研究』一九八九年　教文館刊）

2　寺尾宏二「槇村正直小考」『経済史研究』昭和十三年　第二十巻第三号　日本評論社

3　鏑木路易「同志社の開校―山本覚馬・槇村正直を中心に―」『新島研究』第86号　一九九五年

4　西田　毅「槇村正直―京の文明開化の「牽引車」―」『同志社時報』№131　二〇一一年

5　木村　毅「下級武士概観」同『下級武士論』昭和四十二年　塙書房

6　宮本又次『小野組の研究』第四巻に詳しい。
7　「京都府に於ける紛争に対する條陳書」日本史籍協会編『木戸孝允文書 八』東京大学出版会
8　原田久美子「民権運動期の地方議会―明治十三年京都府における地方税追徴布達事件―」『日本史研究』第38号
9　京都市編『京都の歴史八　古都の近代』一八頁～二四頁　学芸書林刊
10　青山霞村『山本覚馬伝』二一二頁～二一三頁　日本ライトハウス刊
11　原田久美子「山本覚馬―おぼえがき・人と思想―」(『新島研究』第64号)
12　なお、山本覚馬の事績については吉田曠二・坂井誠『八重・襄・覚馬―三人の出会い―』(芸艸堂刊)の「第二章　山本覚馬」参照。
13　「勧業場事務配布第一条」(『京都府百年の資料　二　商工編』一二頁　以下『百年の資料二　商工編』と略記)
14　「起業進歩」『百年の資料二　商工編』一三頁～一四頁
15　『百年の資料二　商工編』二四頁～二八頁
16　『百年の資料二　商工編』四〇頁
17　「京都府施政の大綱に関する建言書」『百年の資料一　政治行政編』一三二頁
18　「西谷淇水の教学所設立勧奨」(『百年の資料五　教育編』一頁～二頁)
19　『京都府百年の年表五　教育編』明治一年八月条に〝平野屋茂平(書店主、下京六角通柳馬場西入る)「奉懇願旨趣」・「小学校創立制法之論並用途見込之弁」を建白〟とある。
20　『京都府百年の年表五　教育編』明治一年九月二十八日条
21　「小学校建営につき告示」『百年の資料五　教育編』二頁
22　「小学校設立に関する府の口諭」『百年の資料五　教育編』三頁～五頁
23　「村上勘兵衛ら献金申出の口上書付本府口諭」『百年の資料五　教育編』二頁～三頁
24　「かまど別小学校建営出金の達」『百年の資料五　教育編』六頁
25　「小学校規則(京都府初例)」は明治二年五月に出されている。『百年の資料五　教育編』九頁～一一頁
26　「小学校新年起業式」『百年の資料五　教育編』一五頁
27　「下京二三番組小学校規則」『百年の資料五　教育編』一六頁～一八頁
28　「槇村知事山梨縣令藤村紫郎連名の太政大臣宛教育令改正の建白」『百年の資料五　教育編』九七頁～九九頁

29「中学校（府学）開校に関する稟請 付、太政官指令」『百年の資料五　教育編』一四三頁～一四四頁
30「太政官布告により中学校開校の布告」『百年の資料五　教育編』一四三頁
31「洋学奨励の告示、付、留守官移答」『百年の資料五　教育編』一四四頁
32「中小学教員および市民への中小学校五科規則制定の布告」『百年の資料五　教育編』一四六頁
33「中学校諸規則」『百年の資料五　教育編』一五〇頁
34 文部省編『学制百年史　資料編』一二頁
35「府下中学之儀伺」『百年の資料五　教育編』一五三頁～一五四頁
36「中学開業祝詞」『京一中洛北高校百年史』六九頁
37『新島全集⑧　年譜編』
38 日本史籍協会編『木戸孝允日記 三』一五五頁
39 日本史籍協会編『木戸孝允文書 八』七八頁～七九頁
40 日本史籍協会編『木戸孝允日記 三』一五二頁～一五三頁
41 明治八年五月五日付新島民治宛書簡『新島全集③』一三五頁
42『新島全集⑧　年譜編』一四三頁
43『新島全集⑩』二二六頁～二二七頁
44 青山霞村『改定増補 山本覚馬伝』二二四頁
45『新島全集⑩』二二五頁
46 明治八年二月二十二日付　田中不二麿書簡『新島全集⑨上』七一頁
47 明治八年七月九日付　田中不二麿書簡『新島全集⑨上』七二頁
48 教育史編纂会編『明治以降教育制度発達史』第一巻　三〇五頁～三〇六頁
49 明治八年六月八日付　新島民治宛書簡『新島全集③』一三六頁
50 明治八年六月三十日付　新島民治宛書簡『新島全集③』一三八頁
51「私塾開業願」『新島全集①』三頁～五頁
52「私学校開業、外国人教師雇入につき許可願」『新島全集①』六頁～八頁

53　注52に同じ。
54　「文部省御達留（明治八年）」『同志社百年史』資料編一　三八頁
55　一八七五年八月二日付　J・D・デイヴィス宛書簡『新島全集⑥』一六六頁〜一六七頁
56　明治八年八月九日付　田中不二麿書簡『新島全集⑨上』七三頁
57　明治八年九月二日付　高木玄真宛書簡『新島全集③』一四〇頁〜一四一頁
58　「文部省御達留　学務課　学第千六百七十三号」『同志社百年史　資料編一』三八頁
59　「J．D．デイヴィス雇入願等渉外文書　寄留届」『同志社百年史　資料編一』八七頁
60　『新島全集⑥』一六九頁〜一七〇頁
61　「私学開業存寄書」『同志社百年史　資料編一』六六頁
62　「同志社仮規則」『同志社百年史　資料編一』一〇頁
63　「五　田中不二麿書簡」『同志社百年史　資料編一』五頁
64　注59に同じ。
65　「新嶋氏私学ニ外国宣教師雇入候儀ニ付伺」『同志社百年史　資料編一』一五頁
66　「外国宣教師雇入之義ニ付上申」『同志社百年史　資料編一』一五頁〜一六頁
67　「外国宣教師雇入についての指令」『同志社百年史　資料編一』一六頁
68　「上京第廿二区俵屋町大工職沢野甚七所持地 同志社新嶋襄江売渡之儀探索書」『同志社百年史　資料編一』六〇頁〜六一頁
69　同　上『同志社百年史　資料編一』六一頁
70　注68に同じ。
71　杉井六郎「排耶のなかの私学同志社の創業」『排耶論の研究』七四頁
72　「J．D．デイヴィス雇入願等渉外文書　寄留届」『同志社百年史　資料編一』八六頁〜八七頁
73　「修身学講義中聖書を講じたとの注意対する弁明書」の概要を示した。『同志社百年史　資料編一』一八頁〜一九頁
74　「修身学講義中聖書を講じたとの注意に対する弁明書　２　御受」『同志社百年史　資料編一』一九頁
75　「同志社景況記」『同志社百年史　資料編一』一二七頁〜一二八頁

第5章　新島襄の平民主義と人民観

はじめに

しばしば新島襄は「政治音痴」であるといわれてきた。その理由は、政治的社会的事柄にたいしての発言が極端に少ないことに拠っているものと考えられる。確かに、饒舌なほどに政治的諸問題に処方箋を提示した福沢諭吉とは比較にならない。かえって、新島の政治的発言のないことの意味を考える必要があろうかとも思う。新島は自らその点について控える理由を次のように述べている。

……御存シノ通小生ノ如キハ已ニ一身ヲ宗教ト教育トニ委候故、当時公然ト政治上ニ奔走セサルハ深ク理由之有之訳ニシテ、駑馬豈ニ憂国ノ志ナカラン、諸事忍堪致候ニ偏ニ他日ノ計アルノミ、敢テ意ヲ政治上ニ留メサルニアラス、日夜焦思苦心将来ノ青年ヲ薫陶シ新日本構造ノ良材ヲ培養セント計ルハ他ナシ、一個人ノ改良、社会ノ改良、政事上ノ改良、其他百般ノ改良ヲ熱望シテ止マサル所以ナリ[1]

この大隈宛書簡によると、新島はあえて「政治上ニ奔走セサル」は、自ら「宗教ト教育トニ委」ねたからであるとし、その立場から「将来ノ青年ヲ薫陶シ新日本構造ノ良材ヲ培養」したいとの思いをもっていたことによる。新島自身は「憂国ノ志」を秘め、個人・社会・政事さらには百般の改良に並々ならぬ思いをもっていたことを語っている。新島は、「教育ト宗教」領域に自らの活動領域を限定したが、自己の意図する教育理念や方針と、権力（国家）の目指す方針とが同一方向にあることは少なく、しばしば個人的良心や理念が蹂躙されていくことがある。たとえば、明治十六年の「改正徴兵令」問題が典型的なものであったが、私塾経営者たちは座視してはいられなかったのである。自ずと政治の世界に引き摺りこまれるか、振り回されることとなる。政治の動きと個人の意思・良心との間には鋭い緊張関係をもつことになる。新島もそこからは免れることはなかったのではあるが、彼の政治的発言は「教会政治」に限定されていたといっても過言ではなかった。

幕末の政治的混乱期に青年期を迎えていた新島には、国家の帰趨に大きな関心をもっていた。江戸湾上に浮かぶオランダ戦艦を遠望しては海軍の必要性を痛感したり、通商の道を知る必要を感じたりしている[2]。十九世紀半ばから後半にかけての日本は、国力そのものが試される時期であり、当時の志士たちには共通した危機感があった。新島もそのなかにあったといってもよい。尊王（皇）攘夷運動についても「尊皇派の方に十分な共鳴を感じていて、それに参加したいおもったことが時々あった」[3]とも語る。また、外国の書物にも眼を通している。D・デュフォー『ロビンソン・クルーソー』（黒田麴盧訳『漂荒記事』）とブリッジマン『連邦志略』から大きな刺激をうける。前者を読んでは外国への憧れをかきたてられ[4]、後者からは日米の政治制度、社会制度の差異の大きさに「頭はとろけそうな思い」[5]を経験する。また「シャンハイかホンコンで発行された二、三冊のキリスト教の書物」[6]も彼のそれまでの価値観を転換するのに大きな役割を果たす。これらの経験や影響が後年、新島をして脱国の挙にいたらしめることとなったのである。

青年期の新島は政治的問題に大きな関心をもっていたことがわかるが、アメリカからの帰国後（一八七四年十一月に帰国）の新島からの政治的発言は抑制的である。例をあげて新島の意識の在り処を探ると、「改正徴兵令」についての発言[7]。これは三種の意見書が残されている。この「改正徴兵令」とは私立学校生徒にも徴兵猶予されていたものが、その対象を官公立学校生徒ないしはその卒業生とし、これを撤廃するもので、私立学校の存廃に関わる大問題となっていった。新島は自らの学校の存続を大目的とするがゆえに、改正徴兵令そのものへの批判には至っていないところに中途半端さがうかがえる。自由民権運動についても過激派には牽制球を投げている[8]。民権拡張はややもすれば、罵詈雑言の応酬に陥り、名利奢侈のために国政参加することになりかねないことを指摘し、自由と我侭を取り違えることとなる可能性を内包するとみている。めずらしく踏み込んだ発言として「条約改正ヲ促スノ策」[9]があるだけである。天皇のキリスト教帰依と一夫一婦制の採用を説いている。

彼の政治的発言は「教会政治」に限定されているものであった。徳富蘇峰宛の書簡には「君ニハ政治上ノ平民主義ヲトルモノニシテ、僕ハ宗教上ノ平民主義ヲ取ルモノナレハ、ツマリ平民主義ノ旅連レナリ、僕ハ益御互ニ応援スルノ必要ヲ感居候」[10]と記す。新島は「宗教上ノ平民主義」をめざすという。したがってその「政治的」発言は「教会」「宗教」上に限定されるけれども、角度を替えれば現実政治にタッチしているものともいえる。本章は、新島襄の「平民主義」と「人民観」を基調に、彼の政治意識をさぐることを目的としている。

第1節　新島襄の平民主義

1　聖句と平民主義

英語の辞書によると「平民」という言葉は、commoner あるいは common people という。これは貴族 nobleman に対応する言葉である。

『新島襄全集』第一巻に「平民主義」[11]と仮題されたメモ風の史料が掲載されている。以下に記す。

ここで新島は、平民主義の理念（平等・同等）、歴史（ギリシャ・ローマの繁栄）、政治形態（衆治・民治・寡人政府主義トハ反ス）を示した。そのもとでの経済活動（商法・殖産主義）や社会的在り方（平和主義・柔和）などわずかな言葉で示唆している。いま、この史料「平民主義」の冒頭部のこの箇所を史料Aと仮称する。この史料Aについてもう少し吟味しよう。

まず、四ヶ所の聖句と'God has no respect of persons.'との関連について考えてみよう。聖句は、それぞれペテロ第一書簡、エペソ人への手紙、ローマ人への手紙、ガラテア書などの章節を示している。これらの聖句を引用しながら何を語ろうとしたのか。

	I Pet1 : 13-21	Eph 6:9
平民主義　平等　同等	Rom2 :11	Gal2 :6

God has no respect of persons.
昔時
クリシア、ローマ、此分子ノ盛フルトキ国盛ナリシ
衆治　民治　　寡人政府主義ト相反ス
商法　殖産主義
平和主義　柔和

（下線はママ　引用者 注）

「ペテロ第一書簡」の該当箇所は長いけれどもこれをひく。以下のように言う。「いつも心を引き締め、身を慎んで、イエス・キリストが現れてくるときにあたえられる恵みをひたすら、これ待ち望みなさい。無知であったころの欲望に引きずられることなく、従順な子となり、召し出してくださった聖なる方に倣って、あなたがた自身も生活のすべての面で聖なる者となりなさい。「あなたがたは聖なる者となれ。わたしは聖なる者だからである」と書いてあるからです。また、あなたがたは、人それぞれの行いに応じて公平に裁かれる方を、「父」と呼びかけているのですから、この地上に仮住まいする間、その方を畏れて生活すべきです。知ってのとおり、あなたがたが先祖伝来のむなしい生活から購われたのは、金や銀のような朽ち果てるものによらず、きずや汚れのない子羊のようなキリストの尊い血によるのです。キリストは、天地創造の前からあらかじめ知られていましたが、この終わりの時代に、あなたがたのために現れて下さいました。あなたがたは、キリストを死者の中から復活させて栄光をお与えになった神を、キリストによって信じています。従って、あなたがたの信仰と希望とは神にかかっているのです」。

「ペテロ第一書簡」のこの箇所は、人間の原罪（sin）はキリストの死によって購われたことを知りなさいと語る。贖罪論である。

「ローマ人への手紙」「ガラテア書」においては「神は人を分け隔てなさいません」とある。God has no respect of persons. という言葉はまさに「神は人々を分け隔てさないません」であり、これら四つの聖句はこの言葉に収斂される。ところで、新島はどうしてこの聖句を執拗に使用するのであろうか。彼の思想の根幹には「贖罪論」があったことは否めない。

新島はこの「平民主義」を記す以前の段階で、もう少しいえば、在米中に「神の愛」の公平かつ差別の無いことを語っている。一八七四年五月、マサチューセッツ州レキシントンのハンコック教会の公開説教の席上において‘God's Love’と題した説教[12]を試みている。

Through His atoning work, the wall of partition between God and the sinners was torn down. The prison door was opened wide and all the prisoners were invited to come out. In this free invitation Christ does not limit it to any individuals or any nations.

He offers it to all men and is ready to welcome all. It is no more asked whether a person is publican or harlot, poor or maimed, halt [?] or blind, white or black, but what is required of each individual is to accept and “believe”. On the condition of a simple act of acceptance, the door of the Kingdom of Christ is thrown open to every one, yea and one.

（神の贖罪によって、神と罪人との間にあった壁は取り払われた。牢獄の扉は大きく開かれ、囚人たちは神の国に招き入れられた。この自由な招きにより、キリストは如何なる個人、如何なる国民をも制限しない。

神は、すべての人々にこの招きを提供し、すべての人々を迎え入れる準備ができている。徴税吏であろうと、娼婦であろうと、貧乏人、目や足の悪い不遇者であろうと、白人や黒人であろうとなんらの問題はないのです。個々の人に求められることは受容し、信ずることなのです。受容するというシンプルな行為によってのみ、すべての人々にキリストの王国の扉が開かれるのです。全ての人々にです。引用者 訳）

新島は、神の許し（救済、贖罪）は特定の人物や国民にたいして向けられているものではなく、「如何なる人物」「如何なる国民」にも開かれているとの見方を採っている。職業的貴賤、貧富の差異、身体上のハンディを背負った者、白人・黒人の違いなども何ら問題にはならない。文明国の民も未開国の民も神の前では許される。ただし、一点だけ要件がありこれをクリアーしなければならない。すなわち「信仰」「神の受容」という「シンプルな行為」を個々に獲得すること。これだけである。これを受け入れたならば、神は「如何なる個人」「如何なる国民」にたいしても平等に救済するのである。新島は一八七四年の段階で「救済論」「贖罪論」をベースに平等観を獲得していたことがわかる。

先ほど、聖句を紹介したなかで「エペソ人への手紙」について何ら触れなかったが、平等観との関連においてみておきたい。「エペソ人への手紙六章九節」はつぎのようにいう。「主人たち、同じように奴隷を扱いなさい。彼らを脅すのはやめなさい。あなたがたも知っているとおり、彼らにもあなたがたにも同じ主人が天におられ、人を分け隔てなさらないのです。」

この聖句は新島の'God's Love'の説教そのものである。ここでは、主人も奴隷も同じである。在天の父（＝神）がいて、主人にも奴隷にも平等にその愛が注がれるからである、よって現実世界での差別、依怙贔屓などは何の意味もないという。

史料「平民主義」はつづいて次のように語る。いまこの部分を史料Bと呼ぶこととする。新島は、ここでは「寡人主義」と「平民主義」を比較する。

寡人―主義ハ一手デ大事業ヲ出来カ
　秦ノ始皇帝、万里ノ長城、一人ノ豪傑ノ左右スル所トナラス、一人ツマツカバ一国斃ル
平民―全国民斃レサレハ一国斃レサルベシ、故ニ一平民ハ国ニトリテ不為ニアラス、事アレハ各財力ヲ出ス。全身ヲ差出ス、全力ヲ竭ス（如何トナレハ、平民主義天下ヲ以テ己ノ業トナシ、又己ノ家ヲ以テ天下ト見做ス　寡人―主義ト違ヒ一時ニ著シキ事業為能ハス○長イ内ニハ勝ヲ呈ス　独立軍ヲ見、平民主義ノ好結果（己ノ家ノ為妻子ノ為戦フ）[13]（傍線はママ　引用者注）

この史料Bからつぎのようなことが分かる。

「寡人主義」は独裁主義であり専制主義である。「寡人主義」の弱点は、一個人によって支配されている国家であるがゆえに、その個人が死去することによって一国の崩壊に繋がる危険性がある。他方、「平民主義」は「寡人主義」とは違い、一挙に事を成し遂げることは難しいかもしれないが、時間をかけ、納得し、着実に目標にむかって事業を展開するならば必ずや成就する。また、ひとたび国家に存亡の危機がおとずれたならば、平民（国民、市民）は応分の財力を提供して国家政府を支援するだろうし、一兵卒となってでも国のために尽くそうとする。なぜならば、この意識を持った平民（国民、市民）は自らが国家を担う存在であるとの認識によるものであり、延いては国家を護ることは自らの家（家族、妻子）を護ることと同様であるとの認識によっている。

かかる認識からすると新島の「平民主義」の概念は、「平等」「同等」とするのみならず、市民社会、国民国家の形成にまで視野にいれているといえる。新島は、広範な国民に支えられる国家を一人の英雄や国王によって率いられる国家よりも重いものと考えていた。国家形成の主体は一人一人の国民にあると見做していたといってよかろう。

つづいて史料「平民主義」はその利点を述べる。いまこの箇所を史料Cと呼ぶことにする。

平民主義ハ戦争ヲ他国ニ仕懸ケス、他ヲ奪掠セス　平民主義ハ節倹主義、無益ノ事ニ費ヤサス　○米国ノ礼儀儀式ナド甚簡易ナリ　平民主義ハ人物ヲ養成ス　平民主義ハ真ノ愛国心ヲ養成ス［補］「米国大学ノ数ヲ見、一ヶ人ノ寄付ニ関ハル、独乙ノ大学ハ一ヵ人ノ寄付ナラサルベシ」貴族主義ハ僅々ノ愛［国］家ヲ出来カシ、又其ノモノガ僅々ノ人ニ竭ス、昔時ノ忠臣義士ヲ見、皆僅々ノ人ノ為全身全力ヲ竭シタリ　日本従来ノ平民無学無智、故ニ賤シ、然［ニ］米ノ平民ハ―学識アリ有為之気象ニ富ム、世カ開明ニ進ムニ随ヒ貴族主義ハ漸々ト跡ヲ絶ツ　平民主義ハ漸々ト世ニ出ツ、是ハ天意　貴族主義ハ人之ヲ尊敬ス、故ニ人己レハ貴イモノト思イ、又人物ト思フ。人之ニ食マシム、故ニ労シテ今日ノ糊口カ出来ル、漸々ト労セス、工風セス。働カス。脳漿ヲシボラス、上品ノ人トナル、世襲華族ハ食フニコマラス平民主義ハ人ヲシテ己レノ卑キ地位ニアルヲ知ラシム、山ノ下ニアレ［ハ］一ソウ上ツラ見ヘシト云フ心カ起ル[14]（傍線はママ　引用者注）

ここにみられる「平民主義」の特徴は何か。新島によると「平民主義」は「戦争ヲ他国ニ仕懸ケス、奪掠セス」というが、この認識には無理があるように思える。現実の世界にあっては、イギリスが盛んに弱肉強食ぶりを発揮し、アジア・アフリカにその侵略の触手を伸ばしていた事柄をどのように考えるのであろうか。また、彼が第二の母国とするアメリカもそれに与すべく躍起となっていたことをどう説明するのだろうか。植民地侵略をキリスト教国であるがゆえに許されるべきではあるまい。

「平民主義」は節倹主義をとり、人物を養成し、真の愛国心を養成するという。この認識は史料Bにみた部分と軌を一にしているといえる。「人物ヲ養成ス」る要因に教育の役割を重視していることが分かる。教育の進展とともに平民主義が「漸々ト世ニ出」てくるのは必然であるとし、逆に「貴族主義ハ漸々ト跡ヲ絶ツ」ことになるという。なぜならば貴族あるいは華族は「労セス、工風セス、働カス、脳漿ヲシボラ」ざる存在であるがゆえである。他方、平民は自らの置かれている状況を認識しており、克己心・向上心・工夫力を働かし、今ある状況を超えようと努力する。その意味において「平民主義ハ人物ヲ養成ス」るのである。

新島はある時（年月日は不明）、華族会館で一場の講演をこころみたことがあった。「我如何ニ此ノ活動社会ニ処スベキヤ」と題するもので、その中で華族について興味深い見方を示している。

○我如何ニ此ノ活動社会ニ所スヘキヤ　優勝劣敗、勉ムルモ［ノ］勝、勉メサルハ破ル、造物主ノ道理怠ルモノハ其ノ力ヲ絶ツ、怠ラサルモノハ其力ヲ益ス（中略）維新以来ノ現象　華族ノ地位甚不幸　アンベションヲ絶ツ　働カズシテ世ヲ過シ得ルニアリ　平民ヨリ上等ノ人ト思ハルヘキニ、豈図ン、我カ人民ノ上ニ立ツモノハ下等社会ヨリ起レリ○伊藤総理大臣、豊太閤、加藤、小西、林道春　○勉メストモヨイ地位ニオル　勉ムレハ最上ノ地位、英国ノ華族大学ニ勉強ス、世界ヲ週遊（中略）雲ノ上ノ人、殿上人カ我カ平民ト交ハル、我士族ヨリ平民ニ上達スト云ヘリ　英学ヲ進ムベシ[15]

新島が旧貴族や華族をどのように見ていたのかがうかがえて興味深い。「勉メサル」者は敗者となることは必然であるとの見方を示し、「雲ノ上ノ人」「殿上人」と平民が交わることを一つの理想としていたことを窺わせる。この視点は天皇観とも関連してくるであろう。新島は「平民」の台頭に期待感を示すと同時に、「平民」自身がその地位を向上させるべく自己努力を要請する。明治初期に語られた自助論（self-help）をもちいてそれを語る。「勉メサレハ出来ヌ様ニ神カ仕懸ケラレタリ」「少シ計ノ困難ニ逢フテ己レノ素志ヲマゲル人ハ造物者カ捨ノミナラス己自身ヲ捨ツルナリ」[16]と手厳しい。

以上、A~Cの史料をもって新島の「平民主義」を検討してきたが、以下のように纏められよう。

一つに、新島はアメリカにあった時点で、すでに人間平等観（God has no respect of persons.）を獲得していたが、それに基づいた社会、国家のありよう（平民主義）を採用することを期待したといえる。第二に、新島の「平民主義」の根底には「救済論」「贖罪論」があった。また、「平民主義」は「寡人主義」「貴族主義」と対立するものとして措定し、後者については厳しい視線をおくっている。新島のこの意識や態度は一貫していたようで、後年、安部磯雄が新島を回顧したなかに「先生の生涯は全く平民主義で一貫していると云ふても過言ではない。若し先生に最も嫌いなものがあったとすれば、それは貴族主義と官僚主義であった」[17]と語っている。第三に、「平民主義」は人物を養成し、真の愛国心を養成するという。そのためには、個々人の意識の問題として自助論の拡大と教育の充実の必要性を説く。この人物の養成は、「文明ノ民」「自由ノ民」を層として育成することをめざすものであり、日本の近代化・文明化を担う新しい人民の台頭を期待したものであった。

第2節　新島襄の人民観

以上、新島襄の「平民主義」について検討してきたけれども、彼の「平民主義」が具体的にどのような姿をもって存在するのであろうか。

はじめに、新島襄の人民観についてその特徴を概観しておきたい。一つに彼には愚民意識のようなものは希薄であったことがあげられる。草創期の同志社に松本五平という校僕がいた。彼に対する新島の態度に差別的な対応のなかったことが伝えられている。『新島八重子回想録』に、新島襄が亡くなった時にある人が新島についての思い出を松本五平にたずねたところ、五平は以下のように話したという。「他の人達は皆五平、五平と呼びすてにされましたが、新島先生だけは、五平さんと呼んで下さいました。それがわすれられません」[18]と。また、学生たちも彼を仲間のように愛していた形跡がある[19]。このような空気が草創期の同志社には漲っていたのであろう。第二に「同志社大学設立の旨意」に示された人民観はその国家観とも軌を一にする。次のように語る。

（前略）勿論此の大学よりしては、或は政党に加入する者あらん、或は農工商の業に従事する者あらん、或は宗教の為に働く者もあらん、或は学者となる者もあらん、官吏なる者もあらん、其成就する所の者は、千差万別にして、敢て予じめ定む可からずと雖も、是等の人々ハ皆一国の精神となり、元気となり、柱石となる所の人々にして、即ち是等の人々を養成するハ、実に同志社大学を設立する所以の目的なりとす、一国を維持するは、決して二三の英雄に非す、実に一国を組織する教育有り、智識あり、品行ある人民の力に拠らざる可からず、是等の人民ハ一国の良心とも謂ふ可き人々を養成せんと欲す[20]

ここには先にみた「平民主義」に基づく意識が披露されている。新島がいかに一市民、一国民を国家社会の形成主体として重視していたかを示す一文であるといえよう。

さて、新島襄の「平民主義」がいかなる具体相をもって示すことができるのか。それを「人民観」を通して考えてみたい。その際、以下の三点に注意して提示したい。すなわち、青年期新島に衝撃をもたらした、ブリッジマン『連邦志略』について、次いで渡米後二年五ヶ月の新島の意識を知り得る「飯田逸之助宛書簡」、三つ目に「教会合同問題」を事例として取り上げて検討していくこととする。

1　ブリッジマン『連邦志略』の衝撃

新島襄は、彼の青年期に衝撃を与えた書物としてブリッジマンの『連邦志略』を挙げている。その衝撃とは何か。

ある日友達が北アメリカ合衆国の地図書を貸してくれました。それは或るアメリカの聖職者が漢文で書いたもので、私はそれを繰返し読みました。すると驚嘆のあまり私の頭はとろけそうな気がしました。大統領をえらぶこと、自由学校、公立救貧院、感化院、工場をたてること。そこで私は、日本国の将軍はアメリカの大統領のようでなければならないと考えたのです。そして自分にこうつぶやきました。ああ日本国の将軍よ、なぜあなたはわれわれを犬や豚のようにしいたげるのか。われらは日本の民だ。もしあなたがわれらを支配するつもりならば、あなたはわれらをわが子のように愛さなくてはならないのに、と。[21]

この一文は「脱国の理由」と題されているものの一部で、新島がボストンの海員ホーム（Sailor's Home）においてA.Hardyにあててアメリカにやってきた理由を記した最初の英文記録である。文中では「アメリカの地図書」とあるが、『合衆国の歴史』であった。ちなみにこの書物を貸した「友達」は杉田廉卿と推測されている。彼は当時の蘭学者杉田正卿の娘縫と結婚して杉田家に入っている。杉田玄端の義理の甥にあたる。

『連邦志略』を読んだ衝撃は大きなものであった。今まで想像したことのない制度の存在があった。「大統領をえらぶこと」などは、当時の日本においては考えられないことで、いわば、将軍を選挙することになるのであるから、彼の稚拙な西洋認識では理解の域を超えていたに違いない。学校、福祉施設、工場などの社会資本の整備や工業化への準備がほどこされていることへの驚きは大きかったはずである。また、アメリカ大統領と将軍の国民に対する対応の違いに頭脳が「とろけそう」な体験をするのである。この時期の新島は、騒然とした政治状況の中で自らの態度を決めかねていた。尊皇派に共感しながらも、安中藩は譜代大名であったことから佐幕派に与していること、新島家の家督相続人として期待されていること、両親の保守性などに極度のストレス状況にあった。そのような中で出会った一冊の書物であった。

この書物以外にも「ロビンソン・クルーソー」の翻訳本を読んだことは既に記したところである。さらに「キリスト教に関する書物」からも衝撃をうける。徳川期はキリシタン厳禁の時代であったが、幕末期に綻びが生じていたらしい。新島は、杉田廉卿、津田仙、吉田賢輔らとキリスト教の勉強会をもっていた様子がある[22]。このような勉強会を通しての「天父」の発見が、彼をして飛翔させていくこととなる。

新島に影響を与えた『連邦志略』とはどのような書物であったのであろうか。

この書物は上下の二巻からなっている。上巻は「覓地原由」にはじまり「風俗人事」までの十八項目の記述がある。新島が関心をもった箇所は、「民脱英軛」「建国立政」「設官分職」「百事技芸」「商賈貿易」「善挙述略」の箇所と考えられる。下巻は各州の事柄紹介が中心となっている。すでに井上勝也がこの書物について紹介している[23]が、そのなかで小沢三郎の研究に触れて著者ブリッジマンを紹介している。ブリッジマン（Elijah Coleman Bridgman, 1801 ~ 1861　中国名は裨治文）は、アーモスト大学、アンドーヴァー神学校を卒業したのち、一八三〇年広東に渡り、以後永眠まで上海で布教活動に従事した宣教師であった。その間、聖書の中国語訳、真仮両岐論、美理哥合省国志略、亜美理駕合衆国志略、連邦志略、耶蘇独為救主論、永福之道、復活要旨、霊生詮岐論などの著作のあることを紹介している。新島の読んだ『連邦志略』はそのうちの一冊であったことがわかる。この『連邦志略』は新島のみが読んだのではない。佐久間象山、吉田松陰、安井息軒、横井小楠、橋本左内らも競って読んでいた。

新島の頭脳をとろけさせた箇所は、大統領制度、フリースクール、公立救貧院、感化院、工場などの箇所が「脱国の理由」にあげられているけれども、それらの記述は、建国立政項（大統領制）、善挙述略義学之会（フリースクール）、善挙述略恤貧之会（公立救貧院）、善挙述略化罪之会（感化院）、商賈貿易項（機械工業）に該当する。例えば、「建国立政」項では、「一曰君民同権、相商而治、如英法等国是也、一曰君非世及、惟民所選、権在庶民、君供其職、如我聯邦国是也、夫我聯邦之政、法皆民立、権不上操、其法之已立者、則著為定例上下同遵」という記述がある。このような箇所に新島は、日本とは違った政治制度の存在を嗅ぎとっていたのであろうと思われる。また、福祉制度上の記述は「養老之会」において「一養老之会、如民中有老而無子、及寒苦無依者、不論男婦、則立此会、以養之」とあり、このような社会政策の結果、「如是諸会、以故我国無甚貧者、是即聯邦之諸善挙也」とアメリカの善政を賛美している。新島はこのような弱者への行き届いた施策にも驚いたに違いなかろう。儒教主義のもとでの政は「仁政」が施されなければならないのに掛け声甕れになっている状況に憤懣を覚えたであろうことは想像に難くない。彼のなかに一条の光が射しこんだものと考えられる。

2　飯田逸之助宛書簡

上記のような読書体験をもった新島は、「人民のための政治」に共感をもったのではないか。渡米後、二年五ヶ月を経た新島の位相を確かめよう。この二年五ヶ月の間に新島の意識はキリスト教に強く傾斜していることは、A.Hardy およびその夫人に宛てた書簡からうかがうことができる[24]。彼の将来的進路は神に仕え、日本伝道にその生命をささげようとの決意は早い段階で固まっていたようである。「私は自己の全部をイエスのために投げ捨て、イエスの御前で正しいことをしようとしています。これが私の誓です。私は日本に帰り、人々を悪魔からイエスへと方向転換させるためにがんばります」[25]。「……私は自分が非常におろかで無知であることに気付き、『こんなにおろかで無知な私がどうして異教徒である友人たちに神の国を約束することができようか？』と自問した」[26]。「私の同胞もまた私同様に幸福になれるように、彼らに福音をのべ伝えたいものだと心から願っています。彼らに対して真理をのべ伝えるとき、恐らくは迫害を受けることになるでしょう。しかし私はそれを恐れません」[27]。これらの言葉は、書簡文や日記の一節であることから彼自身の心情が吐露されており、気取りはない。この認識は飯田逸之助宛書簡に連なっていくこととなる。

安中藩目付役であった飯田逸之助宛書簡[28]は、慶応三年六月十七日付新島宛書簡への返書である。この書簡から青年新島の意気込みが伝わってくる。アメリカの知人や恩人に宛てる筆致と違ってくるのは仕方ないとしても、新島の気負いも見え隠れする。

先生の僕に任する所甚大なり、僕不肖と雖、国家の為に寸力を竭《つく》さん事は、僕赤心望所、然れとも僕は今脱檻不羈の身、神の徒となり候故再び頭を下げ、藩邸に帰り、僅かの俸禄を甘ぜん事を嫌ふ、去れど僕、敢而富貴功名を望むに非らず、富貴功名は花上草頭の霜露なり、僕は真神の臣にして、我日本の民なる故、真神日本の為に丹心を尽さん事は、僕の急務と云ふべし、班超の筆を投、万里の封侯を得し事、僕に於而浮雲の如し[29]

彼はいま学んでいる学問や知識を「国家の為に寸力を竭さん事」を望まんといい、もはや「藩邸に帰り、僅かの俸禄を甘ぜん事を嫌ふ、去れど僕、敢而富貴功名を望むに非らず」として、藩のためや個人的富貴、名声を得んがために「寸力を竭」すことを拒否した。そして、「我日本の民なる故、真神日本の為に丹心を尽さん事は、僕の急務と云ふべし」と語り、「真神の臣」となった新島は「真神の為」「日本の為」に「丹心を尽」すことを表明した。ちょうど一年前の十二月三十日、アンドーヴァー神学校附属教会（Andover Theological Seminary Church）で受洗していた事実が大きく作用している。次の文章は「真神の臣」となった新島の強い意志が表明されている。

皇国の形成、大に変換せし由、長州畔く伐之不克由、昭徳公薨じ、一橋公拝将軍せし由、新帝立給ふよし、（僕が○○○○将軍の為に欠字せぬは我輩共造化の工を受たる者にして、乃○○と同等の人間なるによる）朝議幕論、弥開国に帰せし由、兵庫も開港のよし、兵制の変ぜしよし、承知仕候、（下略　傍点は引用者注）[30]

これは飯田の六月の書簡を反芻しながらの文章であり、飯田からの情報により、日本の政治的変革の様子が新島にもたらされていた。

この飯田逸之助宛書簡の傍点をほどこした部分に注目したい。伏せ字になっている部分、○○○○は「天皇の為」、○○は「天皇」と補っておこう。天皇・将軍も我々一般の人間と何ら変わるものではないことを言うのである。

アメリカにあった新島は、特権身分を否定する意識をもったことになる。前項の「ブリッジマン『連邦志略』の衝撃」にみた空想的・観念的な思いが実際のアメリカ生活を体験したとき、新たな認識をもたらしたものといえる。真神以外、何らの権威を容認しない意識に至った新島について、明楽誠はその著書のなかで、「新島の君臣契約の拒絶とは、上下的身分制度を前提とした封建的な君臣契約の拒否を意味としているのであり、すぐれて近代的質を有するものであることが判る。新島は、この飯田宛書簡において、初めて近代的な質を有するプロテスタンティズムの倫理道徳を獲得したことを表明していると言える」[31]との見方を示している。

先にも記したように、この書簡は六月十七日付の飯田からの来簡への返書である。あえて新島が「欠字せぬ」というのは、飯田書簡の「皇国」「昭徳公」「孝明天皇」「新帝」の箇所[32]に悉く「欠字」がほどこされていることに対応するものである。

そもそも平出《へいしゅつ》や闕字《けつじ》（欠字）行為は公式令の規定に基づいているものである。古文書学の概説書には、「……公式令には平出式と闕字式の定めがあって、天子、天皇、皇帝、陛下、太上天皇、天皇謚、皇后などの文字は平出にすること、大社、陵号、車駕、詔書、勅書、中宮、東宮等の文字は闕字にすることというように定められた。（中略）、闕字は敬意を表すべき文字の上を一字分あけるのである」[33]とある。

江戸時代末期にあって、天皇や将軍・藩主への闕字は当然のこととされていたのであり、飯田はその慣例に従ったものである。新島もこの慣例についていては知悉していたことは当然のことであった。にもかかわらず彼は「天皇の為将軍の為に欠字せぬ」と宣言したのである。「欠字せぬ」理由は、「我輩共造化の工を受たる者」であることに依っていたのである。

アメリカ文明を体験し、実見している新島にしてみると、その在りようをみて驚嘆、圧倒されることはあっても、まだ個々の矛盾を指摘するところまでは至っていなかったとみてよかろう。

父民治や弟双六、さらに飯田に宛てた書簡などにはアメリカの文明を高度なものとして肯定的に紹介する。おそらくこの段階ではアメリカ文明を吸収することに懸命であったことと推測する。

飯田宛書簡はアメリカ諸文物の盛んな様子を紹介している。とりわけ学校制度の整備されている様を紹介する。フリースクールのこと、私学校、公学校、大学校、船学校、幼院、兵学校などのことが記されている[34]。これらの学校の費用は税金で賄われていた様子を紹介している。

何れの都会、何の邑、何の村落なりとも、フリー学校と申し、一切謝礼を払はぬ学校なり、此は人々の家財に応して、年貢を金にて取上げ、此学校の雑費とせり、（但し当国にては、人民の産に応じ、年貢を取上候故、日本の農夫より重き年貢を取て、商人より格別税金を取らぬに比すれば、万々寛容なる仕方也、女子も男子に斉しく学校へ遣し、算術、地理、窮理、天文等の学を教へ候間、此国にて夫人の役に立つ事をびたゞし[35]。

船学校、幼院、兵学校などは「大統領より入用を払」うとある。税金の徴収の仕方とその使途の明確さ、それが制度として整っていることを見て取っている。

このようなアメリカの状況を日本と比較すると、

右に付日本の農夫を考ふれは、甚気の毒千万なり、農夫も矢張り◯◯（＝天皇　引用者 注）と斉き人間《ひとし》なり、然るに日本にては農夫を愚になし、豚犬の如く取扱ひ、重き租税を取上候事、実に理外にして、暴なる政道と云つべし、かつ日本の士人の格式を論ずる等の事、実に笑ふ可きことなり[36]

という語になって表されている。天皇と農民は斉しい人間という認識の獲得、武士階級への否定的見解、民衆のために仁政を施すことのない政府への批判など厳しい見方を示している。すでに「真神の臣」となった新島は、封建的特権的身分制とは決別していたと考えられる。彼の向かうところは「メリケンの政教日に盛なり、風俗月に改まる事、何故かを御推察可被成候、是は全く教の然らしむところ」[37]に求められた。それは日本の課題が反措定されることとなる。日本における政教の活発化、風俗の匡正、その礎にあるキリスト教の拡大などであった。新島にとって旧体制の遺物となってしまった封建的身分制度への決別が新しい課題の提唱として浮上してきたものと考えられる。

3 教会合同問題

一致教会と組合教会の合同問題が本格的に議題に上ってきたのは、明治二十年五月四日、東京第一基督教会で開かれた組合教会第二回総会の席上のことであった。原田助は以下のように提案した。「日本諸教会の合併は目下の伝道上及基督教将来の上に非常に関係のあるとなれば実に望ましきことなり。故に先づ一致教会の委員と商議して、一致・組合合併の原案を作らしむる為め、組合教会委員中より委員四名を選挙して、宣教師中より委員一名を依頼せん」[38]と。原田は教会合同についいては「伝道上及基督教」の将来「実に望ましきこと」として積極的であった。教勢拡大に有効な手段と見做したのである。この運動についての新島の態度はどうであったか。客観的には次のように映っていた。

数年来一致教会及び組合教会の間に合併の論起るや先生大に疑惑を挟めり、中頃之に和解せしもの、如しと雖も、遂に合併の説には十分の賛成を表せざりしこと亦疑を居る可からず。是時に当り先生の股肱多は熱心なる合併論者にして亦先生を顧みず、他の同級生はイザ知らず、我同級生中に在りて幾分か先生に同情の感を表せし者は我輩一人に過ぎざるが如し[39]。

この筆は浮田和民の新島追想の一節である。新島は、教会合同については「疑義を挟」むのみならず「賛成を表」わさなかったのである。そして、その態度は新島を孤立させていたことがわかる。浮田はこの新島に同情したという。

教会合同問題にどのような人物がかかわっていたか。明治十九年三月、日本基督教設立趣意書の草案作成にかかわった人物は、大儀見元一郎、安川亨、松山高吉、湯浅治郎、井深梶之助、植村正久等であった。このうち松山、湯浅は組合教会に属しているのみならず同志社派の人物である。大儀見、安川、井深、植村等は一致教会派の人物である。また、原田の動議ににいう四名の委員と一人の宣教師は、組合教会派にあっては、小崎弘道（のち松山高吉に交代）、伊勢時雄、宮川経輝、金森通倫とD・C・グリーンであった。さらにこれらの人たちに加えて海老名弾正も参加する。全員が同志社派であり、とりわけ「熊本バンド」の中心的存在の人物が合同推進にまわったことになる。新島のもとで育った人たちが新島の反対の立場に立つことになった。一致教会派では、井深梶之助、押方正義、植村正久、吉岡弘毅の四人とW・M・インブリーであった。また、新島に同調して反対にまわったのは、徳富蘇峰、柏木義円、安部磯雄、広津友信、花畠健起、人見一太郎、竹越与三郎、池本吉治、不破唯治郎、杉山重義、那須義資、杉田潮らの第二世代に属する人たちであった。

新島襄の教会合同運動にたいする消極的ないしは反対の理由は奈辺にあったのであろうか。一つには信仰上の立場の問題、第二に新島の（教会）政治的立場の問題があった。

前者については、アメリカン・ボードの信仰的立場（カルヴィニズム）と新神学（ユニテリアン派）との位相の違いがあった。この問題についてはすでに「第3章」で触れたのでここでは省略する。

第二の問題について考察する。史料としては「一致・組合教会合併問題に関する稿」[40]（以下、「稿」と略称）と「組合会両会連合相談委員」宛書簡[41]、さらに関係者に宛てた書簡類が残されている。いま、まとまった形で新島の主張があらわれている「合併問題稿（一）」を中心にその反対理由を聴いてみたい。この「稿（一）」は明治二十一年十月三日に認《したた》められたもので、箇条書き風に二十一項目にわたり問題点、疑問点、意見を述べている。「寡人政府主義「中央集権」ノ教会ト、共和政府主義「地方分権」ノ教会ヲ如何ニシテ聯合シ得ルヤ」[42]との書き出しそのものに新島の反対理由そのものが表れている。一致教会の寡人政府主義・中央集権的性格を有する一派と、平民主義・共和主義・地方分権を主張する組合教会との合同は困難であると捉えられていた。何故か。

今ノ憲法（教会合同での合意文書のこと　引用者 注）ハ何レノ主義ニ迄寄リオルヤ、中央集権ニ迄寄リ其方ニ傾向アリト云ハサルヘカラス　モシ将シテ然ラハ、中央集権ハ我カ邦将来ノ教会ヲ利スヘキ主義ナルヤ中央集権乃貴族主義ニ傾向アル我日本ニ取リ、我カ教会ニモ此ノ主義ヲイントロデューススルハ如何　此十九世期ハ自由自治共和平民主義ノ益発達シ来ルノ時世ナラスヤ吾人此時世風潮ノ趣ク所ナル自由自治共和平民主義を捨テヽ、此ノ時期ト共ニ将サニ其跡ヲ隠サントスル中央集権貴族的主義、乃チ寡人政府主義ヲ取揚ケントスルハ策ノ上ナルモノナルヤ[43]

現今日本の政治状況が「中央集権乃貴族的主義」に傾斜していこうとしている。教会政治においてもその轍を踏もうとするのかと問いかける。国政も教会政治も「自由自治共和平民主義」を捨て去ろうとしている。はたしてその選択は「上策」かとたたみかける。

明治二十年前後といえば、十年代の半ばから自由民権運動が火を噴いた時期であり、国家政府と人民の間に激しい変革運動が展開された。国会開設要求、自由権利の主張は民衆の大きな要求事項であった。政府はこの変革の嵐を横目にしながら、日本国家を間違っても米仏流の政治形態をとらしてはならないものとした。国家の方向性はプロシャをモデルとする中央集権国家を目指すこととなった。一握りの政府指導者・官僚の支配する国家を作りあげることとなる。その国家的作品が大日本帝国憲法の制定であり、帝国議会の開設であった。前者にあっては、一例をあげると、天皇の権限（天皇主権・不可侵性・天皇大権規定など）だけが極端に大きく、国民（「臣民」という言葉をつかう）の権利は法的留保をうけた制約性の高いものとなり、民権派の求めたものとは全く違ったものになった。後者にあっては、貴族院と衆議院の二院制度を採るが、特権的階級としての旧貴族・旧藩主・維新の勲功などを貴族院議員に撰び、天皇の藩屏として機能させた。また、衆議院議員選出は制限選挙（財産、性別）を前提としていたところから、有権者は国民の一％余にすぎなかった。国民の期待した民衆の声を議会に送り込むという期待はみごとに裏切られることになるのである。

新島の関心に近付けて語るならば、改正徴兵令問題（明治十六年）や帝国大学令・学校令公布（明治十九年）は私立学校の切り捨ての序曲として映ったことであろう。また、保安条例の公布・施行（明治二十年）も彼の知人（中江兆民・片岡健吉・中島信行ら）が連座している。言論の自由について疑念をもったことは当然のことと考えられる。新島自身の経験として、改正徴兵令問題は現今政府の質が「中央集権乃貴族的主義」以外のなにものでもないことを感得させたに違いない。

中央集権的政府の力づくの手法は新島の是認するところとはならない。

一般政治と同様、「教会政治」においても「中央集権乃貴族的主義」を採るわけにはいかない。教会政治が寡人政府主義を採用するものとなるとこれを認めるわけにはいかなかった。一致教会が長老主義・寡人主義を標榜し、組合教会が会衆主義・平民主義を是とする会派であるならば両会派の合同は前提で矛盾する。新島にあって合同はあり得ない話となる。

新島にとってこの合同は対等な合同ではなく併呑であると映っていた。「如斯聯合ハ聯合ニアラスシテ彼我ヲ呑併セリト云ヘキナリ、否我レハ彼ノ家ニ嫁シ、彼ノ家格ニ随フノ形ナリ　ユナイテット・トゲザルニ非ラス、寧ロ彼ニユナイト・インツート云サ、ルベカラス」[44]との認識を示していた。この合同は組合教会の一致教会への吸収となり、組合教会の「平民主義」を放棄してまでも合同すべきではないとしたのである。新島の原理的な発想は、原田助をはじめとした組合教会の合同賛成派の便宜主義的な観点とは大きく違っていたのである。

さらに新島は、中央集権下にある教会政治の弊害をも指摘する。

> 中央集権ノ教会ハ将来我人民ノ自由自治ノ気象ヲ発達セシムルニ佳適ナルモノカ、任地［他?］主義ニ陥イルノ憂ハナキモノカ、僅々ノ手ニ政権ヲ帰セシメハ教会員全体ノ教会ニ置ク所ノインテレストハ如何、現ニ我カ教会ノ自治ノ元気ニ富ムハ如何ナル原因ソヤ、各教会ヲ我カ物トナシ其ノ重荷ヲ分担スルニアラスヤ、各特殊ノインテレストヲオクニアラスヤ（中略）我ヨリ合併ヲ求メシニアラス、彼我カ自由ヲトリ彼ノ欠点ヲ補ハントスルノ策ナラスヤ、彼ニ益アリ我ニ損多シ、我カ自由ヲ減殺シテ彼ヲ補ハントスルハ仁人ノ所為カハ知レサレトモ、彼ノ注文通リ尚多分ノ自由ヲ容レテハ如何、自由ヲ以テ来レト云テ遂ニ憲法ト称スルカゴノ中ニ入ル、ノ類ナキヲ保証シ難シ[45]（傍線はママ　引用者注）

中央集権（寡人主義）を基本とする教会においては我が人民（教会員）の自由自治の気象を発達させるのに「佳適」な状況を用意しうるのか。任他主義（史料は「任地」としているが「任他」ではないかと考える）に陥ることは教会内で生起する諸問題や矛盾を自らのものとし、解決する努力を放棄することになりはしないか。また、一握りの人々の教会運営に委任することにより、一般教会員の「インテレスト」はどうなるのか。各教会にはそれなりの問題、課題、矛盾などがあるものだが、各教会なり教会員が諸問題を自己のものと見做し、「其ノ重荷ヲ分担スル」必要があるのではないか。これが新島の基本主張である。

このように教会内部にある問題や矛盾を自らのものとし、解決するところに自由自治を現実のものにしていくことが可能であるとする立場にあることが表明されている。かかる事象は、ひとり「教会」においてのみ存する問題だけではない。あらゆる社会集団、共同体において起りうる事柄である。新島は、教会政治にのみ限定して語っているが、この意識は現実政治にたいする提言として敷衍して考えることも可能である。

この時期の新島は教会合同問題に腐心していた。十八編の「合併問題稿」の起草がそれを示す。これらの史料を読んでいると現実政治への批判とそのあるべき姿を寓意しているといえる。「稿（一）」を読んでいると新島の政治思想が彷彿としてくる。彼は「自由自治共和平民主義」を説いて止まないし、「中央集権乃貴族主義」を採用しないというのがその思想的中核である。いま、先の史料を見ると、「中央集権ノ教会ハ将来我人民ノ自由自治ノ気象ヲ発達セシムルニ佳適ナルモノカ（中略）、僅々ノ手ニ政権ヲ帰セシメハ教会員全体ノ教会ニ置ク所ノインテレストハ如何（下略）」とある箇所の「教会」「教会員」を「国家」「国民」と置換すると、新島の政治思想の骨格が炙り出されてくる。彼が望んだものは「人民ノ自由自治ノ気象ヲ発達セシムル」ところにあった。これは彼が教育の目的を「……一国ノ元気トナリ、精神トナリ、又柱石トナリ得ベキ人物ヲ養成セネバ」[46]ならないとした意識に通ずるものである。新島がモットーとした「自由教育、自治教会、両者平行、邦家万歳」[47]の言葉はこの文脈のなかで捉えるとより明確に理解できよう。教育の場から、教会の席から「自由自治」を重視する「平民」が誕生し、彼らが一国の元気となり、精神となり、柱石となって国家を形成するならばこの国の繁栄は可能となろう。そのゆえに「邦家万歳」と唱えうるのである。この教会合同問題のなかにも新島の「平民主義」の貫徹していることを知りうるのである。

この項を終えるにあたって簡単にまとめておきたい。青年期の新島は、将来の自己指針を決めかねて懊悩していたところ、ブリッジマン著『連邦志略』を読むなかで、アメリカの大統領制、共和制を知ることにより大きな衝撃をうけた。人民を大事にする政治への仄かな憧れをもったものといえる。また、渡米後二年五ヶ月経った飯田逸之助宛書簡（一八六七年十二月二十五日）では封建的特権身分を、闕字行為拒否によって否定した。その理由は、「真神の臣」となった人物の方向性や課題を見いだしたところにあった。すなわち、日本における政教の隆盛、風俗匡正、日本での基督教宣教にその目標を定めるように志向しはじめている。第三に、教会合同問題に関して新島はこれに反対した。その理由は、一致教会は寡人政府主義・貴族主義を採ろうとするのにたいして会衆派は平民主義を採ろうとする。前者はともすれば中央集権ないしは専制主義に陥りやすくなるとしてこれに反対したのである。

新島のこの三つの経験（戦い）は彼の「平民主義」をめざすものと言えるのであり、この共通因数を以て括りうるものであった。

第3節　新島襄の思想的基盤

最後に新島襄の平民主義を形成させてきた思想的背景について検討をくわえ、この稿を閉じることとしたい。その場合、新島に大きな影響を与えた人物、一人は Alpheus Hardy（一八一五〜八七年）、もう一人は Julius Hawley Seelye（一八二四〜九五年）との交流、および十九世紀半ば頃のアメリカプロテスタントを支えた神学理論を新島の信仰との関係で考察する必要があろうと考える。この点についても、すでに「第1章」、「第3章」に記していることから、必要な限りにおいて述べることとする。

1　人　物

①Alpheus Hardy（1815〜1887）

アメリカにおける新島にとって最大の庇護者であり影響をうけた人物に Alpheus Hardy がいる。新島は彼からキリスト者としての生き方、在りようを身を以て学んだものといえる。彼は全くの異教徒であった新島を受け入れ、無償でアメリカでの生活を支援したのみならず、教育をほどこし、フィリップス・アカデミー、アーモスト大学、アンドーヴァー神学校の能うかぎりの高等教育を受けさせたのである。新島にしてみれば、全く見も知らぬアメリカ人がこのような行為をとってくれることに驚きをもったに違いない。ともに何故そのようにできるのかを考えざるを得なかったであろう。「ハーディー」は「小子之志に感し」、衣服を整えてくれ、「アンドワ県の大学校に送り尽く雑費を払」ってくれている様子を父民治に書き送っている[48]。これはA・ハーディーについての簡単な報告であったが、翌一八六七（慶応三）年三月二十九日付の書簡はその詳細を語る[49]。

この書簡によると、A・ハーディーは最初、新島にアメリカ行の目的を訊ねたところ、新島は西洋文明の摂取と「聖経」＝キリスト教を学ぶ意図のあることを語った。A・ハーディーにはキリスト教を学びたいとの言葉は予想外のことであったかもしれない。そして、新島は学んだものを「国家の為……力を竭」すと述べる。家族とも朋友とも別れ、孤独の中、異国に飛び込んだ不安をも開陳している。新島の意思の固いことを知ったA・ハーディーは、新島の全面的な庇護を決意する。新島にしてみれば、見知らぬ異教徒の男に何故ここまで厚遇してくれるのか、理解不可能であったろう。A・ハーディーは「独一真神への勉め」といい、「日本の為」であるという。新島にはこの意識が理解できなかったのではないかと思う。

「独一真神への勉め」を第一義におこうとするA.Hardyとは如何なる人物であったのであろうか。まず簡単に彼の略歴を記しておきたい。

A・ハーディーはボストンの実業家であった。とりわけ、十数隻の船舶を所有していた貿易商として富を築く。彼の商船は、ヨーロッパ、東洋を駆け巡った。新島がアメリカ密航してくるさい乗船したWild Rover号（三本マストの帆船1036t.）は彼の持ち船で、ヨーロッパ貿易・東洋貿易に活躍していた。

A・ハーディーは若い頃、牧会に従事すべくフィリップス・アカデミーに学んだが、病弱のゆえに退学せざるをえなかった。生活の資を得べく貿易商のもとでその経験を積み、独立して自ら商船をもつ貿易商として成功する。牧師にはなれなかったがクリスチャン実業家として神に仕えることを決心し、貫徹している。その現れの一つがフィリップス・アカデミー、アーモスト大学、アンドーヴァー神学校の理事として活躍する姿にある。さらにアメリカン・ボードの法人会員、運営委員

（一八五七〜八六年まで運営委員、七三〜八六年まで運営委員長）をつとめた人物であった。新島とのかかわりで語ると、新島はA・ハーディーのルートにそって学校生活、クリスチャン生活をおくっていることが分かる。新島が大学を選択するさい、Yaleを選ばずにアーモスト大学にしたことはA・ハーディーの立場と無関係ではあるまい。アメリカン・ボードの側からいえば、東洋へのキリスト教布教戦略を企図しているときに、日本からの来訪者はその橋渡しを可能にするとの思惑がはたらくが、これについては後述する。この段階では、苦境に立つ一青年を支援する行為の重さをみるべきであろう。いずれにしても、新島はこのクリスチャン実業家の庇護のもとで何不自由なく学ぶことができたのである。

　このA・ハーディーを新島の眼を通してみた場合どのように映っていたのであろうか。後年、新島がA・ハーディーの訃報に接したとき、同志社英学校の生徒を前にして彼を偲んで講話をほどこしている[50]。それによると、A・ハーディーは当初にあっては学問の途を目指したことを述べている。その才能は高く評価されており、学校を退学しなければ鴻儒（大学者）になりえた人物であると語っている。神はそれを成就されず試練を与える。結果、A・ハーディーは学者の途を歩むのではなく、学者を育てる道を用意した。すなわち、縁の下の支えの役割を神から与えられたものとして見ていた。

　また、その人となりを「君ハコモンセンスト判断力ニ富ミタルモノニシテ、其ノ言語挙動一々宜シキニ適ハサルナク、又実地ノ点ニ出テサルハナシ、其ノ性謙遜ナルモ快濶ニ、簡易ナルモ卑浅ナラス、閑雅ナルモ自ラ威厳アリ、温柔ナルモ決シテ侵スベカラス、真ニ君子ノ風ヲ備ヘリト申スベシ」[51]（傍線はママ　引用者注）と称賛している。A・ハーディーには「快濶」さ、「威厳」、人格的「不可侵性」を有し、「君子ノ風」が備わった堂々とした丈夫ぶりを伝えた。そして、キリスト者A・ハーディーの生き方をつぎのように語る。

> 君ハ如此天賦ノ美質アリ、加之天父ヲ敬ヒ基督ヲ信スル所ノ宗教上ノ美徳ヲ以テシタレバ、君ノ生涯ハ已レノ為ニ送リシモノニアラス、全ク人ノ為神ノ為ニ送ラレタルモノ、如シ、且君ノ畢生ノ目的ハ天意ヲ奉戴スルニアリテ、君カ世人ヨリ信任ヲ受ケシモ、事業上功ヲ奏セシモ、広ク事前ノ働キヲ為セシモ、皆尽ク此ノ一点ニ基イテセシ事ト思ハレマス[52]

彼のもつ「天賦ノ美質」は、神への敬意とキリストへの信仰にある。その宗教的信仰にたって彼の行為（実践性）が存しているし、その質は「人ノ為神ノ為」におこなわれているものであると認識する。「天意ヲ奉戴スル」以上、経済活動、社会活動、教育活動などの諸活動や行為は、私的欲望を目的として為されるべきではなく、「無私」の精神で行われなければならない、との地点に到達している人物と見做しているのである。まさにこれが「独一真神への勉め」を一義とする精神の在り方であるといえよう。

新島の行為もしばしば私心を捨ててのことが多いが、その原型（モデル）をA・ハーディーの生き方から学んでいるように思われる。A・ハーディーやその夫人、ヒドゥン姉弟、E・フリント夫妻らの新島の知る人たちは共通してかかる精神性を有していた。新島が、自己にとって、A・ハーディー夫妻は「実の両親以上」の存在であり、新島の「誕生」がこの「お二人様の愛によって」生まれたものであると語るとき、如何にこの「天意ヲ奉戴スル」精神の高さが大きな影響をもったかを知りうるのである。

A・ハーディーが新島に物心ともの援助を与えたもう一つの理由、「日本の為」とはどのように考えられるのだろうか。大きな見方をすると、新島の課題に支援をおくること自体が「日本の為」であると言えるけれども、一般的には、立ち遅れた日本の近代化を支援することが考えられる。西洋文明、就中、アメリカ文明をつぶさに見聞し、有用なものを選択し日本で役立たせる。そのためには「五年なり十年なり」の時間は必要であり、「修行料を出」すことに何ら吝かでない。もし、このように考えるならば、A・ハーディーは新島の恩人のみならず日本の恩人ともいえる。筆者は、A・ハーディーが新島の恩人であることを否定するものではないが、別の観点からみると「日本の為」とする言葉の意味がより明確になってくるのかもしれない。

先に、A・ハーディーの経歴を紹介したなかで、彼が一八五七年から一八八六年までの間、アメリカン・ボードの運営委員や運営委員長に就いていたことを記した。当然、彼はアメリカン・ボードの布教戦略とかかわったに違いない。彼は、

Phillips Academy, Amherst College, Andover Theological Seminaryの理事であったことから新島は上記の諸学校へ進んだが、その進路はある意味で所与のコースであったともいえる。新島がYale大学進学を断念し、Amherst Collegeに決定したことはすでに触れた。そして、新島がAndover Theological Seminarアメリカン・ボードの準宣教師となって日本に布教活動すべく派遣される（あるいは新島が希望する）のは当然の帰結であった。アメリカン・ボード（The American Board of Commissioners for Foreign Missions）は、一八一〇年、アンドーヴァー神学校の卒業生たちによって海外伝道を目的として結成され、その二年後には宣教師をインドに派遣している。以後、国内ではNative Americansへの伝道活動、海外伝道ではセイロン、ハワイ諸島、トルコ、シリア、マルタ島、ギリシア、中国、シャム、ボルネオ、アフリカ、南アメリカ、ミクロネシア、そして一八六九年、D・C・グリーンを日本に派遣してきたのである[53]。

このようにアメリカン・ボードの目的が海外伝道にあることを中心に据えると、新島の位置はつねにボードの掌中にあったといえる。換言すれば、A・ハーディーの人格や社会的地位と活動、アメリカン・ボードや諸学校での要職歴任と、庇護されている異邦人新島個人との関係は、圧倒的にボストンの磁場の強さが新島を巻き込み、その掌中での活動となるのである。

ここにある「日本の為」とは、アメリカン・ボードの布教戦略を軸におくと、新島を超えたところにその設定理由があったのではないか。「日本の為」に日本近代化の一助としての布教伝道を施すとするならば、それは「アメリカン・ボードの為」となってきはしないか。

新島は、A・ハーディーという具体的な人物を通して、キリスト者の人格・生き方をつぶさに学んだといえる。A・ハーディーの視線は弱者に向けられていたのみならず、教育界・宗教界にその豊かな財力をも提供する。かようなA・ハーディーの実践性の高さや重さを学んだ新島は、キリスト教を抽象的に捉えるのでなく、具体的実践的に把握しようとするのはその影響のもとあったがゆえであろう。

② Julius Hawley Seelye（1824～1895）

新島に影響を与えたもう一人の人物に、アーモスト大学の Julius Hawley Seelye（1824~95）がいた。よく引用される文章であるが、新島のシーリー観をあらわすものに、小崎弘道がシーリーの'The Way, the Truth, and the Life'（一八七三年）の抄訳を『宗教要論』（明治十四年刊）として公にしたさい、新島が「序文」を寄せている。その冒頭部分にシーリーを以下のように紹介した。

> 夫レシーレー先生ハ目今米国屈指ノ鴻学士ニシテ其学深ク、其芸達シ、政事学、経済学、理学、神学ハ其尤モ長スル所トス、曽テ聘セラレテ馬州アモルスト邑ノ「アモルスト」大学ノ教員トナリシニ、居ル数年間、一生徒ノ先生ニ向ツテ片言隻語ノ不平ヲ鳴ラセシ者ナク、且先生ノ名望ヲ慕ヒ、千里ヲ遠シトセスシテ笈ヲ此校ニ負ヒ、其薫陶ヲ望ム者陸続踵ヲ接シタリ、嗚呼先生ノ如キハ啻ニ学識ニ富ミ教育ノ術ニ達セシノミナラス、其徳望ノ高クシテ其品行ノ正シキ、其容貌ノ偉ニシテ其言論ノ簡ナル、一見人ヲシテ其風ヲ仰キ、其人トナリヲ賛歎シテ措カザラシム、豈希代ノ碩学ト謂ハサルベケンヤ、（中略）予ノ曩ニ米国ニ遊学セシヤ親シク先生ノ教誨ヲ受ケ、屡食卓ニ侍リ、遊歩ニ随ヒ、家族同一視ノ眷顧ヲ蒙リタレバ、此訳書ヲ閲読スルニ当リ懐旧感恩ノ情已ム能ハザル者アルナリ[54]

シーリー先生は米国屈指の碩学であったけれども、その博学ぶりは政事・経済・神学・理学にまでおよび、その噂を聞きつけた学生たちがアーモスト大学に続々と集まってくる。シーリーの魅力は博学多識に限られているだけではなく、その人格の高潔さにもある。個人的な交際の中でつねにそれを感じていたし、今や懐かしい思いが一入《ひとしお》である、と語る。

新島よりも少し遅れてアーモスト大学にあった内村鑑三もこのシーリーについて、『余は如何にして基督信徒となりし乎』や『流竄録』のなかで記している。内村は、日本にいたころからシーリーに私淑していたという[55]。内村がシーリーと邂逅するさい、自らを貧書生、一野蛮人となぞらえ、シーリーが内村を弟子として受け入れないのではないかとの不安にかられていた。「ドアーが開いた、そして見よその柔和さを！大きながっしりした恰幅、涙をたたえた獅子のような眼、異常に強い温かい握手、歓迎と同情の物静かな言葉 — いや、これは彼を見るまえに余が心に描いていた姿、心、人ではなかった。余はただちに特別の平安を余自身のうちに感じた。余は彼が非常に喜んで約束してくれたその援助に我が身を託した。余は退出した、そしてその時から余の基督教は全く新しい方向を採ったのである」[56]。同様の趣旨の記述が『流竄録』[57]にもある。

内村は未だ見ぬ人物のイメージに畏れをなしていたようであったが、シーリーを一目みるなり、その畏れは氷解した。シーリーの人格的大きさ、温かさが見て取れたとき、「平安」を覚えさせたのである。また、「総長先生[58]彼自身にまさって余を感化し変化させたものはなかった。彼がチャペルで起立し、讃美歌を支持し、聖書を朗読し、そして祈ることで十分であった。余は尊敬すべき人を一目見るというただ一つの目的のためにも、けっして余のチャペル礼拝を『カットした』（すなわち欠席した）ことはなかった」[59]とも語っている。このような記述から内村がシーリーに全幅の信頼をおいていたことが分かる。新島や内村のシーリーへの傾斜はその人間性によるものであることを示すものであった。

ところで、新島にあってはこのシーリーの影響をいかなる点においてみることができるか。この両者に共通した仕事が教師であったことに鑑み、その教育観の異同に着目して考えてみたい。

ヒントを知と道徳の関係に限定して考えたい。

シーリーの教育思想を知るうえでの要素はいくつかあると思うが、彼はアーモスト大学の教育目標を“Amherst aims to teach its student how to think for himself.”と語っている[60]。それは、個々人が自立した社会的に有用な人物に育っていくためには、自己の思想的、実践的な立脚基盤を明確にしておかなければならないという意識が作用しているものと思われる。新島はこの点をふまえて、同志社英学校で当時の学生たちのなかから盛んに演説会が催されたり、カリキュラムのなかに「英語演説」「日本語演説」という科目[61]が設定されている。当時、日本ではspeechやdebateの習慣がなく、聴衆を前にして話すことがなかったが、自らの思想、意識を講演することにより、より明確に自分の内側にあるものを明確にしうる一助になつたものと考えられる。新島のこのようなカリキャラムの設定とその実践はAmherst Aimsの影響の一つであったのかもしれない。

別な面からいえばその影響は所謂、「智徳論争」にあったというべきであろう。きっかけは次のようなアンケートあった。一八七二年、アメリカにあった森有礼が日本の近代化に必要な事柄についてアメリカの知識人に五項目のアンケートを試みた。ちなみにその五項目とは

一、国家の物質的繁栄に関して。
二、その商業について。
三、その農業と工業上の利益に関して。
四、国民の社会的、道徳的、身体的状態について。
五、その法律および統治に及ぼす影響について。

である。シーリーは第四項目について以下のように応えている。

よく整った教育システムは、一国の身体的状況と密接なかかわりをもつものです。このことは統計的にも証明されていることでもあります。
最もよく教育された社会は、他の条件が等しければ、健康で長寿を保持しうる社会なのです。（中略）しかしながら、知性の増大が徳の増大と一致するとは申し上げられません。（中略）今まで存在してきた最も知的にすぐれた社会は、社会的あるいは道徳的にも最も堕落した社会でもあったのです。繁栄した時代のアテネは古代社会にあってとてつもなく洗練された都市でしたが、最も堕落した都市であることが明らかになってきたのです。近代フランス史のなかで、もっとも知的文化を輝かせていたルイ十六世の宮廷が、おそろしく放蕩と乱行の坩堝になっていたことは我々にショックを与えました。（中略）教育が決して人々に対して道徳的たらしめないという悲しむべき事実があります。（中略）実に、道徳性はある種の宗教的霊感によってのみ生ずるものでしょうし、学校や教育の影響が宗教的精神によって貫かれない限り、いかに文化が広範なものであろうとも人々を有徳たらしめることはありません。（中略）キリスト教国において、キリスト教はその国家の教育上の原初的鼓吹者なのです。この方法によって教育は純粋であり純粋化されるのです。教育が全面的に聖書やキリスト教の影響を絶つとしたなら、その必然的結果として次

の二つの事柄を引き起こします。一つは、教育の弱体化と消滅と、二つには教育の道徳性と向上的影響の停止です[62]。

森は、同じアンケートを時のアーモスト大学総長のスターンズ（William Augustus Stearns）にも依頼している。その回答にスターンズ総長は、教育の重要性を指摘しながら、国民の文明化を増進させるときに、本質的な価値をもつ教育は道徳性に基づいた教育にあるとし、その公共の道徳としてキリスト教なしでは不可能であろうとしている[63]。

森有礼がアンケートを依頼したなかのアーモスト大学関係者は異口同音に、教育における道徳の必要性、とくにキリスト教の重要性を語っている。そして、そのような教育のもとでの文明化が推進されなければならないと説いた。

内村鑑三も『流竄録』中にアーモストの教育的特徴を語っている。

「アマスト」の重んずる所は寧ろ徳にありて智にあらず、主義にありて事業にあらず、鍛錬にありて識量にあらず、人を離れて自然と自然の神とに交はるにあり、拠典に頼らずして独創の見を促すにあり、高潔なる主義を慕ふもの、儼然たる独立を愛するもの、倹を好むもの、峻を悦ぶものは来て此校に学ぶもの甚だ多し[64]

このようにアーモスト大学の教育の特徴を指摘するのは、シーリーやスターンズの思想と実践が色濃く残されていたことのゆえであろう。

このアーモストの二人の教師の影響を新島は受けなかったとは言えない。何故ならば、田中不二麿との智徳論争はシーリーの見解そのものであるからである。新島は以下のように語っている。

良い市民であるためには、国家も個人も知的であることが必要である。知的な市民は無知な市民よりも一層よく統治されうる。しかし道徳的に自己を治めるためには知性だけでは十分とはいえない。知性だけあって道徳の主義がなければその個人は隣人や社会に対して益をなすよりは一層害をなすであろう。とぎすまされた知性はよく切れるナイフに似ている。彼は仲間をそこない、自分自身をほろぼすことになるかもしれない。もしもそのような破壊をもたらす人間が社会の中で非常な悪影響を及ぼすならば、何百何千人という破壊的人間は国家の破壊をもたらすにちがいない。それ故、そのような破壊的な知性を統御するための道徳上の主義がなくてはならない。つまり道徳上の主義があればその人は知性を正しく用いることができるからである。（中略）キリスト教の中には人々を自由で活力と徳性に富む者にする力がある。人が徳を愛するならばその人は実に真実の人であり、自分を統御する道を知る人である。（中略）一国の力はその国民の徳性と敬虔さの力である。ある国はキリスト教を単なる道具として使っているが、そうだとすればその宗教はほんものではない。キリスト教には真理がある。私たちはそれが真理であるが故に真理を取るべきであって、単なる道具として取るべきではない[65]。

ここに新島は教育の基礎におくべきものを知性の練磨のみではなく、キリスト教を基礎においた徳性の涵養を重視するのである。新島は、キリスト教に基づく教育→国民の育成→一国の文明化との図式を描いていた。帰国後の彼の同志社英学校設立、大学設立運動はこのような意識の実践的側面であったが、まさに新島のアーモスト大学時代に彼の教育理念の根幹が形成されていたのである。教育理念、構想、実践の基礎はシーリーの理念を踏襲したものであった。

2　贖罪論

「新島襄の平民主義」の項で、彼はすでに「贖罪論」に基づく平等意識の獲得のあった旨を指摘しておいた。最後に新島の「贖罪論」「救済論」の依って立つところは奈辺にあったのかを検討してこの章を終えることとしたい。

十九世紀のアメリカン・ピューリタニズムは、教会と国家の結合を容認するにいたっていた。その背景には、経済的成長著しい市民層の宗教離れと経済優先主義とその維持を望む人たちの登場があった。したがって、カルヴィニズム流の禁欲主義的教義は排除されても受け入れられるものではなくなってきていたのである。ここに厳格主義、禁欲主義を守ろうとするニューイングランド神学の危機があった。旧来のカルヴィニズムを堅持するか、現世主義と妥協するのかの二者択一ないしはその統合をはかるかが迫られることとなった。

十七世紀末から十九世紀末期にかけてのニューイングランド神学のリーダーたちは、ソロモン・ストッダード（1643～1729 Solomon Stoddard）、ジョナサン・エドワーズ（1703～1758 Jonathan Edwards）、ナタナエル・テイラー（1786～1858 Nathanael Taylor）、そして、新島がアンドーヴァー神学校でその講筵に列したエドワード・アマサ・パーク（1808～1900 Edward Amasa Park）らがいた。

人間の罪と神の許しの関係をE・A・パークは、神が人間の罪行為を止めることができなかったのは、「神の自己限定」（N・テイラーは、神の絶対性も人間の自由により罪行為を止めることができなかったのは、神が自己の絶対性を制限して人間に自由を与えようとしたことによるとの解釈からであった。この「神の自己限定」概念は、人間の自由を強調し人間の精進努力に希望を与える役割を担うものであった、という）によるものではなく、「神の許し」のゆえであるとの立場をとった。神は人間の罪行為を阻止しようすれば、それは可能であったけれども、あえてそうしなかったのは人間の主体的選択を重視したためであり、その本質は自由にあるとしたからである。ただし、パークは、「神の許し」をうけた「人間の自由」は、全くの束縛・制約を受けないものとはしない。人間の自由は良心によって拘束されるものとした。「良心は神意に従うことを要求しかつ人の自由を害せず、隣人に仕えることを要求する」[66]のである。「真理はあなたたちを自由にする」[67]のみならず、良心は神の意思＝真理に束縛されることとなるのである。

このようなE・A・パークの救済論を新島はどのように捉えていたのであろうか。新島の贖罪論は、先述したようにイエスの磔刑に集約されている。彼の説教稿にしばしばそれが表れる。「十字架上之贖」は以下のように語る。

> 基督十字架ニ磔セラル、素ヨリ悪人ノ手ニ出ツルト雖、身自ラ此刑ニ就キ、己ヲ信スル［モノ］ヲシテ沈倫ヲ免［レ］テ永世ニ至ルヲ得セシメンカ為ナリ、此人間カ罪ノ為神ニ接スルノ幸ヲ失ヒ神ノ譴怒ヲ蒙ヘキヲ、神之ヲ捨ツルヲ忍ヒス遂ニ基督ヲ以テ譴怒ヲ蒙ラシメ、之ヲ信シ之ニ就クモノハ何モ問ハス尽ク之ヲ救ヒ、之ヲ許スノ門ヲ開カレタリ[68]

とあり、この意識は、『ヨハネによる福音書』中の「神はそのひとりごを賜ったほどに、この世を愛して下さった。それは御子を信ずる者がひとりも滅びないで、永遠の命を得るためである」（三章十六節）に連なるものであろう。

ここに新島のいう人間の原罪が、「神の許し」（イエスの磔刑）のゆえに、すべての個人、国民に平等に与えられると語るのである。この新島の贖罪論はE・A・パークの見解とは違っている。パークは孔子のような罪論すなわち、現世において罪を犯した者は来世においても救われることがないとし、異議を唱える[69]。

此教ノ盛ニ開ケ大ニ行ル、アメリカノ如キ国ニ於テスラ、立派ナル窮理学者（パーカ）孔子ノ如キ説ヲ唱ヘテ一［タ］ヒ罪ヲ犯セシ上ハ必ス神ヨリ罪ヲ受ケザルヲ不得、又犯シタル罪ナラハ其罪ヲ受ベキガ当然ナリト申セシ事モアリ[70]

とパークの罪論は孔子のそれと類似することを指摘している。このパークの罪論では永久に「罪人」は救済されなくなる。新島はそうではないという。「祈り」によりそれは贖われるという。「……我等ノ救主ヱソノ降誕後此祈禱ヲ其門弟ニ御教被成テ、仮令一度罪ヲ天ニ得ルトモ祈ル処アリト云ヲ此世ニ知レ賜ヘリ、孔子ノ道デハ祈ル処ナクト云、ヱソノ教ニハ祈ル処アリト申シテ実ニ大ナル相違ナリ」[71]と、祈禱による救いの機会をもう一度与えるものとしている。新島は、神が永劫の罪科を蒙らしめることを否定している。その「神の許し」を得るのには、神への信仰と祈りであるとの立場に立っていることは「平民主義」の箇所で述べているところである。

おわりに

新島襄の平民主義と人民観の関係、さらに新島の思想形成の基盤について検討してきた。以下のように総括して結語としたい。

キリスト教の影響のもと、ことに“God has no respect of persons.”の聖句を核に彼は比較的早くに平等意識を獲得していた。新島の語る「平民主義」は、「貴族主義」や「寡人政府主義」とは真っ向から対立する概念である。たとえば、日本での教会政治史上の大きな問題であった「教会合同問題」に関して新島のかたくななまでもの態度は、教会政治部内においてではあるが、平民主義を貫徹させようとの意思のあらわれであった。

明治十年代から二十年代初め（新島帰国後の活動期）は、日本の急速な近代化のなかに様々な矛盾を内包させる時期であり、為政者たちの政治的舵取りは新島の思い描く方向に向かうものではない。天皇を頂点にいただく国家形成が顕著になっていくとき、新島の主張は、現実政治や社会のありようと大きく乖離していかざるをえないものであった。新島を取り囲む「現実」と新島の持ち帰ってきた「理想」との開きが大きければ大きいほどその発言は慎重にならざるをえない。ともすれば、彼の政治的沈黙は現実政治に対する全面的な否定であったのかもしれない。そのゆえに、教育を通して次の世代に期待をかけ、「文明ノ民」「自由ノ民」を育成することに邁進したとも考えられる。この章の冒頭に紹介した「大隈重信宛書簡」はそのような文脈として読むと、新島の遠大な目論見と政治的関心の深さが推しはかられるのである。根底から日本の変革を考えていたともとれる。

一国の良心、一国の柱石となる人物こそ、現実社会の姿を「読み」、この事態を良心的手法によって「改変」していくかが課せられていく。個々の人民の行動、意識の基礎にキリスト教的良心や平等観に基づく精神を獲得する必要性と、そのような精神をもつ市民の形成が第一の課題であると捉えられていたのである。

新島のかかる意識を貫徹させていくと、「市民国家」「国民主権国家」の形成に向かうことは必然であったろうと思われる。「自由」「平等」を掲げる新島の国家像はアメリカをモデルにしながらのデモクラティクな社会・国家の形成を意図していたのかもしれない。

注

1　大隈重信宛書簡 明治二十一年七月十日付『新島全集③』六〇三頁

2　「脱国の理由」『新島全集⑩』一四頁

3・4・6　「青春時代」『新島全集⑩』三七頁
5　「脱国の理由」『新島全集⑩』一一頁
7　「改正徴兵令ニ対スル意見書」『新島全集①』八二頁～八九頁
8　「愛人論」『新島全集①』四一〇頁～四一四頁
9　「条約改正ヲ促スノ策」『新島全集①』四五〇頁～四五三頁
10　徳富蘇峰宛書簡　一八八七年十一月六日付『新島全集③』四八六頁～四八七頁
11　「平民主義」『新島全集①』四四七頁～四四九頁
12　“God's Love”『新島全集⑦』一二四頁
13　「平民主義」『新島全集①』四四七頁～四四八頁
14　同　上『新島全集①』四四八頁
15　「我如何ニ此ノ活動社会ニ処スベキヤ」『新島全集①』四五五頁～四五六頁
16　「平民主義」『新島全集①』四四九頁
17　安倍磯雄「其時代の先生と学生生活」同志社校友会編『新島先生記念集』一七四頁
18　『新島八重回想録』八五頁
19　『創設期の同志社』に掲載されている卒業生の文章に多々紹介されている。
20　「同志社大学設立の旨意」『新島全集①』一四〇頁
21　『新島全集⑩』一一頁～一二頁
22　『護教』三四四号（1898年2月26日）
23　井上勝也「新島襄が驚嘆した書『連邦志略』」『新島襄　人と思想』所収
24　『新島全集⑩』六一頁～七五頁
25　Hardy 夫人宛書簡1866年7月24日付『新島全集⑩』六八頁
26　『新島全集⑩』七五頁
27　『新島全集⑩』八六頁
28　一八六七年十二月二十五日付

29　慶応三年十二月二十五日付　飯田逸之助宛書簡『新島全集③』五一頁～五二頁
30　同　上『新島全集③』五二頁
31　明楽誠『闕字にみる新島襄の精神と儀礼』一一二頁～一一三頁　大学教育出版
32　慶応三年六月十七日付　飯田保書簡『新島全集⑨—上』四頁
33　佐藤進一『古文書学入門』一〇九頁　法政大学出版会
34　慶応三年十二月二十五日付　飯田逸之助宛書簡『新島全集③』五二頁～五三頁
35　同　上『新島全集③』五二頁
36　同　上『新島全集③』五三頁
37　同　上『新島全集③』五三頁
38　加藤延雄・久永省一『新島襄と同志社教会』九二頁
39　同志社社史資料室編『追悼集Ⅰ 同志社人物史 明治十年代～明治四十年代』四七頁
40　「一致・組合両教会合併問題に関する稿　一～十八」『新島全集②』四九九頁～五三五頁　全部で十八編におよんでいる。
41　明治二十一年二月付　組合会両会聯合相談委会宛書簡『新島全集③』五二三頁～五二八頁
42　「一致・組合両教会合併問題に関する稿　（二）」『新島全集②』四九九頁
43　同　上『新島全集②』四九九頁
44　同　上『新島全集②』五〇〇頁
45　同　上『新島全集②』五〇〇頁～五〇一頁
46　「私立大学ヲ設立スルノ旨意、京都府民ニ告ク」『新島全集①』一二五頁
47　この言葉は、新島が徳富蘇峰にしばしば語り聞かせていたもので、新島の葬儀の際、勝海舟揮毫による幟にも書かれた。
48　一八六六年二月二十一日付 新島民治宛書簡『新島全集③』二八頁
49　慶応三年三月二十九日付　新島民治宛『新島全集③』三一頁～三二頁
50　「ハーディ氏ノ生涯ト人物」『新島全集②』四〇九頁
51　同　上『新島全集②』四一一頁～四一二頁
52　同　上『新島全集②』四一二頁

53　『新島全集⑩』四一二頁
54　「『宗教要論』序」『新島全集①』四五七頁〜四五八頁
55　『余は如何にして基督信徒となりし乎』一五三頁　岩波文庫版（以下、『基督信徒となりし乎』と略称。また、頁数は岩波文庫版を使用）
56　『基督信徒となりし乎』一五四頁
57　『流竄録』『内村鑑三全集』第三巻　七十四頁　岩波書店
58　Seelye はアーモスト大学を一八四九年に卒業しており、母校の哲学教授として教壇に立った。一八七六年から一八九〇年まで総長職にあった。また、彼は同校の牧師でもあった。
59　『基督信徒となりし乎』一五七頁
60　『流竄録』『内村鑑三全集』第三巻　八〇頁
61　「同志社英学校規則」（明治十五年）『同志社百年史』資料編一　二六〇頁
62　『森有礼全集』第三巻　三三八頁〜三四一頁　引用者訳
63　『森有礼全集』第三巻　二七八頁〜二八四頁
64　『流竄録』『内村鑑三全集』第三巻　七三頁
65　『新島全集⑩』一四二頁〜一四三頁
66　大塚節治「新島先生の背景をなす新英洲神学について」『新島研究』三十五号
67　『ヨハネによる福音書』八章三十三節
68　「十字架上之贖」『新島全集②』三三九頁
69　儒教における罪論については、明楽誠「新島襄の儒教論」の第三章「孔子＝儒教の祈禱論解釈」（『新島研究』九十号）参照。
70　「罪トハ何カ」『新島全集②』二八六頁
71　「罪トハ何カ」『新島全集②』二八七頁

終章

本書は第Ⅰ部「二人の近代―諭吉と襄―」と題して、福沢諭吉と新島襄の西洋体験、教育思想、文明論を吟味して両者の認識の異同を検討したものである。また、第Ⅱ部にあっては、「新島襄―時代と思想―」として新島の周辺部について論じた。

いま、第Ⅰ部「二人の近代―諭吉と襄―」から、この両者の目指したものについて簡単に触れておきたい。教育思想については、両者の目指すところは日本の近代化のための人材の育成にあった。福沢の学問観の根底には「実学」尊重の意識があり、その人材育成の対象を「ミッヅル・カラッス」(middle class) に置くのに対し、新島は、生徒の出自にこだわることなく入学を許し、「智徳兼備」の人物の育成にありとした。その「徳」育の中核にキリスト教を設定したことは、周知のことである。

両者の学校建営については以下のようにいえる。「慶應義塾」にあっては、その誕生は一八五八年(この年に日米修好通商条約が締結されている)の蘭学塾開設にあった。日本の開国とほぼ同時に開学する。語学教育(のち、この蘭学塾は英学塾になっている)と経済学、物理学(自然科学)の教授がその中核にあった。慶應義塾の卒業生は、明治政府の官界に重きをなし、大きな人脈を形成した。その意味でも、明治政府、官界に福沢の影響力は大きなものがあった。ただし、明治十四年の政変までのことであるといえる。以後、慶應義塾の卒業生は財界に進出することとなる。ある意味で、福沢の人材派遣の仕方はなかなか「戦略的」「策略的」であったといえる。また、慶應義塾の大学化も着実に進展する。福沢の存命中に実態化されていった。

他方、同志社英学校については、創立当初から荊の路を歩まねばならなかった。キリスト教主義採用のゆえである。日本におけるキリスト教解禁は明治六年のことであり、同志社英学校創立は明治八年のこと、キリスト教へのタブー視、偏見は拭い去りえない時間空間にあった。

その困難を知りながら新島は何故にキリスト教主義に基づく学校を創ろうとしたのか。ほぼ十年に及ぶアメリカ生活のなかで、アメリカの政治制度、社会制度、福祉、教育、工業技術などその進展の様と、制度をつくる意識の基底にキリスト教思想の存在をみてとっていた。その意味で新島の把握する近代国家とは、人民一人一人が主役となりうる社会の成就にあったといえよう。新島がしばしば語る言葉に、国家形成は「一人二人の英雄に拠るのではなく、一国の良心、柱石たるべき人物」によるとの認識があるが、まさに「良心」「柱石」を有する人物育成が日本の近代化をはかるうえで必須の要因と考えていたのである。その目的のゆえの学校設立であった。あまりにも遠大な思いであったといっても過言ではない。

両者の人物育成の視点なりその方向性はそれぞれ容認されるべきであるけれども、手段的・技術論的な福沢と、本質的・理念的な新島の在り方とは開きがあるように思える。

また、二人の文明論については、福沢の文明を論ずる目的はその大著『文明論之概略』にいみじくも記されているけれども、彼の多くの著作は「自国の独立」のために必要なことを論じてきたものであった。国会論、人民論、外交論等、日本の独立堅持のために必要なことを提示する。福沢が目指した国家像はイギリス型の立憲君主主義と議院内閣制にあったことは本文に記したところである。と同時に、独立維持のためには富国強兵を必須の要件とし、軍事化への必要を強調する。欧米列強がアジア諸国を蚕食している様子にアジアの連帯を呼びかけるが、足並みが揃わないとみると、アジアのリーダーとして日本を位置づけ、欧米列強の役割を日本が果たすことを提言する（内安外競）。福沢にとって「内安」（文明化）は「外競」（一国独立）のための手段であったといえる。

日本近代の跛行性は、天皇への絶大な権力移譲と国民（臣民といった）の無権利状況にあった。

いわゆる「上からの近代化」の負の遺産であろうといえる。福沢は、この「負の遺産」をも容認しようとする。彼は決して「下が上を凌ぐ」行動・行為（暴力革命・抵抗）を容認するものでは無かった。秩序維持を第一義に置く福沢は、急進派民権論を「駄民権」として歯牙にもかけなかったし、民衆運動（長沼事件、春日井事件）についても協力はしても全幅の信頼を置いてのそれではなかったといえる。福沢の宗教に対する意識も手段的、便宜的であったことは新島の宗教観とは決定的に異なっていた。「宗教の外を逍遥する」福沢は、自らその教理に踏み込むことはなく、宗教的機能（秩序維持機能）において、これを容認し利用するに止まる。

新島にあっては、宗教（就中、キリスト教）そのものが国家形成におおきな役割を果たすと考えていた。例えば、文明化（近代化）とキリスト教に関する以下の見方は一つの回答であった。

新島は言う。文明化を成就するには「知識」「財産」「自由」「良心」の四元素が必要であると。「知識ノ開発」は工夫力を富まし、一国経済の工業化、産業化を推進し、富国化の基礎を築くこととなり、おのずと一国、個人の財力が大きくなっていくとみる。また、「自由ノ皇帳《ママ》」は経済的側面のみならず、個人の権利保障に繋がり、政治法律の制度化、内心の自由を齎すこととなる。これは現今の民主主義の基礎となることを指摘したものと見做し得る。「道心ノ育成」として宗教、とりわけ、キリスト教がその役割を十分に担いうるものであるとした。西洋文明は物質文明に終始しているのではなく、キリスト教を抜きにしては考えられないことを指摘していたのである。

二人の文明論についての大きな違いを示すと、福沢は「自由」「権利」の旗手として登場してきたかにみえるけれども、個人は国家よりも小さく捉えられており、国家独立の前に個人の自由や権利は手段化されているところにその特徴があったのに対して、新島は西洋の威力を見たとき、その物理力の大きさに魅かれたけれども、十年ものアメリカ生活のなかで獲得したものは、個人の「自由」「権利」の保障がいかに重要かつ必須なものかを知ったところにあった。まさにその保障への闘いこそが「一身の独立⇔一国の独立」の相互性を見ようとするものではなかったろうか。

第Ⅱ部「新島襄―時代と思想―」の焦点は「第5章 新島襄の平民主義と人民観」にある。新島自身が、キリスト教を学ぶなかでどのようにしてその思想的営為を遂げてきたのかの軌跡を辿るものであった。新島は、アメリカ留学中に平等観、贖罪観を獲得していたのであり、帰国後このことを日本の国家状況の中で如何に実現していくのかが課題化された。明治十年代から二十年代は、日本の急速な近代化のなかに様々な矛盾を内包させた時期であり、権力者たちの政治的舵取りは新島の意図とは別の方向に向かう。天皇を頂点にいただく国家形成が顕著になっていくとき、新島の主張は現実政治や社会の在りようと大きく隔たっていかざるをえない。新島を取り囲む国家的「現実」と新島が持ち帰った「理想」との開きが大きければ大きいほどその発言は慎重にならざるをえない。ともすれば、彼の政治的沈黙は現実政治に対する全面的な否定であったのかもしれない。そのゆえに、教育を通して次世代に期待をかけ、「文明ノ民」「自由ノ民」を育成することに邁進したとも考えられる。一国の良心、一国の柱石となる人物こそ、現実社会の姿を「読み」、それ自体を「改変」していくことが期待された。人民の行動、意識の基礎にキリスト教的良心や平等観に基づく精神を獲得する必要性と、そのような精神をもつ市民の形成が大きな課題として捉えられていたのである。

「良心」「平民主義」を具えた人民が政治に目覚め、国家社会の改革に乗り出すことを期待もし、待望しつつも（彼は教会政治のうえでは平民主義の立場に立って行動を起こしている）現実政治については「石橋を叩いて渡る」慎重さがあった。

後年、新島の門下生から、社会主義者となるもの、実業家になるもの、教師、ジャーナリスト、作家、非戦論を唱える牧師と多彩なる人物が輩出するが、体制派から反体制派までの幅広い個性を生み出したこと自体に興味深いものがあるとともに、その土壌の形成者として新島の存在意義と役割は高く評価されてしかるべきであろう。

参考史料・文献

ここに掲げる「参考史料」および「参考文献」は福沢諭吉関係、新島襄関係として、「第1章」から「第5章」に参照したものを一括して掲載していることをおことわりしたい。

◆福沢諭吉関係参考史料

・『福澤諭吉全集』一、三、四、五、六、七、八、九、十、十二、十四、十五、十七、十八、十九、二十、二十一巻 岩波書店刊 昭和三十四～三十九年
・福沢諭吉『文明論之概略』岩波文庫版 一九九五年
・石河幹明『福澤諭吉伝』第二巻、第三巻、第四巻 岩波書店刊 二〇〇一年
・慶應義塾編『慶應義塾百年史』上巻 昭和三十三年
・『伊藤博文関係文書』第四巻 塙書房 一九七六年
・『大久保利通日記』下巻 日本史籍協会 昭和二年刊
・『木戸孝允関係文書』第一巻 東大出版会 二〇〇五年
・文部省編『学制百年史』資料編 昭和四七年
・外務省編『日本外交年表並主要文書 一八四〇年～一九四五年 上』原書房刊 昭和四十年
・油井正臣、藤原彰、吉田裕『日本思想体系4 軍隊 兵士』岩波書店 一九八九年
・江村栄一『日本近代思想体系9 憲法構想』岩波書店刊 一九八九年
・『明六雑誌』下 岩波文庫版 二〇〇九年
・R・オールコック（山口光朔 訳）『大君の都』下 岩波文庫版 一九六二年
・早稲田大学大学史編集所編『早稲田大学百年史』第一巻 一九七八年

◆福沢諭吉関係参考文献

・阿部隆一「福澤百助の学風―その手沢本より見たる―」上・下（『福澤諭吉全集』二巻、三巻、附録）
・井ヶ田良治 他『日本近代法史』法律文化社 一九八二年

・稲田正次『明治憲法成立史』上巻　昭和六二年
・『岩波　世界人名大辞典』岩波書店　二〇一三年
・大久保利謙編『近代史史料』吉川弘文館　一九六五年
・大久保利謙「明治十四年の政変」明治史料研究連絡会編『明治政権の確立過程』所収　御茶の水書房刊　一九六七年
・小泉仰『福澤諭吉の宗教観』慶應義塾出版会　二〇〇二年
・白井堯子『福澤諭吉と宣教師たち―知られざる明治期の日英関係―』未来社　一九九九年
・土屋博政『ユニテリアンと福澤諭吉』慶應義塾出版会　二〇〇四年
・徳富蘇峰「新日本の二先生―福沢諭吉君と新島襄君―」『国民之友』第十七号　明治二一年三月
・中野目徹「徴兵・華族・私学」慶應義塾福沢研究センター『近代日本研究』第五巻
・芳賀徹『大君の使節』中公新書　昭和六三年
・伴忠康『適塾をめぐる人々―蘭学の流れ―』創元社刊　一九七八年
・ひろたまさき『福沢諭吉研究』東京大学出版会　一九七六年
・福地源一郎『懐往事談』行人社　昭和六十年
・「明治十四年の進歩」『六合雑誌』十七号　明治十五年一月十六日
・本井康博「同志社基督教演説会―一八八一年のキリスト教と仏教―」『同志社談叢』第十一号

◆新島襄関係参考史料

・『新島襄全集』一、二、三、五、六、七、八、九-上、十巻　同朋舎出版　一九八三年〜一九九六年
・『同志社百年史』資料編一、二　一九七九年
・青山霞村『同志社五十年裏面史』からすき社　大正六年
・徳富蘇峰『蘇峰自伝』中央公論　昭和十年
・同志社社史資料室編『池袋清風日記 明治十七年 上』一九八五年
・『京都府百年の資料』一、二、五巻　一九七二年

・共同訳聖書実行委員会編『聖書』日本聖書協会発行　一九九〇年版
・教育史編纂会編『明治以降教育制度発達史』第一巻　一九六四年
・文部省編『学制百年史　資料編』昭和四七年
・『京一中洛北高校百年史』昭和四七年
・『内村鑑三全集』第三巻　岩波書店　一九八〇年
・内村鑑三『余は如何にして基督者となりし乎』岩波文庫版　一九八四年
・日本史籍協会編『木戸孝允文書』第三巻、第八巻　東京大学出版会　一九七一年
・『自由党史』上巻、中巻　岩波文庫版　昭和四〇年
・『中江兆民全集』第十四巻　岩波書店　一九八五年
・松本三之介、山室信一『日本近代思想体系　11　言論とメディア』岩波書店　一九九〇年
・『日本史総覧』Ⅵ　新人物往来社　昭和五九年
・『福沢諭吉選集』第一巻　岩波書店　一九八九年
・明治文化研究会編『明治文化全集』第三巻、第二十五巻　日本評論社　昭和四二年
・『森有礼全集』第三巻　宣文堂書店　一九七二年
・横山源之助『日本之下層社会』岩波文庫　一九八五年

◆新島襄関係参考文献

・青山霞村『改訂増補 山本覚馬伝』日本ライトハウス刊　昭和五一年
・安部磯雄「其時代の先生と学生生活」同志社校友会編『新島先生記念集』一九六二年
・阿部行蔵「ピューリタニズム」思想の科学研究会編『アメリカ思想史』第一巻　所収
・伊藤彌彦「新島襄の脱櫪」北垣宗治編『新島襄の世界―永眠百年の時点から―』晃洋書房　一九九〇年
・伊藤彌彦「アメリカの新島襄」『同志社談叢』第三十号
・井上勝也『新島襄　人と思想』晃洋書房　一九九〇年

・大塚節治「新島先生の背景をなす新英洲神学について」『新島研究』第三十五号
・加藤延雄、久永省一『新島襄と同志社教会』昭和六一年
・鏑木路易「安中藩制と新島家の人々」北垣宗治編『新島襄の世界』晃洋書房　一九九〇年
・鏑木路易「同志社の開校―山本覚馬・槇村正直を中心に―」『新島研究』第86号　一九九五年
・木村　毅『下級武士論』塙書房　昭和四二年
・京都市編『京都の歴史　八　古都の近代』学芸書林刊　一九七五年
・『護教』三四四号　一八九八年二月二六日
・杉井六郎「排耶のなかの私学同志社の創業」同志社大学人文科学研究所編『排耶論の研究』教文館　一九八九年
・佐藤進一『古文書学入門』法政大学出版会　一九七五年
・高橋光夫「山崎為徳詳年譜」『同志社談叢』第十号
・寺尾宏二「槇村正直小考」『経済史研究』日本評論社　昭和十三年
・同志社編『新島襄　近代日本の先覚者』晃洋書房　一九九三年
・同志社社史資料室編『追悼集Ⅰ　同志社人物史　明治十年代~明治四十年代』一九八八年
・同志社社史資料室編『創設期の同志社―卒業生たちの回想録―』一九八六年
・徳富蘇峰「近代日本の二先生―福沢諭吉君と新島襄君―」『国民之友』第十七号　明治二十一年三月
・徳富蘆花『黒い眼と茶色の目』岩波文庫　一九八七年
・土倉祥子『評伝 土倉庄三郎』一九六六年
・中村 研「原六郎と同志社」『同志社談叢』第五号
・『新島八重子回想録』昭和四八年
・西田 毅「槇村正直―京の文明開化の「牽引車」―」『同志社時報』№131　二〇一一年
・原田久美子「民権運動期の地方議会―明治十三年京都府における地方税追徴布達事件―」『日本史研究』第38号
・原田久美子「山本覚馬―おぼえがき・人と思想―」『新島研究』六十四号
・平川祐弘『西洋の衝撃と日本』講談社学術文庫　一九八五年
・福田英子『妾の半生涯』岩波文庫版　一九八三年

・P・F・ボラー（北垣宗治訳）「アメリカン・ボードと同志社　一八七五年〜一九〇〇年」その一『同志社談叢』第十八号
・『明治文学全集46　新島襄 植村正久 清沢満之 綱島梁川』筑摩書房　一九七七年
・宮本又次『小野組の研究』第四巻　新生社　一九七〇年
・明楽　誠『異教国の新島襄』大学教育出版　二〇〇七年
・明楽　誠「新島襄の第1回の回心と2つの自伝」『新島研究』一〇一号
・明楽　誠『闕字にみる新島襄の精神と儀礼』大学教育出版　二〇〇二年
・明楽　誠「新島襄の儒教論」『新島研究』九十号
・吉田曠二、坂井誠『八重・襄・覚馬――三人の出会い――』芸艸堂　二〇一二年

あとがき

その昔、

「福沢諭吉」――「慶應義塾」の創設者。『学問のすゝめ』『文明論之概略』の筆者。

「新島襄」――「同志社英学校」の設立者。

などとの単語（歴史用語）のみを教える、乾いた音だけが教室の中に響いていた。『学問のすゝめ』『文明論之概略』の中身の紹介や、福沢・新島の設立した学校の特徴や設立理念などを抜きにした言葉は生きた言葉とはなりえない。対象の内部に食い込み、より具体的内容を語ることに腐心していた。公私ともに行き詰まり、呻吟していた時期であった。何としてもこの状況を超えなければならないとの思いがこの作品を書かしめる原動力となったように思える。あるいは新島研究や福沢研究（さらには政治思想史研究）に向かわせる動機となったと言いうる。

その意味で本書は、筆者の呻きでしかない。したがって学術的な質を帯びるものではない。筆者の意図としては、多少難解な文字が並ぶけれども、高校生・大学生・一般社会人を対象にした啓蒙書、あるいは入門書的な性格をもつ作品である。一人でも多くの学生諸君が手にしてくれることを冀《こいねが》う。

この『二人の近代』は三十年ばかり前、「諭吉と襄」の表題で物語風に書いたものを学部時代の恩師井ヶ田良治先生（同志社大学名誉教授　日本法制史）に読んでいただいたことが皮切りであった。その際、先生から「論文風に書き直したらどうか」とのご指摘をうけた。いくつかの経緯を経て、論文「二人の近代」が大学の研究者の目にとまり、文学部の井上勝也先生（同志社大学名誉教授　教育学）のご尽力によりその一部を『新島研究』に掲載していただいた（その際の論文表題は「新島襄における西洋体験の意味」一九九二年、第八一号であった。後に原形をそのまま論文掲載をいただいたものが「二人の近代」である）。大きな喜びであった。また、現第一部門研究（新島研究　以前は「資料第一部会」と言っていた）への出席参加をお誘いいただいたのが研究生活へのスタートであった。数え切れないほどの研究報告と論文掲載は、マンネリ化していた筆者の教員生活に一種の張りと緊張感を与えてくれ、さらに以後の自らの方向性を指し示してくれたように思える。

教員退職後、年齢的な拘りもあり、大学院へ行くべきか否かを躊躇していた。西田　毅先生（同志社大学名誉教授　日本政治思想史）にご相談させていただいたときの一言が忘れられない。「坂井さん、学問をやりたいと思ったときが必然です。是非いらっしゃい。年齢は関係ありません」。先生のお言葉が私の背中を強く押した。いま、曲がりなりにも研究生活ができるようになったのも先生のこの一言があったが故であると思っている。感謝してもし過ぎることはない。大学院では、西田先生の御退職と私の入学とが同時期であったことから、先生の講筵に列することは叶わなかったが、出原政雄先生（同志社大学教授　日本政治思想史）の懇切なご指導を賜った。有り難く思っている。同時に多くの本当に優秀な大学院仲間・同学の士に囲まれていることも嬉しいことである。竹本知行氏（大和大学政治経済学部講師）、望月詩史氏（同志社大学法学部助教）、奥谷正弘氏（同志社大学大学院法学研究科博士後期課程）、馬杉吉則氏（同志社大学人文科学研究所嘱託研究員）らとの研究会での質疑応答や会話は常に緊張感とスリリングな問題意識に充ちており、学ばせていただいている。

本書は生原稿《なま》ができてからもまるまる三年を要した。何度も推敲を繰り返し、書き直したものである。同志社大学院生の奥谷正弘氏（福沢諭吉研究家）には初校段階の原稿を丹念に読んでいただき、本文中の表記などについてアドヴァイスをいただいた。また、索引作成にもお世話になった。氏の貴重な研究時間を奪った形となり心憂く覚えている。改めてお礼を申し上げる次第である。

いまさらながら本書はいろんな方々のお世話によってなったものであることが分る。各種研究会での報告が本書の基礎になっている。報告の機会をいただき感謝の辞もないほどである。最近はことに「近代思想史研究会」での報告が多くなっている。研究会メンバーの支援の賜と感謝している。また「弘毅会」（西田ゼミ卒業生で構成）での報告機会もいただき、暖かく見守っていただいた。記して謝意を表したい。大学の先輩、竹下和宏氏（京都府立洛北高校卒）からは『京一中洛北高校百年史』を御恵贈いただいた。「第4章」を記すにあたり、参考となった。記して謝意を表したい。

また畏友、明楽誠氏の大学教育出版（佐藤守氏）への推挙がなければこの書物の出版はかなわなかった。改めてお礼申しあげたい。

最後に、出版そのものが遅々として捗らず諦めかけていた時、大学教育出版の佐藤守氏から「出版を引き受ける」とのお電話を頂戴したときの驚きと嬉しさは例えようがない。拙い原稿に御目通ししていただいたことに感謝の思いが溢れ、一条の光がさした思いがした。佐藤氏のアドヴァイスとご尽力がなければこのような纏まった形にはならなかった。衷心よりお礼申し上げます。また、度重なる校正に厳密かつ丁寧なるご指摘をいただいた社彩香氏にも大変な御世話になりました。心よりお礼申し上げます。

二〇一六年七月十六日

祇園祭宵山の夜　書斎にて

人名索引

【か行】

【さ行】

【た行】

【な行】

【は行】

事項索引

【た行】

■著者紹介

坂井　誠（さかい・まこと）

1945年　大阪府生まれ
1969年　同志社大学法学部法律学科卒業
1969～2006年　大阪府立高等学校教諭
2009年　同志社大学大学院法学研究科博士前期課程終了（日本政治思想史）

現在　同志社大学人文科学研究所嘱託研究員

著書　『八重・襄・覚馬―三人の出会い―』（共著　芸艸堂刊　2012年）
論文　「柏木義円の国家主義教育批判」（『社会科学』第41巻 第2号）
「新島襄と自由民権運動」（『同志社談叢』第24号　2004年）
「柏木義円と同志社問題―連袂辞任と綱領削除問題を中心に―」（『新島研究』第100号　2009年）

二人の近代―諭吉と襄―

二〇一六年一二月二〇日　初版第一刷発行

■著　者――坂井　誠
■発行者――佐藤　守
■発行所――株式会社大学教育出版
〒七〇〇-〇九五三　岡山市南区西市八五五-四
電　話（〇八六）二四四-一二六八㈹
FAX（〇八六）二四六-〇二九四
■印刷製本――モリモト印刷㈱
■D T P――林　雅子

ISBN978-4-86429-418-8